Menschenbilder in der
modernen Gesellschaft

Der Mensch als soziales und personales Wesen

Herausgegeben von
Lothar Krappmann,
Klaus A. Schneewind,
Laszlo A. Vaskovics

Band 15

Menschenbilder in der modernen Gesellschaft

Konzeptionen des Menschen in Wissenschaft, Bildung, Kunst, Wirtschaft und Politik

Herausgegeben von

Rolf Oerter

Unter Mitarbeit von

K.A. Detzer
G. Endruweit
H.-U. Gallwas
K. Haefner
L.A. Hartl
H. von Hentig
H. Krellmann
K. Lenk

C. Lubkoll
G. Nunner-Winkler
E. Pöppel
K.G. Schmidt-Thomas
K.A. Schneewind
K. Stock
W. Vossenkuhl

19 Abbildungen

 Ferdinand Enke Verlag Stuttgart 1999

Herausgeber:
Prof. Dr. Rolf Oerter
LMU München
Institut für Pädagogische Psychologie
und Empirische Pädagogik
Leopoldstr. 13, 80802 München

Die Deutsche Bibliothek – CIP-Einheitsaufnahme

Menschenbilder in der modernen Gesellschaft : Konzeptionen des
Menschen in Wissenschaft, Bildung, Kunst, Wirtschaft und Politik /
hrsg. von: Rolf Oerter. – Stuttgart : Enke, 1999
    (Der Mensch als soziales und personales Wesen ; 15)
    ISBN 3-432-30531-1

Das Werk, einschließlich aller seiner Teile, ist urheberrechtlich geschützt. Jede Verwertung ist ohne Zustimmung des Verlages außerhalb der engen Grenzen des Urheberrechtsgesetzes unzulässig und strafbar. Das gilt insbesondere für Vervielfältigungen, Übersetzungen, Mikroverfilmungen und die Einspeicherung und Verarbeitung in elektronischen Systemen.

© 1999 Ferdinand Enke Verlag, P.O. Box 30 03 66, D-70443 Stuttgart
Printed in Germany

Druck: Gruner Druck GmbH, D-91058 Erlangen

Vorwort

Dieses Buch entstand aus zwei Symposien zum Menschenbild, die von der Hanns-Seidel-Stiftung gefördert und von Prof. Siegfried Höfling und mir organisiert wurden. Es war die Bemühung dieser beiden Symposien, Wissenschaftler und Experten aus unterschiedlichen Fachdisziplinen und gesellschaftlichen Bereichen zu Wort kommen zu lassen. Damit soll das Buch die Vielfalt und den Facettenreichtum der Ansichten und Überlegungen zum Thema Menschenbild widerspiegeln und ein lebendiges Bild des aktuellen Diskussionsstandes zu einem wichtigen Thema vermitteln.

Die Vielfalt zeigt sich auch in der unterschiedlichen Darstellungsweise und der je nach Wissenschaft bzw. Fachrichtung verschiedenen Gepflogenheit des Zitierens. So stellt jedes Kapitel ein geschlossenes Ganzes für sich dar. Dennoch gibt es eine Reihe von gemeinsamen Aspekten und Perspektiven, die im Einleitungsabschnitt als Orientierungshilfe dargestellt sind.

Möge dieses Buch zum Nachdenken anregen und ein besseres Verständnis der Vielfalt des Menschenbildes vermitteln; denn dies ist die Voraussetzung für einen besseren Austausch unterschiedlicher Sichtweisen und Interessen sowie für die Überwindung von Vorurteilen.

Mein Dank gilt in erster Linie der Hanns-Seidel-Stiftung, die die Zusammenkunft der Autoren und den Gedankenaustausch zum Menschenbild ermöglicht hat und ein großes Verdienst am Zustandekommen des Buches trägt. Ich danke auch den Autoren, die sich dem Wagnis eines interdisziplinären Austausches gestellt und damit auch die Grenzen ihrer Disziplin zu überschreiten versucht haben. Schließlich gilt mein besonderer Dank Herrn Johannes Bach für die sachkundige Betreuung des Buches und die Erstellung des druckfertigen Manuskriptes sowie Frau Ursula Fischbach für die Herstellung der Autorenkontakte.

München, im Frühjahr 1999   Rolf Oerter

Inhalt

Einleitung (Rolf Oerter):
Menschenbilder als sinnstiftende Konstruktion und als geheime Agenten.......... 1

I. Menschenbilder als implizite oder explizite Leitbilder in den Wissenschaften

1. Günther Endruweit:
   Soziologische Menschenbilder... 5
2. Klaus A. Schneewind:
   Das Menschenbild in der Persönlichkeitspsychologie...................... 22
3. Ernst Pöppel:
   Über einige Randbedingungen eines Menschenbildes in der Medizin..... 40
4. Wilhelm Vossenkuhl:
   Menschenbild und philosophische Ethik..................................... 46
5. Hans-Ullrich Gallwas:
   Das Menschenbild in Entscheidungen des Bundesverfassungsgerichtes.. 55
6. Konrad Stock
   Das Menschenbild in der Theologie... 65

II. Menschenbilder und Entwicklungstendenzen in der modernen Gesellschaft

7. Gertrud Nunner-Winkler
   Menschenbildannahmen in der Geschlechterforschung..................... 79
8. Kurt Lenk
   Menschenbilder in der Politik... 94
9. Kurt A. Detzer
   Homo oeconomicus und homo faber - dominierende Leitbilder
   oder Menschenbilder in Wirtschaft und Technik?........................... 99

10.	*Klaus Haefner*	
	Homo sapiens informaticus – Endlich befreit von der Bürde der Aufklärung?...	116
11.	*Karlheinz G. Schmidt-Thomas*	
	Menschenbild des Ingeniurs...	131

III. Menschenbild und Kultur

12.	*Hartmut von Hentig*	
	Menschenbilder in Bildung und Erziehung.......................................	143
13.	*Christine Lubkoll*	
	Menschenbilder in der modernen Literatur.......................................	150
14.	*Lydia Andrea Hartl*	
	Menschenbilder und die Bilder vom Menschen. Betrachtungen zur Frage nach dem Menschenbild in der Kunst der Gegenwart................	159
15.	*Hanspeter Krellmann*	
	Menschenbilder im Musiktheater...	178
16.	*Rolf Oerter*	
	Das Menschenbild im Kulturvergleich	185

Epilog (Rolf Oerter):
Der Mensch als Maß aller Dinge? Abschied vom Anthropozentrismus............ 199

Autorenverzeichnis.. 202

Einleitung: Menschenbilder als sinnstiftende Konstruktionen und als geheime Agenten

Rolf Oerter

Menschenbilder prägen das Handeln und Erleben in der persönlichen Begegnung, aber auch in Organisationen und in der Gesellschaft insgesamt. Dieses Buch führt Wissenschaftler und Experten in Wissenschaft, Wirtschaft, Technik und Kunst zusammen und will zeigen, wie vielfältig und facettenreich die Konzeption des Menschenbildes in unserem gesellschaftlichen Zusammenleben ist. Diese Konzeptionen, die freilich nur eine Auswahl darstellen können angesichts der noch viel größeren Vielfalt von Menschenbildern im Gesamtspektrum unseres Wissens und Handelns, verdeutlichen bereits, daß Menschenbilder unterschiedliche Funktionen besitzen. Sie sollen im folgenden herausgearbeitet werden, um den Leserinnen und Lesern eine Orientierungshilfe für die recht unterschiedlichen Darstellungen und Ansätze zu geben.

1. Menschenbilder sind Konstruktionen oder Konstrukte, die von Laien und Wissenschaftlern als Teil ihres Weltbildes implizit oder explizit entworfen werden, um eine Gesamtorientierung des Urteilens und Handelns zu ermöglichen. Zunächst also ist festzuhalten, daß Menschenbilder nicht einfach vorgefunden werden oder unabhängig vom Menschen existieren, sondern daß sie je nach Bedarfslage, Zielsetzung und weltanschaulicher Orientierung konstruiert werden. Solange man sich des Charakters der Menschenbilder als Konstruktionen bewußt bleibt, solange wird eine Kommunikation zwischen unterschiedlichen Ansichten und Weltanschauungen möglich sein. Versteht man aber Menschenbilder als unverrückbar, ewig gültig und absolut wie etwa Naturgesetze, dann kann es keine Diskussion zwischen unterschiedlichen Ansichten zum Menschen geben, und eine gemeinsame Verständigung unterschiedlicher gesellschaftlicher Gruppen bzw. individueller Positionen ist nicht möglich.

Alle Darstellungen zum Menschenbild im vorliegenden Buch legen Wert darauf, daß die dargestellten Menschenbilder Konstruktionen sind, die für Wissenschaft und Wirtschaft hilfreich, aber auch wandelbar sind.

Kapitel 7 (Nunner-Winkler) macht deutlich, in welcher Weise das Verständnis der Geschlechter durch solche Konstruktionen beeinflußt wird. Je nach zugrundeliegender Annahme sind Geschlechter biologisch determiniert, rein gesellschaftliche Definitionen oder eine Kombination aus biologischer und gesellschaftlicher Konstruktion.

2. Menschenbilder haben im Regelfall handlungsleitende Funktionen, d.h. sie beeinflussen Planung, Ausführung und Bewertung des Handelns. Die handlungsleitende Funktion des Menschenbildes zeigt sich besonders in den Menschenbildern einzelner Wissenschaften. Dort bestimmen sie explizit oder auch nur implizit methodisches Vorgehen und Zielsetzung der Forschung. Dies wird im ersten Teil des Buches, in dem von Menschenbildern in den Wissenschaften die Rede ist, deutlich. Menschenbilder wirken auch dann handlungsleitend, wenn sie den Trägern nicht bewußt sind. Interessant und konfliktträchtig werden Konzeptionen des Menschenbildes, wenn unterschiedliche und widersprüchliche Menschenbilder sich in einer Wissenschaft vereinigen. Dies ist zum Teil in der Psychologie der Fall, in der sich mechanistische, organismische und humanistische Konzeptionen widerspiegeln (siehe Kapitel 2 Schneewind). In noch stärkerem Maße stoßen wir auf Widersprüche des Menschenbildes in der Medizin, die einerseits naturwissenschaftlich-biologisch, andererseits ganzheitlich humanistisch und schließlich sogar naturheilkundlich argumentiert (siehe Kapitel 3 Pöppel).

3. Kunst und Literatur spiegeln Menschenbilder wider, die entweder latent in der Gesellschaft vorhanden sind oder der gesellschaftlich-kulturellen Entwicklung vorauseilen. Literatur, Musik- und Sprechtheater sowie Kunst können in unserer Kultur als ökologische Nischen verstanden werden, in denen ein Freiraum für neue Konzeptionen des Menschenbildes und neue Wege menschlicher Entwicklung geschaffen werden. In diesem Freiraum können auch die negativen und problematischen Seiten menschlicher Entwicklung unter aktuellen kulturellen Bedingungen reflektiert und dargestellt werden. Kapitel 13 (Lubkoll) und 14 (Hartl) zeigen in exemplarischer Weise aktuelle und mögliche zukünftige Entwicklungstendenzen des Menschenbildes.

4. Entwicklungen in der modernen Gesellschaft und Kultur zeigen, daß Menschenbilder auch illusionär sein können und wenig mit der tatsächlichen Funktion des Individuums in gesellschaftlichen Systemen zu tun haben. In Politik und Wirtschaft wird viel mit fiktiven Menschenbildern argumentiert. Dies gilt zumindest teilweise für die Menschenbilder der politischen Parteien, die oft nur noch implizit, seltener explizit auf ihr jeweiliges Menschenbild zurückgreifen. Man kann nun solche Illusionen oder Fiktionen zur Grundlage eines politischen Programms machen und Stimmen gewinnen, wenn solche Menschenbilder geglaubt werden. Fiktionen können aber erhebliche Faktizität gewinnen, wenn sie zur Grundlage der Gesetzgebung und der Rechtsprechung werden. Dies zeigt sich in der aktuellen Diskussion über Abtreibung, über Arbeitslosigkeit und über Umweltschutz.

5. Menschenbilder dienen daher auch als nachträgliche Legitimation für politische und ökonomische Entscheidungen. Auch im individuellen Handeln trifft man häufig auf solche nachträgliche Legitimierungen. Bislang lief unsere Argumentation immer darauf hinaus, daß das Menschenbild implizit oder explizit existiert und kausal die Handlung leitet. Häufig gibt es den umgekehrten Weg, daß erst eine Handlung erfolgt, eine Entscheidung getroffen wird und nachträglich nach Begründungen Ausschau gehalten wird. Sofern sich diese nachträglichen Begründungen auf das Menschenbild beziehen, wird es als Hilfskonstruktion zur Rechtfertigung benutzt. Viele politischen und wirtschaftlichen Entscheidungen oder Zielsetzungen, die Entscheidungen verlangen, rechtfertigen eher nachträglich ihre Position durch Menschenbilder. Es wäre zu prüfen, ob nicht gegenwärtige politische und wirtschaftliche Entscheidungen in starkem Ausmaß solche nachträglichen Rechtfertigungen beinhalten. Besonders häufig findet man sie bei der Wertediskussion. Menschliche Werte werden als unveränderlich und grundlegend dargelegt und bilden daher eine ideale Argumentationsbasis. Wenn man nämlich seine Entscheidungen vor solchen absoluten Größen zu rechtfertigen versucht, dann ist es schwer, gegen die getroffenen Maßnahmen zu argumentieren. Der einzige Weg, der bleibt, ist zu zeigen, daß es sich um nachträgliche Rechtfertigungen handelt.

6. Menschliches Zusammenleben in einer kleiner werdenden Welt und unter der wachsenden Globalisierungstendenz ist nur möglich, wenn es Gemeinsamkeiten in den zugrundeliegenden Menschenbildern gibt bzw. wenn es uns gelingt, solche Gemeinsamkeiten herzustellen. Das bedeutet, daß nicht nur die betroffenen Wissenschaften und die in diesem Buch vertretenen gesellschaftlich-kulturellen Bereiche Stellung beziehen und miteinander diskutieren sollen, sondern daß dieser Diskurs auch in der Öffentlichkeit geführt wird. Der vorliegende Band soll Grundlage und Ausgangspunkt für einen solchen Diskurs bieten.

I. Menschenbilder als implizite oder explizite Leitbilder in den Wissenschaften

Soziologische Menschenbilder

Günter Endruweit

"Il est plus aisé de connaître l'homme en général que de connaître un homme en particulier."
François de La Rochefoucauld: Maximes, Paris: Flammarion 1935, S. 173 (No. CDXXXVI) Wenn man den Einsichten La Rochefoucaulds glauben würde, wäre die Soziologie eine Wissenschaft für Dünnbrettbohrer. Denn auch in neueren Fachwörterbüchern[1] sucht man das Stichwort "Mensch" vergebens, und zwar nicht nur in deutschen[2]. Immerhin wird für eine mutierte Seitenlinie, den Homo sociologicus, auf einen anderen Artikel verwiesen[3], und es ist ein älteres marxistisches Lexikon, das unter "Mensch" auf "Individuum" und "Persönlichkeit" hinweist[4]. Und so ist es dann auch in der Theorieliteratur: Wo der normale Mensch vom Menschen reden würde, redet der Soziologe von Individuum, Ego, Person und vom Akteur oder Aktor, obwohl bereits Max Weber den Handelnden kannte. Warum Soziologen so menschenscheu sind[5], mag ein tüchtiger Doktorand klären; wir wollen hier die Ausweichwörter als Synonyme zu "Mensch" behandeln. Aber auch sie kommen in der Literatur als näher behandelter Fachbegriff verhältnismäßig selten vor.

Definitionen der Soziologie: Wozu ein Menschenbild in einer Gesellschaftswissenschaft?

Dieser Befund könnte Anlaß zu der Frage sein, ob unser Thema nicht eine contradictio in adiecto sei. Wer als etymologisch Gebildeter sein Schaudern über die Wortkonstruktion Soziologie überwunden und sie als Gesellschaftswissenschaft identifiziert hat, kann sich durchaus fragen, ob sie überhaupt ein Menschenbild brauche. Schließlich wurde schon zu Beginn unseres Jahrhunderts die Soziologie als "the scientific study of society"[6] oder "the science of society"[7] bezeichnet und nicht als Wissenschaft vom Menschen. Das war nicht nur in den USA so, sondern "die 'Gesellschaft', deren Erkenntnis die europäische Soziologie als ihren Beruf übernimmt", war auch noch 1930 für Hans Freyer das Objekt der Soziologie[8], und dasselbe meinte der Zürcher Soziologe Eleutheropulos, wenn er "das soziale Leben zum Objekte der Forschung" der Soziologie machte[9].

Aber schon 1904 hatte der österreichische Feldmarschalleutnant Ratzenhofer in seinem Soziologie-Lehrbuch der Biologie und der Psychologie als Wissenschaften vom einzelnen Menschen die Soziologie als "die Wissenschaft von den menschlichen Wechselbeziehungen gleichwertig zur Seite" gestellt[10]. Bis jetzt entscheidend einflußreich wurde aber erst Max Webers 1921 erschienene Definition von Soziologie als "Wissenschaft, welche soziales Handeln deutend verstehen und dadurch in seinem Ablauf und seinen Wirkungen ursächlich erklären will"[11]. Wenn er dazu solches Handeln als sozial bezeichnete, "welches seinem von dem oder den Handelnden gemeinten Sinn nach auf das Verhalten anderer bezogen wird und daran in seinem Ablauf orientiert ist"[12], ist klar, daß nach dieser Auffassung der Soziologe in vielen Fällen seiner Arbeit genau wie der Individualpsychologe mit der Erforschung von einzelmenschlichen Gegebenheiten beginnen muß.

Damit haben wir zwei Definitionsansätze schon am Anfang unseres Jahrhunderts und damit am Beginn der institutionalisierten Soziologie: Soziologie, die als Objekt unmittelbar die Gesellschaft hat, und Soziologie, die zumindest als Ausgangspunkt ihrer Arbeit den einzelnen Menschen zum Objekt hat. Nach dem zweiten Ansatz steht der Mensch als Voraussetzung von Gesellschaft eindeutig am Anfang der Betrachtung. Steht er nach dem ersten Ansatz als Ergebnis von Gesellschaft am Ende der soziologischen Analyse? Ein Menschenbild der Soziologie könnte in beiden Fällen herauskommen. Aber es hätte eine verschiedene wissenschaftstheoretische Funktion.

Eine wissenschaftstheoretische Zwischenfrage: Welche Art von Menschenbild?

Menschenbilder können innerhalb der Humanwissenschaften verschiedene Ursprünge und verschiedene Ziele haben. Dementsprechend ist auch ihre wissenschaftstheoretische Funktion unterschiedlich. Zumindest drei Arten können unterschieden werden (Übersicht in Abbildung 1).

Erstens könnte das Menschenbild ein Ergebnis der Forschung sein. Unter der Voraussetzung, daß diese lege artis durchgeführt wurde, hätten wir dann das Menschenbild als Wissen über den Menschen. Seine Quelle wäre die Gesellschaft selbst, und veränderbar wäre es entweder durch bessere Forschungsinstrumente oder durch sozialen Wandel. Exzerption, Kompilation oder Komparation von Forschungsliteratur würde uns ganze Menschenbildergalerien verschaffen, die, wenn auch kultur- und epochenspezifisch, doch von mittlerer Lebensdauer wären und auch ihre methodologischen Probleme hätten, aber nicht von der Art, wie sie uns hier interessieren.

Zweitens könnte ein Menschenbild am Anfang eines Forschungsprojektes stehen. Aus forschungstechnischen Gründen beginnt man mit einer Hypothese, und deshalb wäre dieses Menschenbild ein hypothetisches, widerlegbar durch Falsifikation im laufenden Projekt und schon deshalb von in der Regel kurzer Lebensdauer, zumal man es nach kritisch-rationalistischen Prinzipien so formulieren soll, daß seine Falsifikation wahrscheinlich ist[13]. Wenn dieses Menschenbild sich empirisch bewährt, geht es in das ersterwähnte über. Ansonsten wird es recht kurzfristig als zumindest zur Zeit falsch abgetan.

Abbildung 1: Arten der soziologischen Menschenbilder

Art	Form	Herkunft	Änderungsmöglichkeit
1) empirisch	Wissen	Gesellschaft	sozialer Wandel oder bessere Forschungsinstrumente
2) methodisch	Hypothese	Forschungstechnik	Falsifikation
3) axiomatisch	nicht zu überprüfende Annahme	Theorie	Senkung der Axiomenebene (oder "Paradigmenwechsel"?)

Drittens gibt es Menschenbilder nicht nur am Anfang und Ende von Forschung, sondern auch am Anfang von Theorie. Dann ist das Menschenbild ein Axiom, also der "Anfang der Beweiskette", und umfaßt "erste Sätze ... , die selbst nicht ... begründet werden können, da sonst ein unendlicher Regreß entsteht"[14]. Es ist immer notwendig, wenn man weitere theoretische Folgerungen auf Annahmen über Eigenschaften von Menschen aufbauen will. Oft geschieht das, weil sie dem Theoretiker plausibel, "selbstverständlich" usw. erscheinen; natürlich ist hier die Nähe zu Ideologie am größten und gefährlichsten. Diese Menschenbilder sind dann auch die langlebigsten, weil sie sich empirisch nur durch Tieferlegung der Axiomenebene, durch das einzig echte "Hinterfragen", als Fälschung erkennen lassen; ansonsten wird man sie vielleicht nur durch den sog. Paradigmenwechsel los, der oft nicht viel mehr ist als ein Austausch von Modevokabeln. Dieses axiomatische Menschenbild allein soll Gegenstand der folgenden Betrachtungen sein.

Es ist nicht immer leicht festzustellen, welche Art von Menschenbild ein Autor gemeint hat. Am einfachsten ist das empirische Menschenbild zu identifizieren; es muß stets auf mitgeteilten Daten beruhen. Die beiden anderen werden aber stets vor jeder Datensammlung aufgestellt, und sprachlich sind Axiom und Hypothese nicht immer zu unterscheiden. Eine Faustregel mag sein, daß ein einziges Menschenbild in einer Theorie eher axiomatische Bedeutung hat, während eine Reihe von Menschenbildern entlang einer Zeitachse in der Regel auf eine Theorie des sozialen Wandels deutet (so z.B. Tönnies' Gemeinschafts-Gesellschafts-Folge oder Riesmans Formen der Lenkung) und deshalb eher hypothetischen Charakter hat[15].

Die nächste Frage betrifft die Reichweite eines eventuellen soziologischen Menschenbildes, und sie hängt davon ab, welchen Charakter man der Soziologie zubilligt. Eine frühe Auffassung sah in ihr die allgemeinste aller Sozialwissenschaften, wenn man etwa meinte: "Die Soziologie ist nicht, wie die meisten Wissenszweige, irgendein Teil unserer Einsicht, sondern sie steht, entsprechend ihrem Gegenstande, über dem ganzen Wissen. Darum kann diese Wissenschaft nicht ein Fachstudium sein, sondern nur die Synthese allen Wissens, wie die Philosophie"[16]; folglich müßte ihr Menschenbild eine Synthese aller Teilmenschenbilder sein, also "den ganzen Menschen" darzustellen versuchen. Inzwischen sind viele Soziologen bescheidener geworden und sagen beispielsweise: "Die Soziologie kann kein 'Menschenbild' haben ... , sondern lediglich *einen* Gesichtspunkt der Menschen- und Weltbetrachtung, der unvermeidlich spezifisch, ja fragmentarisch ist; denn sie ist keine enzyklopädische, sondern eine Spezialwissenschaft, die nicht den 'ganzen' Menschen in ihr Blickfeld bekommt, sondern nur den gesellschaftlich handelnden Menschen und seine Verhaltensweisen"[17]; dann ist auch das Menschenbild der Soziologie nur ein Torso. Entscheidend ist stets, welchen Erklärungsanspruch eine konkrete soziologische Theorie erhebt: Will sie nur gesellschaftliche Teilaspekte erfassen, nur die Interaktion, das abweichende Verhalten oder die Schichtung, kann sie ihr Menschenbild getrost als Porträt oder Brustbild fassen; geht es um alle Gegenstände der Soziologie und wird zudem behauptet, der Mensch sei nur insoweit Mensch, als er zugleich sozial ist, dann ist die Totale unvermeidbar.

Schließlich ist noch ein letztes wissenschaftstheoretisches Prinzip der Sozialwissenschaften wichtig. Wir haben bisher zwar von soziologischen Menschenbildern gesprochen, sind uns aber Rechenschaft darüber schuldig geblieben, was der Plural bedeutet. Stellt die ganze Soziologie Bilder von verschiedenen Menschen dar, oder malt jede soziologische Theorie *den* Menschen auf ihre Weise? Nun ist es ein untrügliches Kennzeichen, daß derjenige, der von *den* Arbeitern, *den* Frauen, *den* Elitemitgliedern, *den* Juden, *den* Soldaten usw. spricht und damit alle und nicht nur einige bestimmte meint, kein Wissenschaftler, sondern ein Ideologe ist. In allen Human- und Sozialwissenschaften gilt: "Every man is in certain respects a. like all other men, b. like some other men, c. like no other man"[18]. Dann müßte das Menschenbild, sofern es nicht nur einer gegenständlich extrem begrenzten Theorie zugrunde gelegt ist, in der Regel ein Gruppenbild sein. So, indessen, ist es nie.

Von Definitionen zu Theorien: Wie male ich ein Menschenbild?

In der Zeit der Grundbegriffsdefinitionen kann für unser Thema nicht viel erwartet werden. Erst mit dem Beginn der Konstruktion soziologischer Theorien kann es um "das Verhältnis zwischen Individuum und Gesellschaft und damit verbundene Menschenbilder"[19] gehen.

Soziologische Theorien und ihre Klassifizierung

Mit dem Verhältnis zwischen Individuum und Gesellschaft hatten sich längst vor der Soziologie schon Sozial- und Staatsphilosophie, Politische Ökonomie, Rechtsphilosophie, Wirtschaftstheorie u.a. befaßt; auch dabei waren Menschenbilder herausgekommen. Die Soziologie kam erst später dazu. Wenn 1972 behauptet wurde, zwischen 1965 und 1970 seien mehr Bücher über Theoriekonstruktion in der Soziologie erschienen als in der gesamten Zeit zuvor[20], dann können auch die soziologischen Theorien noch nicht sehr alt sein. Das betrifft natürlich nur die neuere, die eindeutig empirische Soziologie. Für sie wären formale Theorien ideal[21]; so aber ist keine der großen soziologischen Theorien gefaßt, und deshalb muß Empirieeignung ein hinreichendes Kriterium sein, so daß als allgemeine soziologische Theorie eine solche gilt, die alle wichtigen Gegenstände der Soziologie[22] in einer Weise zu erklären versucht, daß daraus überprüfbare Hypothesen abgeleitet werden können.

Anstatt mühsam alle soziologischen Theorien auf die Ausprägung der Variablen Allgemeinheit und Empirieeignung zu untersuchen, wollen wir uns mit der einfachen Feststellung begnügen, daß die üblichen Theorielehrbücher sich auf solche Theorien konzentrieren, die in oder nach den dreißiger Jahren unseres Jahrhunderts entwickelt wurden[23]. Deren Zahl ist inzwischen so groß, daß die Sekundärliteratur Anlaß sah zur Einteilung in Gruppen, obwohl die Originaltheoretiker zumeist jede Selbstzuordnung vermieden - vermutlich, weil "it is better to be perennially misunderstood than found wanting by one's own standards"[24]. Bis hinein in die Zuständigkeitsfestlegung von Lehrstühlen reicht die neuere Unterscheidung von Makro- und Mikrosoziologie, die "sich mit den Gesetzmäßigkeiten des Aufbaus, der Entwicklung, Veränderung und gegenseitigen Einflußnahme von größeren sozialen Gebilden, gesellschaftlichen Zusammenhängen und kollektiven Prozessen befaßt" bzw. die man ansieht als "einen Teilbereich der soziologischen Theorie, der soziale Tatbestände und Vorgänge zu erklären versucht, indem er die kleinsten Einheiten, die Wechselbeziehungen zwischen einigen wenigen in direkter Interaktion miteinander stehenden Individuen, in ihrer Abhängigkeit von umgebenden sozialen Strukturen analysiert"[25]. Dieser Dichotomie entsprechend werden einzelne Theorien zugeordnet[26] und, wenngleich oft weniger ausdrücklich, auch Methoden[27]. Neueste Ergänzung ist die Mesosoziologie[28], deren weitere Korrelate aber nicht sehr klar sind, so daß sie eher als die Grube erscheint, in der man den Streit zwischen Mikro- oder Makrozuordnung begraben kann. Eine zusammenfassende Übersicht gibt Abbildung 2.

Fraglich ist allerdings, ob die horizontalen Linien in Abbildung 2 so gerechtfertigt sind. Für die Methodenzuteilung erscheinen sie unzutreffend; denn diese hängt vom erreichbaren bzw. erwünschten Meßniveau ab, nicht von der Theorieebene. Das Theorie-Methoden-Problem liegt eher an einer ganz anderen Stelle: Gegenstand der soziologischen Theorie ("Problemträger") ist die Gesellschaft oder ein relativ großer Teil davon[29], Gegenstand der soziologischen Empirie ("Datenträger") ist aber in der Regel letztlich der einzelne Mensch[30]. "This has led to a widening gap between theory and research: Social theory continues to be about the functioning of social systems of behavior, but empirical research is often concerned with explaining individual behavior"[31].

Abbildung 2: Die Ebenen der soziologischen Theorie

Ebene	zugeordnete Theorien	typische Analysen	zugeordnete Methoden
Makrosoziologie	strukturell-funktionale; marxistische; Konflikttheorie	Systemanalyse	quantitative Methoden
Mesosoziologie	"Theorien mittlerer Reichweite"?	"intermediäre Instanzen": Verbände, Parteien u.ä.	
Mikrosoziologie	Symbolischer Interaktionismus; Ethnomethodologie; Austauschtheorie; Verhaltenstheorie	Handlungsanalyse	qualitative Methoden

Das ist aber kein Grund zum Grämen, sondern bei hinreichender Sorgfalt eine Voraussetzung für Realitätsadäquanz. Dann stellen wir nämlich fest, daß Aggregatdaten nicht durch Addition allein entstehen, sondern daß zuvor in der Regel ein Sortieren in Untergruppen nach Ähnlichkeitsmustern erforderlich ist, damit wir dem am Ende von 2) zitierten Prinzip gerecht werden.

Homines sociologici

Wenn soziologische Theorien, auch die mikrosoziologische letztlich, nur überindividuelle Objekte zum Gegenstand haben, besteht keine Notwendigkeit, daß sie stets ein systematisches Kapitel über den Menschen enthalten müssen; vielmehr können die Annahmen über den Mensch ein Reflex, ein indirektes Axiom, aus den Aussagen über einen der eigentlichen Gegenstände sein; selbst Ralf Dahrendorfs "Homo sociologicus" ist im Kern eine Darstellung der Rollentheorie. Diese Indirektheit des Menschen als Soziologieobjekt hat sogar einen Harvard-Soziologen dazu geführt, auf mehreren Autoren und ihren Deutern so lange herumzuinterpretieren, bis ein Menschenbild herauskam - allerdings ohne jegliche Überprüfbarkeit durch Zitate oder Verweise[32]. So etwas ist zwar kulinarisch zu lesen als Vorbereitung für brillante Party-Konversation, für die wissenschaftliche Analyse dient das Vermeiden der Intersubjektivität aber zumeist der Manöverlogik von Obergefreiten, die da sagt: "Je größer der Pappkamerad, desto höher die Trefferquote" und dabei ungeklärt läßt, ob man einen echten Feind ebenso umnieten könnte, ja sogar unbewiesen läßt, daß es einen echten Feind überhaupt gibt.

Hier soll versucht werden, Menschenbilder aus den ausdrücklichen Stellungnahmen der Autoren zusammenzusetzen, also ein Mosaik zu rekonstruieren, aber fast ausschließlich unter Verwendung von Originalmaterialien.

Homo sociologicus collectivus sive macrosociologicus: Struktuellfunktionale Theorie

Wenn makrosoziologische Theorien mit Objekten wie Schichten, Kultur, Normen, Sanktionen, Herrschaft usw. beginnen, erscheint es naheliegend, daß sie den Menschen vornehmlich als sozial Unterworfenen sehen, der sich den nun einmal vorfindlichen Gegebenheiten anzupassen hat. Schon 1917 beschrieb Simmel diesen idealtypischen Ansatz der Makrosoziologie, obwohl es das Wort noch gar nicht gab, folgendermaßen: "Alles, was Menschen sind und tun, ... geht innerhalb der Gesellschaft, durch sie bestimmt und als Teil ihres Lebens vor sich"[33]. Ob die Gesellschaft den Menschen mit Hilfe der unumgänglichen Sozialisation an sich zieht, weil "die von der Kultur ausgehende gesellschaftliche Integrationswirkung ... sich natürlich auch in der Beeinflussung des Fühlens und Denkens und der Verhaltensmuster der Einzelnen" äußert[34] oder ob der Mensch als aristotelisches z_ou politikòu[35], ein von Natur aus nach Gemeinschaft strebendes Wesen, sich von selbst der Gesellschaft in die Arme wirft - er ist von der Gesellschaft abhängig, ob er diese nur als "ärgerliche Tatsache"[36] oder als soziale Parallele zum Sauerstoff ansieht.

Die Skizze eines makrosoziologischen Menschenbildes müßte idealtypisch so aussehen: "Der Mensch ist ... von Natur aus auf gesellschaftliche Lebensweise angelegt und wird nur durch die Gesellschaft zum Menschen"[37]. Mit dem Bezug auf die Natur wird das Axiomatisch-Prinzipielle (im wörtlichen Sinne) geradezu vorbildlich ausgedrückt.

So chemisch rein wie bei dem eher anwendungsorientierten Soziologen Behrendt finden wir ein kollektivistisches Menschenbild bei den originären Makrotheoretikern allerdings nicht, wenn wir als Beispiel Talcott Parsons (und von ihm auch nur "The Social System") nehmen. Es sieht noch nach deutlicher Grenzziehung zwischen individualistischem und kollektivistischem Menschenbild aus, wenn er sagt: "Often the most highly disciplined pursuit of private interests may be the most dysfunctional in collectivity terms"[38], und in der Sekundärliteratur wird flugs beschrieben, wie Parsons mit Hilfe von Freud die Gefahr der Dysfunktionalität abzuwehren versucht: "In his theory of socialization, individuals' instincts, drives, and cognitive categories are socialized and through a superego they are integrated with the values and beliefs of a society"[39]. Da sehen wir also, wie die Gesellschaft den Menschen mit Hilfe des Superego an die Kandare nimmt, indem dieses als Big Brother jeden seiner Schritte überwacht und sanktioniert.

Woher kommt nun dieses Superego? Natürlich aus der Kultur derjenigen Gesellschaft, in der und in die der Mensch sozialisiert wird. Was Parsons über die Kultur sagt, klingt schon viel liberaler und damit menschenfreundlicher: "Culture ... consists ... in patterned or ordered systems of symbols which are objects of the orientation of action, internalized components of the personalities of individual actors and institutionalized patterns of social systems. ... There is ... always a normative aspect in the relation of culture to the motivational components of action; the culture provides *standards* of selective orientation and ordering"[40]. Das ist keineswegs absoluter Zwang, sondern Maßstab für Wahlmöglichkeiten, und der "Wahlberechtigte" ist der einzelne Mensch, der nur bei extrem asozialer Einstellung behaupten kann, die Wahl sei nicht frei, weil das Wort "standard" ihm sage, daß sie nicht folgenfrei sei. Das ist nämlich keine kollektivistische Perfidie, sondern das ist schon Bestandteil einer Zweierbeziehung. So übernahm Parsons wesentliche Elemente seiner Sozialisationstheorie von Cooley und Mead, zwei ausgewiesenen Mikrotheoretikern. "Both Mead and Parsons thought that meaningful interaction between two persons requires each person to internalize relevant dimensions of the other's role"[41]. Dementsprechend erklärte auch Parsons: "Ego is free to 'define' alter as an object any way he sees fit, within limits of what 'makes sense'"[42]. Dieser Sinn ist nun allerdings kein voluntativ-individuelles Kriterium, sondern er ist strukturell-funktional, also sozial, bestimmt. Für einzelne Handlungen gilt nach Parsons das, was auch sonst sein wissenschaftliches Denken bestimmt, daß nämlich Ordnung und Konvergenz zwei äußerst wichtige und zusammengehörige Prozesse für die Existenz sozialer Systeme seien[43]. So erscheint der Sozialisator als Vertreter der Gesellschaft ziemlich erdrückend: "The socializing agent is ... inherently in a position to begin the process of socialization by being the agent of rewards and, implicitly at first, then explicitly, of punishment"[44]. Diese funktionale Festlegung der Sozialisationsagenten bietet für den Sozialisanden, sogar als Teil seiner Sozialisation, die Chance, die vorhersehbaren Reaktionen zu seinem Vorteil zu steuern und zu nutzen: "Ego's orientation will on balance tend to be oriented to stimulating the favorable, gratification-producing reactions and avoiding provocations for the unfavorable, deprivation-producing reactions"[45]. Diese beiden Parsons-Sätze hätten auch von Homans geschrieben worden sein können, der ein entschiedener Mikrotheoretiker war.

An andere mikrosoziologische Ansätze wird man erinnert, wenn man den vermuteten Ablauf des Sozialisationsprozesses verfolgt. Dabei gibt es nicht gleich zu Beginn die Konfrontation des Menschen mit der Gesellschaft; denn "in the latency phase, a superego, differentiated from an ego, commences coordinating actions by relating an individual's actions to the norms of his society. However, in this phase, grounding for a superego is not in a society's culture because the child has not yet internalized all of the cultural values"[46]. Vielmehr steht der Frühsozialisand in Beziehung zu einem noch recht engen Kreis von Sozialisatoren. Deshalb entwickelt sich "ego's point of view of the alter in the complementary role-orientation structure or to ego himself as an object"[47]. Das ist das "me" bei George Herbert Mead und dem Symbolischen Interaktionismus, und deren Begriffe des "signifikanten Anderen" als Zwischenstufe und des "verallgemeinerten Anderen" als Repräsentant der Gesellschaft[48] erkennen wir wieder, wenn der Beginn eines Sozialsystems in der interindividuellen Interaktion gesehen wird ("An established state of a social system is a process of complementary interaction of two or more individual actors in which each conforms with the expectations of the other(s) in such a way that alter's reactions to ego's actions are positive sanctions which serve to reinforce his given need-dispositions and thus to fulfill his given expectations"[49]) und seine Vollendung in der dauerhaften Organisation solcher Kooperation vieler Menschen ("A social system is a mode of organization of action elements relative to the persistence or ordered process of change of the interactive patterns of a plurality of individual actors"[50]).

Der Mensch in der strukturell-funktionalen Theorie ist also wesentlich ein Handelnder. Nach dieser makrosoziologischen Systemtheorie bestehen die Strukturen sozialer Systeme hauptsächlich aus wechselseitig auf einander bezogenen sozialen Handlungen: "Since a social system is a system of processes of interaction between actors, it is the structure of *relations* between the actors ... which is essentially the structure of the social system"[51]. Damit das Handeln zu Ordnung und Konvergenz beiträgt, muß die Gesellschaft es beizeiten präformieren, wozu die Sozialisation dient: "The socializing effect will be conceived as the integration of ego into a role complementary to that of alter(s) in such a way that the common values are internalized in ego's personality, and that their respective behaviors come to constitute a complementary role-expectation-sanction system"[52]. Parsons gesteht selber, daß der Mensch aus dieser Perspektive nur als Material der Gesellschaft erscheinen mag, "the actor in this sense is a composite bundle of statuses and roles"; aber das ist eben nur einer von mehreren Aspekten, und deshalb kann er hinzufügen: "But this social actor must be distinguished from the personality as itself"[53].

Homo sociologicus individualis sive microsociologicus: Symbolischer Interaktionismus

Auch für die später mikrosoziologisch genannten Richtungen finden wir schon bei Simmel eine Beschreibung: "Alle Existenz ... komme ausschließlich den Individuen, ihren Beschaffenheiten und Erlebnissen zu, und 'Gesellschaft' sei eine Abstraktion, unentbehrlich für praktische Zwecke, höchst nützlich auch für eine vorläufige Zusammenfassung der Erscheinungen, aber kein wirklicher *Gegenstand* jenseits der Einzelwesen und der Vorgänge an ihnen"[54]. Zusammenfassend werden diese Richtungen auch als methodologischer Individualismus bezeichnet[55], gegen den aus makrosoziologischer Richtung schwere Bedenken erhoben werden[56].

Der hierzu idealtypisch passende Mensch wird diesmal von Tönnies beschrieben: Der "Mensch ist von Natur ein Individuum und kann nicht umhin, seine Erlebnisse wie seine Wünsche, seine Bedürfnisse, sein Streben auf das eigene Ich, auf das Wohl seines Leibes und seiner Seele (die im Grunde identisch sind) zu beziehen"[57]. Hierbei bleibt offen, ob diese Natur sozial geändert werden kann, also durch Sozialisation oder Organisation, oder nur durch die Natur, also Mutation oder Genmanipulation.

Makrosoziologische Theoretiker finden für ihren entsprechenden Ansatz eine philosophische Grundlage in Thomas Hobbes' "De Cive". Dort erscheint der Mensch als "homini lupus"[58]. Diese gefährliche Situation versuchen die Makrotheorien nach Dahrendorfs einfallsreicher und anregender, allerdings im einzelnen unbelegter Gegenüberstellung auf zwei verschiedenen Wegen zu meistern, nämlich in der Consensus-Theorie über Ordnung der Gesellschaft und Einsicht der Menschen oder in der Zwangs-Theorie über Herrschaft in der Gesellschaft und Unterwerfung der Menschen[59]. Einen ähnlichen Gegensatz können wir in den mikrosoziologischen Theorien erkennen: Während die Verhaltenstheorie, entsprechend ihrer behavioristischen Grundlage, eine über gezielte Reize steuerbare weitgehende Konditionierbarkeit des Menschen annimmt, gehen die meisten Varianten der Handlungstheorie davon aus, daß die Regeln des Handelns Ergebnisse des Handelns seien.

Als Beispiel für mikrosoziologische Vorstellungen vom Menschen soll hier die Handlungstheorie des Symbolischen Interaktionismus stehen, insbesondere in der Version von Mead und Blumer. Ihre Theorie beruht auf drei "premises", Prämissen, also Axiomen in unserem Sinne: "The first premise is that human beings act toward things on the basis of the meaning that the things have for them. ... The second premise is that the meaning of such things is derived from, or arises out of, the social interaction that one has with one's fellows. The third premise is that these meanings are handled in, and modified through, an interpretative process used by the person in dealing with the things he encounters"[60]. Die Bedeutung der Umwelt eines Menschen für ihn kommt also nicht aus dieser selbst, sondern aus seinen Wahrnehmungen, Erinnerungen, Gefühlen, Einstellungen und wohl auch Interessen und Absichten. Was bei den Makrosoziologen als sozialer Prozeß Sozialisation genannt wird, ist bei Mikrosoziologen in individueller Betrachtung die Ausbildung der Persönlichkeit. Wenn der Mensch als biologisches Wesen auf seine soziale Umgebung trifft, dann trifft in der interaktionistischen Sprache das "Ich" auf das "Mich"[61]. Der Mensch ist imstande, sich selbst als Objekt seines Handelns zu sehen[62]. Erst dadurch wird er zur Übernahme von Rollen fähig[63]. "He becomes a something which can function in the organized whole, and thus tends to determine himself in his relationship with the group to which he belongs. ... It constitutes him a self-conscious member of the community to which he belongs. Such is the process by which a personality arises"[64], die somit am Ende stets mehr oder weniger sozial ist. Erst damit entsteht das "Selbst", eine andere interaktionistische Vokabel, die als reflexives Wort etwas bezeichnen soll, das sowohl Subjekt als auch Objekt sein kann[65]. Die Persönlichkeit entsteht in Interaktion; "when a self does appear it always involves an experience of another; there could not be an experience of a self simply by itself"[66] - und auch die Gesellschaft ist letztlich ein Handlungszusammenhang: "society exists in action and must be seen in terms of action"[67], wie Blumer sagt, was von Parsons stammen könnte.

Auch in der Handlungstheorie wird der Mensch also wesentlich durch sein Handeln definiert[68], und die Gesellschaft wird als Handlungssystem gesehen. Mensch und Gellschaft stehen also in einem gegenseitigen Bedingungszusammenhang. Während in der strukturell-funktionalen (Makro-)Theorie die soziale Persönlichkeit, wenn auch nur tendenziell, eher ein soziales Produkt ist, ist in der mikrosoziologischen Theorie des Symbolischen Interaktionismus keineswegs die umgekehrte Tendenz eindeutig, daß sich etwa der Mensch relativ autark seine Welt selbst erschaffe. Insbesondere bleibt die funktionale Verbindung zwischen Mikro- und Makroebene weitgehend ungeklärt[69].

Homo sociologicus rationabilis (sive mesosociologicusne): Der RREEMM der Theorie der rationalen Wahl

Eine Theorie, die sich eingehend mit dem Mikro-Makro-Problem beschäftigt[70], ist die Theorie der rationalen Wahl(-handlungen)[71] (rational choice theory), auf die Hartmut Esser selbstbewußt eine Erklärende Soziologie aufsetzt[72]. Sie wird zum methodologischen Individualismus gezählt[73] und versucht, die herkömmlichen Modelle des Homo sociologicus und des Homo oeconomicus zu verbinden und zu übertreffen[74]. Dabei werden "grundlegende Annahmen" und "Rationalitätsunterstellungen" gemacht[75], also Axiome der Theorie unterlegt. In diesem Zusammenhang wurde auch ein Menschenbild entworfen, das zur Anwendbarkeit der Theorie Voraussetzung ist: der RREEMM, der resourceful, restricted, expecting, evaluating, maximizing man[76]. In dieser Allgemeinheit kann nicht nur das Menschenbild, sondern auch die Theorie den Anspruch erheben, für weitere sozialwissenschaftliche Bereiche, etwa Politik und Wirtschaft, anwendbar zu sein. Dafür spricht auch ihre Vereinbarkeit mit älteren etablierten Ansätzen, etwa der Spieltheorie und der Public-choice-Theorie. Dieses Modell des Menschen sagt vorerst nicht mehr, als daß "humans are ... not idiots that blindly follow norms, incentives, and social constraints, but rather follow intentions, can be cunning, orientate themselves towards their experience and preferences and not act without reason against their own interests"[77].

Für unser Problem des Verhältnisses zwischen Mensch und Gesellschaft, das wir als Problem des Verhältnisses zwischen makro- und mikrosoziologischen Objekten sehen, finden wir in der Theorie der rationalen Wahl ein im Laufe der Zeit immer eingehender dargestelltes Beispiel, die Erklärung des Geistes des Kapitalismus aus der protestantischen Ethik von Max Weber in der Differenzierung durch David McClelland[78], ein Beispiel, das hier wiederum etwas variiert werden soll. Wollte man die Entstehung des Kapitalismus aus der Verbreitung der protestantischen Ethik erklären, hätte man einen rein makrosozialen Ansatz: die unabhängige Variable Konfession (als Teil der makrosozialen Kultur) verursacht den Kapitalismus (als Teil der ebenfalls makrosozialen Sozialstruktur). Nun ist es aber, sofern man nicht eine völlig unwissenschaftliche Neigung zu Übersinnlichkeit hat, schlechthin unvorstellbar, geschweige denn beweisbar, wie aus der Veröffentlichung der Schriften von Luther, Zwingli, Calvin u.a. direkt ein Wirtschaftssystem von der Art des kapitalistischen entstehen kann (Weber selbst sah übrigens in einigen Fällen einen umgekehrten Kausalzusammenhang[79]).

Um eine theoretisch nachvollziehbare und empirisch nachweisbare Entwicklung zu beschreiben, ist die Einbeziehung einer - eigentlich vieler; denn jeder Mensch hätte seine eigene - mikrosozialen Ebene notwendig, weil da realiter die Handlungen stattfinden können, durch die i.d.R. mehrere Menschen bestimmte soziale Strukturen schaffen. Das ist in Abbildung 3 dargestellt[80], die ein Grundmodell und dessen Anwendung auf die Weber-These skizziert. Hier wird die protestantische Lehre als unabhängige Variable makrosoziologischer Provenienz gesehen, die auf die Wertordnung einzelner Menschen, die als abhängige Variable zu sehen ist, einwirkt, wodurch diese nun zu einer unabhängigen Variablen wird, welche die berufliche Orientierung mit allen ihren Implikationen steuert, zu denen dann auch ein Handeln zum Aufbau einer kapitalistischen Wirtschaft gehört.

Abbildung 3: Grundmodell einer makro-mikro-makrosoziologischen Erklärung und seine Anwendung auf Webers Protestantismus-Kapitalismus-Hypothese

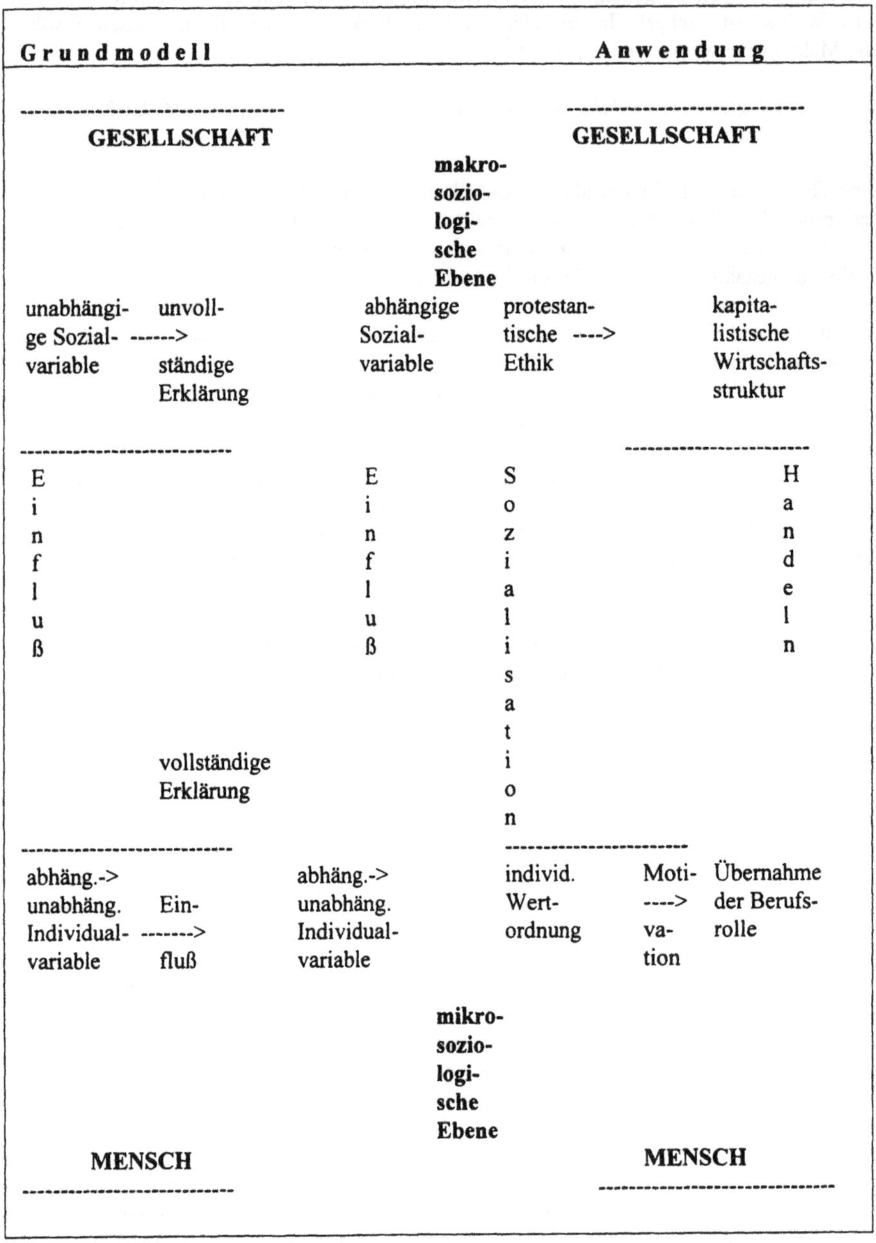

Grundmodell			Anwendung		
GESELLSCHAFT			GESELLSCHAFT		
		makrosoziologische Ebene			
unabhängige Sozialvariable	unvollständige Erklärung ------>	abhängige Sozialvariable	protestantische Ethik ---->	kapitalistische Wirtschaftsstruktur	
Einfluß		Einfluß	Sozialisation	Handeln	
	vollständige Erklärung				
abhäng.-> unabhäng. Individualvariable	Einfluß ------->	abhäng.-> unabhäng. Individualvariable	individ. Wertordnung	Motivation ---->	Übernahme der Berufsrolle
		mikrosoziologische Ebene			
MENSCH			MENSCH		

Eigentlich bräuchten wir McClellands, Colemans und Essers Überlegungen gar nicht so weit zu abstrahieren und wieder zu konkretisieren; Max Weber selbst sieht hier nämlich schon ein "Kausalverhältnis so, daß die *anerzogene geistige Eigenart,* und zwar hier die durch die religiöse Atmosphäre der Heimat und des Elternhauses bedingte Richtung der Erziehung, die Berufswahl und die weiteren beruflichen Schicksale bestimmt hat"[81]. Danach ist dann dieses Merkmal der einzelnen Menschen die unabhängige Variable, die ihr berufsbezogenes Handeln, ob innerhalb oder außerhalb der Berufsrolle, so steuert, daß das kapitalistische Wirtschaftssystem entsteht. Auch diese Beziehung beschreibt Weber, indem er den puritanischen Moraltheologen Richard Baxter zitiert: "Wenn Gott Euch einen Weg zeigt, auf dem Ihr ohne Schaden für Eure Seele oder für andere in gesetzmäßiger Weise mehr gewinnen könnt als auf einem anderen Wege und Ihr dies zurückweist und den minder gewinnbringenden Weg verfolgt, dann kreuzt Ihr einen der Zwecke Eurer Berufung, Ihr weigert Euch, Gottes Verwalter zu sein und seine Gaben anzunehmen, um sie für ihn gebrauchen zu können, wenn er es verlangen sollte"[82]. Wer bisher fragte, wo denn Wahlverhalten stattfinden kann, wenn anfangs die Kirchen ihre Mitglieder nach dem Grundsatz cuius regio, eius religio einfach schanghaiten und später die Konfession eher traditionale Übernahme als rationale Entscheidung war - hier ist die Stelle, und die bekannte Zweit- und Dritt-Generationenproblematik in der Unternehmersoziologie zeigt, daß hier immer noch ein Sozialisationsproblem steckt.

Für den Einbezug der Mesoebene gibt es Modelle von Coleman und Esser[83], die deutlich zeigen, daß hier die Beziehungen wesentlich komplexer werden, als wenn es sich nur um das Einschalten eines Transformators zwischen die Makro- und die Mikroebene handeln würde.

Grundzüge eines gesamtsoziologischen Mensch-Gesellschafts-Bildes

Aus dem dritten Abschnitt haben wir erstens erkennen können oder müssen, daß die großen Richtungen der Soziologie, wie man sie neuerdings zu unterscheiden pflegt, sich bei näherem Hinsehen zumindest hinsichtlich ihres Menschenbildes keineswegs so deutlich unterscheiden, wie es die Verbalradikalität der Richtungseinteilung erwarten läßt. Wir haben zweitens erkannt, daß in allen Richtungen der Mensch stets in Zusammenhang mit der Gesellschaft gesehen wird. Das gilt für

- Vorläufer der Soziologie, etwa den Sozialphilosophen David Hume: "'Tis by society alone (man) is able to supply his defects, and raise himself up to an equality with his fellow-creatures, and even acquire a superiority above them"[84];
- Gründungsväter der Soziologie wie Adolphe Quetelet, der mit seiner Suche nach "l'homme moyen en general" nichts anderes als ein Menschenbild suchte und dazu noch recht interessante wissenschaftstheoretische Überlegungen anstellte, indem er sagte: "L'homme que je considère ici est, dans la société, l'analogue du centre de gravité dans les corps; il est la moyenne autour de laquelle oscillent les éléments sociaux; ce sera, si l'on veut, un être fictif pour qui toutes les choses se passeront conformément aux résultats moyens obtenus pour la société. Si l'on cherche à établir, en quelque sorte, les bases d'une physique sociale, c'est lui qu'on doit considérer, sans s'arrêter aux ses particuliers ni aux anomalies", und "cette détermination de l'homme moyen, n'est pas une spéculation de pure curiosité; elle peut rendre les services les plus importans à la science de l'homme et du système social. Elle doit nécessairement précéder toute autre recherche relative à la physique sociale, puisqu'elle en forme ainsi dire la base. L'homme moyen, en effet, est dans une nation ce que le centre de gravité est dans un corps; c'est à sa considération que se ramène l'appréciation de tous les phénomènes de l'équilibre et du mouvement"[85];
- früheste soziologische Fachliteratur wie z.B. von Charles H. Cooley: "Self and society are twin-born, we know one as immediately as we know the other"[86];

- neueste soziologische Veröffentlichungen wie das Lehrbuch von Korte/Schäfers: "Menschen leben nicht isoliert und allein, obwohl jeder Mensch seinen eigenen Körper und sein eigenes Bewußtsein besitzt, die dann zusammen seine jeweils eigene Person und Identität ausmachen. Aber bei seinem Leben und Überleben ist der einzelne Mensch von Anfang an auf ein Zusammenleben mit anderen angewiesen und durch dieses Zusammenleben grundlegend beeinflußt (Mensch als soziales Wesen und Person)"[87];
- zu Makrotheoretikern Ernannten wie Talcott Parsons: "The significance of an actor's action can never be evaluated solely in terms of his 'personal' values independently of the relational system in which he is implicated. His action orientations ... inevitably impinge on the 'personal' interests of the other actors with whom he is in interaction"[88];
- Kenner der mikrosoziologischen Ansätze wie Bernard N. Meltzer, John W. Petras und Larry T. Reynolds: "Perhaps the most basic element ... is the idea that the individual and society are inseparable units. While it may be possible to separate the two units analytically, the underlying assumption is that a complete understanding of either one demands a complete understanding of the other"[89];
- und solche Soziologen, die noch nicht in bestimmte Richtungen gedrängt wurden: etwa Gustav Ratzenhofer, der meinte, "daß weder das Einzelleben noch das gesellschaftliche, jedes für sich behandelt, verstanden werden kann"[90], oder Norbert Elias, der von der Beobachtung ausgeht, "daß jeder Mensch von Kindheit an zu einer Vielheit voneinander abhängiger Menschen gehört. Innerhalb des Interdependenzgeflechts, in das er hineingeboren wird, entwickelt und bewährt sich ... seine relative Autonomie als ein für sich selbst entscheidendes Individuum"[91], oder schließlich Richard F. Behrendt; für ihn "ist die 'Gesellschaft' keine außerhalb der Menschen existierende und sie einseitig bestimmende Instanz, kein Überorganismus, sondern das Ergebnis, der Niederschlag zahlreicher menschlicher - letztlich doch *einzel*menschlicher - Ideen, Bedürfnisse und Verhaltensweisen"[92].

Bei dieser Lage sollte es möglich sein, ein Bild zu skizzieren, das auf Akzeptanz in allen Richtungen hoffen kann. Es kann nach diesen Zitaten nur ein Mensch-Gesellschafts-Bild sein, und es kann nur die Züge haben (im Hinblick auf das unter 2 am Ende Gesagte), die allen Menschen und allen Gesellschaften gemeinsam sind. Graphisch wird das in Abbildung 4 dargestellt[93]. Diese zeigt, daß Mensch und Gesellschaft als soziale Subjekte[94] funktional untrennbar mit einander verbunden sind, so daß zu einem Menschenbild stets die Gesellschaft und zu einem Gesellschaftsbild stets der Mensch gehört. Gewissermaßen schon bei der ersten Begegnung laufen zwischen ihnen soziale Prozesse ab. Mit der Sozialisation soll der Mensch zu einem Mitglied der Gesellschaft werden, das deren Funktionen dienlich ist; hier geht es schon um Anpassung, Integration u.ä. Aber umgekehrt gibt es auch die Personalisation, in der ein Mensch in der Auseinandersetzung mit der Gesellschaft seine ganz individuelle Persönlichkeit entwickelt; denn die Gesellschaft ist "nicht nur das Gleichmachende ... , sondern auch das Individualisierende"[95]. Das zeigt sich deutlich, wenn es an einem dieser Prozesse fehlt. Findet keine rechte Personalisation statt, weil die Gesellschaft den Menschen unterdrückt, indem sie keine Reaktion zuläßt, oder reagiert der Mensch nicht auf Anforderungen der Gesellschaft mit Begeisterung, Zustimmung, Ablehnung oder Widerstand, sondern läßt alles stumpf mit sich geschehen, haben wir den Prozeß der Versklavung. Gelingt die Sozialisation nicht, weil die Gesellschaft den Menschen umfassend negiert (Modell "Kaspar Hauser") oder weil der Mensch aufgrund irgendwelcher Defekte nicht in der üblichen Weise auf soziale Stimuli reagieren kann, haben wir soziale Prozesse, die dem Krankheitsbild des Autismus ähneln.

Abbildung 4: Verhältnis von Mensch und Gesellschaft

```
          PERSONALISATION (bei Fehlen: Versklavung)

                            kulturelle
                            Marginalität
   mentaler     Überzeugungen              Werte         kultureller
   Bereich      Interessen                 Normen        Bereich
                Gewohnheiten               Verhaltensmuster
   MENSCH                       Rolle                    GESELLSCHAFT
                                Status
   existentieller  Erwerbung               Funktion      organisationaler
   Bereich         Ererbung                Position      Bereich
                            organisationale
                            Marginalität

          SOZIALISATION (bei Fehlen: "Autismus" u. ä.)
```

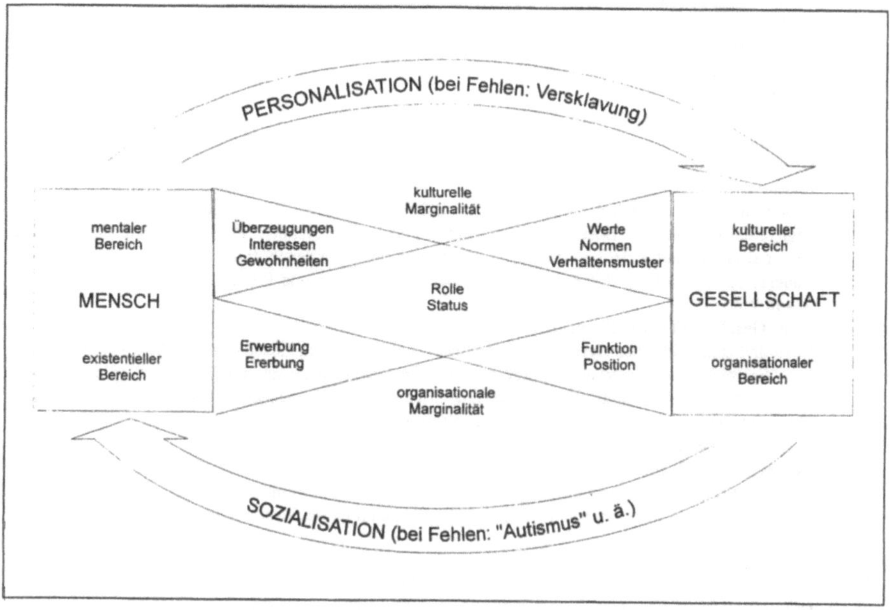

Damit aufgrund dieser Basisprozesse auch die alltäglichen sozialen Prozesse ablaufen können, gibt es zwischen Gesellschaft und Mensch eine Anzahl von Phänomenen, die man als soziale Katalysatoren bezeichnen könnte. Aus ihrem organisatorischen Bereich[96] bietet die Gesellschaft dem Menschen Positionen und Funktionen an, die dieser aufgrund seiner ererbten und erworbenen Eigenschaften[97] übernehmen kann, die aus seinem "existentiellen Bereich" stammen, in dem alle unveränderlichen oder nur langfristig erwerbbaren und darum auch nur langfristig veränderbaren Eigenschaften sind. Aus ihrem kulturellen Bereich bietet die Gesellschaft zur Steuerung der sozialen Prozesse Verhaltensmuster, Normen und Werte an; natürlich auch noch andere soziale Katalysatoren wie etwa die Sprache, sofern man diese nicht - sehr ungewohnt, aber nicht ganz abwegig - schon als Verhaltensmuster ansehen will. Dem kann der Mensch aus seinem mentalen Bereich Gewohnheiten, Interessen und Überzeugungen gegenüberstellen.

Je mehr die wechselseitigen Angebote und Nachfragen auf individueller und sozialer Seite übereinstimmen, desto verfestigter sind Status und Rolle[98] dieses Menschen in seiner Gesellschaft, desto höher ist seine soziale Integration. Das gilt auch umgekehrt: Je weniger Mensch und Gesellschaft in mental-kulturellen und existentiell-organisationalen Entsprechungen zusammenpassen, desto größer ist die Marginalität des Menschen in dieser Gesellschaft, wie schon Charles H. Cooley sehr anschaulich ausdrückte: "Society is an interweaving and interworking of mental selves. I imagine your mind, and especially what your mind thinks about what my mind thinks about your mind. ... Whoever cannot or will not perform these feats is not properly in the game"[99].

Was man als Grundmuster aller soziologischen Menschenbilder ansehen kann, ist also folgendes: Der Mensch ist um so vielfältiger in Sein und Handeln, je mehr er die sozialen Chancen seiner Gesellschaft zu nutzen versteht.

Anmerkungen:

1) Gukenbiehl bei Korte/Schäfers, S. 12, der meint, "viele Soziologen würden" diesen "Grundannahmen über Mensch und Gesellschaft" allen übrigen Unterschieden zum Trotz "zustimmen".
2) Parsons, S. 50.
3) Meltzer/Petras/Reynolds, S. 2.
4) Ratzenhofer, S. 1.
5) Elias, Die höfische Gesellschaft, S. 218.
6) Behrendt, S. 47.
7) Diese unterscheidet sich zwar nicht im Prinzip, aber in Einzelheiten des Inhalts von der Abbildung bei Endruweit, Günter: Wie steht es mit der Arbeitsdisziplin?, in: Heidack, Clemens (Hrsg.): Arbeitsstrukturen im Umbruch, München/Mering: Hampp 1995, S. 291. Der Grund für die Unterschiede liegt einerseits in der Beseitigung von Fehlern bei den sozialen Prozessen (Sozialisation und Personalisation) und in der hier dargestellten Weiterentwicklung der Systematik.
8) Näheres zu diesem Begriff sowie zu den sozialen Katalysatoren und Prozessen in Endruweit, Concept, S. 448-450.
9) Elias, Gesellschaft der Individuen, S. 90.
10) Dazu und zum kulturellen Bereich der Gesellschaft vgl. Endruweit, Gesellschaft, insbes. S. 143/144.
11) Mit "Ererbung und Erwerbung" wurde nur eine Entsprechung zu der im Englischen gebräuchlichen Formulierung "nature and nurture" (so z.B. Fichter, S. 27) versucht. Das wird in Deutschland üblicherweise als "Anlage-Umwelt-Problem" diskutiert.
12) Siehe dazu auch Parsons, S. 25.
13) Cooley, Charles Horton: Life and the Student, New York: Knopf 1927, S. 200/201.
14) Vgl. z.B. Endruweit/Trommsdoff; Fuchs-Heinritz u.a.; Hillmann; Reinhold; Schäfers.
15) Siehe z.B. Kuper/Kuper; Marshall; Cazeneuve nicht einmal im Stichwortverzeichnis.
16) Boudon, S. 102.
17) Assmann u.a., S. 426.
18) Eine deutliche Ausnahme ist Luhmann, S. 67, 119, 129, 229, 286-300.
19) Giddings, S. 7. Ausführlicher zum Begriff der Soziologie: Endruweit, Concept, S. 443-467.
20) Stuckenberg, S. 1.
21) Freyer, S. 11.
22) Eleutheropulos, S. 1.
23) Ratzenhofer, S. 1.
24) Weber, Wirtschaft, S. 1.
25) Weber, Wirtschaft, S. 1.
26) Siehe z.B. Popper, S. 78.
27) Seiffert bzw. Apel bei Seiffert/Radnitzky, S. 3 bzw. 16.
28) Vgl. z.B. Tönnies bei Fechner, S. 38.
29) Ratzenhofer, S. 5/6.
30) Behrendt, S. 11.
31) Kluckhohn/Murray, S. 53.
32) Bauer bei Morel, S. 2.
33) Gibbs, S. 3 m.w.N.
34) Siehe dazu Gibbs, S. 7-15.
35) Dabei kann es aber möglich sein, daß nur die angenommenen Kernpunkte der Theorie behandelt werden, wenn man meint behaupten zu können, daß der Rest aus ihnen (z.B. soziales Handeln) erschließbar sei.
36) Vgl. u.a. Morel, S. 30-260; Endruweit, Günter (Hrsg.): Moderne Theorien der Soziologie, Stuttgart: Enke 1993, S. 3, 23-213; Wallace, Walter L. (Ed.): Sociological Theory, Chicago: Aldine 1969. Die einzige Ausnahme ist bei diesen und anderen Lehrbüchern i.d.R. die Marx-Engelsche Theorie, über deren Qualifizierung als soziologische Theorie man streiten kann, wenngleich nicht in einer Fußnote.
37) Gibbs, S. 59.
38) Hillmann, S. 507 und 553. Siehe auch: Marshall, S. 298/299; Reinhold, S. 374/375 und 392/393; Helle bei Endruweit/ Trommsdorff, S. 410-412; Valade bei Boudon, S. 118/119; Esser, Soziologie, S. 112, 588-592.
39) Marshall, S. 299; Helle bei Endruweit/Trommsdorff, S. 412; Hillmann, S. 553; Reinhold, S. 392; Esser, Explanatory Sociology, S. 177/178.
40) Helle bei Endruweit/Trommsdorff, S. 410; Reinhold, S. 374.
41) Reinhold, S. 375; Marshall, S. 325 (mesostructure); Esser, Soziologie, S. 112-114, 117/118, 454.

42) Das gilt auch für die mikrosoziologischen Theorien, solange diese nicht der Psychologie unnütze Konkurrenz machen wollen. Sie mögen dann zwar bei den Interaktionsversuchen gar eines einzelnen Menschen anfangen, können aber nicht dabei oder bei Dyaden-Interaktion stehenbleiben und bei Triaden auch erst, nachdem sie den chinesischen Multiplikationsfaktor angewendet haben.
43) Auch bei der Schichtenstruktur oder der Wertordnung einer Gesellschaft brauchen wir Daten über Bildungsstand, Berufsposition und Einkommen bzw. über Meinungen zu Inhalten und Gewichtung von Werten der einzelnen Mitglieder der Gesellschaft.
44) Coleman, S. 1. Vgl. auch Luhmann, S. 346.
45) Hampden-Turner, Charles: Modelle des Menschen, Weinheim/Basel: Beltz 1982.
46) Simmel, S. 6.
47) Behrendt, S. 42.
48) Aristoteles: Politica 1253 a 3f.
49) Dahrendorf, Homo Sociologicus, S. 17.
50) Behrendt, S. 9/10.
51) Parsons, S. 61.
52) Lackey, S. 8.
53) Parsons, S. 327.
54) Lackey, S. 8.
55) Parsons, S. 139.
56) Vgl. dazu u.a. sein "Selbstporträt" in: On Building Social System Theory, in: Daedalus 1970, S. 826-881, hier insbes. S. 870.
57) Parsons, S. 215.
58) Parsons, S. 37.
59) Lackey, S. 138.
60) Parsons, S. 63.
61) Mead, S. 175 und 152-164.
62) Parsons, S. 204/205. Gleich anschließend nennt er dieses Paradigma der sozialen Interaktion "the first law of social process" und fügt hinzu: "This is clearly an assumption" - also ein Axiom in unserem Sinne.
63) Parsons, S. 24.
64) Parsons, S. 25.
65) Parsons, S. 211.
66) Parsons, S. 26.
67) Simmel, S. 5/6.
68) Büschges bei Endruweit/Trommsdorff, S. 289/290; Hillmann, S. 550/551; Reinhold, S. 256; Marshall, S. 239/240; Boudon bei Boudon et al., S. 106.
69) Luhmann, S. 346-348.
70) Tönnies, S. 24.
71) Hobbes, S. 135.
72) Dahrendorf, Konflikt und Freiheit, S. 29/30.
73) Blumer, S. 2.
74) Dazu näher Mead, S. 173-178.
75) Blumer, S. 12/13; Mead, S. 137, Fn. 1.
76) Blumer, S. 12; Mead, S. 151.
77) Mead, S. 160.
78) Mead, S. 136/137.
79) Mead, S. 195.
80) Blumer, S. 6.
81) Auch wenn diese Definition nach Blumer, S. 13/14 und 15, sich angeblich grundlegend von der anderer Sozialwissenschaften unterscheiden soll.
82) Esser, Explanatory Sociology, S. 178 m.w.N.
83) Coleman, S. 6-10.
84) Hillmann, S. 715; Miller bei Reinhold, S. 465-468.
85) Esser, Explanatory Sociology, S. 178/179.
86) Zimmerling bei Druwe/Kunz, S. 16; Hillmann, S. 715.
87) Siehe Esser, Soziologie, S. 239, und Explanatory Sociology, S. 185-187.
88) Miller bei Reinhold, S. 466; Zimmerling bei Druwe/Kunz, S. 16.
89) Lindenberg, S. 100; Esser, Soziologie, S. 238 m.w.N., und Explanatory Sociology, S. 186; Zimmerling und Hennen/Rein bei Druwe/Kunz, S. 16 bzw. 221-223.
90) Esser, Explanatory Sociology, S. 186.

91) Coleman, S. 6-10; Esser, Soziologie, S. 98-102 m.w.N.
92) Weber, Ethik, S. 19.
93) Es modifiziert die Darstellungen bei Coleman, S. 8, und Esser, Soziologie, S. 98 und 100.
94) Weber, Ethik, S. 22.
95) Weber, Ethik, S. 176.
96) Vgl. Coleman, S. 634-637; Esser, Soziologie, S. 102-118, insb. Abb. 6.5 auf S. 113.
97) Hume, Book 3, S. 485.
98) Quetelet (in der im Text zitierten Reihenfolge), tome premier, S. 33 und 21/22; tome second, S. 264. Quetelet veranlaßte durch den Untertitel seines Buches seinen intellektuellen Konkurrenten Auguste Comte zur Prägung des Wortes Soziologie statt der eigentlich gewollten physique sociale.
99) Cooley, S. 5.

Literatur

Assmann, Georg, u.a. (Hrsg.): Wörterbuch der marxistisch-leninistischen Soziologie, Berlin: Dietz 1977
Behrendt, Richard F.: Der Mensch im Licht der Soziologie, 4. Auflage, Stuttgart: Kohlhammer 1969
Blumer, Herbert: Symbolic Interactionism, Berkeley: University of California Press 1986
Boudon, Raymond, et al. (dir.): Dictionnaire de la sociologie, Paris: Larousse 1990
Cazeneuve, Jean: Dix grandes notions de la sociologie, Paris: Editions du Seuil 1976
Coleman, James S.: Foundations of Social Theory, Cambridge, MA: Belknap 1990
Cooley, Charles H.: Social Organization, New York: Schocken 1962 (Original 1909)
Dahrendorf, Ralf: Homo Sociologicus, 7. Auflage, Opladen: Westdeutscher Verlag 1968
Dahrendorf, Ralf: Konflikt und Freiheit, München: Piper 1972
Druwe, Ulrich/Kunz, Volker (Hrsg.): Rational Choice in der Politikwissenschaft, Opladen: Leske + Budrich 1994
Eleutheropulos, A.: Soziologie, 3. Auflage, Jena: Gustav Fischer 1923
Elias, Norbert: Die Gesellschaft der Individuen, Frankfurt/Main: Suhrkamp 1987
Elias, Norbert: Die höfische Gesellschaft, Frankfurt/Main: Suhrkamp 1983
Endruweit, Günter: Le concept de sociologie, in: Revue de l'Institut de Sociologie, Université Libre de Bruxelles, No. 3-4/1977, S. 443-467
Endruweit, Günter: Gesellschaft, Kultur und multikulturelle Gesellschaft, in: Dombrowsky, Wolf R./Pasero, Ursula (Hrsg.): Wissenschaft, Literatur, Katastrophe. Festschrift zum sechzigsten Geburtstag von Lars Clausen, Opladen: Westdeutscher Verlag 1995, S. 142-160
Endruweit, Günter/Trommsdorff, Gisela (Hrsg.): Wörterbuch der Soziologie, Stuttgart: Enke 1989
Esser, Hartmut: Explanatory Sociology in: Soziologie 3/1994, S. 177-190
Esser, Hartmut: Soziologie, Frankfurt/New York: Campus 1993
Fechner, Rolf: "Man geht in die Gesellschaft wie in die Fremde", in: Tönnies-Forum 1/96, S. 31-55
Fichter, Joseph H.: Sociology, 2nd ed., Chicago: University of Chicago Press 1971
Freyer, Hans: Soziologie als Wirklichkeitswissenschaft, 2. Auflage, Darmstadt: Wissenschaftliche Buchgesellschaft 1964
Fuchs-Heinritz, Werner, u.a. (Hrsg.): Lexikon zur Soziologie, 3. Auflage, Opladen: Westdeutscher Verlag 1994
Gibbs, Jack: Sociological Theory Construction, Hinsdale, IL: Dryden 1972
Giddings, Franklin H.: Inductive Sociology, New York: Macmillan 1901
Hillmann, Karl-Heinz: Wörterbuch der Soziologie, 4. Auflage, Stuttgart: Kröner 1994
Hobbes, Thomae: Opera Philosophica, Aalen: Scientia 1966

Hume, David: A Treatise of Human Nature, Oxford: Oxford University Press 1975 (Original 1739-40)
Kluckhohn, Clyde/Murray, Henry A. (Eds.): Personality in Nature, Society and Culture, 2nd ed., New York: Knopf 1959
Korte, Hermann/Schäfers, Bernhard (Hrsg.): Einführung in die Hauptbegriffe der Soziologie, 3. Auflage, Opladen: Leske + Budrich 1995
Kuper, Adam/Kuper, Jessica (Eds.): The Social Science Encyclopedia, London/New York: Routledge 1985
Lackey, Pat N.: Invitation to Talcott Parsons' Theory, Houston: Cap and Gown 1987
Lindenberg, Siegwart: An Assessment of the New Political Economy, in: Sociological Theory 3 (1985), S. 99-114
Luhmann, Niklas: Soziale Systeme, 2. Auflage, Frankfurt am Main: Suhrkamp 1985
Marshall, Gordon (Ed.): The Concise Oxford Dictionary of Sociology, Oxford/New York: Oxford University Press 1994
Mead, George H.: Mind, Self, and Society, Chicago: University of Chicago Press 1962
Meltzer, Bernard N./Petras, John W./Reynolds, Larry T.: Symbolic Interactionism, Boston: Routledge & Kegan Paul 1975
Morel, Julius, u.a.: Soziologische Theorie, 4. Auflage, München: Oldenbourg 1995
Parsons, Talcott: The Social System, New York/London: Free Press/Collier-Macmillan 1951
Popper, Karl R.: Logik der Forschung, 6. Auflage, Tübingen: Mohr 1976
Quetelet, Alphonse: Sur l'homme et le développement de ses facultés, ou Essai de physique sociale, Bruxelles: Louis Hauman 1836
Ratzenhofer, Gustav: Soziologie, Leipzig: Brockhaus 1907
Reinhold, Gerd (Hrsg.): Soziologie-Lexikon, München/Wien: Oldenbourg 1991
Schäfers, Bernhard (Hrsg.): Grundbegriffe der Soziologie, 4. Auflage, Opladen: Leske + Budrich 1995
Seiffert, Helmut/Radnitzky, Gerard (Hrsg.): Handlexikon der Wissenschaftstheorie, München: Deutscher Taschenbuch-Verlag 1992
Simmel, Georg: Grundfragen der Soziologie, 3. Auflage, Berlin: de Gruyter 1970 (erstmals 1917)
Stuckenberg, John H. W.: Sociology, Vol. 1, New York: Putnam 1903
Tönnies, Ferdinand: Geist der Neuzeit, Leipzig: Buske 1935
Weber, Max: Die protestantische Ethik und der Geist des Kapitalismus, in: Weber, Max: Gesammelte Aufsätze zur Religionssoziologie I, Tübingen: Mohr 1988
Weber, Max: Wirtschaft und Gesellschaft, Studienausgabe, Köln/Berlin: Kiepenheuer & Witsch 1964

Das Menschenbild in der Persönlichkeitspsychologie

Klaus A. Schneewind

1 Persönlichkeit! Persönlichkeit?

Ohne Zweifel ist das, was wir landläufig als „Persönlichkeit" bezeichnen, in vielen Facetten unseres gesellschaftlichen und individuellen Lebens ein Thema von fundamentaler Bedeutung. Ohne näher auf die Begriffsgeschichte von Persönlichkeit und die Geschichte der Persönlichkeitspsychologie einzugehen (vgl. z.B. Koch, 1960, McAdams, 1997), mögen einige Beispiele aus dem Bereich des Rechts, der Wirtschaft, der Literatur und schließlich ein Blick auf unser Bemühen um Selbsterkenntnis dies verdeutlichen. Dabei findet sich das Wort „Persönlichkeit" einmal in einem eher normativ-fordernden Zusammenhang und ein andermal eher in einem eher fragenden Kontext.

In normativer Hinsicht wird in unserem Rechtssystem bereits im zweiten der insgesamt 19 Artikel umfassenden Grundrechte des Grundgesetzes der Bundesrepublik Deutschland (1971, S. 30) jedem garantiert, daß er das Recht „auf freie Entfaltung seiner Persönlichkeit" hat, wenn auch mit der Einschränkung, daß er dabei „nicht die Rechte anderer verletzt und gegen die verfassungsmäßige Ordnung oder das Sittengesetz verstößt".

Die Wirtschaft - so ist allwöchentlich im Stellenanzeigenteil der überregionalen Zeitungen nachzulesen - sucht insbesondere für Führungspositionen „Persönlichkeiten", von denen ein Reihe von herausragenden Qualitäten wie Innovationsbereitschaft, Motivationsfähigkeit, Überzeugungskraft, Belastbarkeit, sicheres Auftreten, Führungskompetenz etc. verlangt wird. Wenn auch auf andere Weise als in den normativen Vorgaben unseres Grundgesetzes, ist auch dies eine Vorstellung von Persönlichkeit, die deutlich mit dem fordernden Anspruch eines Ausrufezeichens versehen ist.

In der Literatur kommt man nicht vorbei an Deutschlands Dichterfürsten Goethe und seinem berühmten Diktum, das da lautet: „Höchstes Glück der Erdenkinder sei nur die Persönlichkeit." Es lohnt sich, dieser Verszeile etwas genauer nachzuspüren und sie in ihrem Kontext zu betrachten, um herauszufinden, welche Vorstellung von Persönlichkeit hier zugrunde liegt. Wir finden diese Stelle in Goethes „West-östlichen Diwan", wo es in einem Dialog zwischen Suleika (alias Marianne von Willemer, der dritten Frau des mit Goethe befreundeten Frankfurter Bankiers Jakob von Willemer) und Hatem (alias Johann Wolfgang von Goethe) wie folgt heißt (Goethe, 1970, Band 2, S. 70):

„Suleika: Volk und Knecht und Überwinder,
Sie gestehn zu jeder Zeit:
Höchstes Glück der Erdenkinder
sei nur die Persönlichkeit.

Jedes Leben sei zu führen,
Wenn man sich nicht selbst vermißt;
Alles könne man verlieren,
Wenn man bliebe, was man ist.

Hatem: Kann wohl sein! so wird gemeinet;
Doch ich bin auf andrer Spur:
Alles Erdenglück vereinet
Find' ich in Suleika nur.

Wie sie sich an mich verschwendet,
Bin ich mir ein wertes Ich;
Hätte sie sich weggewendet,
Augenblicks verlör' ich mich.

Nun mit Hatem wär's zu Ende;
Doch schon hab' ich umgelost:
Ich verkörpre mich behende
In den Holden, den sie kost."

Erkennbar konfrontiert Goethe uns in Suleikas und Hatems Dialog mit zwei unterschiedlichen Persönlichkeitsvorstellungen, wobei die beiden ihre Auffassungen eher mit einem Ausrufe- als mit einem Fragezeichen vertreten. Bemerkenswert ist dabei, daß Goethe in dieser Passage mehrere Aspekte von „Persönlichkeit" anklingen läßt, die auch in unserer Zeit nichts an Aktualität eingebüßt haben. Zum einen unterstellt Suleika, daß das „höchste Glück der Erdenkinder" in der Wahrung der eigenen Identität liege - und zwar unabhängig vom gesellschaftlichen Status („Volk und Knecht und Überwinder") sowie vom materiellen Wohlstand und wohl auch von sozialen Bindungen („alles könne man verlieren").

Dem widerspricht Hatem, indem er auf eine Facette unserer Persönlichkeit verweist, die wir heute vermutlich eher mit dem Begriff „Beziehungspersönlichkeit" umschreiben würden. Er behauptet nämlich, daß wir erst durch die Zuwendung des anderen unseren Selbstwert erfahren („Wie sie sich an mich verschwendet, bin ich mir ein wertes Ich"). Freilich beklagt Hatem auch, daß mit dem Entzug von Zuwendung ein Verlust des Ichs einhergehe („Hätte sie sich weggewendet, augenblicks verlör' ich mich"), was vordergründig für eine nachgerade pathologisch-symbiotische Variante von Beziehungspersönlichkeit spricht (womit vermutlich aber der enttäuschte Liebhaber Goethe seiner „Suleika" einerseits schmeicheln, sie anderseits aber auch ein bißchen unter Druck setzen wollte). Ganz so ausweglos wäre allerdings für Hatem auch der Zustand des frustrierten Liebhabers nicht, denn er verfügt - weit bevor Freud den Abwehrmechanismus der Identifikation beschrieben hat - über eine raffinierte Strategie, um wenigstens einen Teil seiner Enttäuschung zu bewältigen, indem er sich nämlich - psychologisch gesehen - in den eigentlichen Liebhaber seiner Angebeteten verwandelt („Ich verkörpre mich behende, in den Holden, den sie kost").

Die von Goethe aufgeworfene Identitätsproblematik ist auch in unserer heutigen Zeit, in der es - anders als zu Goethes Zeiten - eine eingeführte akademische Disziplin namens „Persönlichkeitspsychologie" gibt, nach wie vor von brennendem Interesse in unserem Bemühen um Selbsterkenntnis. Diesen Gedanken hat z.B. der amerikanische Lehrbuchautor McMartin (1995) aufgegriffen, indem er ausdrücklich einen „studenten-zentrierten Ansatz" gewählt hat, um seiner studentischen Leserschaft wichtige Themen der Persönlichkeitspsychologie - und zwar eher auf eine fragende Art - nahezubringen. Dabei wendet er sich direkt an die Persönlichkeit bzw. das Selbst seiner Leserinnen und Leser und stellt diese in den Kontext von Gegenwart, Vergangenheit und Zukunft.

Persönlichkeitsrelevante Themen und Fragen, die sich besonders für die Gegenwart ergeben, sind etwa: Identität und Selbstwert (Wer bin ich? Warum ist es wichtig, daß ich mich selbst akzeptiere?), Streß und Bewältigung (Was ist Streß? Wie kann ich ihn bewältigen?), Bedürfnisse, Motive, Ziele (Was will ich? Was ist mir wichtig?).

Vergangenheitsbezogene Persönlichkeitsthemen sind: Genetische und Temperamentseinflüsse (Wie sehr bin ich, in der Art, wie ich bin, von meinen Genen beeinflußt? Hat meine Persönlichkeit im Mutterleib begonnen?), Kultivierung der Persönlichkeit (Welche frühen Kindheitserfahrungen haben meine Persönlichkeit beeinflußt?).

Auf die Zukunft gerichtete Themen der Persönlichkeit sind: Erwartungen, Pläne und Selbstregulation (Worauf ist zurückzuführen, ob ich versuche, meine Ziele zu erreichen oder ob ich aufgebe?) Kontinuität und Wandel über die Lebensspanne (In welcher Hinsicht kann ich erwarten, daß meine Persönlichkeit im Laufe meines Lebens gleichbleibt oder sich ändert?)

Themen und Fragen dieser Art markieren den Gegenstandsbereich der modernen Persönlichkeitspsychologie und sorgen für genügend Stoff, um die empirische Persönlichkeitsforschung in Gang zu halten. Allerdings kommt die empirische Persönlichkeitsforschung - wenn sie nicht in empiristischer Weise zu kurz greifen will - nicht um eine theoretische Fundierung ihrer Bemühungen herum. Dies hat zur Entwicklung einer Fülle von Persönlichkeitstheorien geführt, deren Anliegen es ist, einen Ordnungsrahmen für das Verständnis von „Persönlichkeit" zu liefern. „Die" Persönlichkeitstheorie im Sinne eines einzigen umfassenden, allgemein gültigen und allseits akzeptierten Theoriegebäudes gibt es allerdings nicht. Der Grund hierfür liegt vor allem darin, daß die verschiedenen Persönlichkeitstheorien von unterschiedlichen und zum Teil unvereinbaren Menschenbildannahmen ausgehen. Der nächste Abschnitt soll dies verdeutlichen.

2 Eine Typologie von Persönlichkeitstheorien

Persönlichkeitstheorien werden vom menschlichen Geist hervorgebracht, oder konkreter: sie sind die Produkte einzelner Personen (bisweilen auch Personengruppen oder „Schulen") und sind als solche „imprägniert" von den persönlichen Überzeugungen bzw. Menschenbildhypothesen ihrer Schöpfer. So meinen etwa Atwood und Tomkins (1976, S. 166) hierzu, daß „jeder Persönlichkeitstheoretiker die menschliche Natur von der besonderen Perspektive seiner eigenen Individualität betrachtet. Folglich sind Persönlichkeitstheorien stark von persönlichen und subjektiven Faktoren beeinflußt." Und die Persönlichkeitspsychologen Hjelle und Ziegler (1992, S. 9) haben diesen Sachverhalt wie folgt formuliert: „Alle denkenden Leute haben gewisse grundlegende Annahmen über das menschliche Wesen. Persönlichkeitstheoretiker sind keine Ausnahme von diesem Prinzip. Solche grundlegenden Annahmen beeinflussen weitgehend die Art und Weise, wie Personen sich gegenseitig wahrnehmen und behandeln, und im Falle von Persönlichkeitstheoretikern, wie sie ihre Theorien konstruieren."

Betrachtet man unterschiedliche Persönlichkeitstheorien und insbesondere Entwicklungstheorien über Personen, so gibt es zwar keinen Dissens darüber, daß sich Personen nicht im „luftleeren Raum", sondern in ihren Umwelten entwickeln. Sehr wohl gibt es aber unterschiedliche Auffassungen darüber, ob Personen als aktive Gestalter ihrer Umwelten gesehen werden oder aber nicht. Des weiteren gibt es auch Meinungsunterschiede darüber, ob Umwelten einen aktiv gestaltenden Einfluß auf die Entwicklung von Personen haben oder aber im Entwicklungsgang von Personen im wesentlichen einen passiven Part spielen. Im übrigen lassen sich diese Meinungsunterschiede auf unterschiedliche historische Wurzeln - insbesondere hinsichtlich ihrer philosophischen, medizinisch-biologischen und mathematisch-statistischen Tradition - zurückführen (vgl. Schneewind, 1994a, Band 1, S. 90 f).

Verknüpft man Person und Umwelt unter Berücksichtigung des zentralen Aspekts von Aktivität bzw. Passivität, dann ergeben sich nach Montada (1995, S. 7 f) vier prototypische, von ihm als Entwicklungstheorien bezeichnete Theorienfamilien des Person-Umwelt-Bezugs, die wir im gegebenen Zusammenhang auch als Theorien der Persönlichkeitsentwicklung bezeichnen können. Im einzelnen sind dies exogenistische, endogenistische, Selbstgestaltungs- und interaktionistische Theorien der Persönlichkeitsentwicklung (vgl. Abb. 1).

Abbildung 1: Typologie von Theorien der Persönlichkeitsentwicklung (in Anlehnung an Montada, 1995, S.7)

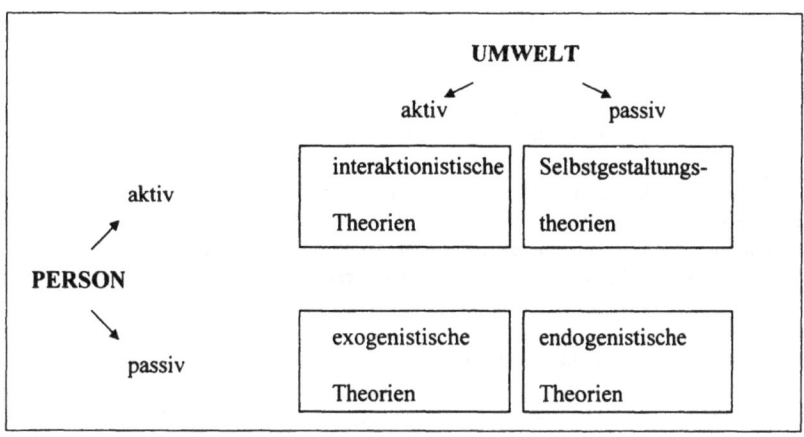

(1) Exogenistische („von außen einwirkende") Theorien der Persönlichkeitsentwicklung gehen davon aus, daß die Entwicklung von Personen ausschließlich von äußeren Situationen und Reizen abhängt. Demzufolge kann menschliche Entwicklung durch ein entsprechendes Arrangement der Umweltbedingungen beliebig geformt werden. In derartigen Theorien kommt eine radikale deterministische Haltung zum Ausdruck. Der orthodoxe Behaviorismus im Sinne von Watson (1930) und Skinner (1974) sind Beispiele für eine solche Konzeption von Persönlichkeitsentwicklung, wobei der Glaube an die „Machbarkeit des Menschen" insbesondere in den USA für die Sache des Behaviorismus einen großen Aufschwung bedeutete.

So sind für Watson individuelle Unterschiede auf Gewohnheiten zurückzuführen, die auf dem Wege von Konditionierungsvorgängen gelernt werden. Entsprechend behauptet er in seinem Hauptwerk zum Behaviorismus (Watson, 1930, S. 342): „Persönlichkeit ist nur das Endprodukt unseres Gewohnheitssystems." Sein Vertrauen in die ausschließliche Umweltdeterminiertheit der menschlichen Persönlichkeit veranschaulicht er in folgender vielzitierten Äußerung (Watson 1930, S. 134 f): „Geben Sie mir ein Dutzend gesunder Kinder, wohlgebildet, und meine eigene besondere Welt, in der ich sie erziehe! Ich garantiere Ihnen, daß ich blindlings eines davon auswähle und es zum Vertreter irgendeines Berufes erziehe, sei es Arzt, Richter, Künstler, Kaufmann, oder auch Bettler, Dieb, ohne Rücksicht auf seine Talente, Neigungen, Fähigkeiten, Anlagen, Reize oder Vorfahren."

In ähnlicher Weise wie Watson hat auch Skinner mehr als vier Jahrzehnte später ein ausschließlich von der Umwelt determiniertes Konzept von Persönlichkeit propagiert (Skinner 1974, S. 149): „Das Selbst oder die Persönlichkeit ist - wenn es hoch kommt - ein Repertoire von Verhaltensweisen, das durch ein Muster kontingenter Umweltereignisse erzeugt wurde."
(2) Endogenistische („von innen wirksame") Theorien der Persönlichkeitsentwicklung nehmen eine konträre Position zu der soeben dargestellten Gruppe von Entwicklungstheorien ein, indem sie unterstellen, daß Entwicklung sich vornehmlich nach einem genetischen Programm

vollzieht. Mit anderen Worten: Entwicklung versteht sich als ein biologisch determinierter Wachstums- oder Reifungsprozeß, der sich in einzelne Entwicklungsphasen gliedern läßt. Im Extremfall werden dabei externe Einflüsse allenfalls innerhalb sogenannter „sensibler Phasen" wirksam, denen dann eine verhaltensprägende Bedeutung zukommt.

Vorstellungen dieser Art finden sich insbesondere in den älteren entwicklungspsychologischen Phasen- und Stufentheorien (vgl. Bergius, 1959), aber auch in neueren verhaltensethologischen Ansätzen (vgl. Keller, 1989) oder den Konzeptionen einer evolutionspsychologisch orientierten Persönlichkeitspsychologie, denen zufolge zentrale Grunddimensionen der menschlichen Persönlichkeit als Konsequenz eines phylogenetischen Anpassungsprozesses zu sehen sind (vgl. Buss, 1991). Auch aktuelle neurobiologische Befunde zur Gehirnentwicklung sprechen zumindest teilweise für eine endogenistische Sichtweise. So verweisen etwa Greenough und Black (1992) auf eine evolutionär begründete erfahrungserwartende Synapsenbildung im Cortex. Diese führt im Sinne einer „intrinsischen Reifung" zu einer Überproduktion von Synapsen, um auf erwartbare Entwicklungserfordernisse vorbereitet zu sein, die - wie z.B. das Erlernen der visuell-motorischen Koordination von Greifbewegungen - für alle Kinder gleichermaßen relevant sind. Daneben läßt sich eine erfahrungsabhängige Synapsenbildung unterscheiden, die sich einstellt, wenn auf ein bestimmtes Kind spezielle Umweltgegebenheiten (z.B. im Sinne einer anregungsreichen oder -armen Umwelt) einwirken.

Einen starken endogenistischen Akzent weist auch die klassische psychoanalytische Entwicklungstheorie der Persönlichkeit auf. Freuds Entwicklungstheorie beruht im wesentlichen auf einer von biologischen Reifungsprozessen abhängigen Dominanzverlagerung der Libido, die im Entwicklungsverlauf in verschiedenen erogenen Zonen zum Ausdruck kommt. Der enge Zusammenhang zwischen psychosexueller Entwicklung einerseits und Persönlichkeit bzw. Charakter andererseits war von Freud erstmalig 1908 in seiner kleinen Abhandlung über „Charakter und Analerotik" dargestellt worden. In diesem Aufsatz glaubt Freud (1941, S. 205), „in den bei ehemaligen Analerotikern so häufig hervortretenden Charaktereigenschaften - Ordentlichkeit, Sparsamkeit und Eigensinn - die nächsten und konstantesten Ergebnisse der Sublimierung der Analerotik zu erkennen." Später hat Freuds Schüler Abraham (1971) in seinen 1925 erstmalig veröffentlichten „Psychoanalytischen Studien zur Charakterbildung" den Freudschen Ansatz mit zwei Abhandlungen über „Beiträge der Oralerotik zur Charakterbildung" und „Zur Charakterbildung auf der 'genitalen' Entwicklungsstufe" auch auf andere Phasen der psychosexuellen Entwicklung erweitert.

(3) Selbstgestaltungstheorien der Persönlichkeit unterstellen ebenfalls eine weitgehend passive Umwelt, begreifen die Person jedoch als einen Organismus, der sich die Umwelt aktiv aneignet. Entwicklung ist demnach ein weitgehend selbstgesteuerter und personintern ablaufender Konstruktionsprozeß, der im Laufe der Zeit zu einer immer besseren „Passung" zwischen objektiver und subjektiver Realität führt. Eine mangelnde Passung zwischen subjektiver und objektiver Realitätsstruktur fordert eine Reorganisation der subjektiven Realitätsstruktur heraus. Zwar können durch die Umwelt z.B. auf dem Wege pädagogischer Maßnahmen mehr oder minder gezielt „Passungskonflikte" herbeigeführt werden, die - sofern diese „entwicklungsangemessen" dosiert sind - zu einer Umgestaltung der internen Realitätsstruktur führen. Damit es jedoch zur Umstrukturierung der personinternen Erfahrungsschemata kommt, bedarf es seitens der Person einer aktiven Auseinandersetzung mit denjenigen Umweltgegebenheiten, die mit den bisherigen Erfahrungsschemata nicht vereinbar sind. Gerade darin besteht das aktive Moment der Selbstgestaltungstheorien gegenüber einer Umwelt, die - trotz des ihr zugeschriebenen Anregungsgehalts - als weitgehend passiv erachtet wird.

Als Initiator einer derartigen Position kann vor allem Piaget (1936) mit seiner Stufentheorie der Intelligenzentwicklung gelten. Piagets Grundkonzeption von Entwicklung, die nach einer im Prinzip universellen personinternen Entfaltungslogik abläuft, wurde über die Intelligenzentwicklung hinaus auch auf andere Entwicklungsbereiche übertragen. Hierbei ist vor allem Kohlbergs (1964) Theorie der Moralentwicklung und für den engeren Bereich der Persönlichkeitspsychologie Loevingers (1976) Stufentheorie der Ichentwicklung zu nennen. Loevinger (1987, S. 240) hat die Gemeinsamkeiten der von ihr als kognitives Entwicklungsparadigma (cognitive developmentalism) bezeichneten Ansätze auf den Punkt gebracht, indem sie sagt: „Im Gegensatz zu anderen Persönlichkeitspsychologen sagen die kognitiven Entwicklungstheoretiker, daß die Art und Weise, wie Kinder die Welt konstruieren, in Stufen erfolgt, die sich qualitativ - und nicht nur quantitativ - unterscheiden. ... Die Abfolge von Stufen ist weder - wie die Behavioristen behaupten - durch Umweltkontingenzen determiniert, noch - wie im Falle psychosexueller Phasen - durch angeborene physiologische Antriebskräfte, sondern zumindest teilweise durch die innere Logik der Entwicklungssequenz selbst. Diese Sequenz ist hierarchisch geordnet; auch in dieser Hinsicht unterscheidet sie sich von den psychosexuellen Phasen, die von der Psychoanalyse postuliert werden."

(4) Interaktionistische Theorien der Persönlichkeitsentwicklung verstehen Entwicklung als ein miteinander verschränktes System wechselseitiger Einflüsse von Person und Umwelt. Entsprechend dieser Theorienfamilie eignen sich Personen nicht nur ihre Umwelt aktiv an, sondern verändern diese auch, indem sie aktiv gestaltend in sie eingreifen. Die Umwelt wirkt ihrerseits auf die Person ein, und zwar in vielen Fällen als eine vom Menschen bereits veränderte, wodurch sie zu einer neuen Ausgangslage für die weitere Entwicklung wird. Dieser Prozeß gilt gleichermaßen für die Auseinandersetzung der Person mit ihrer materiellen und sozialen Umwelt, ist aber vielleicht besonders leicht nachvollziehbar, wenn man sich die Interaktion zwischen zwei Gesprächspartnern vor Augen führt, die gemeinsam einen Konflikt zu lösen haben und sich im Gesprächsverlauf jeweils mit den eigenen Argumenten auf die Argumente des anderen einstellen müssen, wenn es letztlich zu einer gelungenen Konfliktregelung kommen soll.

Theorien, die Entwicklung als derartige im Zeitverlauf sich wechselseitig beeinflussende Interaktionsprozesse zwischen Person und Umwelt begreifen, werden auch als dynamischer Interaktionismus oder Transaktionalismus bezeichnet (vgl. Sameroff, 1975; Magusson 1995). Entscheidend ist dabei eine systemische und kontextualistische Betrachtungsweise. Magnusson (1995, S. 24 f) hat folgende drei Grundannahmen für eine derartige - wie er es nennt - „integrierte, holistische Sichtweise" von Persönlichkeitsentwicklung formuliert: „1. Das Individuum funktioniert und entwickelt sich als ein ganzheitlich integrierter Organismus. Entwicklung findet nicht in einzelnen Aspekten statt, die aus ihrem Kontext herausgelöst sind. ... 2. Das Individuum funktioniert und entwickelt sich in einem kontinuierlich voranschreitenden reziproken Interaktionsprozess mit seiner Umwelt. ... 3a. Zu jedem spezifischen Zeitpunkt ist das Funktionieren des Individuums bestimmt durch einen Prozess kontinuierlicher, reziproker Interaktion zwischen psychischen und biologischen Faktoren sowie dem Verhalten - auf seiten des Individuums - und Situationsfaktoren. ... 3b. Das Individuum entwickelt sich in einem Prozess kontinuierlicher reziproker Interaktion zwischen psychologischen, biologischen und Umweltfaktoren."

Ein wichtiger Aspekt dessen, was Magnusson als „kontinuierlich reziproken Interaktionsprozess" bezeichnet, besteht darin, daß die Analyse von Entwicklungsprozessen ein systemisches, am Prinzip der zirkulären Kausalität orientiertes Denken erforderlich macht. So wird etwa im Rahmen der Analyse elterlicher Erziehung nicht mehr allein danach gefragt, wie Eltern die Entwicklung ihrer Kinder beeinflussen, sondern umgekehrt auch, welche Auswirkungen Kinder auf das Erleben und Verhalten ihrer Eltern haben. Familien qualifizieren sich entsprechend dieser Sichtweise als mehr oder minder komplexe Beziehungssysteme, in denen alle Beteiligten agierend und reagierend sich selbst in das Beziehungssystem einbringen und dadurch zu ihrer eigenen Entwicklung sowie zur Entwicklung der anderen Beziehungspartner und des gesamten Familiensystems im Sinne eines Ko-Konstruktionsprozesses beitragen.

Bronfenbrenner (1981), einer der prominentesten Vertreter eines transaktionalen Entwicklungsmodells, hat mit seinem Ansatz einer „Ökologie der menschlichen Entwicklung" darauf aufmerksam gemacht, daß Entwicklung nicht nur im Kontext der familiären Beziehungssystems stattfindet, sonder auch durch andere Lebenskontexte - von ihm als Meso-, Exo- und Makrosystem bezeichnet - mitbestimmt wird.

3 Anthropologische Grundlagen transaktionaler Persönlichkeitstheorien

In den letzten Jahren hat sich mehr und mehr eine Präferenz für eine interaktionistische oder transaktionale Konzeption von Persönlichkeitsentwicklung herausgebildet. Obwohl einzelne Ansätze dieser Theorienfamilie eine z.T. sehr unterschiedliche Ausgestaltung erfahren haben, sollen im folgenden in Ergänzung zu den bereits genannten Merkmalen transaktionaler Entwicklungstheorien anhand eines integrativen Modells des Person-Umwelt-Bezugs einige wesentliche anthropologische Grundlagen skizziert werden, die dieser Theoriengruppe zugrunde liegen. Eine graphische Veranschaulichung dieses integrativen Modells des Person-Umwelt-Bezugs findet sich in Abbildung 2 (vgl. Schneewind & Pekrun, 1994, S. 7).

Abbildung 2: Modell des Person-Umwelt-Bezugs

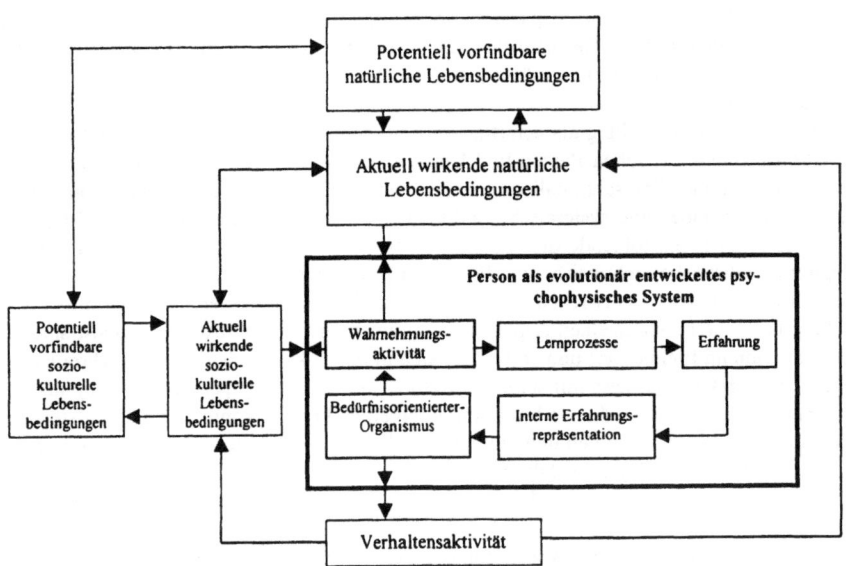

Die anthropologischen Grundlagen dieser Konzeption, die zugleich auch eine Erläuterung des Modells beinhalten, konzentrieren sich auf die folgenden fünf Punkte:
(1) Lernfähigkeit. Ein wesentlicher anthropologischer Sachverhalt besteht darin, daß der Mensch als evolutionär entwickeltes psychophysisches System im Vergleich zu anderen Lebewesen in viel stärkerem Maße ein lernfähiges, zugleich aber auch auf Lernen angewiesenes Wesen ist. Dies äußert sich zum einen in einer relativen Ungebundenheit an Instinkte und - damit einhergehend - in einer erhöhten Plastizität der Verhaltensentwicklung. Zum anderen ist

damit aber auch die Voraussetzung für den Ausgleich des „Defizits" einer weitgehenden Freiheit von endogenen Verhaltensprogrammen gegeben: Statt in seiner Lebenstätigkeit ausschließlich auf „naturgegebene" Lebensbedingungen festgelegt zu sein, ist der Mensch fähig, seine Lebensbedingungen in erheblichem Maße selbst zu gestalten, was wiederum auch auf seine Selbstgestaltung zurückwirkt. So behauptet etwa Fromm (1980, GA VII, S.204), man könne den menschlichen Charakter „als Ersatz für den fehlenden tierischen Instinkt verstehen" und ihn „als die zweite Natur des Menschen" begreifen.

Die Gesamtheit der im Verlauf ihrer Geschichte von der Menschheit selbst geschaffenen Lebensbedingungen läßt sich in Abgrenzung zu den Gegebenheiten der natürlichen Umwelt mit dem Begriff Kultur benennen. Zu jedem Zeitpunkt umfassen die kulturellen Lebensbedingungen sowohl die historisch gewachsenen sozialen Lebensformen einer Gruppe von Menschen als auch die bis dahin geschaffenen materiellen und geistigen Güter. Als solche weisen sie einen inneren Zusammenhang auf und präsentieren sich als Muster einer sozio-kulturellen Struktur.

(2) Soziales Angewiesensein. Ein weiterer anthropologischer Sachverhalt ist darin zu sehen, daß Kinder als „unfertige Wesen" auf die Welt kommen, die zur Befriedigung ihrer grundlegenden Lebensbedürfnisse relativ lang auf die Pflege und Unterstützung älterer, bereits erfahrener Personen angewiesen sind. Der Schweizer Zoologe Portmann (1944) hat in diesem Zusammenhang vom „extra-uterinen Frühjahr" des Menschen gesprochen, da ein menschliches Kind für die Dauer etwa eines Jahres noch nicht über die für die menschliche Spezies typischen Bewegungsweisen und Kommunikationsmittel verfügt und insofern gewissermaßen „nachreifen" muß. Der Anthropologe Gehlen (1961, S. 57) hat diesen Gedanken aufgegriffen und stellt fest: „Dieser extra-uterine, zwar außerhalb des Mutterleibes, aber noch im Stadium der Ausreifung vor sich gehende frühe Kontakt mit dem offenen Reichtum der einströmenden Reizfülle ist das früheste Stadium eines der wichtigsten Wesenszüge des Menschen - seiner Weltoffenheit."

Ein neugeborenes Kind wächst so - in aller Regel getragen von einer pflegenden Umgebung - in eine Gruppe von Menschen hinein, für die neben den vorherrschenden natürlichen Umweltgegebenheiten bestimmte sozio-kulturelle Lebensbedingungen kennzeichnend sind. Zusammengenommen stellen die natürlichen und sozio-kulturellen Lebensbedingungen den Rahmen dar, innerhalb dessen individuelles menschliches Leben sich entwickelt. Allerdings werden nicht zu jedem Zeitpunkt sämtliche Aspekte der potentiell vorfindbaren natürlichen und sozio-kulturellen Lebensbedingungen wirksam. Erst wenn der einzelne Mensch in seiner Entwicklung mit ihnen in Berührung kommt, besteht die Möglichkeit, daß sie als aktuell wirkende natürliche und sozio-kulturelle Lebensbedingungen seinen Lebensprozeß beeinflussen.

(3) *Erfahrungsbildung.* Daß die beeinflussenden Lebensbedingungen auf seiten des Individuums psychische Wirkungen hervorrufen, macht die Annahme erforderlich, daß Menschen grundsätzlich die Fähigkeit zur Erfahrungsbildung auf dem Wege des Lernens haben. Dies ist im Grunde eine Basisannahme aller kognitiven Lerntheorien - so z.B. auch der derzeit relativ einflußreichen sozial-kognitiven Lerntheorie von Bandura (1995). Dabei wird unterstellt, daß Lernen ein aktiver Aneignungsvorgang ist. Dieser setzt einen bedürfnis- bzw. zielorientierten Organismus voraus, der sich zum einen durch Wahrnehmungsaktivität mit seinen aktuellen natürlichen und sozio-kulturellen Lebensbedingungen in Beziehung setzt und zum anderen durch Verhaltensaktivität auf diese einwirkt. Wie dieser Aneignungsvorgang zu einem bestimmten lebensgeschichtlichen Zeitpunkt abläuft und zu welchen psychischen Wirkungen er führt, hängt wesentlich von drei Voraussetzungen ab, nämlich dem erreichten biologisch-kognitiven Reifungsniveau des Menschen, (b) der im bisherigen Lebensgang akkumulierten Erfahrung und (c) dem Ausschnitt an natürlichen und sozio-kulturellen Lebensbedingungen, mit denen die Person aktuell in Berührung kommt.

(4) Interne Erfahrungsrepräsentation. Eine weitere zentrale Annahme ist, daß die durch soziale Lernprozesse erworbenen Erfahrungen personintern aufbewahrt werden. Es formiert sich dadurch ein autobiographisches Gedächtnis, von dem Bruhn (1990, S. 95) sagt, daß es „für eine Identität des Selbsts sorge, insbesondere des Selbsts in Beziehung zu anderen und zur Welt". Dabei lassen sich drei Ebenen unterscheiden, nämlich (a) die Ebene des Unbewußten, (b) die Ebene des unmittelbaren phänomenalen Erlebens äußerer Gegebenheiten und innerer Zustände und (c) die Ebene des reflexiven Bewußtseins, das sich vor allem auf das Symbolsystem der Sprache stützt. Die Fähigkeit zum Erwerb und zur Anwendung von Sprache eröffnet dem Menschen nicht nur die Möglichkeit zu einer kontextungebundenen inneren Verständigung über sich selbst und seine Welt, sondern auf dem Wege der Kommunikation auch eine äußere Verständigung mit anderen Menschen über die mitgeteilten Inhalte sowie ein Aushandeln der Bedeutung sprachlicher Symbole im Kontext zwischenmenschlichen Lebens, worauf vor allem die von Mead (1934) entwickelte Theorie des symbolischen Interaktionismus aufmerksam gemacht hat.

(5) Handlungsfähigkeit. Über ihre Kommunikationsfunktion hinaus ermöglicht Sprache aber auch, zukünftige Zustände sowie die Vorgehensweisen, wie diese zu erreichen oder zu vermeiden sind, gedanklich vorweg zu nehmen. Mit anderen Worten: Sprache ist Voraussetzung für Handeln im Sinne einer absichtsvollen, zielgerichteten Aktivität, sei es individuell oder gemeinschaftlich. Zugleich beinhaltet personale Handlungsfähigkeit, die von Holzkamp (1983, S. 243) als „das erste menschliche Lebensbedürfnis" bezeichnet wird, auch, zwischen verschiedenen Handlungswegen bzw. -mitteln wählen und entscheiden zu können. Dieser grundlegende Aspekt von Handlungsfähigkeit, stellt somit die Basis für das subjektive Erleben und die objektivierbare Verwirklichung menschlicher Autonomie und Freiheit dar. Individuelle und gemeinschaftliche Handlungsfähigkeit ist nicht nur eine wesentliche Voraussetzung für das Erreichen von Zielen, sie ist auch Vorbedingung für neue Zielsetzungen und die ihnen zugeordneten Handlungen, die sich freilich nur - auch hierauf hat u.a. Holzkamp (1983) hingewiesen - in einem Rahmen entsprechender gesellschaftlicher Bedingungen der Handlungsermöglichung entfalten kann. Insofern kann individuelle und gemeinschaftliche Handlungsfähigkeit auch ein innovativ-veränderndes Moment enthalten, das individuelle Veränderungen, aber auch Veränderungen der sozio-kulturellen Lebensbedingungen zu erklären vermag.

4 Ein metatheoretisches Rahmenkonzept für Persönlichkeitstheorien

Die bisherigen Überlegungen hatten zum einen das Hervortreten einer interaktionistischen bzw. transaktionalen Sichtweise von Persönlichkeitsentwicklung und zum anderen eine Reihe von anthropologischen Grundlagen einer derartigen Sichtweise zum Gegenstand. Im folgenden soll nun eine Konkretisierung dieser Überlegungen erfolgen. Die Zielsetzung besteht darin, einen kohärenten begrifflichen Rahmen für die Verortung und Entwicklung von Persönlichkeitstheorien zu gewinnen - und zwar auch für solche, die sich als partielle Theorien bzw. als Theorien mittlerer Reichweite verstehen. Darüber hinaus lassen sich mit diesem Rahmenkonzept auch vielfältige Fragestellungen der empirischen Persönlichkeitsforschung, die sich nicht nur auf Themen eines allgemeinen Verständnisses von Persönlichkeit, sondern auch auf Fragen der individuellen Persönlichkeitsentwicklung, in einer sinnvollen Weise zuordnen (zu einem ähnlichen Versuch - allerdings mit einem Schwerpunkt auf dem sog. „Fünf-Faktorenmodell der Persönlichkeit" - vgl. Costa & McCrae, 1994, McCrae & Costa, 1996).

Obwohl Allport bereits 1937 nachgewiesen hat, daß es nahezu so viele Definitionen von Persönlichkeit wie Persönlichkeitstheoretiker gibt (er hatte 49 Definitionsvorschläge aufgeführt und selbst einen fünfzigsten hinzugefügt), soll im folgenden ein eigener Definitionsver-

such vorgestellt werden, der die Basis für das dann zu skizzierende metatheoretische Rahmenmodell abgibt. Bezugspunkt ist dabei die individuelle Persönlichkeit des einzelnen Menschen, wobei grundlegend zwischen einem strukturellen und prozessualen Aspekt unterschieden wird:
Die *Struktur der individuellen Persönlichkeit* ist das zu jedem Entwicklungszeitpunkt eines bestimmten menschlichen Individuums einzigartige Gesamtsystem (a) seiner grundlegenden physischen und psychischen Merkmale, (b) seiner charakteristischen Formen der Auseinandersetzung mit personinternen und personexternen Gegebenheiten sowie (c) seines Selbst- und Welterlebens. Die *individuelle Persönlichkeit als Prozeß* bezieht sich auf die Entwicklung des Gesamtsystems der Persönlichkeit eines bestimmten menschlichen Individuums über die gesamte Lebensspanne.

Aus der Dynamik des Zusammenwirkens des für dieses Individuum charakteristischen Persönlichkeitssystems und der jeweiligen personexternen Gegebenheiten ergibt sich der unverwechselbare Verlauf seiner individuellen Persönlichkeitsentwicklung. Eine Umsetzung dieses Definitionsvorschlags veranschaulicht die in Abbildung 3 wiedergegebene Graphik.

Abbildung 3: Transaktionales Modell der Persönlichkeitsentwicklung

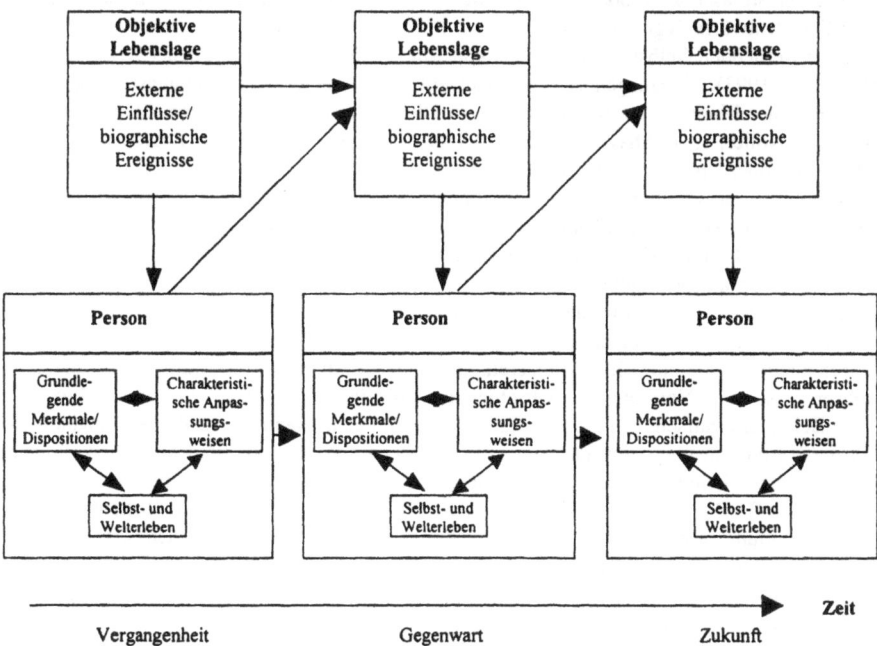

Es folgt nun ein kurzer Kommentar zu dieser Graphik mit einigen beispielhaften Hinweisen zu aktuellen Forschungsthemen der Persönlichkeitspsychologie. Dabei ist zunächst auf den trivialen Punkt hinzuweisen, daß die individuelle Persönlichkeitsentwicklung in einem zeitlichen Kontext, d.h. also im Kontext von Vergangenheit, Gegenwart und Zukunft, steht. Zu

jedem beliebigen Zeitpunkt läßt sich die individuelle Persönlichkeitstruktur personintern durch drei miteinander in Beziehung stehende Variablenklassen kennzeichnen. Es sind dies:
(a) Grundlegende Merkmale und Dispositionen. Hierzu gehören vor allem die genetische Ausstattung der Person; ihre physischen Merkmale wie Geschlecht, Alter, äußeres Erscheinungsbild, Gesundheitszustand; allgemeine und spezifische kognitive Fähigkeiten; generelle Motivdispositionen wie das Bedürfnis nach Wirksamkeit und Bezogenheit (vgl. Wiggins, 1991), generelle Temperaments- und Persönlichkeitseigenschaften wie die in letzter Zeit als „Big Five" propagierten Persönlichkeitskonstrukte Neurotizismus, Extraversion, Gewissenhaftigkeit, Verträglichkeit und Erfahrungsoffenheit (vgl. McCrae & John, 1992; Angleitner und Ostendorf, 1994; Wiggins & Trapnell, 1997).
(b) Charakteristische Anpassungsweisen. In diesen Bereich fallen etwa tägliche Routinen und Gewohnheiten, die sich in spezifischen Fähigkeiten und Fertigkeiten - auch im Umgang mit sozialen Situationen - äußern. Darüber hinaus zählen hierzu vor allem individuelle Strategien der Handlungsregulation und Emotionskontrolle, wie sie sich in bestimmten problem- oder emotionsfokussierten Bewältigungsstrategien beim Umgang mit belastenden Situationen ergeben (vgl. Lazarus & Folkman, 1984; Schwarzer, 1993) oder als generalisierte Abwehrmechanismen wirksam werden (vgl. Vaillant, 1993; Paulhus, Fridhandler & Hayes, 1997).
(c) Selbst- und Welterleben. Dieser Bereich thematisiert das individuelle Selbst- und Identitätserleben wie es sich manifestiert im Erleben des eigenen Selbstwerts (vgl. Baumeister, 1997), der subjektiven Erfahrung von Selbstwirksamkeit (vgl. Bandura, 1995), der besonderen Art der Selbstpräsentation oder Selbstüberwachung (vgl. Snyder, 1987), der Erfassung möglicher Selbstentwürfe (vgl. Marcus & Nurius, 1986) oder auch der über narrative Verfahren sichtbar werdenden Selbst- und Identitätskonstruktion in Form „persönlicher Mythen" (vgl. McAdams, 1993). Hierzu gehören aber auch interne Modelle der Beziehungsrepräsentation wie sie in der Bindungstheorie inzwischen in allen Altersbereichen untersucht werden (vgl. Feeney & Noller, 1996, Shaver, Collins & Clark, 1996) sowie die interne Repräsentation von Situationen oder Umwelten (vgl. Moos 1973).

Diese drei personinternen Variablengruppen stehen untereinander in einem Wechselwirkungsverhältnis. Die dabei ablaufenden dynamischen Prozesse können noch am ehesten dem Komplex der „Charakteristischen Anpassungsweisen", die sich sowohl auf personinterne Zustände als auch auf personexterne Gegebenheiten beziehen, zugeordnet werden. McCrae und Costa (1996, S. 71) nennen in diesem Zusammenhang exemplarisch sechs Klassen von dynamischen Prozessen der Persönlichkeit, nämlich (a) Informationsverarbeitungsprozesse (z.B. Wahrnehmung, operantes Konditionieren, implizites Lernen), (b) Bewältigungs- und Abwehrprozesse (z.B. Verdrängung, Verschiebung, positives Denken), (c) Volitionale Prozesse (z.B. Belohnungsaufschub, rationale Wahlentscheidungen, Planungs- und Handlungsinitiierung), (d) Emotionsregulationsprozesse (z.B. emotionale Reaktionen bei Kampf bzw. Flucht, Ausdruck bzw. Unterdrückung von Affekten, hedonistisches Anpassung), (e) interpersonale Prozesse (z.B. Bindungs- und Beziehungsformen, soziale Manipulation. Rollenspiel), (f) Identitätsbildungsprozesse (z.B. Selbstentdeckung, Sinnsuche, Selbskonsistenz). Die Abklärung der Wirkungsweise dieser Prozesse für die jeweilige individuelle Struktur und Organisation der Persönlichkeit stellt noch eine erhebliche Herausforderung für die empirische Persönlichkeitspsychologie dar.

Neben dem zeitlichen Kontext ist das individuelle Persönlichkeitssystem auch im Kontext ihrer *objektiven Lebenslage* zu sehen. Diese läßt sich in Form externer Einflüsse und biographischer Ereignisse objektivieren. Zu den aktuell wirkenden *externen Einflüssen* gehören z.B. situationsbedingte Einschränkungen und Opportunitäten, die Einbindung in familiäre, berufliche oder sonstige soziale Beziehungssysteme, die Verfügbarkeit finanzieller Ressourcen, die Art der Wohnung und Wohnumgebung, die Zugehörigkeit zu einer bestimmten Kultur bzw.

Subkultur sowie zu einer bestimmten geschichtlichen Epoche (vgl. Bronfenbrenner, 1981; Moen, Elder & Lüscher, 1995).

Biographische Ereignisse repräsentieren hingegen diejenigen Aspekte der Umwelt, mit denen eine Person in ihrem bisherigen Lebensgang in Berührung gekommen ist. Sie stellen als objektive und mehr oder minder chronische oder singuläre Gegebenheiten die Basis für die je individuelle Lebensgeschichte einer Person dar. Hierzu gehören die Erziehungs- und Sozialisationseinflüsse im Kontext von Familie, Gleichaltrigengruppe, Schule und Beruf (vgl. Schneewind, 1994b), aber auch traumatische und kritische Lebensereignisse kollektiver oder persönlicher Art wie z.B. Krieg, Umweltkatastrophen, Unfälle, Krankheiten, Personenverluste etc. (vgl. Filipp, 1990).

Entscheidend ist nun, daß die der objektiven Lebenslage zuzurechnenden externen Einflüsse und biographischen Ereignisse zum jeweiligen Zeitpunkt ihres Auftretens auf eine spezifische individuelle Persönlichkeitsstruktur treffen und das von der Person bis zu diesem Zeitpunkt entwickelte Persönlichkeitssystem aktivieren. Dabei ist zu bedenken, daß externe Einflüsse und biographische Ereignisse nicht nur über die Person hereinbrechende Widerfahrnisse wie z.B. Kriege oder Umweltkatastrophen sind, sondern auch durch den besonderen persönlichkeitsbedingten Lebensstil einer Person von ihr selbst hervorgerufen werden können, so z.B. wenn jemand aufgrund seiner Vorliebe für Risikosportarten einen Unfall erleidet. Insofern lassen sich das individuelle Persönlichkeitssystem einer Person und die für sie spezifischen Umweltgegebenheiten als ein übergreifendes Person-Umwelt-System verstehen, in dem sich Person und Umwelt im Sinne eines koevolutionären Prozesses entwickeln (vgl. Willi, 1985, der dies für die Entwicklung von Personen mit und in ihren sozialen Beziehungssystemen beschreibt).

Von besonderer Bedeutung ist nicht nur, *daß* dieser Koevolutionsprozeß passiert, sondern *wie* er abläuft. Erneut kommen hier vor allem die bereits erwähnten charakteristischen Anpassungsweisen einer Person in ihrer zum jeweiligen Entwicklungszeitpunkt gegebenen Ausgestaltung zum Tragen. Für den Prozeß der Entwicklung selber sind entsprechend dem von Bronfenbrenner und Ceci (1993, S. 316) vorgeschlagenen bio-ökologischen Entwicklungsmodell vor allem *proximale Prozesse* von Bedeutung, die sie als die „primären Motoren der Entwicklung" ansehen. Dabei gehen sie von der grundsätzlichen Annahme aus, daß menschliche Entwicklung gekennzeichnet ist „durch zunehmend komplexer werdende reziproke Interaktionsprozesse zwischen einem aktiven, sich entfaltenden bio-psychologischen menschlichen Organismus und den Personen, Objekten und Symbolen in seiner unmittelbaren Umwelt." Diese proximalen Interaktionsprozesse sollten, um Entwicklungseffekte zu erzeugen, mit einer gewissen Regelhaftigkeit und Dauerhaftigkeit erfolgen. Sie ereignen sich als solche in proximalen Settings (z.B. Familie, Gleichaltrigengruppe, Arbeitsplatz), die ihrerseits in einen breiteren distalen Umweltkontext (z.B. soziale Schichtzugehörigkeit, kulturelles Wertesystem) eingebettet sind.

Die von Bronfenbrenner und Ceci vorgestellte Konzeption von Entwicklung entspricht dem weiter oben bereits beschriebenen allgemeinen Entwicklungsmodell einer systemisch-kontextualistischen Person-Umwelt-Interaktion bzw. -Transaktion. In dieser allgemeinen Formulierung geht es jedoch nicht auf persönlichkeitsspezifische Aspekte der Person-Umwelt-Transaktion ein. Hierzu hat Caspi (1997) in Anlehnung an Konzepte, die zunächst im Bereich der Verhaltensentwicklungsgenetik diskutiert worden waren (vgl. Plomin, DeFries & Loehlin, 1977; Scarr & McCartney, 1983), drei verschiedene Formen von Person-Umwelt-Transaktionen vorgestellt, die auf der Basis spezifischer Ausgangslagen des individuellen Persönlichkeitssystems zur Klärung der Frage herangezogen werden können, wie spezifische Verläufe der individuellen Persönlichkeitsentwicklung zustande kommen. Ohne an dieser Stelle im einzelnen auf einschlägige Forschungsbefunde eingehen zu können, sollen die drei Varianten von Person-Umwelt-Transaktionen kurz vorgestellt werden:

(a) Reaktive Person-Umwelt-Transaktionen. Dieses Transaktionskonzept geht nach Caspi (1997, S. 355) davon aus, daß „verschiedene Personen, die derselben Umwelt ausgesetzt sind, diese in einer unterschiedlichen Weise erfahren, interpretieren und auf sie reagieren". Ein Beispiel hierfür ist etwa die von Dodge (1986) entwickelte und später erweiterte (vgl. Crick & Dodge, 1994) Theorie der sozialen Informationsverarbeitung, wonach sich z.B. zeigen läßt, daß aggressive im Vergleich zu nicht-aggressiven Kindern bei anderen häufiger bestimmte uneindeutige Hinweisreize als Ausdruck einer aggressiven Haltung interpretieren. Daraufhin reagieren sie selbst häufiger aggressiv, wobei sie zugleich der Überzeugung sind, daß ein aggressive Problemlösungsstategie für sie mehr Vorteile bringt als eine nicht-aggressive Strategie.

(b) Evokative Person-Umwelt-Transaktionen. Nach Caspi (1997, S. 357) ist dieser Typ von Person-Umwelt-Transaktionen dadurch gekennzeichnet, daß „Personen aufgrund ihrer besonderen Persönlichkeitsmerkmale bei anderen ganz bestimmte Reaktionen hervorrufen." Ein Beispiel hierfür ist, daß erziehungsschwierige im Gegensatz zu unauffälligen Kindern bei ihren Müttern und auch bei Müttern, die kein erziehungsschwieriges Kind haben, gleichermaßen negative Emotionen und kontrollierende Reaktionen hervorrufen (vgl. Anderson, Lytton & Romney, 1986). Auf Dauer werden so zwischen erziehungsschwierigen Kindern und ihren Eltern negative Transaktionszyklen aufrechterhalten und stabilisiert.

(c) Proaktive Person-Umwelt-Transaktionen. Nach Caspi (1997, S. 355) "treten proaktive Transaktionen dann auf, wenn Personen selbst ihre Umwelten auswählen oder schaffen". Beispiele hierfür sind etwa Freundschaftswahlen von Kindern und Jugendlichen, die nach dem Gesichtspunkt der Übereinstimmung in der äußeren Erscheinung, Wertvorstellungen und Verhaltensweisen erfolgen und damit zu einer Konsolidierung des eigenen Persönlichkeitssystems beitragen (Cairns & Cairns, 1994). In ähnlicher Weise läßt sich auch die Wahl von (Ehe-)Partnern nach dem Prinzip des "assortative mating" (selektive Partnerwahl) erklären. So fanden z.B. Caspi und Herbener (1990) in einer 10-jährigen Längsschnittstudie, daß Ehepartner, die sich zu Beginn ihrer Ehe in bestimmten Persönlichkeitsmerkmalen ähneln, über die Zeit weniger ihre Persönlichkeit verändern. Die Autoren interpretieren dies als einen Beleg dafür, daß sich die Partner aufgrund ihrer ähnlichen Persönlichkeitsausstattung selbst ein Beziehungssystem schaffen, das die Kontinuität ihrer Persönlichkeitsentwicklung gewährleistet.

Nun gibt es allerdings nicht nur Kontinuität, sondern auch Wandel in der individuellen Persönlichkeitsentwicklung, die mit normativen und nicht-normativen Übergängen im Lebenslauf einer Person einhergehen. Wie diese Übergänge oder Wendepunkte im Lebenslauf bewältigt werden, hängt in starkem Maße vom Persönlichkeitssystem der Betroffenen ab. So konnten beispielsweise Sampson und Laub (1993) für antisoziale und sozial unauffällige Kinder nachweisen, daß beide Gruppen im Erwachsenenalter weniger Delinquenz und abweichendes Verhalten zeigen, wenn sie über stärkere familiäre Bindungen und ein höheres Engagement am Arbeitsplatz verfügen. In ähnlicher Weise neigen verhaltensauffällige Mädchen mit einer stark ausgeprägten Planungskompetenz im Gegensatz zu vergleichbar verhaltensgestörten Mädchen ohne diese Kompetenz weniger dazu, Freunde oder Partner mit abweichendem Verhalten zu wählen, wodurch sie sich günstigere Bedingungen für ihre weitere Persönlichkeitsentwicklung schaffen (vgl. Quinton, Pickles, Maughan & Rutter, 1993). Und wenn beim Übergang zur Elternschaft beide Eltern bereits vor der Geburt ihres ersten Kindes ein eher negatives Beziehungsklima aufweisen, so führt dies im Gegensatz zu den Paaren mit einem übereinstimmend positiv wahrgenommenen Beziehungsklima nach der Ankunft des Kindes mehr und mehr zu einer Abnahme ihrer Ehequalität (vgl. Schneewind, 1995). Allgemein scheinen somit auch Diskontinuitäten der Persönlichkeitsentwicklung auf spezifische Merkmale des individuellen Persönlichkeitssystems zurückführbar zu sein.

5 Persönlichkeitspsychologie und Anwendungspraxis

Eingangs war die Verwendung des Begriffs "Persönlichkeit" in einigen Beispielen mit einem eher normativ-fordernden und einem eher fragenden Akzent dargestellt worden. Die Persönlichkeitspsychologie versteht sich zu allererst als eine Grundlagendisziplin der Psychologie und ist insofern dem Lager der Fragenden zuzuordnen. "Was ist Persönlichkeit?" und "Wie entwickelt sich die individuelle Persönlichkeit?" sind Fragen, die diesem grundlagenwissenschaftlichen Selbstverständnis entspringen. Wir haben gesehen, daß die Beantwortung dieser Fragen nicht nur auf der Basis verschiedener Persönlichkeitstheorien erfolgt, sondern daß diese Theorien mehr oder minder explizite Menschenbildannahmen beinhalten.

Im Hinblick auf die Persönlichkeitsentwicklung ist dabei von besonderer Bedeutung, ob Personen und die Umwelten, in denen sie sich entwickeln, als aktive oder passive Einheiten gesehen werden. Aufbauend auf einigen grundlegenden anthroplogischen Überlegungen zum Person-Umwelt-Bezug wurde ein metatheoretisches Rahmenkonzept vorgestellt, dem ein systemisches, kontextualistisches und transaktionales Verständnis von Persönlichkeitsentwicklung zugrunde liegt.

Dieses metatheoretische Rahmenkonzept stellt im Sinne von Albert (1965) eine explizite und anthropologisch fundierte "Wertbasis" für die Entwicklung von Persönlichkeitstheorien unterschiedlicher Reichweite sowie für die Realisierung empirischer Forschungsfragestellungen dar. Man kann sich für diese "Wertbasis" entscheiden oder nicht, was wiederum mit einem zentralen anthropologischen Grundmerkmal, nämlich dem der menschlichen Handlungsfähigkeit, im Einklang steht. Ob man ein derartiges Rahmenkonzept zur "Wertbasis" seines eigenen Verständnisses von Persönlichkeit und Persönlichkeitsentwicklung macht, hängt nicht nur davon ab, ob es mit dem eigenen Überzeugungssystem bezüglich des "Wesens des Menschen" in Deckung zu bringen ist, sondern auch davon, welche Erklärungskraft den empirischen Umsetzungsversuchen zukommt, die dieser Sichtweise entstammen. Hierin beweist sich letztlich die Brauchbarkeit eines derartigen Denkansatzes.

An dieser Stelle sei noch einmal darauf hingewiesen, daß die hier dargestellte Konzeption eines transaktionalen Modells von Persönlichkeit die Frage nach dem "Was" und "Wie" von Persönlichkeit bzw. Persönlichkeitsentwicklung stellt, ausdrücklich nicht aber die Frage, was Persönlichkeit sein soll. In ihrer Eigenschaft als psychologische Grundlagendisziplin ist die normative Festsetzung von Zielen der Persönlichkeitsentwicklung als *Bestandteil* von Persönlichkeitstheorien kein Thema für die Persönlichkeitspsychologie. Dies schließt freilich nicht aus, daß wertende Aussagen über Persönlichkeit und Persönlichkeitsentwicklung sehr wohl *Gegenstand* der Theorienbildung und empirischen Forschung in der Persönlichkeitspsychologie sein können.(vgl. z.B. Coan, 1979; Wrightsman, 1974).

Allerdings geht persönlichkeitspsychologisches Wissen auch in die Anwendungspraxis psychologischen Handelns ein. Spätestens an dieser Stelle erfolgt die Verwertung persönlichkeitspsychologischen Wissens im Hinblick auf bestimmte Zielsetzungen etwa im wirtschaftlichen, pädagogischen, gesundheitlichen oder politischen Bereich. Die Interventionsmittel hierzu sind - je nach dem Anwendungskontext, in dem sich Psychologen und Psychologinnen bewegen - Erziehung, Ausbildung, Training, Beratung, Therapie etc. Die Interventionsziele laufen letztlich auf eine professionell betriebene Persönlichkeitsveränderung der betroffenen Klientel hinaus. Die Festlegungen und Begründungen dieser Ziele stammen jedoch primär nicht aus dem Bereich der Persönlichkeitspsychologie, sondern aus anderen Disziplinen und Instanzen wie der Theologie, der philosophischen Ethik, der Pädagogik, der Politik und mehr und mehr auch der Wirtschaft. Insofern sind an dieser Stelle die Menschenbilder dieser Disziplinen und Instanzen gefragt, wenn es darum geht, das "Wohin" der menschlichen Persönlichkeitsveränderung zu legitimieren.

Dennoch kann die Persönlichkeitspsychologie ihr Wissen auch für praktische Zwecke dienstbar machen, ganz abgesehen davon, daß sie im Kontakt mit der Anwendungspraxis auch Anregungen für neue Forschungsfragestellungen erhält. Der Weg zur dieser Art von angewandter Persönlichkeitspsychologie führt über die "technologische Transformation" persönlichkeitspsychologischen Wissens (vgl. Prim & Tilmann, 1973), d.h. die Umwandlung von theoriegeleitetem Bedingungswissen in wissensgeleitetes Handeln, so z.B. wenn es darum geht, die Erkenntnisse zur Entstehung und Stabilisierung antisozialen Verhaltens von Kindern und Jugendlichen in die Entwicklung entsprechender Präventionsprogramme umzusetzen und deren Effekte zu evaluieren (vgl. Yoshikawa, 1994). Auf diese Weise können persönlichkeitsbezogene Veränderungsziele nicht nur präzisiert, sondern hinsichtlich ihrer Realisierbarkeit auch korrigiert werden, wobei ein transaktionaler und zugleich systemisch-kontextualistischer Ansatz der Persönlichkeitsentwicklung samt der ihm entstammenden empirischen Befunde eine hilfreiche Orientierung sein kann. Auf diese Weise bestätigt sich dann doch noch Lewins berühmtes Diktum, wonach es nichts Praktischeres gibt als eine gute Theorie.

Anmerkung: Der zweite und dritte Abschnitt enthalten Textpassagen, die bereits in einem Gutachten des Wissenschaftlichen Beirats für Familienfragen beim Bundesministerium für Familie, Senioren, Frauen und Jugend (1998) sowie in einem Kapitel von Schneewind und Pekrun (1994) sowie in Schneewind (1998) verwendet wurden.

Literatur

Abraham, K. (1971). Psychoanalytische Studien I. Frankfurt a. M.: Fischer.

Albert, H. (1965). Wertfreiheit als methodisches Prinzip. In E. Topitsch (Hrsg.), Logik der Sozialwissenschaften (S. 181-210). Köln: Kiepenheuer & Witsch.

Allport, G. W. (1959). Persönlichkeit. Struktur, Entwicklung und Erfassung der menschlichen Eigenart. (2. Aufl.). Meisenheim: Hain.

Anderson, K. E., Lytton, H. & Romney, D. M. (1986). Mothers interaction with normal and conduct-disordered boys: Who affects whom? Developmental Psychology, 22, 604-609.

Angleitner, A. & Ostendorf, F. (1994). Temperament and the big five factors of personality. In C. F. Halverson, G. A. Kohnstamm & R. P. Martin (Eds.), The developing structure of temperament and personality from infancy to adulthood (pp. 69-90). Hillsdale, NJ: Erlbaum.

Atwood, G. E. & Tomkins, S. S. (1976). On the subjectivity of personality theory. Journal of History of the Behavioral Sciences, 12, 166-177.

Bandura, A. (1995). Self-efficacy. San Francisco, CA: Freeman.

Baumeister, R. F. (1997). Identity, self-concept, and self-esteem: The self lost and found. In J. Johnson & S. Briggs (Eds.), Handbook of personality psychology (pp. 681-710). San Diego, CA: Academic Press.

Bergius, R. (1959). Entwicklung als Stufenfolge. In H. Thomas (Hrsg.), Entwicklungspsychologie, Handbuch der Psychologie (Bd. 3, S. 104-195). Göttingen: Hogrefe.

Bronfenbrenner, U. (1981). Die Ökologie der menschlichen Entwicklung. Stuttgart: Klett-Cotta.

Bronfenbrenner, U. & Ceci, S. J. (1993). Heredity, environment, and the question of "How". A new theoretical perspective for the 1990's. In R. Plomin & G. E. McClern (Eds.), Nature, nurture, and psychology (pp. 313-323). Washington, DC: American Psychological Association.

Buss, D. M. (1991). Evolutionary personality psychology. Annual Review of Psychology, 42, 459-491.
Caspi, A. (1997). Personality development across the life course. In W. Damon & N. Eisenberg (Eds.), Handbook of child psychology, Vol.3: Social, emotional and personality development (pp. 311-388) (5th ed.). New York: Wiley.
Caspi, A. & Herbener, E. S. (1990). Continuity and change: Assortative mating and the consistency of personality in adulthood. Journal of Personality and Social Psychology, 58, 250-258.
Coan, R. W. (1959). Psychologists: personal and theoretical pathways. New York: Irvington.
Costa, P. T. & McCrae, R. R. (1994). Set like in plaster? Evidence for the stability of adult personality. In T. F. Heatherton & J. L. Weinberger (Eds.), Can personality change? (pp. 21-40). Washington, CD: American Psychological Association.
Feeney, J. & Noller, P. (1996). Adult attachment. Thousand Oaks, CA: Sage.
Filipp, S.-H. (Hrsg.) (1990). Kritische Lebensereignisse. (2. Aufl.). München: Psychologie Verlags Union.
Freud, S. (1941). Charakter und Analerotik. In A. Freud (Hrsg.), Gesammelte Werke (Bd. 7, S. 201-209). Frankfurt a. M.: Fischer.
Fromm, E. (1980). Gesamtausgabe. 10 Bände. Stuttgart: Deutsche Verlagsanstalt.
Gehlen, A. (1961). Anthropologische Forschung. Reinbek: Rowohlt.
Goethe, J. W. (1970). West-östlicher Diwan. In E. Spiekerkötter (Hrsg.), Werke in 10 Bänden (Bd. 2, S. 7-120). Frankfurt a. M.: Frankenbuchhandlung.
Greenough, W. T. & Black, J. E. (1992). Induction of brain structure by experience: Substrates for cognitive development. In M. R. Gunnar & C. A. Nelson (Eds.), Developmental behavioral neuroscience (pp. 155-200). Hillsdale, NJ: Erlbaum.
Grundgesetz mit Deutschlandvertrag, Menschenrechts-Konvention, Bundeswahlgesetz, Bundesverfassungsgerichtsgesetz und Parteiengesetz (1971). (12. Aufl.). München: Beck.
Hjelle, L. A. & Ziegler, D. J. (1992). Personality theory: Basic assemptions, research, and applications. (3rd ed.). New York: McGraw Hill.
Holzkamp, K. (1983). Grundlagen der Psychologie. Frankfurt a.M.: Campus.
Koch, M. (1960). Die Begriffe Person, Persönlichkeit und Charakter. In Ph. Lersch & H. Thomae (Hrsg.), Persönlichkeitsforschung und Persönlichkeitstheorie, Handbuch der Psychologie (Bd. 4, S. 3-29). Göttingen: Hogrefe.
Kohlberg, L. (1964). Development of moral character and moral ideology. In M. L. Hoffman & L. W. Hoffman (Eds.), Review of child development research (Vol. 1, pp. 383-441). New York: Russell Sage.
Lazarus, R. S. & Folkman, S. (1984). Stress, appraisal, and coping. New York: Springer.
Loevinger, J. (1976). Ego development: Conceptions and theories. San Francisco; CA: Jossey-Bass.
Magnusson, D. (1995). Individual development: A holistic, integrated model. In P. Moen, G. H. Elder & K. Lüscher (Eds.), Examining lives in context (pp. 19-60). Washington, DC: American Psychological Association.
Marcus, H. & Nurius, P. (1986). Possible selves. American Psychologist, 41, 954-969.
McAdams, D. P. (1997). A conceptual history of personality psychology. In R. Hogan, J. Johnson & S. Briggs (Eds.), Handbook of personality psychology (pp. 3-39). San Diego, CA: Academic Press.
McCrae, R. R. & Costa, P. T. (1996). Toward a new generation of personality theories: Theoretical contexts for the five-factor model. In J. S. Wiggins (Ed.), The five-factor model of personality (pp. 51-87). New York: Guilford Press.
McCrae, R. R. & John, O. P. (1992). An introduction to the five-factor model and its applications. Journal of Personality, 60, 175-215.

McMartin, J. (1995). Personality psychology. A student-centered approach. Thousand Oaks, CA: Sage.
Mead, G. H. (1934). Mind, self and society. Chicago: University of Chicago Press.
Moen, P., Elder, G. H. & Lüscher, K. (Hrsg.) (1995). Examining lives in context. Washington, DC: American Psychological Association.
Montada, L. (1995). Fragen, Konzepte, Perspektiven. In R. Oerter & L. Montada (Hrsg.), Entwicklungspsychologie (S. 1-83) (3.Aufl.). Weinheim: Psychologie Verlags Union.
Moos, R. H. (1973). Conceptualization of human environments. American Psychologist, 28, 652-665.
Paulhus, D. L., Fridhandler, P. & Hayes, S. (1997). Psychological defense. Contemporary theory and research. In R. Hogan, J. Johnson & S. Briggs (Eds.), Handbook of personality psychology (pp. 543-579). San Diego, CA: Academic Press.
Piaget, J. (1936). Psychologie der Intelligenz. Zürich: Rascher.
Plomin, R., De Fries, J. C., & Loehlin, J. C. (1977). Genotype-environment interaction and correlation in the analysis of human behavior. Psychological Bulletin, 84, 309-322.
Portmann, A. (1944). Biologische Fragemente zu einer Lehre vom Menschen. Basel: Schwabe.
Prim, R. & Tilmann, H. (1973). Grundlagen einer kritisch-rationalen Sozialwissenschaft. Heidelberg: Quelle & Meyer.
Quinton, D., Pickles, A., Manghan, B. & Rutter, M. (1993). Partners, peers, and pathways: Assortative pairing and continuities in conduct disorder. Development and Psychopathology, 5, 763-783.
Sameroff, A. J. (1975). Transactional models in early social relations. Human Development, 18, 65-79.
Sampson, R. J. & Laub, J. H. (1993). Crime in the making: Pathways and turning points through life. Cambridge, MA: Harvard University Press.
Scarr, S. & McCartney, K. (1983). How people make their own environments: A theory of genotype - environment effects. Child Development, 54, 424-435.
Schneewind, K. A. (1994a). Persönlichkeitstheorien I. Alltagspsychologie und mechanische Ansätze. Darmstadt: Primus.
Schneewind, K. A. (Hrsg.) (1994b). Psychologie der Erziehung und Sozialisation. (Enzyklopädie der Psychologie: Pädagogische Psychologie, Bd. 1). Göttingen: Hogrefe.
Schneewind, K. A. (1995). Familienentwicklung. In R. Oerter & L. Montada (Hrsg.), Entwicklungspsychologie (S. 128-166). Weinheim: Psychologie Verlags Union.
Schneewind, K. A. (1998). Familienpsychologie.(2. Aufl.). Stuttgart: Kohlhammer.
Schneewind, K. A. & Pekrun, R. (1994). Theorien der Erziehungs- und Sozialisationspsychologie. In K. A. Schneewind (Hrsg.), Psychologie der Erziehung und Sozialisation (Enzyklopädie der Psychologie: Pädagogische Psychologie, Bd.1, pp. 3-39). Göttingen: Hogrefe.
Schwarzer, R. (1993). Streß, Angst und Handlungsregulation. (3. Aufl.). Stuttgart: Kohlhammer.
Shaver, P. R., Collins, N. & Clark, C. L. (1996). Attachment styles and internal working models of self and relationship partner. In G. J. O. Fletcher & J. Fitness (Eds.), Knowledge structures in close relationships: A social psychological approach (pp. 25-62). Hillsdale, NJ: Lawrence Erlbaum.
Skinner, B. E. (1974). About behaviorism. New York: Knopf.
Snyder, M. (1987). Public appearances/private realities: The psychology of self-monitoring. New York: Freeman.
Vaillant, G. E. (1992). Ego mechanisms of defense: A guide for clinicians and researchers. Washington, DC: American Psychiatric Press.

Watson, J. B. (1930). Der Behaviorismus. Stuttgart: Deutsche Verlagsanstalt.
Wiggins, J. S. (1991). Agency and communion as conceptional coordinates for the understanding and measurement of interpersonal behavior. In D. Cicchetti &. W. Grove (Eds.) Thinking clearly about psychology: Essays in honor of Paul Everett Meehl (pp. 89-113). Minneapolis: University of Minnesota Press.
Wiggins, J. S. & Trapnell, P. D. (1997). Personality structure. The return of the big five. In R. Hogan, J. Johnson & S. Briggs (Eds.), Handbook of personality psychology (pp. 737-765). San Diego, CA: Academic Press.
Willi, J. (1985). Koevolution. Die Kunst des gemeinsamen Wachsens. Reinbeck: Rowohlt.
Wissenschaftlicher Beirat für Familienfragen beim Bundesministerium für Familie, Senioren, Frauen und Jugend (1998). Kinder und Kindheit in Deutschland. Eine Politik für Kinder im Kontext von Familienpolitik. Stuttgart: Kohlhammer.
Wrightsman, L. (1974). Assumptions about human nature. Monterey: Brooks/Cole.
Yoshikawa, H. (1994). Prevention as cumulative protection: Effects of early family support and education on chronic delinquency and its risk. Psychological Bulletin, 115, 28-54.

Über einige Randbedingungen eines Menschenbildes in der Medizin

Ernst Pöppel

Es ist sinnvoll, zwischen dem Menschenbild in der Medizin als wissenschaftlicher Disziplin und dem Menschenbild im Kontext ärztlichen Handelns zu unterscheiden. Ich will zunächst auf einige Gesichtspunkte eingehen, die nach meiner Auffassung das Menschenbild in der Medizin geprägt haben und die zu einer Entfremdung dieses wissenschaftlich orientierten Menschenbildes von jenem des ärztlichen Handelns geführt haben. Dann will ich versuchen - dies vor allem auf der Grundlage von Überlegungen aus der Evolutionstheorie und den Neurowissenschaften -, das medizinische und das ärztliche Menschenbild miteinander zu versöhnen. Dies soll geschehen, indem wir uns etwas genauer unsere „Denkwerkzeuge" betrachten und wie diese im Lichte moderner Forschung zu verstehen sind.

Sprechen wir zunächst über die Philosphie, die geistesgeschichtliche Wurzel unserer Tätigkeit. Durch diese nur skizzenhaft vorgetragenen Gedanken soll deutlich werden, daß die Art und Weise, wie wir Wissenschaft, speziell Medizin, betreiben, nicht selbstverständlich ist, daß es bestimmte Annahmen für unsere Forschungstätigkeit gibt.

Erinnern wir uns an die Grundsätze der Philosophie: Der Satz der Identität - A = A; eine Sache ist mit sich selbst identisch. Daß dieser wohl grundsätzlichste Satz der Philosophie aufgehoben werden kann, kennen wir von Patienten mit Schizophrenie oder Hirnverletzungen. Etwas kann seine Identität verlieren, im nächsten Augenblick etwas anderes sein; die eigene Identität kann verlorengehen oder Teile des Organismus können als nicht zum Ich gehörig angesehen werden, wie wir es vom Phänomen des Neglect kennen.

Wenn etwas verlorengehen kann, muß es im Gehirn einen Mechanismus geben, der die Leistung normalerweise zur Verfügung stellt - sonst könnte die Leistung nicht verlorengehen. Das Gehirn muß also aktive Verarbeitungsprinzipien bereitstellen, damit man von einem Grundsatz der Philosophie überhaupt sprechen kann. Ein philosophischer Diskurs ohne biologische oder medizinische Orientierung ist zumindest fragwürdig. Dies ist bereits eine erste Forderung zur Entgrenzung der zwei Teilkulturen, der Geistes- und der Naturwissenschaften. Aus diesen Bemerkungen sollte bereits deutlich werden, daß ich im erkenntnistheoretischen Sinn als Monist - als pragmatischer Monist - spreche.

Betrachten wir einen anderen Satz der Philosophie, den Satz vom Grunde: *Nihil est sine ratione* - Nichts ist ohne Grund. Dieser Satz mag eine Selbstverständlichkeit ausdrücken, doch wird der Satz nicht nur in seiner *allgemeinen* Form verstanden, sondern häufig in seiner konkreten Form *mißverstanden* - dem Sinne nach: Nichts ist ohne *einen* Grund; im Satz versteckt sich also *monokausales* Denken - als Denkzwang das größte Problem der Medizin. Eigentlich weiß man es: *Nihil est sine rationibus - Nichts ist ohne Gründe*. Biologische, medizinische oder psychologische Sachverhalte sind *multikausal* bestimmt.

Hier spielt auch ein dritter Satz der Philosophie hinein, der vom ausgeschlossenen Dritten, *tertium non datur*: Eine Sache ist wahr oder falsch, dazwischen gibt es nichts. Auf einer kategorialen Diskursebene ist dies selbstverständlich, aber dieser Satz verstellt das kreative Denken, wenn er wortwörtlich genommen wird, denn es gibt für viele Sachverhalte eine statistische Grundlage, so daß manche Sachverhalte ein bißchen wahr oder falsch sein können. Im Bereich der Kognitionsforschung, die sich mit "unsicherem Wissen" befaßt, ist ein zentrales Thema, wie die beiden Domänen des Wissens aufeinander abgebildet werden können, wie also kategoriales Wissen, für das das *tertium non datur* gilt, aus unsicherem Wissen entstehen kann. Als Beispiel: Wie gelangt ein Arzt auf der Grundlage von

Symptomen, die nur mit einer gewissen Wahrscheinlichkeit für eine Erkrankung sprechen, zu einer „präzisen" Diagnose?

Wie ist es in der Geistesgeschichte gekommen, daß die Grundsätze des Denkens, die auf einer kategorialen Diskursebene selbstverständlich sind, auch beherrschend wurden für das praktische Umgehen mit Sachverhalten. Nach meiner Einschätzung liegt dieses am Erbe - und am Erfolg - des *Rationalismus*; und vielleicht auch an einer für mich metaphysischen Aussage, die mit Wilhelm von Occam in Zusammenhang gebracht wird (bekannt als Occam's razor): *Entia praeter necessitatem non sunt multiplicanda*. Man soll Sachverhalte nicht über das Notwendigste hinaus zu erklären suchen; das Einfachste gilt.

Wenn das „Occam'sche Rasiermesser" und der Satz vom zureichenden Grunde (*Omnis ens habet rationem*) zusammengedacht werden, haben wir ein Paradigma im Sinne von Thomas Kuhn und für die Lebenswissenschaften, speziell die Medizin, eine Denkbehinderung: Sachverhalte seien dann gut erklärt, wenn sie einfachst erklärt sind, und am einfachsten seien sie natürlich *monokausal* erklärt. Dieses Konzept ist für die Erklärung der meisten Lebensprozesse ersichtlich falsch.

Der Rationalismus wird bekanntlich in der Geschichte der Philosophie mit René Descartes im Zusammenhang gebracht. Die Bedeutung von Descartes bezüglich der rationalen Welterklärung ist wohl unbestritten und wird verständlich, wenn man beispielsweise seinen *Discours de la méthode* liest. Hier geht es Descartes um die Analyse der *Denkwerkzeuge*. Er formuliert vier Regeln des Denkens, die unser intellektuelles Leben noch heute bestimmen. Die erste Regel besagt, ohne Vorurteile (und ohne Hast) Probleme zu behandeln und seine Gedanken klar und deutlich zu äußern; die zweite Regel - und diese ist in unserem Kontext besonders wichtig - ein Problem in seine Teile zu zerlegen; die dritte, vom Einfachen zum Schwierigen fortzuschreiten; und schließlich die Forderung nach der Vollständigkeit, also nichts zu vergessen!

Aus dieser Aufführung der Regeln des Denkens wird für mich vor allem deutlich, daß man dies alles *tun* kann, also ohne Vorurteile zu handeln, Probleme aufzuteilen, nichts zu vergessen. Mit anderen Worten: Probleme stellen sich in ihrer *Ganzheit einer rationalen Analyse* und können, wenn man es nur richtig macht, gelöst werden. Richtig macht man es u.a., wenn man *reduktionistisch* vorgeht, also das Problem in seine Teile zerlegt.

Anders formuliert kann man sagen, daß eine Grundthese des Rationalismus ist, daß Sachverhalte sich explizit darstellen und erklären lassen. Klar und deutlich - *clare et distincte* - sind Probleme zu formulieren, und dies ist auch möglich; die Beschäftigung mit dem Problem führt zu durchschaubaren und nachvollziehbaren Lösungen. Idealbild dieser Denkweise ist, daß Probleme *formal*, also *in mathematischer Sprache*, beschrieben und gelöst werden können. Grundlage dieses Denkens ist, daß mentale Kategorien gebildet werden können, die eindeutig bestimmt sind („*tertium non datur*"), und wenn solche mentalen Kategorien bestehen, dann sind sie formal darstellbar und man kann zur Lösung von Problemen Algorithmen angeben.

Die Algorithmisierung des Mentalen - unserer Denkwerkzeuge - ist letzte Konsequenz des Rationalismus, und steht in einem interessanten Bezug zu einem Teilgebiet der Informatik. Eine grundlegende Idee der klassischen künstlichen Intelligenzforschung ist die Annahme von *physical symbol systems*, d.h. der eindeutigen Charakterisierung mentaler Operationen. *Physical symbols*, die für Kategorien des Mentalen stehen, erlauben die Algorithmisierbarkeit bewußter Abläufe. Das hat die klassische Künstliche Intelligenz versucht und ist gescheitert. Ein wesentlicher Befund dieser Forschung ist die Erkenntnis, daß mentale Prozesse sich *nicht* wie Datenverarbeitungsvorgänge simulieren lassen, indem sequentielle Operationen mit Symbolen - ähnlich in einem Rechner - ausgeführt werden. Daß überhaupt so gedacht werden konnte, daß also menschliche Denkprozesse wie in Computern implementierte Algorithmen angesehen werden, ist nur verständlich aus dem Paradigma des Rationalismus - alles könne klar und explizit benannt werden - (alle) Probleme seien rational lösbar, insbesondere, wenn man reduktionistisch vorgehe.

Es soll nicht gesagt werden, daß alles falsch ist, was in diesem Paradigma gedacht wird; es ist nur falsch in seinem Anspruch, *alles* zu lösen, die Gesamtheit geistiger Prozesse einzufangen. Es ist ein *Vorurteil* zu meinen, alles mentale Geschehen müsse bewußt, explizit, direkt sprachlich verfügbar sein. Daß dieses nicht so sein muß, ja sein kann, ergibt sich aus der Evolutionstheorie, insbesondere aus der Entwicklung unserer neurokognitiven Maschinerie, also unserer Denkwerkzeuge.

Vorher aber ein paar Worte zur *Variablen-Definition* in den Wissenschaften. Bekanntlich steht am Anfang jeder wissenschaftlichen Beschäftigung die Definition einer Variablen. Variable sind kategoriale mentale Objekte, mit denen mathematische Operationen vorgenommen werden sollen. Variable können bestimmt sein nur durch Zugehörigkeit zu einer Klasse, einer Kategorie, oder dadurch, daß zwischen einzelnen Messungen der einer Variablen zugeordneten Ereignisse Intensitätsunterschiede angegeben werden können. Der Unterschied zwischen den einzelnen Wissenschaften beruht im wesentlichen darin, daß die Varianz der Messungen bei Meßwiederholungen erheblich variiert. Variablen-Definitionen in der Physik sind relativ einfach, und Messungen können üblicherweise mit hoher Präzision durchgeführt werden; dies ist zumindest der Anspruch dieser „harten" Wissenschaft. Statistisch gesprochen heißt dies, daß der Anteil intervenierender Variablen erfolgreich minimiert werden kann. Dies liegt daran, daß die Objekte des Wissens, kategoriale Bereiche der physischen Natur, dies erlauben. Insofern ist die Physik eine *einfache* Wissenschaft.

Wie steht es mit den Lebenswissenschaften, der Biologie, der Psychologie, der Medizin? Hier ist die Variablendefinition sehr viel schwieriger. Unbekannte, implizit bleibende intervenierende Variable erhöhen die Varianz der Messungen. Alle Stationaritätsforderungen an den Versuchsaufbau und das beobachtete System haben immer wieder den Effekt der Frustration, es den Physikern nicht gleich tun zu können. Warum Variable in den Lebenswissenschaften nicht so einfach definiert werden können, ist eine natürliche Konsequenz der Lebensgeschichte, der Evolution.

Vor über 3 Milliarden Jahren entstand auf der Erde eine völlig neue Domäne. Mit der Entstehung der DNA wurde es möglich, Information zu speichern, d.h. Zeit gleichsam einzufrieren. Dieses Einfrieren wurde optimiert durch die Entwicklung der Zellmembran, die einen Lebensraum schafft, innerhalb dessen sich die Lebensprozesse abspielen, also beispielsweise DNA-Instruktionen genutzt werden, um aus Aminosäuren Proteine aufzubauen. Der zelluläre Lebensraum ist jedoch nicht - wie die Leibniz'schen Monaden – „ohne Fenster", also nur für sich, sondern über die Zellmembran findet ein energetischer und informatischer Austausch mit der Umgebung statt. Schon die ersten Zellen haben Rezeptoren, also Antennen, die in die Welt ragen, Veränderungen in der Umwelt messen, diese intrazellulär verarbeiten, bewerten, und daraus Konsequenzen ziehen, indem sie sich woanders hinbewegen.

Jedem bekannt sind die Motoren der Evolution, nämlich Mutation und Selektion, wobei der Zufall eine maßgebliche Rolle spielt. Zufällige Veränderungen in der DNA führen bei geeigneten Umweltbedingungen zu organismischen Veränderungen. Vor etwa 600 bis 700 Millionen Jahren geschah dabei etwas Erstaunliches: Einzelne Zellen schlossen sich zu mehrzelligen Organismen zusammen - und schlagartig setzte die Evolution der verschiedenen mehrzelligen Arten ein. Mehrzellige, sich bewegende Organismen haben ein logistisches Problem. Wenn sie sich als Ganzes bewegen wollen, benötigen sie zwischen den einzelnen Zellen ein Informationssytem. Dieses Informationssystem hat sich erstaunlich schnell entwickelt; es wurde möglicherweise mehrfach parallel erfunden. Wir sprechen vom Nervensystem bzw. dem Gehirn.

Alle Gehirne, gleichgültig welcher Tierart sie angehören, sind durch das gleiche Funktionsprinzip gekennzeichnet. Sinneszellen nehmen Informationen von außen auf; motorische Nervenzellen setzen die Information um, indem Effektoren wie etwa die Muskeln aktiviert werden. Zwischen Sinneszellen und motorischen Nervenzellen liegt das Gehirn, das Information bearbeitet, bewertet und speichert.

Springen wir zum Menschen: Einige 10^8 Sinneszellen informieren über die Welt, einige 10^6 motorische Nervenzellen steuern Muskulatur und Organe und etwa 10^{12} Nervenzellen besorgen die zentrale Informationsverarbeitung. Ein wesentlicher Unterschied zu Artefakten, die Informationsverarbeitung besorgen, also Computern, ist die massivste Parallelität der Informationsverarbeitung, die das Gehirn kennzeichnet. Jede Zelle ist von jeder anderen maximal vier synaptische Zwischenschritte entfernt. Dies heißt, daß trotz der riesigen Zahl von Neuronen, den einzelnen Schaltelementen, eine erstaunliche funktionelle Nähe besteht. Mit einer anderen Sprechweise bedeutet dies, daß kein Geschehen im Organismus durch singuläre, isolierte Prozesse zu erklären ist. Aufgrund der starken Vernetzung sind z.B. Wahrnehmungen nicht unabhängig von Bewertungen im Hinblick auf die Nützlichkeit aufgenommener Informationen oder sie sind nicht unabhängig von gespeicherten Inhalten. Im Gegenteil, man muß annehmen, daß die Interaktion der funktional nahen Module konstitutiv ist für jedes organismische Verhalten, also z.B. die beobachtbaren Bewegungstrajektorien, die ein Organismus aufgrund bestimmter Reizkonfigurationen erkennen läßt.

Ich bin in gewisser Weise immer noch bei der Analyse der Denkwerkzeuge und möchte aufgrund der Beobachtungen, die sich aus der Evolution des Gehirns ergeben, eine These wiederholen, die bei philosophischem Eingangsdiskurs schon gemacht wurde, daß nämlich mentale Prozesse nicht alle explizit sein können. Gleichzeitig mit dem expliziten mentalen Geschehen läuft *soviel* an Hirnprozessen ab, die *auch* wichtig sind, daß wir immer nur eine Teilmenge des Mentalen *explizit* haben können. Insbesondere die Bewertungsprozesse, die fundamental sind, entziehen sich der expliziten Repräsentation. Wir sollten uns *deshalb* auch aufgrund der Konstruktion unseres Gehirns und seiner Funktionsprinzipien von einem *naiven Rationalismus* verabschieden. Dies heißt überhaupt nicht, auf die naturwissenschaftliche Analyse zu verzichten; dies aber unter einem anderen Vorzeichen, mit einem anderen Anspruch; wohlwissend, daß wir nicht alles durchdringen können, aber mit dem Anspruch, es zu hoffen.

Diese Überlegungen führen zu einem weiteren Sachverhalt, dem Problem der Systemebenen in den Lebenswissenschaften. Es ist eine Selbstverständlichkeit, daß verschiedene Betrachtungsebenen dieselbe Bedeutung haben bzw. haben können, wenn organismische Prozesse verstanden werden sollen. Nehmen wir das Beispiel eines einfachen Wahrnehmungsaktes im Bereich des visuellen Systems: um diese Zeilen lesen zu können, muß visuelle Information aufgenommen werden. Hierzu ist es erforderlich, die Transduktionsprozesse der Retina aufzuklären, wie also aus elektromagnetischen Veränderungen in der Umwelt Aktionspotentiale werden. Die entstehenden Potentialdifferenzen erklären aber nicht, warum die rezeptiven Felder der Ganglienzellen die Form haben, die sie nun einmal haben, d.h. radiär-symmetrisch organisiert sind. Um den radiär-symmetrischen Aufbau zu verstehen, muß ich ihn erst einmal kennen, d.h. vor der Analyse kommt die Deskription. Probleme können nicht gelöst werden, bevor sie nicht entdeckt sind. Die Analyse der Struktur der radiären Symmetrie darf nicht nur reduktionistisch sein, sie muß auch teleonom sein; d.h. der Biologe fragt, was ist der funktionelle Sinn der spezifischen Struktur? In diesem Fall ist es vielleicht die Kontrastverstärkung optischer Information. Und so können wir bei der Analyse des einfachen Leseprozesses immer weiter gehen. Auf einer anderen Ebene fragen wir, wie es neuronal möglich ist, ein gesehenes Objekt vom Hintergrund zu trennen - das Problem der Bindung von räumlich verteilten

Informationen. Schließlich kann man sich auf einer weiteren Diskursebene fragen, wie Bedeutung des Gelesenen generiert wird, eine Frage, die den Psychologen interessiert.

Dies soll deutlich machen, daß es offenbar voneinander unabhängig *Diskurs*ebenen gibt, deren Beschreibungskategorien nach dem *Bottom-up-Prinzip nicht* voraussagbar sind. Hieraus folgt ein wissenschaftliches Prinzip, das meines Erachtens beherrschend für die Lebenswissenschaften ist. Ein reiner Reduktionismus kann nicht zum Ziel führen, wenn er zum Programm erhebt, von der systemischen zur molekularen Ebene zu schreiten und nur noch diese zu untersuchen. Diese reduktionistische Denkweise ist aber beherrschend - was die Hypothesen in den Gehirnen der meisten Wissenschaftler betrifft, aber auch was die aufgewendeten Ressourcen anbelangt.

Richtig verstandene Analyse sollte so vorgehen, wie es u.a. durch die Verhaltensphysiologie nahegelegt wurde. Entscheidend, aber bestimmt nicht einfach, ist die Definition von Systemebenen, von kategorialen Ebenen, um den Organismus zu untersuchen. Dies mögen Prozesse in der Membran sein, wenn Ionenkanäle geöffnet oder geschlossen werden, es können synchronisierte Aktivitäten von Zellverbänden sein oder es kann ein definiertes Verhalten des ganzen Organismus sein. Wenn man die kategoriale Ebene gefunden hat, dann erst kann man reduktionistisch vorgehen, aber dieses in zwei Richtungen. Zum einen kann man zum Molekularen gehen, sich also die Implementierungsebene anschauen; der Reduktionismus sollte aber auch in die andere Richtung gehen: *Wozu* ist eine Funktion da, welchem Zweck dient sie? Für den Erfolg der Medizin halte ich diesen *bidirektionalen Reduktionismus* für unbedingt erforderlich.

Die Ausführungen sollen deutlich gemacht haben, daß *monokausale* Forschung in der Medizin vermieden werden sollte. Aufgrund unserer Bauweise streben wir zwar zum Monokausalismus, wir sind fasziniert von einfachen - ästhetisch befriedigenden Lösungen. Dieses entspräche jedoch einer Orientierung medizinischer Forschung an der *klassischen* Physik und wäre ein falsch verstandener Reduktionismus. Es ist überhaupt nichts gegen einfaches reduktionistisches Vorgehen zu sagen, wenn es gepaart ist mit dem systemischen Ansatz. Und Fragen auf der systemischen Ebene, wenn die Komplexität eines Organismus in Rede steht, lassen sich nicht nur mit *einer* Technik, entwickelt in *einer* Wissenschaft, lösen. Hierfür steht die Hirnforschung als Beispiel. Um Hirnprozesse zu verstehen, die Verhaltensabläufe steuern, um nur eine gezielte Handbewegung durchzuführen, muß Wissen, muß Technik verschiedener Bereiche zusammenkommen. Man muß Anatom, Physiologe und Informatiker sein und Psychologe obendrein. Das Problem, das uns interessiert, die Variable, die ich definiere, kümmert sich nicht um Fachbereiche, Fakultäten, die z.B. im 19. Jahrhundert gegründet wurden, um damals wichtige Fragen zu untersuchen. Die Partikularisierung der wissenschaftlichen Welt, bedingt durch einen in verschiedenen Richtungen laufenden Reduktionismus, hat m.E. unsere geistige Landschaft zerbrochen. Wir müssen zu den Problemen zurückfinden und die Techniken in den Dienst der Problemlösungen stellen. Ich glaube, daß die mangelnde Akzeptanz der Medizin in manchen Kreisen auch etwas mit dem Partikularismus der Wissenschaften, der Segmentierung in Teildisziplinen, der zerfallenden Teilkulturen, zu tun hat. Die Tatsache, daß sich Menschen z.B. verstärkt Naturheilverfahren zuwenden, Ideen des *New Age* verfallen, dem Mediziner nicht mehr als Experten glauben, hängt damit zusammen, daß wir vielleicht keine richtigen Experten sind.

Wenn sich die Wissenschaft, speziell die Medizin, der Selbstkritik stellt - z.B. Reduktionismus- und Rationalismus-Kritik betreibt - sehe ich eine Chance der Integration unseres Tuns in das soziale Gefüge. Um dem modernen Irrationalismus entgegentreten zu können, müssen wir selber das geistige Band zu knüpfen suchen, das Lebensprozesse kennzeichnet.

Was uns oft nicht bewußt sein mag, ist, daß unser Tun, unser Forschen, so wie wir es für selbstverständlich ansehen, auch nur *eine* Trajektorie möglichen historischen Geschehens ist. Eine geisteswissenschaftliche Besinnung mag hier nützlich sein. Indem wir dies tun, wird uns die Relativität unseres Handelns bewußt, und wir erkennen vielleicht mit größerer Schärfe, wo wir in der Gesellschaft stehen. Unidirektionaler Reduktionismus und naiver Rationalismus, die vielleicht charakteristisch für das Paradigma Wissenschaft der Neuzeit waren, sind den eigentlichen Anliegen der Lebenswissenschaften der Medizin nicht gemäß. Bidirektionaler Reduktionismus muß gepflegt werden, und uns muß über unsere Denkwerkzeuge bekannt sein, daß Wissen *explizit und implizit* ist.

Wenn dieses erkannt wird, dann hebt sich auch die Grenze zwischen medizinischem Wissen und ärztlichem Handeln auf. In der Arzt-Patient-Beziehung, im Gegenüber mit dem einzelnen, können wir uns nicht nur auf unser explizites Wissens-Repertoire verlassen - und wir tun es auch nicht. Im Handeln äußert sich implizites Wissen in direkter Weise, doch ist es nicht unverbunden mit explizitem Wissen. Der handelnde Arzt weiß, nicht alles wissen zu können, was für seinen Patienten wichtig wäre, weil man nicht alles wissen kann. Aber in seinem Bemühen, sein explizites Wissen zu erweitern, wird die notwendige Bescheidenheit durch Selbstsicherheit ergänzt, was bei dem Patienten Vertrauen aufbaut. Alles dieses geschieht implizit. Daß dieses vielleicht ein Idealbild zeichnet, die Verbindung von Mediziner und Arzt, mag deutlich sein, doch weist es auch auf die pädagogische Herausforderung hin, die sich der modernen Medizin und ihrer Anwendung stellt. Wir müssen uns in der modernen Medizin lösen von einem am Rationalismus orientierten Menschenbild, aber wir dürfen nicht, durch monokausales Denken verführt, ein nur am "Emotionalismus" orientiertes Menschenbild verschreiben; auch dann würden wir unserer Natur nicht gerecht. Wenn wir für uns akzeptieren, daß unser eigenes Denken und Handeln notwendigerweise explizit und implizit ist, daß wir uns immer auch ein wenig Geheimnis bleiben, das uns aber nicht lähmt, dann kommen wir einem Menschenbild nahe, das uns durch unsere Entwicklungsgeschichte nahegelegt wird. Der Satz des Sokrates „Ich weiß, daß ich nichts weiß", muß ergänzt werden durch den modernen Satz „Ich weiß nicht, daß ich weiß". Hiermit wird gesagt, daß der Handelnde nicht alles bewußt, rational, explizit und verbal verfügbar haben kann, aber dennoch nicht irrational, unvernünftig handelt, sondern aus dem Augenblick heraus das Richtige tut, weil es eine implizite Logik gibt, die uns sicher führt und die sich in der Reflexion retrospektiv bestätigt. Beides, explizites Wissen und implizites Handeln, bestimmt das Bild vom Menschen.

Menschenbild und philosophische Ethik

Wilhelm Vossenkuhl

1 Außenansicht und Innenansicht

In der zeitgenössischen Ethik gibt es kein Menschenbild, das allgemein akzeptiert wird. Diese Uneinigkeit im eigenen Selbstverständnis derer, die über das Gute und seine Kriterien nachdenken, hat es wohl schon seit langem gegeben. Bewußt und öffentlich erkennbar wurde die Uneinigkeit erst beim Nachdenken über die ökologische Krise. Dieses Nachdenken hat zu der Einsicht geführt, daß es um keine vorübergehende Irritation geht, sondern um das sechste große Massensterben der Erdgeschichte. Der Evolutionsbiologe Edward Wilson schätzt, daß stündlich drei Arten sterben, das sind über 70 pro Tag und 27000 pro Jahr. Ein globales Artensterben hat es schon früher gegeben. Zum ersten Mal ist aber der Mensch direkt und indirekt ursächlich an einer globalen Gefährdung des Lebens beteiligt. Deswegen zwingt diese Krise die Ethik dazu, die Stellung des Menschen in der Natur zu bestimmen und Fragen zu stellen, die bisher nicht gestellt wurden. Dies geht aber nur, wenn hinreichend klar ist, wer der Mensch ist, also wer wir selbst sind, welche moralischen Folgen dieses Selbstverständnis hat und welche Ansprüche damit verbunden sind. Es handelt sich um Ansprüche des Menschen an die Natur und umgekehrt um Ansprüche der Natur an den Menschen.

Dies ist aber nur eine Perspektive, die heute ein Nachdenken über das Menschenbild in der Ethik veranlaßt. Es ist eine Art *Außenansicht* des Menschen, die ihn als Naturwesen, als biologische Art versteht und den anderen Arten, aber auch der nicht belebten Natur gegenüberstellt. Daneben gibt es noch die *Innenansicht* des Menschen. Auch sie gehört zum Selbstbild oder Selbstbegriff des Menschen. Auch in dieser Hinsicht herrscht große Unklarheit, Irritation und Verwirrung. Die Unsicherheit über diese Seite des Menschenbildes ist öffentlich bewußt geworden durch Probleme der medizinischen Ethik wie z.B. die Sterbehilfe, die Abtreibung und die Organspende.

2 Kognitiv, normativ und emotional

Die Menschenbilder, die in beiden Perspektiven, der Außen- wie der Innenansicht des Menschen, miteinander konkurrieren, enthalten unterschiedliche kognitive, normative und emotionale Anteile und Aspekte. Wir können die Bedeutung des Wortes ‚Menschenbild' über diese drei Aspekte der menschlichen Selbstkenntnis bestimmen. Es sind drei unterschiedliche Bedeutungsfelder. Zum normativen Bedeutungsfeld gehört die Personalität des Menschen, seine Würde, aber auch die Rechte, die ihn als Menschen schützen (Menschenrechte), außerdem die Moralfähigkeit, die Fähigkeit zu urteilen und zwischen gut, schlecht und böse zu unterscheiden. Zum kognitiven Bedeutungsfeld gehören das biologische und psychologische Wissen vom Menschen, aber auch seine intellektuellen Fähigkeiten, insbesondere die Sprach-, Lern- und Denkfähigkeit.[1] Das emotionale Bedeutungsfeld ist von der Glücks- und Leidensfähigkeit bestimmt, aber auch von der Fähigkeit, das Handeln mit Empfindungen wie Liebe

---

[1] Diese drei Fähigkeiten lassen sich nicht wirklich voneinander trennen. Es handelt sich um drei Aspekte des Kognitiven.

und Haß oder mit Einstellungen wie Egoismus oder Altruismus zu motivieren.[2]

Interessant und gleichzeitig irritierend ist, daß wir trotz oder wegen der unglaublichen Vermehrung des wissenschaftlichen Wissens vom Menschen immer weniger Klarheit über unsere eigene moralische Natur, unsere Moralfähigkeit und unsere moralische Urteilskraft haben. Es scheint so, als würde die Zunahme der kognitiven Anteile die normativen, aber auch die emotionalen majorisieren und zurückdrängen.

Wir wissen z.B., welche genetischen Veränderungen vererbbare Krankheiten wie Mucoviszidose (zystische Fibrose) oder das Down-Syndrom verursachen. Wenn wir auch wüßten, wie solche Veränderungen gentechnisch unschädlich gemacht werden könnten, hielten wir es für wünschenswert und für geboten, Menschen vor diesen Krankheiten zu schützen oder – wenn möglich - sie von ihnen zu befreien. Hier bestimmt der kognitive Anteil des Menschenbildes alle anderen. Schwierig wird diese Vorrangstellung der kognitiven Seite des Menschenbildes, wenn es normative oder emotionale Aspekte gibt, die miteinander konkurrieren. Dann liegt es nicht mehr so klar auf der Hand, daß das, was wissenschaftlich und technisch möglich ist, auch zu tun ist. Die Eugenik macht es – vielleicht - nicht nur möglich, Leiden zu lindern oder ganz zu vermeiden, sondern auch Wünsche zu erfüllen, die moralisch fragwürdig sind. Wenn es möglich wäre, häßliche oder unsportliche oder unintelligente Menschen gentechnisch zu vermeiden, würden es häßliche, unsportliche oder unintelligente Menschen noch schwerer haben, ein gutes Leben zu führen als ohnehin.

Ich will diese Assoziationen nicht fortsetzen, weil es mir nicht darum geht, Katastrophenvermutungen oder Vorurteile gegen die Gentechnik zu schüren. Es geht mir nur darum zu zeigen, wie die Zunahme der kognitiven Anteile des Menschenbildes die normativen und emotionalen verdrängen kann. Dann entsteht eine tiefe Unsicherheit, wie die kognitiven Anteile durch normative oder emotionale eingeschränkt werden können. Wie wissen dann z.B. nicht mehr genau, wie wir zeigen können, daß Leiden – wenn möglich - zwar verhindert werden soll, daß aber subjektive Wünsche oder soziale Vorlieben oder Vorurteile auch dann nicht zum Maßstab des Machbaren werden dürfen, wenn sie sehr stark und allgemein verbreitet sind. Wenn das Kranke und Häßliche, wenn Leistungs-, Lern- und Denkschwäche nicht mehr schicksalhaft und natürlich wären, gäbe es für diejenigen, die unter diesen Übeln leiden, keinen Trost und kein Mitleid. Die Existenz von Menschen mit diesen Übeln wäre ja nicht nötig und sollte daher vermieden werden. Normativ und emotional gäbe es unter diesen Prämissen nichts mehr für diese Menschen zu bestellen. Sie wären kognitiv aus der Menge derer ausgegrenzt, die einem allgemein akzeptierten Menschenbild entsprechen.

Wir können an diesem Gedankenexperiment zweierlei erkennen, einmal, daß das Menschenbild tatsächlich nicht nur kognitive, sondern auch normative und emotionale Aspekte enthalten sollte, zum andern, daß die kognitiven nicht vorherrschen dürfen. Wenn sie nämlich vorherrschen, können wir die normativen und emotionalen Aspekte und die Ansprüche, die wir mit ihnen verbinden, nicht mehr wirkungsvoll verteidigen.

3 Der Vorrang des Normativen

Das gentechnische Gedankenexperiment habe ich bewußt überzeichnet, um sichtbar zu machen, wie zerbrechlich das Verhältnis zwischen dem Wissen des Menschen über den Men-

---

[2] Auch die drei eben genannten Bedeutungsfelder des Menschenbildes sind nicht gänzlich unabhängig voneinander. Das kognitive und das emotionale sind ebenso miteinander verbunden wie das normative und das kognitive oder das normative und das emotionale. Wir werten Gedanken und Wissen in vielerlei Hinsicht und wir wissen, welche Motive uns zu bestimmten Handlungen bewegen. Die Trennbarkeit des Kognitiven und des Emotionalen, des Wissens und des Wollens mag de dicto sinnvoll sein, de re ist sie aber unhaltbar. Denn wir wollen etwas genau dann, wenn wir wissen, was es wert und wie erreichbar ist. Ohne Wissen dieser Art ist ein Wollen undenkbar.

schen, seinen normativen Selbstansprüchen und seinen emotionalen Fähigkeiten ist. Wir konnten in der ethischen Tradition davon ausgehen, daß dieses Verhältnis prinzipiell im normativen Teil des Menschenbildes verankert war. Diese Verankerung wurde mit dem Begriff der Personalität des Menschen zum Ausdruck gebracht. Die medizinische Ethik Peter Singers[3] hat diese Verankerung aber aufgelöst, indem sie den Begriff ‚Person' von seinem normativen Gehalt befreite und über die kognitive Funktion des Bewußtseins und die emotionale der Leidensfähigkeit definierte. Personalität wird damit auf kognitive und emotionale Leistungen reduziert. Wer diese Leistungen nicht erbringt, nie oder nicht mehr erbringen kann, ist keine Person. Andererseits kann ein Lebewesen – nach diesen Kriterien - auch als Person gelten, ohne ein Mensch zu sein, nämlich dann, wenn ihm bestimmte kognitive und emotionale Leistungen zugeschrieben werden können. Ein ausgewachsener Schäferhund kann dann als Person gelten, ein neugeborenes Kind nicht. Genau dies ist übrigens Singers Überzeugung.[4]

In der ökologischen Ethik hat dieser Ansatz ein Pendant. Er wird unter dem Stichwort ‚Pathozentrik' diskutiert. Ich werde mich gleich mit diesem Ansatz und seinem Menschenbild beschäftigen. Zunächst geht es mir aber darum zu klären, wie die kognitiven, normativen und emotionalen Aspekte des Menschenbildes aufeinander bezogen sind. Eben wies ich auf die Verwirrung hin, die durch einen Vorrang des Kognitiven entstehen kann. Tatsächlich ist es aber so, daß die Verwirrung nicht durch das biologische oder medizinische Wissen vom Menschen oder durch dessen kognitive Fähigkeiten entsteht, sondern durch die normative Funktion, die diesem Wissen oder diesen Fähigkeiten zugemessen wird. Die kognitive Seite des Menschenbildes wird unter der Hand und ohne weitere Begründung zur normativen. Dies ist die Ursache der Verwirrung.

Es ist immer so, daß die normative Seite des Menschenbildes einen Vorrang vor den beiden anderen einnimmt. Offen ist lediglich, wie die normative Seite inhaltlich beschaffen ist, ob sie aus wissenschaftlichem Wissen besteht oder aus Gefühlen oder tatsächlich aus der Personalität des Menschen und seiner Würde. Wann immer die normativen Elemente des Menschenbildes kognitiv oder emotional ersetzt werden, übernehmen diese Elemente automatisch die normierende Funktion. Dies zeigt der Ansatz Singers. Wenn das Bewußtsein oder bestimmte kognitive Leistungen oder die Leidensfähigkeit als Kriterien der Person festgelegt werden, wirken diese Kriterien unmittelbar normativ. Sie gestatten dann, alle Menschen, die diesen Kriterien entsprechend nicht als Personen gelten, dem Schutz bestimmter Normen zu entziehen. Dann gilt für sie z.B. nicht mehr das Tötungsverbot oder der Schutz der physischen und psychischen Integrität.[5]

Die Konsequenz solcher Überlegungen ist, daß jedes Menschenbild, auch das ohne Würde und Personalität – offen oder verdeckt - normative Aspekte enthält. Wir müssen im Blick auf das Verhältnis der drei Aspekte des Menschenbildes davon ausgehen, daß es immer einen Vorrang des Normativen gibt, was immer inhaltlich unter ‚normativ' verstanden wird. Deswegen sollten wir auf die normativen Inhalte des Menschenbildes besonders achten.

4 Menschen- und Weltbilder

Der Vorrang des Normativen bei Menschenbildern weist darauf hin, daß sie in einem größeren normativen Rahmen stehen. Wir können den Rahmen eines Menschenbildes als Weltbild oder als Weltanschauung identifizieren. Menschenbilder sind eingebettet in Weltbilder. Wer z.B. von der Personalität und Würde des Menschen als den normativen Grundlagen des Menschenbildes überzeugt ist, wird von einem Weltbild ausgehen, das einer Weltanschauung oder einer Religion einen normativen Vorrang vor den Wissenschaften einräumt. Er wird dann z.B.

---

[3] Peter Singer, *Practical Ethics*, Cambridge 1979.
[4] A.a.O., 93-97.
[5] A.a.O., 127-157.

nicht glauben, daß sein Handeln von wissenschaftlichen Überzeugungen orientiert werden sollte. Eine Überzeugung dieser Art läuft nicht notwendig auf eine wissenschaftsfeindliche Haltung hinaus. Sie relativiert lediglich die Bedeutung des Wissens und der Wissenschaften, wenn es darum geht, sich für Grundorientierungen zu entscheiden und Lebensziele zu wählen.

Ganz anders verhält es sich, wenn wir dem wissenschaftlichen Weltbild einen absoluten Vorrang einräumen. Dann wird jede wesentliche Einsicht in die biologische, physische und psychische Beschaffenheit des Menschen zumindest potentiell Folgen für das Menschenbild haben. Wir haben diese Variante des Verhältnisses zwischen Menschenbild und Weltbild bereits am Beispiel Singers kennengelernt. Er findet keine wissenschaftlich fundierten Tatsachen, die etwa für die menschliche Würde oder für die menschliche Personalität unabhängig von Leistungen des Bewußtseins sprächen. Daraus schließt er, daß es Würde und Personalität im normativen Sinn auch nicht gibt. Solche Schlüsse sind allerdings unzuverlässig, weil sie unterstellen, daß wir genau wissen, was ‚Bewußtsein' ist. Wir kennen zwar eine Fülle von Leistungen, die wir als bewußte charakterisieren. Was aber Bewußtsein ist, wissen wir nicht. Deswegen ist es in einer so wesentlichen Frage wie der der menschlichen Personalität und Würde zumindest waghalsig zu unterstellen, wir wüßten, was Bewußtsein ist.

Singer versteht unter ‚Bewußtsein' bzw. ‚Selbstbewußtsein' diejenigen kognitiven und emotionalen Leistungen, die menschliche oder nicht-menschliche Personen im wachen Zustand erbringen. Das Gegenteil von ‚bewußt' ist dann ‚bewußtlos'. Der Bewußtlose, der weder denkt noch Schmerz empfindet, kann dann keine Person sein. Diese Einengung des Bewußtseins auf Wachheit oder kognitive und emotionale Präsenz ist aber gänzlich unbegründet und willkürlich. Wenn wir davon ausgehen, daß es für den Menschen wesentlich ist, daß sein Bewußtsein einerseits ein Selbst- und ein Fremdbewußtsein, andererseits ein Unterbewußtsein ist, sehen wir, daß die Wachheit und sinnliche Präsenz nur Äußerlichkeiten des Bewußtseins erfaßt. Was nicht erfaßt wird, ist das eigene Ich, das von den jeweiligen Zuständen der Person unberührt bleibt, und das, was unser Bewußtsein auch bestimmt und beeinflußt, ohne daß es uns bewußt ist. ‚Bewußtsein' reicht also vom Begriff des identischen Selbstbewußtseins bis zum Unbewußten und Unterbewußten. Zumindest ist dieses Verständnis typisch für das menschliche Bewußtsein, auf das tierische läßt es sich wohl kaum anwenden. Es ist daher willkürlich und unzulässig, das menschliche Bewußtsein auf Wachheit oder kognitive und sinnliche Präsenz einzuschränken. Noch willkürlicher ist es, daraus abzuleiten, daß Personalität immer dann nicht gegeben ist, wenn dieses oberflächlich gefaßte Bewußtsein nicht vorhanden ist.

5 Biozentrik und Pathozentrik: Anthropozentrik

Es gibt ein Menschenbild in der zeitgenössischen Ethik, das sehr alt ist und einerseits mit dem christlichen, andererseits aber auch mit dem wissenschaftlichen Weltbild vereinbar ist. Es ist das anthropozentrische Menschenbild. Charakteristisch für dieses Menschenbild ist, daß der Mensch der absolute Relationspunkt aller Verhältnisse in der Natur ist. Die Natur wird von diesem Menschenbild so gedeutet, als wäre sie ganz auf den Menschen hin geordnet und seine Ressource, über die er frei verfügen kann. Der göttliche Auftrag, daß die Menschen sich die Erde untertan machen sollen, stimmt – was seinen anthropozentrischen Charakter angeht - mit Kants Auffassung überein, daß der Mensch das höchste Naturwesen sei und entsprechend auch den höchsten, nämlich einen absoluten Wert habe.[6]

Es wird nicht überraschen, daß das anthropozentrische Menschenbild heute in seiner christlichen und in seiner Kant'schen Lesart besonders kritisch gewürdigt wird. Die zeitgenössischen Varianten dieses Menschenbilds sind in der ökologischen Ethik die Biozentrik und

---

[6] Immanuel Kant, *Grundlegung zur Metaphysik der Sitten*, AA IV, 428 (Kants Werke, Akademie Textausgabe, Berlin 1968).

die Pathozentrik. In diesen Varianten findet das anthropozentrische Menschenbild große Unterstützung. Hier scheinen die weltanschaulichen Vorbehalte nicht wirksam zu sein. Die überwiegende Mehrheit der ökologischen Ethiker vertritt einen jener beiden ethischen Ansätze. Welche Überzeugungen stehen hinter den Bezeichnungen ‚Biozentrik' und ‚Pathozentrik'? Biozentrik besagt, daß jedem Lebewesen ungeachtet seiner Leidensfähigkeit ein moralischer Status zugebilligt wird. Die Höhe des Wertes, der einem Lebewesen dabei eingeräumt wird, hängt von der biologisch definierten Organisationshöhe des Lebewesens ab. Pflanzen haben danach einen geringeren Wert als Tiere und entsprechend einen niedrigeren moralischen Status. Ähnliches gilt für das Verhältnis zwischen Mensch und Tier.[7] Wenn man aber den Wert eines Baumes als ein Millionstel des Wertes eines Menschen ansetzen könne, so argumentiert der Biozentriker Attfield, wiege ein Menschenleben auch eine Million Bäume auf.[8] Hier wird erkennbar, wie absurd die Kalkulation von biologischen Werten ist.

Pathozentrik bedeutet, daß nur den leidensfähigen Lebewesen, wiederum ihrem Organisationsgrad und ihrer biologisch bestimmten Leidensfähigkeit entsprechend, ein Eigenwert und ein eigener moralischer Status zugebilligt wird. Lebewesen, die keine Schmerzen empfinden und nicht leiden können, stehen nicht unter dem Schutz moralischer Gebote oder Verbote. Sie dürfen z.B. getötet oder für bestimmte Zwecke benutzt werden, die ihrerseits keiner eigenen Rechtfertigung bedürfen. Dies beginnt z.B. schon bei Menschen, die komatös sind, vielleicht auch schon bei Schlafenden, nämlich dann, wenn der Inhalt dessen, was ‚Bewußtsein' bedeutet lediglich Wachheit und volle Wahrnehmungspräsenz einschließt. Auch hier werden die absurden Folgen rasch erkennbar.

Die Schwelle zur Tötung von Lebewesen oder zur Vernichtung von Pflanzen ist in beiden Ansätzen nicht sehr hoch. Immer wenn die menschlichen Eigeninteressen stark genug sind, gibt die Biozentrik dazu ihre Erlaubnis. Die Pathozentrik behandelt dagegen Menschen und andere leidensfähigen Arten gleich. Sie erlaubt das Töten eines gesunden Vertreters einer solchen Art nicht ohne weiteres. Singer ist ein überzeugter Vertreter der Rechte von Tieren. Er lehnt Tierversuche und Tierhaltung zur Fleischgewinnung vehement ab. Dafür erlaubt sein pathozentrischer Ansatz aber das Töten von Leben, das – wie er sagt - nicht mehr lebenswert ist, also von unheilbar Kranken, von geistig oder körperlich schwer Behinderten. Er argumentiert für die aktive und passive Euthanasie. Die Schwelle zur Erlaubnis des Tötens ist in der Pathozentrik also nicht höher als in der Biozentrik, sondern verläuft nur anders. Biozentrische Ansätze erlauben nicht ohne weiteres Euthanasie. Der Unterschied zwischen beiden Ansätzen liegt also darin, daß sie eine unterschiedliche Haltung zum Töten von Menschen einnehmen. Was ihren anthropozentrischen Charakter angeht, stimmen sie aber überein. Ihre Urteile sind immer relativ zum Wert, zu den Interessen und Bedürfnissen des Menschen gefaßt.

6   Kritik an der Anthropozentrik

Es ist nicht leicht, die Fehler der Anthropozentrik zu erkennen. Es sieht nämlich so aus, als wäre es unmöglich, einen Standpunkt einzunehmen, der nicht zumindest verdeckt anthropozentrisch ist. Wenn dies so wäre, dann wäre es auch nicht möglich, die Anthropozentrik zu kritisieren. Was ist überhaupt das Gegenteil oder die Alternative zur Anthropozentrik?

Die ökologische Alternative besteht in der Forderung, die Natur um ihrer selbst willen und nicht um des Menschen willen zu erhalten. Dieter Birnbacher, der selbst einen pathozentrischen Ansatz vertritt, erkennt durchaus die Richtigkeit eines solchen Forderung, wenn er

---

[7]   Vertreten wird dieser Ansatz der ökologischen Ethik u.a. von G. Altner, H. Jonas u. R. Attfield; vgl. D. Birnbacher („Ökologie, Ethik und neues Handeln", in: *Pragmatik, Handbuch pragmatischen Denkens* Bd.III, hrsg.v. H. Stachowiak, Hamburg 1989, 393-417.

[8]   R. Attfield, *The Ethics of Environmental Concern*, Oxford 1983.

sagt: „Der Gedanke ist ... nicht abwegig, daß die natürlichen Lebensgrundlagen für die zukünftige Menschheit nur dann wirksam erhalten werden können, wenn sie nicht für die zukünftige Menschheit, sondern um der Natur selbst willen erhalten werden."[9] Natürlich steckt auch hinter dieser Einsicht das menschliche Selbstinteresse als Art zu überleben. Immerhin gesteht Birnbacher aber ein, daß wir die Natur als Zweck an sich betrachten sollten. Er selbst hält es aber offenbar aus theoretischen Gründen für nicht möglich, diesen Selbstzweck zu einem ethischen Prinzip zu machen.

Was ist falsch an der Anthropozentrik? Die kürzeste Antwort darauf ist, daß der Mensch mit seinen Interessen, Ansprüchen und Bedürfnissen kein Maßstab für die Erhaltung der Natur ist. Wenn er aber als Maßstab und Richtschnur der Beanspruchung und Nutzung der Natur als Ressource genommen wird, kann ein Schutz der biologischen Arten, ein Schutz des Lebens auf unserem Planeten nicht gelingen. Die Gründe dafür sind vielfältig. Wesentlich ist, daß jede Instrumentalisierung der Natur über die in der Natur herrschenden instrumentellen Verhältnisse hinaus, die über Jahrmillionen gewachsenen Strukturen nachhaltig stört und zerstört.[10] Wir können uns in Erinnerung an die fünf großen Katastrophen der Zerstörung von Arten in der Erdgeschichte[11] ein Bild davon machen, wie lange es dauert, bis die Natur selbst solche Zerstörungen heilt. Edward Wilson meint, angesichts der teilweise bis zu 100 Millionen Jahren dauernden Regenerationsphasen – etwa im Perm oder Trias – habe es für uns Zeitgenossen keinen Sinn, eine Erholung der Natur von den von uns selbst bewirkten Zerstörungen zu erwarten.[12]

Natürlich sind Behauptungen, wie ich sie eben zur Anthropozentrik aufstellte, weitreichend und bedürfen der Erläuterung. Ich gehe deswegen auf einige Argumente ein, die für die Anthropozentrik vorgetragen wurden. Ein beliebtes Argument ist die sog. Nicht-Hintergehbarkeit. Damit ist gemeint, daß die Forderung, die Anthropozentrik aufzugeben, aus logischen Gründen nicht erfüllbar ist. Alle moralischen Forderungen, auch diejenigen der ökologischen Ethik seien von Menschen formuliert und bewegten sich daher innerhalb menschlichen Denkens. Außerdem könne nur der Mensch Gebote erfüllen, also sei der Adressat ethischer Forderungen immer der Mensch. Andere moralische Akteure gebe es nicht. Wenn diese Behauptungen stimmen, ist die Anthropozentrik tatsächlich nicht hintergehbar; wir können ihr dann gar nicht ausweichen, ob wir wollen oder nicht.

In Wirklichkeit werden in diesem Argument aber – wie Martin Gorke[13] zeigte – zwei Dinge miteinander vermischt, die zu trennen sind: zum einen die menschliche Denk-, Urteils- und Handlungsfähigkeit, die der Fähigkeit zur Verantwortung zugrunde liegt, zum andern die Frage, wer oder was moralische Ansprüche hat. Moralische Ansprüche stehen nämlich nicht nur denen zu, die denken, urteilen und verantwortlich handeln können. Auch geistig Behinderte oder Gelähmte haben moralische Ansprüche. Die Träger der Verantwortung und die Träger moralischer Ansprüche sind keineswegs ein und dieselbe Menge von Individuen. Deswegen ist die Menge dessen, was ethische Berücksichtigung verdient, logisch nicht von der Menge derer abhängig, die ethisch verantwortlich sein können. Aus demselben Grund ist die Behauptung, die Anthropozentrik sei nicht hintergehbar, falsch.[14]

Es gibt auch „geläuterte", „schwache" und „aufgeklärte" Varianten der Anthropozentrik, die allesamt dieses Menschenbild von seinen Schattenseiten befreien wollen. Die geläuterte Anthropozentrik läßt sich in der Maxime zusammenfassen, daß der Mensch um seiner selbst

---

[9] D. Birnbacher, *Verantwortung für zukünftige Generationen*, Stuttgart 1988, 201.
[10] Instrumentelle Verhältnisse, die in der Natur selbst wirken, sind solche der Reproduktion, der Ernährung und Selbsterhaltung.
[11] Edward O. Wilson nennt fünf große Katastrophen (*The Diversity of Life*, Harmondsworth 1994, 29).
[12] A.a.O.
[13] M. Gorke, *Die ethische Dimension des Artensterbens*, Phil. Diss. 1997 (Ms.).
[14] Vgl. M. Gorke, a.a.O., 199; P.W. Taylor, *Respect for Nature, a Theory of Environmental Ethics*, Princeton 1986, 16f.; D. v.d. Pfordten, *Ökologische Ethik, zur Rechtfertigung menschlichen Verhaltens gegenüber der Natur*, Reinbek 1996, 32.

willen nicht alles nur um seiner selbst willen tun soll.[15] Dahinter steht die Überzeugung, daß alles, was dem Menschen unter strengen ethischen Bedingungen des Selbstzwecks zugute kommt, auch der Natur als Zweck an sich zugute kommt und umgekehrt. Anthropozentrik und Nicht-Anthropozentrik würden unter dieser Prämisse am Ende miteinander übereinstimmen. Die geläuterte Anthropozentrik, die den Schutz der Natur aus tiefen menschlichen Interessen, wie z.B. den Interessen an Selbstachtung, an Pflichterfüllung und an Würde, vertritt, nimmt durchaus ernst zu nehmende Gründe in Anspruch. Wenn mit diesen Gründen aber nur die Entscheidung vermieden werden soll, der Natur einen Eigenwert zuzubilligen, der unabhängig vom Menschen ist, ist auch die geläuterte Anthropozentrik zu kritisieren. Dafür sprechen ähnliche Gründe wie für die Kritik aller Versuche, den Egoismus in einen Altruismus umzudeuten. Wie wohlverstanden die Gründe für den Egoismus auch sein mögen, im Zweifel sind diese Gründe nicht altruistisch, sondern egoistisch.

7 Holistische Ethik

Eine Reihe von Argumenten, die scheinbar für die Anthropozentrik sprechen, gehen von einem Weltbild aus, das die Tatsachen der Evolution ausklammert. Meyer-Abich beklagt zu Recht, daß das heutige Weltbild immer noch vorevolutionär sei.[16] Wir übersehen, wenn wir für die Anthropozentrik argumentieren, daß viele ausgestorbene Tierarten und viele lebende unsere näheren und ferneren stammesgeschichtlichen Vorfahren sind. Die Gene von Mensch und Schimpanse stimmen zu 99,6% miteinander überein.[17] Die radikale Diskontinuität zwischen dem Menschen und der übrigen Natur, die die Anthropozentrik unterstellt, ist aus biologischer Perspektive unhaltbar.

Natürlich wird die Evolution zugunsten der Anthropozentrik mit einer Reihe von Argumenten ausgeklammert, die scheinbar plausibel sind. Es wird z.B. behauptet, die Natur habe keine Geschichte wie wir Menschen, sondern sei von biologischen und physikalischen Gesetzen determiniert, die immer das Gleiche hervorbrächten. Tatsächlich ist aber auch die Natur ein geschichtlicher Prozeß, in dem sich ständig Einmaliges ereignet und in dem immer wieder Neues entsteht. Der Biologe Ernst Mayr vermutet, daß in der Evolution mehr als eine Milliarde Arten enstanden.[18] Jede dieser Arten ist so einmalig wie die Art homo sapiens sapiens. Außerdem entstand der Mensch nicht solitär in einem leeren Raum, sondern inmitten der übrigen Evolution, allerdings nicht in ihrem Zentrum. Es gibt kein solches Zentrum der Evolution. Der Mensch ist nur eine Art unter Milliarden anderen. Schließlich können wir aus unserer Perspektive nicht mit guten Gründen annehmen, daß 4.5 Milliarden Jahre Erdgeschichte ohne Wert und Zweck waren, wenn nicht irgendwann der Mensch entstanden wäre. Robert Spaemann argumentiert mit Recht: „Wer die Wirklichkeit im Ganzen für ein sinnloses Vorhandensein von facta bruta hält, der kann es nicht plötzlich für sinnvoll halten, wenn im Zuge der Evolution ein Wesen die Augen aufschlägt und in diesem Augenaufschlag diese universelle Sinnlosigkeit sich ihrer selbst bewußt wird."[19]

Es gibt keinerlei Anhaltspunkte in der Evolution dafür, daß die Natur auf den Menschen orientiert ist oder im Menschen ihr Zentrum hat. Eine Vermutung dieser Art ist ebenso falsch wie die künstliche Gegenüberstellung von Mensch und Umwelt. Es gibt keine für den Menschen spezifische oder nur für ihn entstandene Umwelt, keine besondere Schädlichkeit oder Nützlichkeit für ihn allein. Nicht nur die lebendige Natur ist in sich eng verwoben, sondern

---

[15] Vgl. K.M. Meyer-Abich, *Wege zum Frieden mit der Natur, praktische Naturphilosophie für die Umweltpolitik*, München 1984, 65f.; Gorke, a.a.O., 209.
[16] Meyer-Abich, a.a.O., 1984, 94.
[17] C. Sagan, *Blauer Punkt im All, unsere Zukunft im Kosmos*, München 1996, 47.
[18] E. Mayr, *Eine neue Philosophie der Biologie*, München/Zürich 1991, 94.
[19] R. Spaemann, *Glück und Wohlwollen, Versuch über Ethik*, Stuttgart 1990, 153.

die lebendige ist auch mit der nicht belebten Natur eng verknüpft. Die augenfälligsten Beispiele sind Luft und Wasser. Wenn sich ihre Qualität nur wenig verändert, sind viele Lebewesen gefährdet.

Der Ansatz der ökologischen Ethik, der die eben kritisierten Fehler vermeidet, ist der holistische. ‚Holistisch' bedeutet, daß die belebte und nicht belebte Natur als Ganzes betrachtet wird, daß jeder Teil der Natur als integraler Bestandteil des Ganzen geachtet wird, und daß alle ethischen Forderungen dem Ganzen gerecht werden sollten. Der holistische Ansatz will die Natur insgesamt als Zweck an sich verstehen und plädiert entschieden für einen Schutz der Arten. Da es neben dem vom Menschen direkt oder indirekt bewirkten Artensterben auch das natürliche Artensterben gibt, argumentiert die holistische Ethik nicht für einen absoluten Schutz der Arten, sondern differenziert. Dazu setzt diese Ethik einen bestimmten Begriff der Art voraus. Eine Art ist danach nicht einfach ein Kollektiv gleichartiger Individuen, die sich reproduzieren können. Allein auf dieser Basis würde es genügen, von jeder Art lediglich die Reproduktionsbedingungen zu sichern. Dies könnte in Zoos oder in Labors geschehen, die die reproduzierbaren Erbinformationen aufbewahren. Arten haben eine Umwelt, die für sie spezifisch ist und mit der sie in ihrem Entwicklungsprozeß in Wechselwirkung stehen. Die holistische Ethik fordert daher, daß es nicht genügt, sich im Artenschutz auf globale Austerbevorgänge zu konzentrieren. Jede Art ist von der genetischen Vielfalt ihrer Umwelt abhängig. Daher muß auch diese Umwelt geschützt werden. Auch die zwischenartlichen Beziehungen müssen daher geschützt werden, schließlich der ganze Lebensraum der Arten. Martin Gorke, ein Vertreter der holistischen Ethik, ist daher überzeugt, daß Arten nur dann geschützt werden können, wenn die Integrität der natürlichen Prozesse geschützt wird, in denen sie existieren und sich entwickeln.[20] Er behauptet, Artenschutz und Naturschutz sei Prozeßschutz.

Das Menschenbild der holistischen Ethik wurde bisher nicht formuliert. Die Integration des Menschen in den ganzen Zusammenhang der Natur ohne besondere Rechte, aber mit wesentlichen Schutzpflichten gegenüber der Natur entspricht aber dem Geist einer Ethik, die der menschlichen Personalität eine wesentliche Bedeutung beimißt. Robert Spaemann hat das „Seinlassen" kürzlich als das „eigentliche Signum der Personalität" bezeichnet.[21] Er meint mit „Seinlassen" den Verzicht auf Bemächtigung, die in der „Tendenz alles Lebendigen" liege. Im zwischenmenschlichen Bereich bedeutet dieser Verzicht soviel wie Anerkennung des anderen; er bedeutet außerdem, sich und seine Interessen zu übersteigen, zu transzendieren und damit auch, sich selbst seinzulassen. Der Verzicht, über sich selbst zu verfügen, über sich selbst zu herrschen, soll natürlich in jeder Hinsicht gelten. Der Mensch soll sich in keiner Hinsicht zum Objekt der eigenen Selbstbemächtigung machen, weder sozial noch wissenschaftlich. Wenn er diesem Imperativ gehorcht, muß er auch dem Imperativ gehorchen, sich nicht der Natur zu bemächtigen.

Der Innen- und der Außenaspekt des Menschenbildes sind in dieser Verbindung einer holistischen Ethik und eines Personverständnisses, das das Seinlassen, den Verzicht auf Selbstverfügung zum Prinzip erhebt, in einer neuen Weise miteinander verbunden. Diese Verbindung läuft auf kein neues Menschenbild hinaus, sondern gibt einem traditionellen, religiös geprägten Menschenbild einen neuen Rahmen. Nicht nur Christen, sondern auch Buddhisten, nicht nur Monotheisten und Polytheisten, sondern auch Animisten wissen, was Ehrfurcht vor der Natur bedeutet. Sie wissen aber nicht immer, daß diese Ehrfurcht nicht mit einem anthropozentrischen Menschenbild vereinbar ist.

Anthropozentrik und ethischer Holismus sind die beiden heute miteinander konkurrierenden Menschenbilder. Nur der ethische Holismus enthält normative Aspekte, die tatsächlich normativen Charakter haben. Nur dieses Menschenbild, das den Menschen in das Ganze der Natur – der belebten und der unbelebten – integriert, enthält oder erlaubt ein Personverständnis, das den Menschen und die Natur vor dem zerstörerischen Interesse an Bemächtigung

---

[20] M. Gorke, a.a.O., 1997, 277.
[21] R. Spaemann, *Personen*, Stuttgart 1996, 87.

schützt. Wir haben die Wahl zwischen jenen zwei Alternativen. Es ist klar, welche Wahl leichter fällt. Die Anthropozentrik erlaubt uns, so weiter zu fahren wie bisher. Der ethische Holismus verbietet dies. Seinen Forderungen gerecht zu werden, fällt uns nicht leicht. Das Gute hat immer schon mehr Mühe gekostet.

Das Menschenbild in Entscheidungen des Bundesverfassungsgerichts

Hans-Ullrich Gallwas

Zwei Klarstellungen vorab:

a. Das Bundesverfassungsgericht ist nicht dazu berufen, aus eigenen Stücken ein Menschenbild zu entwerfen und anhand dessen zu judizieren.

Vielmehr ist es wie jedes andere Gericht in der Bundesrepublik Deutschland bei seiner Entscheidungsfindung an Gesetz und Recht gebunden. D.h., es hat die bestehenden Gesetze, zumal die Vorschriften des Grundgesetzes, auf den ihm unterbreiteten Fall anzuwenden, und auf dieser Grundlage eine den verfassungsrechtlichen Vorgaben und den Anforderungen der Einzelfallsgerechtigkeit entsprechende Entscheidung zu entwickeln.

Das Menschenbild des Bundesverfassungsgerichts ist daher gleichsam ein Nebenprodukt seiner Entscheidungspraxis. Es entsteht entweder dadurch, - daß das Gericht zur Ausdeutung der äußerst abstrakten Formeln des Grundgesetzes, etwa zum Verständnis dessen, was die Verfassungsbegriffe "Menschenwürde" oder "Persönlichkeit" bedeuten, auf ein Menschenbild zurückgreift, das es im Wege einer Gesamtschau aus den verschiedenen den Menschen betreffenden Aussagen des Grundgesetzes zu gewinnen trachtet, z.B. indem es verdeutlicht, was die Bindung des Einzelnen an das "Sittengesetz" durch Art. 2 Abs. 1 GG besagt - oder indem das Gericht die allgemein gehaltenen Aussagen des Grundgesetzes im Einzelfall konkretisiert und auf diese Weise dem nur umrißhaft angelegten Menschenbild von Entscheidung zu Entscheidung verfeinernde Konturen gibt bzw. den anderen staatlichen Organen einen Raum zum Entwurf eines konkreteren Menschenbildes eröffnet; man denke etwa an die Gestaltungsräume im staatlichen Schulwesen zur Formulierung von Erziehungszielen oder an den Umbau der Gesellschaft unter dem Aspekt der Erhaltung der natürlichen Lebensgrundlagen.

Die Funktion eines solchen Menschenbildes besteht darin, daß es zur Kontinuität der Rechtsprechung des Bundesverfassungsgerichts beiträgt, die Rechtspraxis in allen staatlichen Bereichen, also sowohl die Gesetzgebung wie die Verwaltung und die Rechtsprechung, durch eine Zielvorgabe und Verdeutlichung verfassungsrechtlicher Schranken prägt und nicht zuletzt das Rechtsverständnis aller in einer bestimmten Verfassungssituation Lebenden im Sinne einer Konsensstiftung beeinflußt.

Für den, der das Recht gestaltet, anwendet oder es für sich zur Verwirklichung eigener Interessen in Anspruch nimmt, ist es ein Gebot der Klugheit, sich danach zu richten, um so das Risiko einer Korrektur durch das Bundesverfassungsgericht zu mindern.

b. Das Menschenbild des Bundesverfassungsgerichts ist nur ein Ausschnitt des Menschenbildes der Verfassungsrechtswissenschaft und dieses wiederum nur ein Ausschnitt aus dem Menschenbild der Rechtswissenschaft.

Es liegt auf der Hand, daß das Menschenbild etwa des Arbeits- und Sozialrechts ein anderes ist als das des Schul- und Bildungsrechts, das der Rechtsgeschichte ein anderes als das der Rechtsanthropologie oder der Rechtsphilosophie. Jeweils geben der Gegenstand, die Fragestellung und die Methode der Einzeldisziplin den Ausschlag dafür, welche Facette des Menschenbildes aufscheint und ob dem jeweils eher eine beschreibende, erklärende oder lenkende Funktion zukommt.

Gleichwohl erscheint es gerechtfertigt, dem Menschenbild des Bundesverfassungsgerichts besondere Aufmerksamkeit zuzuwenden.

Immerhin ist unser Gemeinwesen in einer in der deutschen Verfassungsgeschichte einmaligen Weise auf den Menschen bezogen.

Zudem ist das Bundesverfassungsgericht zum obersten Hüter der Verfassung bestellt. Seine die Achtung vor dem Menschen und seinen Schutz betreffenden Entscheidungen binden alle staatlichen Gewalten.

Die normativen Grundlagen des Menschenbildes des Bundesverfassungsgerichts

Zum verfassungsrechtlichen Boden für den Entwurf eines Menschenbildes durch das Bundesverfassunggericht gehören alle Vorschriften des Grundgesetzes, die sich mit dem Einzelnen und seiner Position in Staat und Gesellschaft befassen. Das sind in erster Linie die Grundrechte.

a. Am Anfang des Grundrechtsteils unserer Verfassung steht bekanntlich der Menschenwürdesatz: Die Würde des Menschen ist unantastbar, sie zu achten und zu schützen Verpflichtung aller staatlichen Gewalt. In den nachfolgenden Grundrechten wird diese in ihrem Pathos vielversprechende, aber in ihrer Unbestimmtheit wenig handliche Formel in griffigere Einzelaspekte umgegossen; und zwar zu Freiheitsrechten, zu Gleichheitsrechten und zu dem Recht jedermanns auf gerichtlichen Schutz vor der öffentlichen Gewalt.

Damit ist eine grundlegende und zentrale Aussage zum Menschenbild gemacht, nämlich: der Staat ist für den Einzelnen da und nicht der Einzelne für den Staat; Einzelner in diesem Sinne ist grundsätzlich jeder Mensch, unabhängig von besonderer Zutat und Qualität, wie Herkunft, Fähigkeit oder Besitz.

aa. Die Freiheitsrechte verbürgen dem Einzelnen in ihrem Geltungsbereich im Grundsatz Selbstbestimmung oder, banaler, das Recht, zu tun und zu lassen, was er will. Die Gleichheitsrechte sichern im Grundsatz das Recht auf gleiche Behandlung in dem Anschein nach gleicher Lage.

Freiheit und Gleichheit jedes Einzelnen bilden eine nicht weiter begründungsbedürftige Regel, die Ausnahme ist dagegen immer begründungsbedürftig. Wo immer der Staat also die Freiheit beeinträchtigt oder Gleiches ungleich bzw. Ungleiches gleich behandelt, hat er dies, in der Regel in den Bahnen eines verfassungsrechtlich vorgeschriebenen Verfahrens, zu rechtfertigen.

Wähnt jemand, daß einer Freiheitsbeeinträchtigung oder einer gleichheitswidrigen Behandlung die gebotene Rechtfertigung fehle oder daß diese nicht tragfähig sei, so kann der hiervon in seinen Rechten Betroffene gerichtlichen Schutz in Anspruch nehmen. Das Gericht muß sodann prüfen, ob die Relativierung im gebotenen Verfahren triftig begründet wurde.

Grundlage dieser einer vorläufigen Blockade gleichkommenden Beschränkung staatlicher Gewalt zugunsten des Einzelnen ist nicht Blauäugigkeit der Mütter und Väter des Grundgesetzes, etwa daß der Mensch, mindestens solange er selbst keine staatliche Macht ausübe, von Haus aus gut und sich des "rechten Weges wohl bewußt" sei; hierzu bestand nach den historischen Erfahrungen keinerlei Anlaß. Maßgebend war vielmehr die Einsicht, daß ein Gemeinwesen mit der Maxime, daß erlaubt ist, was nicht verboten ist, stabiler ist als mit der entgegengesetzten Regel, daß verboten, was nicht eigens erlaubt ist; hier mag freilich auch der Optimismus, daß Freiheit nicht notwendigerweise normativ gebunden zu werden braucht, weil, wo Freiheit herrscht, sich auch Verantwortung entwickle, am Werke gewesen sein.

bb. Weil Freiheit und Gleichheit nur im Grundsatz verbürgt sind, kommt in der Praxis alles auf die Rechtfertigung von Eingriffen bzw. Relativierungen an.

Dabei ist ausgemacht, daß Freiheit zur Sicherung und zur Förderung des Gemeinwohls sowie zum Schutze anderer eingeschränkt werden darf, vielleicht sogar eingeschränkt werden muß. Niemand kann sich etwa auf die Freiheit der Kunst berufen, um mit den Ausdrucksmitteln der Satire oder Ironie die Grundlagen des Staates anzugreifen oder einen Mitmenschen herabzuwürdigen.

Desgleichen gilt, daß dem Anschein nach Gleiches unterschiedlich behandelt werden darf, wenn es dafür nur einen sachgerechten Grund gibt. So darf die jedermann zustehende Meinungsäußerungsfreiheit beschränkt werden, wenn sie dazu benutzt wird, die freiheitlich demokratische Grundordnung zu bekämpfen.

Die vom Grundgesetz im Prinzip verbürgte Selbstbestimmung des Einzelnen und Gleichheit aller sieht sich folglich in einem Geflecht normativer Bindungen und Relativierungen.

Der Einzelne muß bei der Ausübung seiner Freiheit und bei seiner Forderung auf gleiche Behandlung mindestens nach solcher Maßgabe durch das Gesetz auf das Gemeinwohl und das Selbstbestimmungsrecht anderer Rücksicht nehmen.

Mindestens meint hierbei, sofern die Rücksichtnahme nicht bereits auf der Basis der Eigenverantwortung geübt wird. Die normative Bindung springt also kompensierend in die Bresche, wo Eigennutz und Egoismus die „Blüte edelsten Gemütes", als welche Theodor Storm die Rücksicht bezeichnete, haben „verwelken" lassen.

Es ist also letztlich doch wieder der Staat, der die Grenze zwischen Selbstbestimmung und Fremdbestimmung, zwischen Freiheit und Bindung durch Gesetz und auf Grund Gesetzes durch entsprechende Gebote und Verbote für den Einzelfall zieht.

Weil unsere Verfassung von der Würde und der Selbstbestimmung eines jeden Menschen ausgeht, kann es jedoch im Konflikt zwischen dem Einzelnen und dem Gemeinwesen keinen prinzipiellen Vorrang des Gemeinwohls geben. Nichts läßt sich also allein mit der sattsam bekannnten Formel legitimieren, daß Gemeinnutz vor Eigennutz gehe. Vielmehr gilt es stets abzuwägen, d.h., es müssen Gesichtspunkte gefunden werden, die das eine Interesse im Lichte des anderen als vorzugswürdig erscheinen lassen.

"Juristischer Ort", Ansätze und Tendenzen eines "verfassungsrechtlich bedeutsamen Menschenbildes"

Im Rahmen solchen Abwägens zwischen der Regel der Freiheit und der Ausnahme womöglich gerechtfertigter Bindung bzw. zwischen der Regel der Gleichheit und der Ausnahme womöglich gerechtfertigter Relativierung findet das verfassungsrechtliche Menschenbild seinen juristischen

Ort, d.h. die Stelle, an welcher der Rückgriff auf einen bestimmten Argumentationsgesichtspunkt und seine Inhalte für die weitere Entscheidungsfindung den Ausschlag geben.

Die Funktion des verfassungsrechtlichen Menschenbildes kann darin bestehen, daß es als solches den grundrechtlich gebotenen Abwägungsprozeß steuert, also begründet, warum ein bestimmter, zur Verfassungsmäßigkeit führender Gesichtspunkt einem anderen, der zur Verfassungswidrigkeit führen würde, vorzuziehen ist. Sie kann aber auch darin bestehen, daß es als Sammelbegriff jedes neue Abwägungsergebnis wie einen neuen Mosaikstein in sich aufnimmt, also das in den Grundrechtsvorschriften nur umrißartig erkennbare normative Bild des Einzelnen im Gemeinwesen laufend verfeinert und auf diese Weise künftige Entscheidungen lenkt.

a. Zwei Beispiele aus der älteren Judikatur des Bundesverfassungsgerichts mögen diese unterschiedlichen Ansätze verdeutlichen:

aa. Im Streit um die Verfassungsmäßigkeit des Investitionshilfegesetzes im Jahr 1954 (vgl. BVerfG Bd. 4, 7 ff.) sah sich das Bundesverfassungsgericht vor die Frage gestellt, ob es zulässig sei, der gewerblichen Wirtschaft aufzugeben, einen Beitrag zur Deckung des Investitionsbedarfs des Kohlebergbaus, der eisenschaffenden Industrie und der Energiewirtschaft zu leisten. Zuvor war der Versuch gescheitert, die bereits prosperierende gewerbliche Wirtschaft dazu zu bewegen, auf freiwilliger Basis 1 Milliarde DM als Investitionshilfe für die notleidenden Industriezweige bereitzustellen. Die so in Pflicht genommenen Unternehmer meinten nun, das Gesetz verstoße gegen das Grundrecht auf freie Entfaltung der Persönlichkeit, weil es sie in ihrer freien Unternehmerinitiative beschränke.

Das Bundesverfassungsgericht durchschlug den Knoten der vielfältigen mit der Verbürgung der freien Entfaltung der Persönlichkeit in Art. 2 Abs. 1 GG verbundenen Fragen, indem es ausdrücklich auf das Menschenbild des Grundgesetzes zurückgriff. Dieses, so führte es aus, sei nicht das Bild eines isolierten souveränen Individuums; das Grundgesetz habe vielmehr die Spannung Individuum - Gemeinschaft im Sinne der Gemeinschaftsbezogenheit und Gemeinschaftsgebundenheit der Person entschieden, ohne dabei deren Eigenwert anzutasten. Dies bedeute: der Einzelne müsse sich diejenigen Schranken seiner Handlungsfreiheit gefallen lassen, die der Gesetzgeber zur Pflege und Förderung des sozialen Zusammenlebens in den Grenzen der Zumutbarkeit ziehe, vorausgesetzt, daß dabei die Eigenständigkeit der Person unangetastet bleibe.

Durch diesen Rückgriff auf das Menschenbild des Grundgesetzes hat das Bundesverfassungsgericht die Möglichkeiten des Staates zur Bindung der Freiheit des Einzelnen zwar in einem recht weiten Sinn ausgedeutet, jedoch ohne dabei wieder der pauschalen Maxime zu verfallen, wonach Gemeinnutz vor Eigennutz gehe. Vielmehr stehen sich Eigennutz und Gemeinwohl von Verfassungs wegen gleichrangig gegenüber und sind je nach Sachlage und politischer Einschätzung des Parlaments in der jeweils besonderen Konfliktlage aufeinander abzustimmen.

bb. In der anderen Entscheidung, dem sogenannten Elfes-Urteil (BVerfG Bd. 6, 32 ff.), ging es um die vom Gericht in der früheren Entscheidung offen gelassene Frage, was in Art. 2 Abs. 1 GG mit den Worten, jeder habe das Recht auf "freie Entfaltung seiner Persönlichkeit" gemeint sei.

Zwei Ansichten standen sich gegenüber. Die einen hielten dafür, daß hier nur ein enger Kreis von Tätigkeiten geschützt sei, nämlich solche, die einen besonderen Bezug zur Entfaltung der Persönlichkeit in einem herausgehobenen Sinne haben; hier war u.a. vom Wesen des Menschen als geistig-sittlicher Person die Rede. Die anderen sahen in Art. 2 Abs. 1 GG die verfassungsrechtliche Garantie der allgemeinen Handlungsfreiheit, und zwar im Sinne eines Rechts, zu tun, was immer einem beliebe, also selbst so Banales wie das Taubenfüttern im Park oder das Spielen an einem Geldspielgerät.

Das Bundesverfassungsgericht hat sich für die allgemeine Handlungsfreiheit entschieden. Wieder findet sich in der Begründung der Hinweis auf das Menschenbild des Grundgesetzes. Diesmal allerdings in anderer Funktion.

Es ist nicht wie zuvor der die Auswahl zwischen zwei Alternativen legitimierende Gesichtspunkt, sondern hier heißt es lediglich, Art. 2 Abs. 1 GG sei mit dazu bestimmt, das Menschenbild des Grundgesetzes zu prägen. Das Menschenbild erscheint dabei weniger als Grund, denn als Ergebnis der Verfassungsauslegung.

Dies ändert freilich nichts daran, daß mit dieser Entscheidung wesentliches zum Menschenbild des Grundgesetzes beigetragen wird, nämlich die zentrale verfassungsrechtliche Aussage, daß bei uns dem Einzelnen alles erlaubt ist, was nicht eigens verboten ist. Damit wird der Einzelne der Schwierigkeit enthoben, jeweils darzutun, daß er sich mit seinem Verhalten überhaupt in einem grundrechtsgeschützten Freiheitsbereich bewegt. Statt dessen gilt der Satz: es gibt in unserem Gemeinwesen keine "grundrechtsfreien Räume"; die Folge ist, daß der Staat, wo und wie immer er die Freiheit eines Einzelnen beschneidet, also insoweit generell und nicht nur punktuell in einer Rechtfertigungspflicht steht.

b. In späterer Zeit hat das Bundesverfassungsgericht, soweit ersichtlich, zwar noch gelegentlich auf das im Investitionshilfe-Urteil bemühte Menschenbild des Grundgesetzes zitierend zurückgegriffen, es aber nicht mehr als Argumentationsgesichtspunkt weiter entwickelt (vgl. dazu Stern, Staatsrecht, Bd. III/2, S. 540 ff. mit Nachweisen). In neueren Entscheidungen taucht nicht einmal mehr der Begriff auf.

Dennoch kann man sehr wohl weiterhin von einem Menschenbild des Bundesverfassungsgerichts sprechen. Dies allerdings nur in dem Sinne, daß das Gericht ausgehend von dem in der Verfassung angelegten Menschenbild von Entscheidung zu Entscheidung immer mehr Freiheiten und Bindungen herausschält und so das Menschenbild des Grundgesetzes ständig an Kontur gewinnt.

aa. Hierher gehört einmal die Sequenz von Entscheidungen, welche die Grundrechtsgeltung aus dem klassischen Grundrechtsverhältnis zwischen dem Einzelnen und dem Staat lösen und in das Drittverhältnis, also auf die nach herkömmlicher Betrachtungsweise ausschließlich privatrechtliche Beziehung zwischen den einzelnen Grundrechtsberechtigten erstrecken.

Das geschieht zunächst unter dem grundrechtsdogmatischen Stichwort: Drittwirkung der Grundrechte. Sie bewirkt, daß der Einzelne im Zivilrechtsstreit mit einem anderen Einzelnen mal an Spielraum über die engeren zivilrechtlichen Normen hinaus gewinnt, mal verliert, also entweder mehr oder weniger tun darf, als das überkommene Zivilrecht ihm erlaubt.

So wird beginnend mit der Lüth-Entscheidung (BVerfG Bd. 7, 198 ff.) ein auf das zivilrechtliche Boykottverbot gestütztes Urteil eines Oberlandesgerichts um der freien Meinungsäußerung willen aufgehoben. Andererseits wird Heinrich Böll entgegen der Ansicht des Bundesgerichtshofes der Weg zu einem Schmerzensgeldanspruch wegen Verletzung seines Persönlichkeitsrechts durch die Veröffentlichung eines Fernsehjournalisten gebahnt (BVerfG Bd. 54, 208 ff.).

Kurzum: das Menschenbild des Grundgesetzes gebietet grundrechtsbezogene Rücksichtnahme im Zivilrechtsverkehr.

bb. Grundrechtsdogmatisch tritt dann allerdings ein gewisser Wandel ein. Nicht mehr die Drittwirkung der Grundrechte steht im Mittelpunkt verfassungsgerichtlicher Korrekturen von Zivilrechtsentscheidungen, sondern die Argumentationsfigur der grundrechtsorientierten Schutzpflicht des Staates.

Der Grundgedanke folgt aus Art. 1 Abs. 1 S. 2 GG und besagt, der Staat hat sich schützend vor den Grundrechtsberechtigten zu stellen, wenn dieser von dritter Seite beeinträchtigt oder bedroht wird. Dieser staatlichen Schutzpflicht entspricht ein Anspruch des so Beeinträchtigten oder Bedrohten auf angemessene staatliche Hilfe. Wobei es grundsätzlich Sache des Staates ist, zu entscheiden, wie er die gefährdeten Grundrechtsberechtigten strafrechtlich schützt, wie im Fall des Ungeborenen gegen den ungerechtfertigten Schwangerschaftsabbruch (BVerfG Bd. 39, 1 und Bd. 88, 203 oder durch eine Änderung des geltenden Zivilrechts, wie etwa im Fall der Kündigungsschutzentscheidungen (BVerfG Bd. 82, 126 ff.), oder durch sonstige staatliche Intervention (vgl. hierzu die Schleyer-Entscheidung BVerfG Bd. 46, 160). Äußerste Grenzen bilden auf der einen Seite das Untermaß-, auf der anderen Seite das Übermaßverbot. Der staatliche Schutz darf nicht zu gering ausfallen, aber auch nicht über das Notwendige und Zumutbare hinausgehen.

Maßgeblich ist jeweils, daß die Freiheit des Einzelnen zugunsten der grundrechtsgeschützten Interessen eines anderen eingeschränkt wird, daß das Bundesverfassungsgericht den Einzelnen verpflichtet, zum Schutze eines anderen Einschränkungen seiner Freiheit zu dulden.

Per Saldo folgt auch hieraus ein allgemeines verfassungsrechtliches Gebot zu einer der Sachlage jeweils angemessenen zwischenmenschlichen Rücksichtnahme.

cc. Das Gestaltungsrecht des Staates im Hinblick auf den Schutz, den er dem Einzelnen vor dem anderen einräumt, führt bei uns mitunter zu gravierenden Mißverständnissen.

So ist in unserer Gesellschaft der Irrtum weit verbreitet, daß, was nicht mehr unter Strafe gestellt ist, erlaubt sei; etwa, daß der Gesetzgeber mit einer Zurücknahme der Strafdrohung im Falle eines Schwangerschaftsabbruches der Mutter insoweit die Freiheit einräume, über das Leben des Ungeborenen zu disponieren. Dabei wird verkannt, daß zwar aus einer Sanktion auf ein Verbot geschlossen werden kann, nicht aber aus dem Fehlen einer Sanktion auf das Fehlen eines Verbots oder gar auf die Aufhebung eines Unwerturteils. Der Staat muß nicht alles, was rechtswidrig ist, verbieten und nicht für alles, was verboten, eine Strafdrohung bereithalten. Die immer wieder erhobene Forderung nach einer Beratung ohne eine auf den Schutz des ungeborenen Lebens gerichtete Zielsetzung kann es nicht geben. Sie wäre mit der Schutzpflicht des Staates für das Leben, Art. 2 Abs. 2 S. 1 GG, nicht vereinbar. Oder: wenn die Explantation von Organen nach dem Hirntod und vor dem Herzkreislauftod ohne Einwilligung des Betroffenen nicht strafbar ist, ist sie darum noch nicht rechtmäßig oder gar erlaubt.

c. Mit seiner Volkszählungsentscheidung (Bd. 65, 1) betritt das Bundesverfassungsgericht sodann grundrechtsdogmatisches Neuland.

Waren von der Drittwirkung abgesehen die Grundrechte bisher im wesentlichen Abwehrrechte gegen staatliche Maßnahmen, die dem Einzelnen ein bestimmtes Tun, Dulden oder Unterlassen aufgaben, also ein Abwehrrecht gegen Gebote und Verbote, gegen Verpflichtung und Vorenthaltung und nicht zuletzt gegen jedweden Zwang, so reagieren sie nunmehr auch auf subtilere Einwirkungen auf den Lebensraum und die Entfaltungschancen des Einzelnen.

Das im Volkszählungs-Urteil entwickelte Recht auf informationelle Selbstbestimmung, das inzwischen zum Kernstück des verfassungsrechtlichen Datenschutzes geworden ist, basiert auf der Vorstellung, daß der Einzelne nicht in eine Welt versetzt werden darf, in welcher er zur Vermeidung eines Risikos auf die Ausübung seiner Freiheit lieber verzichtet. In der Entscheidung steht zu lesen, daß wer unsicher sei, ob abweichende Verhaltensweisen jederzeit notiert und als Information dauerhaft gespeichert, verwendet oder weitergegeben werden, versuchen werde, nicht durch solche Verhaltensweisen aufzufallen; wer damit rechne, daß etwa die Teilnahme an einer Versammlung oder einer Bürgerinitiative behördlich registriert werde und daß ihm dadurch Risiken entstehen, werde möglicherweise auf die Ausübung der entsprechenden Grundrechte verzichten; dies würde nicht nur die individuellen Entfaltungschancen des Einzelnen beeinträchtigen, sondern auch das Gemeinwohl, weil Selbstbestimmung eine elementare Funktionsbedingung eines auf Handlungs- und Mitwirkungsfähigkeit seiner Bürger begründeten freiheitlichen demokratischen Gemeinwesens sei.

Diese Entscheidung ist deshalb so bemerkenswert, weil das Bundesverfassungsgericht hier den Einzelnen in Schutz nimmt, obwohl er weder durch den Staat noch durch Dritte an der Ausübung seiner Freiheit gehindert wird, sondern nur aus eigenem Gutdünken darauf verzichtet, um sich keinen Risiken auszusetzen. Der Grundrechtsschutz wird auf diese Weise in das Vorfeld der bisher für den Rechtsschutz erheblichen Eingriffsmaßnahmen verlegt.

Dem Menschenbild des Grundgesetzes wird damit eine neue Dimension erschlossen, nämlich die Dimension gesteigerter Sensibilität und dementsprechend eines besonderen Schonungsbedürfnisses. Der Einzelne braucht nicht mehr abzuwarten, ob es zu einer Beeinträchtigung seiner Freiheit kommt, um dann zu entscheiden, ob er diese Beeinträchtigung hinnimmt oder dagegen vorgeht. Das Verfassungsrecht bewahrt ihn bereits davor, daß es überhaupt zu einer Beeinträchtigung kommt.
Pointiert könnte man sagen, der Staat wird "betulicher"; er mutet dem Einzelnen weniger zu. Das hat zur Folge, daß sich der Einzelne weniger zu wappnen braucht, vielleicht sogar die Fähigkeit verliert, sich mit widrigen Umständen auseinanderzusetzen. Der Einzelne hört auf, selbstbewußter und wehrhafter Widerpart des Staates zu sein und wird zum Objekt staatlicher Vor- und Fürsorge.

d. Dies scheint mir auch der springende Punkt bei der so überaus umstrittenen Kreuzentscheidung des Bundesverfassungsgerichts (Bd. 93, 1 ff.) zu sein. Sie führt die Entwicklung des Menschenbildes in der Weise weiter, daß sie den Menschen in einem weiteren Bereich zum Objekt staatlicher Vor- und Fürsorge macht.

aa. Um es vorweg zu nehmen, das Gericht will den Schüler vor der Konfrontation mit dem Kreuz in Pflichtschulen bewahren, ohne überzeugend darzutun, daß das Kreuz an der Wand ihn in eine Lage bringt, welche die Religionsfreiheit des Art. 4 Abs. 1 GG im bisher maßgeblichen Wortsinn "verletzt".
Dem Gericht ist zwar ohne Wenn und Aber beizupflichten, wenn es sagt, daß die Entscheidung für oder gegen einen Glauben Sache des Einzelnen und nicht des Staates sei, daß der Staat ihm einen Glauben weder vorschreiben noch verbieten dürfe, daß sich die Freiheit auch auf die Symbole beziehe, in denen ein Glaube oder eine Religion sich darstelle, es dem Einzelnen also überlassen bleibe, welche religiösen Symbole er anerkenne und verehre und welche er ablehne.

Des weiteren ist dem Gericht ohne weiteres zu folgen, wenn es dem Art. 4 Abs. 1 GG kein Recht entnimmt, in einer Gesellschaft, die unterschiedlichen Glaubensüberzeugungen Raum gibt, von fremden Glaubensbekundungen, kultischen Handlungen und religiösen Symbolen verschont zu bleiben. Schon deshalb ist es ganz und gar abwegig, aus dem Kreuzurteil Konsequenzen für Gipfelkreuze oder Wegkreuze herzuleiten oder gar, wie leider geschehen, von einem "Intoleranzurteil" zu sprechen.

Problematisch wird die Entscheidung erst im folgenden: Davon zu unterscheiden, so sagt das Gericht, sei aber eine vom Staat geschaffene Lage, in welcher Einzelne ohne Ausweichmöglichkeit dem Einfluß eines bestimmten Glaubens, den Handlungen, in denen sich dieser manifestiert, und den Symbolen, in denen er sich darstellt, ausgesetzt sei.

Um diese freiheitssichernde Funktion des Art. 4 Abs. 1 GG für Lebensbereiche, die der Staat, wie nun mal den Lebensbereich der Schule, in Vorsorge genommen hat, zu untermauern, verweist das Gericht auf Art. 140 GG i.V.m. Art. 136 Abs. 4 WRV, wonach es ausdrücklich verboten ist, jemanden zur Teilnahme an religiösen Übungen zu zwingen. Damit ist freilich noch nichts begründet. Denn zwischen dem staatlichen Zwang zur Teilnahme an einer religiösen Übung und dem "Lernen unter dem Kreuz" liegen noch immer Welten.

Das Gericht schmiedet darum, wahrscheinlich in Erkenntnis dessen, eine zusätzliche Argumentationskette: Und zwar lege Art. 4 Abs. 1 GG dem Staat auch die Pflicht auf, dem Einzelnen und den religiösen Gemeinschaften, einen Betätigungsraum zu sichern, in dem sich die Persönlichkeit auf weltanschaulich-religiösen Gebiet entfalten kann, und sie vor Angriffen oder Behinderungen von Anhängern anderer Glaubensrichtungen oder konkurrierender Religionsgruppen in Schutz zu nehmen. Hieraus wird sodann der Grundsatz der Neutralität des Staates in Glaubensfragen abgeleitet.

Auch hier kommt es zu argumentativen Lücken. Das Gericht schreibt ausdrücklich, daß Art. 4 Abs. 1 GG dem Einzelnen keinen Anspruch darauf gebe, seine Glaubensüberzeugung mit staatlicher Unterstützung Ausdruck zu verleihen, und der Leser fragt sich demgemäß, ob sich dieser Satz nicht gleichermaßen auf die negative Religionsfreiheit beziehen müsse, es also auch für den Nichtgläubigen keine staatliche Unterstützung gegenüber dem Gläubigen geben darf. Zudem: wenn der Staat wegen seiner Neutralitätspflicht in Glaubensfragen den religiösen Frieden nicht von sich aus gefährden darf, muß er dann nicht auch auf den bestehenden Zustand Rücksicht nehmen, also daß der Nichtgläubige in einer Welt lebt, die nach dem Herkommen vom Glauben geprägt ist.

Um den Eingriff in die so umschriebene Religionsfreiheit des Grundgesetzes darzutun, beruft sich das Gericht darauf, daß zusammen mit der allgemeinen Schulpflicht Kreuze in den Unterrichtsräumen dazu führten, daß die Schüler während des Unterrichts von Staats wegen und ohne Ausweichmöglichkeit mit diesem Symbol konfrontiert seien und gezwungen würden "unter dem Kreuz" zu lernen.

Unausweichlichkeit, Dauer und Intensität dieser Lage sollen also den Eingriff ausmachen. Zwar zwinge das Kreuz nicht zur Identifikation oder zu bestimmter Ehrbezeigung und Verhaltensweisen, wohl aber habe es "appellativen Charakter" und weise die von ihm symbolisierten Glaubensinhalte als vorbildhaft und befolgungswürdig aus. Dies geschehe noch dazu gegenüber Personen, die aufgrund ihrer Jugend in ihren Anschauungen noch nicht gefestigt sind, Kritikvermögen und Ausbildung eigener Standpunkte erst erlernen sollen und daher einer mentalen Beeinflussung besonders leicht zugänglich sind.

bb. Damit wird dem Menschenbild des Grundgesetzes ein neuer Aspekt hinzugefügt
Zwar wird hier zum einen noch ähnlich wie bei der Volkszählungsentscheidung der Schutz der Selbstbestimmung in ein Vorfeld verlagert.

Es kommt also nicht mehr auf den konkreten Konflikt zwischen der Freiheit des Einzelnen und dem Handeln des Staates oder Dritter an. Der Einzelne wird vielmehr von der Last befreit, sich womöglich erklären, auseinandersetzen und vergleichen zu müssen.

Indessen wird nun, und das war wohl der Grund für manche Aufgeregtheit, die Pflicht zur Rücksichtnahme auch dort verstärkt, wo ein individuelles Interesse solches gar nicht erfordert.

Vor dem Hintergrund des bisherigen Musters einer wechselseitigen Zuordnung von Selbstbestimmung und Rücksichtnahme stellt sich in der Tat die Frage, warum soll das Kreuz nicht wenigstens dann hängen bleiben, wenn niemand in der Klasse daran Anstoß nimmt, warum wird der Selbstbestimmung Raum gegeben bzw. zur Rücksicht verpflichtet, wenn und solange gar keine konkrete Nachfrage nach Selbstbestimmung und Rücksicht besteht?

Es läßt sich mindestens nicht von der Hand weisen, daß die vom Bundesverfassungsgericht so in den Vordergrund gestellte angeblich unausweichliche appellative Wirkung des Kreuzes für den mental besonders leicht zu beeinflussenden Schüler heutzutage eine doch eher irreale und abstrakte Gefahr für die Religionsfreiheit des Einzelnen darstellt.

Damit soll nicht dem Willen der Mehrheit das Wort geredet werden, die an das Kreuz im Klassenzimmer gewöhnt ist und die, aus welchen Gründen auch immer, den status quo verteidigt. Denn Grundrechte sind in der Tat Rechte des Einzelnen gegenüber der Mehrheit, der den Staat tragenden und repräsentierenden ebenso wie der schweigenden Mehrheit in der Gesellschaft. Wohl aber ist zu betonen, daß Zustände, Lagen und Entwicklungen nur dann die Achtungs- und Schutzpflicht des Staates auszulösen vermögen, wenn sich ihr Gefährdungspotential so verdichtet, daß man sie den Geboten, Verboten oder sonstigen Zwangsmaßnahmen gleichstellen muß. Alles andere ist Grundrechtspolitik und damit Sache des Gesetzgebers und nicht des Bundesverfassungsgerichts.

Eine Schlußbemerkung

In der aktuellen Rechtsprechung des Bundesverfassungsgerichts scheint sich eine Entwicklung anzubahnen, die das Menschenbild des Grundgesetzes in Richtung auf verstärkte Schonungsbedürfnisse des Einzelnen fortschreibt.

Das ist vor allem dann nicht unproblematisch, wenn hierdurch auf der anderen Seite Pflichten zur Rücksichtnahme in einer allgemeinen Weise ausgeweitet und verdichtet werden, ohne daß dafür ein zureichendes gesellschaftliches oder rechtliches Bedürfnis besteht. (Der konkrete Fall, den das Bundesverfassungsgericht zu entscheiden hatte, hätte sich auch durch eine auf den Einzelfall beschränkte Entscheidung angemessen lösen lassen, nämlich indem man auf die konkreten Zumutungen der Beteiligten abgestellt hätte.)

Noch gewichtiger erscheint mir allerdings die Überlegung, daß durch derlei Schonungen der Einzelne in eine Scheinwelt gestellt wird, an die erstmal gewöhnt, er unfähig wird, in der wirklichen Welt, die nun mal sowohl im eigentlichen wie im übertragenen Sinn ihre Kreuze hat, zu bestehen. Statt das Kreuz aus der Pflichtschule zu entfernen, wäre es wohl besser, es gerade in der Schule zum Anlaß zu nehmen, den Umgang mit Andersdenkenden zu entwickeln und einzuüben, wobei nach der Sicht des Grundgesetzes eigentlich jeder von uns im Verhältnis zu seinem Mitmenschen ein Andersdenkender ist.

Womöglich besteht die Gefahr, daß das Menschenbild des Bundesverfassungsgerichts Züge annimmt, die es um seine prägende Kraft für das Leben in der Bundesrepublik bringt, eben weil das Gericht dieses Leben zu wenig in seinen Blick nimmt, weil sein Menschenbild den Rückhalt in den real existierenden und zudem grundrechtsverbürgten Einstellungen, Interessen und Wünschen der Gegenwart zu verlieren droht.

Wenn das Gericht hierdurch an Ansehen in der Öffentlichkeit einbüßt, geht dies an das Mark einer Instanz, die in der Vergangenheit so viel zum Verfassungskonsens beigetragen hat. Wir würden uns um die Chance bringen, dem Prozeß gesellschaftlicher Desintegration und individueller Identitätskonfusion auch mit einer Zielvorstellung des Grundgesetzes entgegenzuwirken, nämlich: Wahrung einer optimalen Balance zwischen Entfaltung des Einzelnen, Rücksichtnahme auf den anderen und den jeweils historisch bedingten Notwendigkeiten unseres Gemeinwesens.

Anmerkung:

Bei dem vorliegenden Text handelt es sich um die überarbeitete Fassung eines Vortragstextes, der Vortragsstil wurde beibehalten.

Das Menschenbild in der Theologie

Konrad Stock

Das Menschenbild in der Theologie ist das Menschenbild, welches der *Gegenstand* der Theologie impliziert. Theologie versteht sich ja als die rationale Selbstthematisierung einer bestimmten, positiv gegebenen Religion, der Religion des Christentums.[1] Weil sich das Selbstverständnis dieser Religion am klarsten in den Begriff des *Glaubens* zusammenfassen läßt[2], ist es die systematische Aufgabe der Theologie, den Wahrheitsgehalt zu explizieren, der der christlichen Glaubenslehre als einer bestimmten Form religiös-weltanschaulicher Überzeugung innewohnt. Weil christlicher Glaube ein Menschenbild einschließt, gibt es ein Menschenbild in der Theologie.

Nun ist es gar nicht so einfach, das Menschenbild der Theologie in kurzen Umrissen darzustellen. *Erstens* gibt es nämlich - bedingt durch die Vielfalt christlicher Glaubensgemeinschaften und bedingt durch die zum Teil kirchentrennenden lehrmäßigen Differenzen zwischen den Konfessionen - erhebliche Unterschiede in der theologischen Entfaltung eines Menschenbildes des christlichen Glaubens: so war zum Beispiel die Auseinandersetzung, die die reformatorische Bewegung im frühen 16. Jahrhundert mit dem kirchlichen Lehramt und der theologischen Wissenschaft über das angemessene Verständnis des zentralen Sachverhalts der "Gerechtigkeit Gottes" führte, nicht zum wenigsten durch konträre "anthropologische" Überzeugungen bedingt.[3] Und auch die gegenwärtige deutschsprachige protestantische Theologie - um an dieser Stelle nur auf sie hinzuweisen - befindet sich aus mancherlei geistes- und kirchengeschichtlichen Gründen in einem lebhaften internen Diskurs hinsichtlich der dem christlichen Glauben adäquaten theoretischen Gestalt einer Lehre vom Menschen.[4]

Auf der anderen Seite aber steht das Menschenbild des christlichen Glaubens, das die Theologie in der Form des kritischen internen Diskurses zu explizieren sucht, quer zu vielen Menschenbildannahmen, die den Trägern der sozialen Evolution zur westlichen Moderne - dem Bürgertum und der Arbeiterbewegung - orientierend und verpflichtend vor Augen stehen. Es steht quer zur gemeinsamen Grundannahme der neuzeitlichen Religionskritik, daß das religiöse Bewußtsein und die in ihm begründete Frömmigkeitspraxis als Ausdruck eines falschen, unglücklichen oder neurotischen Bewußtseins zu beurteilen sei; es steht aber auch quer zum Leitbild der Humanität, das seit der preußischen Schul- und Universitätsreform zu Beginn des 19. Jahrhunderts eine laizistische Kultur befördert und beflügelt, die den Menschen durch seine Vernunft dazu befähigt und bestimmt sieht, seine Affekte und Leidenschaften zu überwinden und sich zu einer allgemeinen Menschlichkeit zu bilden - auch und gerade unter den Bedingungen einer hochtechnologischen industriellen Produktionsweise.[5] In der gesamtgesellschaftlichen Öffentlichkeit wirkt das Menschenbild der Theologie - soweit es überhaupt noch

---

[1] Zum Begriff der Theologie vgl. bes.: Wolfhart Pannenberg, Wissenschaftstheorie und Theologie, Frankfurt/M. 1973, sowie Falk Wagner, Was ist Theologie? Studien zu ihrem Begriff und Thema in der Neuzeit, Gütersloh 1989.
[2] Zum Begriff des Glaubens vgl. bes.: Wilfried Härle - Reiner Preul (Hg.), Glaube (Marburger Jahrbuch Theologie IV), Marburg 1992.
[3] Wilfried Joest, Ontologie der Person bei Luther, Göttingen 1967.
[4] Eine an theologischen Grundsätzen orientierte Untersuchung der gegenwärtigen Forschung zur Anthropologie gibt: Wolfhart Pannenberg, Anthropologie in theologischer Perspektive, Göttingen 1983. Einen Überblick über die Tendenzen der theologischen Lehre vom Menschen legt vor Traugott Koch, Art. Mensch. VIII.IX, TRE 22, 530 - 567.
[5] Vgl. hierzu die eingehende Analyse von Eilert Herms, Art. Humanität, TRE 15, 661 - 682.

eine genauere Kenntnis von ihm gibt - tief befremdlich; und wer von Zweifeln an den sei es religionskritischen, sei es humanistischen Menschenbildannahmen angerührt ist, liest möglicherweise lieber Erich Fromm oder Thomas Bernhard als Paulus, Augustinus, Martin Luther oder Søren Kierkegaard.

In dieser nicht ganz einfachen Lage unternehme ich hier den Versuch, das Menschenbild des christlichen Glaubens systematisch zu erschließen und eben dadurch auch in seiner erhellenden Kraft für das Phänomen menschlichen Daseins aufzuzeigen. Dabei mag es erlaubt sein, die kontroverse Lage der systematisch-theologischen Fachdiskussion für diesmal auf sich beruhen zu lassen und einige Grundeinsichten vorzutragen, die in der Fachwelt zustimmungsfähig sind. Ich konzentriere mich auf die Interpretation der dreifachen anthropologischen Erkenntnis, die von der biblische Überlieferung an die christliche Glaubenslehre bestimmt:
(1) Der Mensch ist als Person von Gott zu Gottes Ebenbild geschaffen.
(2) Der Mensch ist wegen seiner personalen Verfassung dazu befähigt und dazu geneigt, seinesgleichen und seine Welt zu zerstören.
(3) Der Mensch ist wegen der unaufhebbaren Neigung, seinesgleichen und seine Welt zu zerstören, auf Gottes Gnade angewiesen; und er wird zu seiner wahren Bestimmung als Gottes Ebenbild geführt, indem Gottes Gnade sein "Herz", sein Selbstverständnis heilsam neu bestimmt.

1 Wesen und Bestimmung des Menschen

Der Ausdruck "Gottes Ebenbild" begegnet an prominenter Stelle in der priesterschriftlichen Schöpfungserzählung des Alten Testaments:
"Und Gott schuf den Menschen ihm zum Bilde, zum Bilde Gottes schuf er ihn; und er schuf sie als Mann und als Frau" (Gen 1,27; vgl. 5,3; 9,6).[6]

Dieser Ausdruck ist vermutlich aus der altorientalischen Königsideologie entlehnt, im Kontext der priesterschriftlichen Darstellung aber zu einer Grundbestimmung menschlichen Daseins in der Welt, also zu einem anthropologischen Wesensbegriff gemacht worden. Weil die Priesterschrift selbst zwar die "Herrschaft" des Menschen über die Tiere als eine Folge oder eine Konsequenz seines gottesebenbildlichen Daseins auffaßt (vgl. Gen 1,26.28), aber keinerlei Erklärung der Bedeutung dieses Ausdruckes gibt, ist die Geschichte der Auslegung dieser Stelle von zahlreichen Unsicherheiten gekennzeichnet. Es kommt hinzu, daß sich die protestantische Theologie um ihrer Sicht der erlösenden Gnade Gottes willen an der Alternative abzuarbeiten hatte, ob das gottebenbildliche Dasein des Menschen in der Situation der Entfremdung verloren ist oder aber aufrecht erhalten bleibt.[7]

Die verwickelte Auslegungsgeschichte lehrt, daß wir es bei dem Ausdruck "Ebenbild Gottes" mit einer archaischen Metapher zu tun haben, die einer begrifflich - kategorialen Entschlüsselung bedürftig, aber auch fähig ist. Unzweideutig benennt diese Metapher ein Wesensmerkmal menschlichen Daseins, das die Differenz zur Seinsweise tierischer Lebendigkeit verstehbar macht. Sie benennt also eine Möglichkeitsbedingung, die sie durch Gottes Schöp-

---

[6] Eine sehr gehaltvolle Einführung in die Überlieferung des Alten Testaments unter dem leitenden Gesichtspunkt einer Glaubensgeschichte gibt Werner H. Schmidt, Alttestamentlicher Glaube, Neukirchen - Vluyn ⁸1996. Zur Anthropologie des Alten Testaments vgl. die Skizze von Rainer Albertz, Mensch. II, in: TRE 22, 464 - 474.

[7] Zum theologiegeschichtlichen Hintergrund der Kontroverse über Sinn und Bedeutung des Ausdrucks "Ebenbild Gottes" namentlich zwischen Emil Brunner und Karl Barth vgl. die Analyse von Christof Gestrich, Neuzeitliches Denken und die Spaltung der dialektischen Theologie. Zur Frage der natürlichen Theologie (BhTh 52), Tübingen 1977, bes. 172 - 206.

fungshandeln gewählt und gesetzt sieht. Wollen wir ihren metaphorischen Gehalt in einen begrifflich-kategorialen Gedanken übertragen, so können wir davon ausgehen, daß die Metapher selbst zwei Momente unterscheidet. Gottes Ebenbild ist - erstens - nicht Gott selbst, sondern steht wie alles mögliche Existierende zu ihm im Verhältnis der kategorialen Differenz von geschöpflichem und schöpferischem Dasein; aber - zweitens - Gottes Ebenbild ist darin Gott selbst - und nicht der natürlichen Umwelt - vergleichbar, daß ihm in einer noch näher zu bestimmenden Weise "Freiheit" eignet. Die archaische Metapher "Ebenbild Gottes" läßt sich also gedanklich erschließen, indem wir die Momente der "Sozialnatur" und der "Religiosität" der Person entfalten.[8]

(1) Ich verstehe unter dem Begriff der "Person" ein Wesen, das nicht nur in einem vegetativ - organischen Sinne am Leben ist, sondern das Leben zu führen und zu gestalten vermag.[9] Der Grund dafür, nicht nur am Leben zu sein, sondern das Leben zu führen und zu gestalten, liegt in der wesentlichen Reflexivität menschlichen Daseins. Ein Wesen, das durch Reflexivität ausgezeichnet ist, ist eben damit durch unaufhebbare Selbstgewißheit geprägt. Selbstgewißheit hat den *formalen* Inhalt, daß die Person sich selbst als den "Grund" oder den "Urheber" aller Aktionen verstehen muß, durch die sie sich zu Ereignissen der natürlichen Umwelt und innerhalb dieses Rahmens zu sozialen Geschehenszusammenhängen verhält. Mit dem formalen Inhalt solcher Selbstgewißheit ist es auch gegeben, daß die Person die technischen und die ethischen Entscheidungen, die sie trifft, sich selbst zurechnet bzw. zurechnen lassen muß.

(2) Ein Wesen, das kraft dieser Reflexivität sich selbst erschlossen ist, ist eben deshalb "weltoffen". Es hat die Fähigkeit, die ihm begegnende Wirklichkeit zu begreifen und zu gestalten. Weil diese Fähigkeit allen personalen Wesen eignet, gründet in ihr die "Sozialnatur" der Person. Die Schöpfungserzählungen der Genesis veranschaulichen diesen Sachverhalt dadurch, daß sie die gemeinsame Bestimmung des männlichen und des weiblichen Menschen zur Herrschaft über die Tiere und zur Fruchtbarkeit erwähnen. Nach der jahwistischen Schöpfungserzählung Gen 2,4b - 25 führt Gott Adam die Tiere zu, damit er sie benenne. Die Schöpfungserzählungen sehen es also als ein Wesensmerkmal menschlichen Daseins an, Zeichenprozesse (und damit Erkenntnisprozesse) zu vollziehen und auf der Basis und mit Hilfe solcher Zeichenprozesse die Aneignung von Natur und die Reproduktion des eigenen Daseins zu leisten. Sie verstehen das individuelle Person-Sein als dazu befähigt und deshalb dazu bestimmt, in der Interaktion mit anderem individuellen Person-Sein Welt zu erkennen und zu gestalten. Ihre narrativen Hinweise können in die Grundlegung einer reichen und anspruchsvollen Theorie sozialer Identität überführt werden. Namentlich *Friedrich D.E. Schleiermacher* hat in den Entwürfen zu einer (philosophischen) Ethik angedeutet, daß eine solche Theorie auf dem Begriff einer geregelten Interaktion zu beruhen hat.[10] Von daher wird die Theologie prinzipiell skeptisch sein gegenüber Identitätstheorien, die die soziale Identität entweder einer politischen Institution (etwa dem Staat) oder dem Ensemble der sozialen Institutionen (der "Gesellschaft") anvertrauen wollen.

(3) Weil personale Wesen kraft ihrer Reflexivität in der Interaktion mit anderen Zeichen- und Handlungsprozesse vollziehen können, eignet ihnen wesentlich "Gottesgewißheit". Ich verstehe den Ausdruck "Gottesgewißheit" in einem rein formalen und noch gar nicht in irgendeinem inhaltlichen Sinn. In der gemeinsamen Erkenntnis und Gestaltung der uns begegnenden Wirklichkeit sind wir uns nämlich dessen gewiß, daß wir unterscheiden müssen zwischen der selbstbestimmten Praxis von Erkenntnis und Gestaltung und den Bedingungen, unter denen

---

[8] Vgl. zum folgenden vor allem: Eilert Herms, Glaube, in: Offenbarung und Glaube. Zur Bildung des christlichen Lebens, Tübingen 1992, 457 - 483.
[9] Zum Begriff der Person vgl. meinen Artikel Person. II. Theologisch, in: TRE 26, 225 - 231.
[10] Friedrich D.E. Schleiermacher, Ethik (1812/13), hg. und eingeleitet von Hans-Joachim Birkner (PhB 335), Hamburg 1981.

diese überhaupt möglich ist. Zu diesen uns vorgegebenen, also nicht durch uns hervorgebrachten Bedingungen zählen ja nicht nur die physische Umwelt und deren Gesetzmäßigkeiten; zu ihnen gehören auch die allgemeine Struktur endlicher Freiheit und das je individuelle Selbst-Sein der Person. Wir können nicht umhin, die Tatsache der uns innerhalb der physischen Ereigniszusammenhänge vorgegebenen Freiheit als eine kontingente Tatsache zu verstehen - also als eine solche Tatsache, die in einer Entscheidung über Dasein oder Nicht-Dasein ihren Grund hat (in einer "ontologischen" Entscheidung)[11].

In der berühmten "Einleitung" zu seiner Glaubenslehre hat Schleiermacher zutreffend aufgezeigt, daß im "Freiheitsgefühl" der Person - also in dem Bewußtsein, mit anderen gemeinsam auf der Basis physischer Ereigniszusammenhänge bestimmte Akte des Bezeichnens und des Gestaltens vollziehen zu können - das "Gefühl schlechthiniger Abhängigkeit" mitgesetzt ist.[12] Die Gottesgewißheit besteht demnach in formalem Sinne in der Gewißheit, durch eine - wie auch immer näher zu bestimmende - transzendente Ursprungsmacht "geschaffen", d.h. in die jeweils individuelle Situation endlicher Freiheit versetzt zu sein. Und in dieser Gewißheit besteht die wesentliche "Religiosität" menschlichen Daseins.

Aus der Perspektive der Gotteserkenntnis, die dem christlichen Glauben eignet, können nun nicht alle inhaltlichen Bestimmungen einer transzendenten Ursprungsmacht adäquat sein. Sie können beispielsweise "abstrakt" sein (wie ein weltanschaulicher Agnostizismus) oder sie können inhaltlich falsch und selbstwidersprüchlich sein (wie beispielsweise naturalistische oder evolutionäre Deutungen der Ursprungsmacht, die selbst endlichen Erscheinungen die Qualität des schöpferischen Seins zusprechen). Insofern eignet dem Menschenbild des christlichen Glaubens schon von seinen alttestamentlichen Wurzeln her ein religionskritischer Grundzug, der die Verwechslung von schöpferischem und geschöpflichem Sein als Wesensmerkmal inhaltlich falscher Religion benennt. Hingegen erweist sich aus der Perspektive des Glaubens der Anspruch der neuzeitlichen genetischen Religionstheorien, nicht nur einzelne Momente konkreter positiver Religionen in Frage zu stellen, sondern Religiosität selbst als eine nur kontingente und deshalb überwindbare Fehleinstellung nachzuweisen, als Schein. Denn auch die verschiedenen Atheismen und Pantheismen, zu denen die genetische Religionstheorien geführt haben, pflegen eine Ursprungsmacht von der jeweils jetzt durch uns erkennbaren und gestaltbaren Wirklichkeit zu unterscheiden und eben damit eine Gottesgewißheit zum Ausdruck zu bringen, die allerdings in der Sicht des Glaubens defizitär ist.[13]

Die christlich-religiöse Deutung des menschlichen Daseins als das je individuelle Dasein des Ebenbildes Gottes sieht es daher als die "Bestimmung" des Menschen an, in seiner jeweiligen begrenzten Lebenszeit seiner Situation als je individuelles Freiheitswesen zu *entsprechen*. Er entspricht seiner Situation als je individuelles Freiheitswesen, wenn er sich *einerseits* zur transzendenten Ursprungsmacht, deren "ontologischer Entscheidung" er innerhalb der physischen Ereigniszusammenhänge sein je individuelles Dasein verdankt, angemessen verhält; und wenn er sich *andererseits* mit allen personalen Wesen zur gemeinsamen Erkenntnis und Gestaltung der begegnenden Wirklichkeit zusammenschließt. Die kategorialen Bestimmungen der Situation der je individuellen Freiheit haben also einen für das Menschenbild des Glaubens und für die Bewertung empirischer geschichtlicher Konstellationen *normativen*

---

[11] Den Begriff einer ontologischen Entscheidung übernehme ich von Eilert Herms, Art. Entscheidung, in: TRE 9, 690 - 705, bes. 690. Er bezeichnet die tiefe Differenz, in der die monotheistischen Religionen insbesondere zu den Religionssystemen des Hinduismus und des Buddhismus stehen.

[12] Friedrich D.E. Schleiermacher, Der christliche Glaube nach den Grundsätzen der evangelischen Kirche im Zusammenhange dargestellt, Bd.I, hg. von Martin Redeker, Berlin 1960, §§ 3.4.

[13] H.-J. Kraus, Theologische Religionskritik, Neukirchen - Vluyn 1982; Wolfhart Pannenberg, Typen des Atheismus und ihre theologische Bedeutung, in: ders., Grundfragen systematischer Theologie. Ges. Aufsätze, Göttingen ²1971, 347 - 360.

Sinn. Nicht jede beliebige religiöse Praxis (also z.B. nicht die kultische Verehrung einer Gottheit in der Form des Opfers, schon gar nicht in der Form des Menschenopfers) kann als der transzendenten Ursprungsmacht angemessen gelten. Und nicht jede beliebige Gestaltung des Ensembles sozialer Institutionen (also z.B. nicht eine Wirtschaftsverfassung auf der Basis der Sklaverei oder auch nicht eine rein ökonomische Betrachtung ethischer Fragen) entspricht der Bestimmung zur gemeinsamen Erkenntnis und Gestaltung der Welt. Allerdings sieht die christlich-religiöse Deutung des menschlichen Daseins den Menschen als das je individuelle Freiheitswesen auch *in die Alternative gestellt,* der ihm in und mit seinem Dasein gegebenen Bestimmung *zu entsprechen oder nicht zu entsprechen.* Auf diese Alternative bezieht sich die christliche Deutung des Übels und des Bösen.

2   Die Fehlbarkeit des Menschen

"Daß die Welt im Argen liege, ist eine Klage, die so alt ist als die Geschichte...": mit diesen Worten eröffnet Immanuel Kant das erste Stück seiner Religionsphilosophie: Die Religion innerhalb der Grenzen der bloßen Vernunft.[14] Um in diese Klage auch im Blick auf unsere eigene Gegenwart einzustimmen, bedarf es natürlich nicht der verstehenden Aneignung der christlichen Glaubenslehre. Allerdings enthält die christliche Glaubenslehre eine spezifische Deutung dieses "Argen", die mit dem bisher besprochenen Begriff des Menschen als des geschöpflichen Ebenbildes Gottes und mit dem noch zu besprechenden Begriff der Gnade Gottes aufs engste zusammenhängt.[15]

Die christliche Deutung des Negativen hat die Prophetie und die Geschichtsschreibung des Alten Testament zur Voraussetzung. Die Prophetie und die Geschichtsschreibung des Alten Israel haben in der Erwartung der Katastrophe von 587 v.Chr. - der Zerstörung des salomonischen Tempels und der Deportation der Elite nach Babylon - und im erinnernden Rückblick auf sie das erwählte Volk des Bundes wegen seiner Gottvergessenheit anklagt. Und sie haben einen inneren Zusammenhang zwischen der mangelnden Gotteserkenntnis und der gefährdeten oder gar zerstörten Rechts- und Gerechtigkeitskultur aufgewiesen. Doch hat das Alte Testament diese unvergleichlich scharfe und selbstkritische Analytik des Bösen beileibe nicht auf das Alte Israel beschränkt. Vielmehr hat die Redaktion der Urgeschichte die Erzählung vom sog. "Sündenfall" (Gen 3,1 - 24) und die Erzählung von Kain und Abel programmatisch an den Anfang einer menschheitlichen, universalgeschichtlichen Perspektive gestellt. Sie bringt damit das "Sein wie Gott" (Gen 3,22) und die darin begründete Geschichte der Gewalt als menschheitliches Geschick zur Sprache.

Die alttestamentliche Analytik des Bösen entspricht durchaus Buddhas Lehre von der fehlenden Einsicht in das Wesen des Leidens und Mohammeds Lehre vom Hochmut der Person gegenüber dem wahren Gott. Wenn sie in der christlichen Glaubenslehre vorausgesetzt und mitenthalten ist, so ist sie hier doch noch einmal modifiziert und vertieft worden, weil die Deutung des Todes Jesu von Nazareth als stellvertretendes Leiden das Böse in einem *transmoralischen* Sinne als "die Sünde" (so bes. Paulus, etwa Röm 7,7 - 25) bzw. als "Finsternis" (Joh. 1,5) verständlich macht. Damit ist der theologischen Explikation der Glaubenslehre die

---

[14]   Immanuel Kant, Die Religion innerhalb der Grenzen der bloßen Vernunft, hg. von Karl Vorländer (PhB 45), 1956, 17.
[15]   Vgl. zum Folgenden die wichtige Untersuchung von Christine Axt-Piscalar, Ohnmächtige Freiheit, Tübingen, 1996.

Aufgabe gestellt, verstehbar zu machen, warum der Mensch als das gottebenbildliche endliche Freiheitswesen unter die Gewalt der Sünde bzw. in den Bann der Finsternis geraten kann.[16]

(1) Jede inhaltliche Bestimmung des Bösen ist relativ zu einer inhaltlichen Bestimmung des Guten, also zu einer Sicht *des gelingenden Lebens* und des in Wahrheit (und nicht etwa nur zum Schein) erstrebenswerten menschlichen Lebensziels. Inhaltliche Bestimmungen des Guten (und damit des Bösen) dürften schwerlich aus der Annahme einer allgemeinen Vernunft abzuleiten sein; denn die Annahme einer allgemeinen Vernunft wird der geschichtlichen Vielfalt der besonderen inhaltlichen Bestimmungen des Guten nicht gerecht. Eine Sicht des gelingenden Lebens begegnet uns vielmehr in der konkreten Religionsgeschichte (zu der natürlich auch die kritische Auseinandersetzung mit bestimmten Auffassungen des Sittlichen zu zählen ist - wie z.B. die Kritik Platons am polytheistischen Mythos und an der sophistischen Aufklärung oder die Kritik des frühen Christentums am Kultgesetz des Alten Testaments). Wenn eine solche Sicht des gelingenden Lebens die Person orientiert und verpflichtet, dann nicht deshalb, weil sie ihr als Pflicht, als kategorischer Imperativ oder als sittliche Forderung begegnet, sondern deshalb, weil die Person sich ihren normativen Sinn zu eigen macht. Die Funktion, die Person durch einen angeeigneten normativen Sinn zu orientieren und zu verpflichten, ist die Funktion des *Gewissens*. Ein Widerspruch zu dem angeeigneten normativen Sinn einer Sicht gelingenden Lebens wird im Gewissen erlebt.

(2) Wie aber ist ein solcher Widerspruch überhaupt möglich? Aus welchem Grunde ist die Person nicht mit dem normativen Sinn einer Sicht gelingenden Lebens einig, sondern muß sich selbst in eine Sozialgeschichte destruktiver Aggression verstrickt sehen? Und warum ist die Sphäre der sozialen Interaktion nicht nur durch Vertrauen, sondern vor allem durch Mißtrauen beherrscht? Auf solche Fragen sucht die theologische Lehre vom Menschen, jedenfalls in ihrer protestantischen Spielart, mit der Lehre von der "Unfreiheit des Willens" zu antworten, wie *Martin Luther* sie in der großen Auseinandersetzung mit *Erasmus von Rotterdam* vorgetragen hat.[17] Diese Lehre redet ja keinem Fatalismus oder Determinismus das Wort. Sie sucht vielmehr die Verfassung endlicher Freiheit als determinierter oder abhängiger Freiheit zu beschreiben und gibt damit die Anregung, eine Tiefenpsychologie zu entwickeln, die nicht vom Leitmodell der Triebdynamik ausgeht.

Es ist möglich, im Widerspruch zum normativen Sinn einer Sicht gelingenden Lebens Böses zu tun, weil "endliche Freiheit" nur ein allgemeines Merkmal individuellen PersonSeins ist, dem noch gar keine bestimmten und besonderen Inhalte zukommen. Als "empirisches Ich" dagegen erlebt sich die individuelle Person auf vielfältige *Güter* angewiesen, um überhaupt am Leben zu sein und um das Leben führen zu können: auf ökonomische Güter, auf Rechtsgüter, auf Wissensbestände, auf Macht und auf Status, auf Organisationen in den verschiedenen Teilsystemen des sozialen Lebens. Zugleich erlebt sich die Person als "empirisches Ich" von einem vermutlich sehr frühen Zeitpunkt ihres Lebens an als *todbedroht;* vielleicht ist die uns Menschen eigentümliche Todesgewißheit ein Implikat der Zeiterfahrung, in der wir je in der Gegenwart von Nicht-mehr-Seiendem (Vergangenem) bestimmt sind. In ihrer empirischen Situation bezieht sich die Freiheit der individuellen Person also auf ihr AffiziertSein durch bestimmte Güter und auf die Angst um diese Güter. Angesichts der unabweisbaren Todesgewißheit scheint die Verfügung über die Güter diejenige Sicherheit zu gewähren, die die Person angesichts der radikalen Ungesichertheit ihres Daseins braucht. Auch wenn sich das Verfügen-Können über solche Güter angesichts des Todes nur als eine scheinbare Sicherheit erweist, bestimmt es die individuelle Person in ihrem Selbsterleben in der Art eines

---

[16] Vgl. zum Thema zuletzt: Christof Gestrich, Die Wiederkehr des Glanzes in der Welt. Die christliche Lehre von der Sünde und ihrer Vergebung in der gegenwärtigen Verantwortung, Tübingen ²1995.

[17] Martin Luther, De servo arbitrio (1525), WA 18, 600 - 787.

Grundgefühls und determiniert genau auf diese Weise ihre selbstbewußt-freien Wahlakte. Dementsprechend erscheint aus christlicher Perspektive die Geneigtheit des Menschen, sich selbst und seine Welt zu zerstören, in einem doppelten Sinne: sie zeigt sich einerseits in dem realen Übergriff in die Sphäre der Güter des Anderen bzw. in einem selbstzerstörerischen Umgang mit den Gütern (etwa in der Form der Sucht oder der Hybris); und sie zeigt sich andererseits in der Absicht, das Grundgefühl scheinbarer Sicherheit durch einen Willensentschluß zu überwinden (also in der Form der Selbstgerechtigkeit und ihrer Folge eines gnadenlosen Moralismus).

(3) Luthers Lehre von der Unfreiheit des Willens weist auf den sachlogischen Zusammenhang von Affekt und Freiheit hin. Er macht es realiter - anthropologisch bzw. ontologisch - möglich, daß wir in einem moralisch zuzurechnenden Sinne Böses tun. Er macht es aber vor allem in einem transmoralischen Sinne möglich, daß die individuelle Person ihrer Bestimmung zur vertrauenden Hingabe an Gott als den transzendenten Grund ihres Daseins widerspricht. Eine solche Deutung der realen Möglichkeit und der inhaltlichen Bestimmtheit des Bösen steht im Widerspruch zu zwei epochal wirkungsvollen Erwartungen hinsichtlich der Beherrschung nicht nur, sondern der Aufhebung und der Verwandlung des Bösen. Sie steht einmal im Widerspruch zur naturalistischen Form dieser Erwartung, wie sie Konrad Lorenz im Rahmen einer genetischen Begründung des Ethischen vorgetragen hat[18]; sie steht aber auch im Widerspruch gegen die geschichtsphilosophische Hoffnung auf einen Sieg der Vernunft über die Natürlichkeit des Menschen, als dessen Agent dann vor allem der Staat oder eine bestimmte weltanschauliche Inanspruchnahme staatlicher Herrschaft gilt. In der Perspektive des christlichen Menschenbildes sind solche Leitideen nicht nur als unrealistisch, sondern auch als leichtfertig (und als offen oder versteckt menschenfeindlich) anzusehen, weil sie den Sachverhalt bestreiten, daß die affektive Basis der Freiheit nur durch einen spezifischen Bildungsprozeß für die Sicht des gelingenden Lebens erschlossen werden kann. Dieser Bildungsprozeß ist darauf gerichtet, sterben zu lernen, d.h. den Tod als den Weg ins Leben zu bejahen. Davon handelt der dritte anthropologische Grundgedanke christlicher Theologie.

3 Die Gerechtigkeit des Glaubens

Im Jahre 1539 stellte Luther für das Promotionsverfahren eines seiner Schüler eine Thesenreihe zum Thema "De homine" auf. Darin lautet die zentrale These:
"Wenn Paulus Röm. 3 sagt: Wir behaupten, daß der Mensch durch Glauben und nicht durch Werke gerecht werde, so gibt er in aller Kürze eine Definition des Menschen, die besagt: Menschsein heißt, durch Glauben gerecht werden."[19]

In dieser These hat Luther den Kerngedanken und den Spitzensatz der christlichen Gnadenlehre zur Wesensbestimmung menschlichen Daseins herangezogen. Als Wesensbestimmung menschlichen Daseins hat sie seiner Sicht zufolge in einem transzendentalen Sinne Geltung für alle Mitglieder des Menschengeschlechts. Ich will versuchen, diese These verständlich zu machen.

(1) Luther bezieht sich mit seiner These auf eine Stelle des Briefs an die Römer (3,28), an der Paulus die Tragweite des Christusgeschehens für Juden und Heiden - also für das Menschengeschlecht insgesamt - deutlich macht. Er versteht hier unter dem Christusgeschehen das Offenbarwerden der "Gerechtigkeit Gottes" (vgl. Röm 1,17). Und er ist zu diesem Verständnis gelangt, weil ihm selbst in einer österlichen Erscheinung der am Kreuz auf Golgatha hinge-

---

[18] Konrad Lorenz, Das sogenannte Böse. Zur Naturgeschichte der Aggression, München 1974.
[19] Martin Luther, Disputatio de homine (1536), WA 39 I, 175 - 177. Vgl. Gerhard Ebeling, Lutherstudien. Bd. 2. Disputatio de homine. Teil 1 - 3, Tübingen 1977 - 1989.

richtete Jesus von Nazareth als der Gottessohn offenbar wurde, der durch den Tod hindurch in die Gemeinschaft mit Gott als der transzendenten Ursprungsmacht erhöht ist. Paulus ist der urchristliche Apostel und Theologe gewesen, der aufgrund dieser Offenbarungssituation Gottes Handeln mit dem Terminus "Gerechtigkeit" interpretierte.[20] Und er war bei dieser Interpretation weder von der tugendethischen Frage nach der richtigen Haltung auf dem Felde der Rechtspflege ("Gerechtigkeit" als "Unparteilichkeit") noch von der güterethischen Frage nach dem wünschenswerten Zielzustand einer Gesellschaft ("Gerechtigkeit" als "Verteilungsgerechtigkeit" im Hinblick auf ökonomische und rechtliche Güter) geleitet; er verwendet den Terminus "Gerechtigkeit" im Anschluß an den alttestamentlichen Sprachgebrauch vielmehr in einem kausativen oder kreativen Sinne für die Art und Weise, in der Gott selbst die Entsprechung des Menschen zu seiner Bestimmung *ermöglicht*. Er gibt mit Hilfe des tradierten Terminus der "Gerechtigkeit Gottes" der Erfahrung Ausdruck, daß das Leben in der Übereinstimmung mit dem schöpferischen Willen Gottes *erfahrbar gegenwärtig* ist.

(2) Paulus hebt an der zitierten Stelle die Tragweite hervor, die dem als "Gerechtigkeit" gedeuteten Handeln Gottes für alle Mitglieder des Menschengeschlechts zukommt. Luther dagegen geht mit seiner These insofern über die paulinische Interpretation hinaus, als er sie geradezu als Wesensbestimmung verwendet. Darin zeigt sich eine durch eigene Lebenserfahrung verschärfte und vertiefte Reflexion auf den Sachverhalt des *Glaubens*. Luther kann das Paulus-Zitat zu einer anthropologischen Wesensbestimmung erheben, weil er darin eine grundsätzliche Verhältnisbestimmung zwischen "Gewißheit" und "Handlungsmacht", zwischen dem inhaltlich bestimmten Selbstverständnis und der Lebenspraxis der Person entdeckt.

(2.1.) Der Glaube, von dem hier die Rede ist, hat zunächst einmal den Charakter von *Gewißheit*; und er gleicht damit in formaler Hinsicht anderen Gewißheiten, die sich auf ein existenztragendes oder lebensorientierendes Wissen beziehen (und d.h. natürlich auch, daß er sich von der Überzeugungskraft unterscheidet, mit der ein einzelner Sachverhalt bzw. eine Hypothese zur Erklärung von Einzelsachverhalten behauptet wird). Der Glaube gleicht anderen Gewißheiten *erstens* darin, daß er der Person ihr Weltverhältnis erschließt, und zwar bis in die alleralltäglichsten Begebenheiten hinein. Er eröffnet die Perspektive, in der die Person die einzelnen Ereignisse ihres Lebens einschließlich des Krank-Seins, des Leidens, des Alterns und des Sterbens versteht. Und - *zweitens* - die Gewißheit des Glaubens gleicht anderen Gewißheiten auch darin, daß sie sich nicht auf dem Weg eines kognitiven Lernprozesses oder durch den bloß traditionalen Anschluß an eine herrschende Sinnperspektive einstellt. Gewißheit, die sich auf existenztragendes Wissen bezieht, entsteht auf unverfügbare Weise in der Begegnung mit existierender Gewißheit. Sie kann also weder erzwungen noch zugemutet werden. Sie kommt in unableitbar-freier Weise dadurch zustande, daß die Person auf die Äußerung und Mitteilung anderer Gewißheit aufmerksam wird und dadurch "erleuchtet" wird. Und das ist deshalb der Fall, weil existenztragendes oder lebensorientierendes Wissen seinen psychologischen Ort im Selbstgefühl (im "unmittelbaren Selbstbewußtsein") der Person hat, dessen inhaltliche Bestimmtheit alle verstehenden und gestaltenden Lebensmomente durchzieht.

Luthers Wesensbestimmung gibt also einen psychologischen Grund zu erkennen. Weil die "Werke" - im Sinne eines Inbegriffs eines in seinen sozialen Interaktionen gelebten Lebens - von der Gewißheit bestimmt sind, die die Person in unableitbar-freier Weise in ihrem Selbstgefühl erfüllt, deshalb hängt das Gelingen des Lebens von der inhaltlichen Richtigkeit und Zuverlässigkeit der Gewißheit ab, die für die Person existenztragende und lebensorientierende Bedeutung hat. Auf dem Boden dieser formalen Überlegungen können wir nun auch die

---

[20] Vgl. Peter Stuhlmacher, Die Gerechtigkeitsanschauung des Apostel Paulus, in: ders., Versöhnung, Gesetz und Gerechtigkeit. Aufsätze zur biblischen Theologie, Göttingen 1981, 87 - 116.

spezifische Differenz zur Geltung bringen, die der christlichen Gewißheit - der Glaubensgewißheit - eignet. Ihr Inhalt ist ja durch den Terminus "Gottes Gerechtigkeit" bezeichnet. Er besagt, daß sich die Person in ihrem Selbstgefühl Tod und Auferstehung Jesu Christi verstehend anzueignen hat. Sie hat alle scheinbaren und vermeintlichen Sicherheiten preiszugeben, von denen sie sich angesichts ihrer Todesgewißheit Halt verspricht, und sie hat ihr Heil allein in dem Gott zu suchen, der ihr als transzendente Ursprungsmacht durch den Tod hindurch Dasein gibt. Weil die Glaubensgewißheit auf diesen Inhalt bezogen ist, wird der Mensch durch sie gerecht. Der besondere Inhalt der Glaubensgewißheit beansprucht für sich Plausibilität, weil und sofern er eine bestimmte Sicht der "condition humaine" voraussetzt.

(2.2.) An der verstehenden Aneignung, an der individuellen Verinnerlichung von Tod und Auferstehung Jesu Christ im Selbstgefühl der Person entzündet sich die Liebesfähigkeit der Person. Mit dem Begriff der Liebe bringt das Menschenbild des christlichen Glaubens von Anfang an - seit den ersten Formulierungen bei Paulus (1Kor 13), in den synoptischen Evangelien und im Evangelium nach Johannes - eine bestimmte Lebensform zur Sprache, die die Glaubensgewißheit zeitigt unter der Bedingung, daß sie wirklich Glaubensgewißheit ist. Wir haben die Beschreibung dieser Lebensform heute - über die Reichweite dieser ihrer ersten und klassischen Formulierungen hinaus - auf das gesamte Gebiet der Mitwirkung an den sozialen Interaktionen, also auf das Problem der sozialen Identität der Person zu beziehen.[21] Das christliche Verständnis der Liebe steht keineswegs - wie manche Selbstthematisierungen und wie vor allem ganz massive Fremdthematisierungen es nahezulegen scheinen - in einem ausschließenden Gegensatz zur erotischen Wahrnehmung der anderen Person in ihrer jeweils geschlechtsbestimmten sinnenfälligen Erscheinung. Das christliche Verständnis der Liebe geht allerdings über die Reduktion des Liebesbegriffs auf die erotische Faszination und auf die intime Lebensgemeinschaft hinaus, weil es sich auf den "Nächsten", d.h. auf den andern als andern bezieht. Ebensowenig erschöpft sich die christliche Deutung der Liebe in den vielfältigen Formen der Wohlfahrt, also in Hilfeleistungen im Fall der ökonomischen, rechtlichen oder politischen Nöte. Gegenüber mannigfachen Fehleinschätzungen in der Geschichte des Christentums scheint es mir wichtig zu sein, die Liebe als ein spezifisches Interesse am "Nächsten" zu bestimmen - und zwar als ein solches Interesse, das das Gelingen seines Lebens zum Inhalt hat. Die Liebe als die Lebensform des Glaubens konkretisiert sich in der selbstbestimmten Mitwirkung an den sozialen Interaktionen im Ensemble der Institutionen. Sie konkretisiert sich hier, indem sie sich an der Frage abarbeitet, wie diese Institutionen beschaffen sein müssen, damit sie den Weg der Person zur Erfahrung der Gerechtigkeit Gottes nicht verhindern, sondern in einem technischen Sinne möglich machen. Seit Augustins großem geschichtstheologischen Werk "De civitate Dei"[22] ist dies das beherrschende Kriterium christlicher Institutionen- und Gesellschaftstheorie.

4 Die äußeren Bedingungen des Interesses am gelingenden Leben

Nach dem Selbstverständnis des christlichen Glaubens ist es Gott selbst, der uns Menschen kraft seiner Gerechtigkeit zum wahren und gelingenden Leben führt, nämlich so, daß er uns in der Begegnung mit existierendem Glauben Glaubensgewißheit angesichts der Endlichkeit und Fraglichkeit unseres Daseins erschließt und in uns das Interesse am gelingenden Leben des anderen weckt. Eben die Begegnung mit existierendem Glauben - und das ist ursprünglich der

---

[21] Vgl. G. Meckenstock, Liebe, in: Wilfried Härle - Reiner Preul (Hg.), Gute Werke (Marburger Jahrbuch Theologie V. [MThSt 24]), Marburg 1993, 63 - 93.

[22] Aurelius Augustinus, De civitate dei. In deutscher Übersetzung bei: Wilhelm Thimme, Aurelius Augustinus, Vom Gottesstaat (De civitate dei). Bd. I, Zürich ²1977. Bd. II, Zürich ²1978.

Glaube, den Jesus von Nazareth auf seinem Weg in den Tod bezeugt hat - ist der Bildungsprozeß, den die individuelle Person in ihrem "Selbst" zu erfahren oder vielleicht besser zu erleiden hat.

Diesem Selbstverständnis des christlichen Glaubens korrespondieren nun unter den gegenwärtigen Bedingungen eines ausdifferenzierten sozialen Systems einige Erwartungen an die Gestalt und Qualität der sozialen Ordnung. Wenn ich sie hier abschließend formuliere, so mögen sie nicht als Zumutung verstanden werden, zumal sie ja auch kritische Gesichtspunkte gegenüber manchen Tendenzen in der Christentumsgeschichte einschließen. Sie werfen lediglich die Frage auf, wie die Ordnung eines sozialen Systems beschaffen sein müßte, damit den Mitgliedern einer Gesellschaftsformation die Chance offen steht, den Weg zur Lebensform des Glaubens zu finden und dadurch an der Ausbildung einer "vernünftigen Identität" mitzuwirken.[23]

(1) Das Menschenbild des christlichen Glaubens, wie ich es hier theologisch expliziert habe, bringt *eine* Perspektive gelingenden Lebens (und zwar durch die Grenze des Todes hindurch!) zur Sprache, die von anderen Sichtweisen gelingenden Lebens deutlich unterschieden ist. Es macht zuallererst geltend, daß jede individuelle Aneignung einer Perspektive gelingenden Lebens auf dem Wege eines präreflexiven Ergriffen-Seins (des "Herzens") erfolgt und daß sie aus diesem Grunde die kognitive Leistung des bewußten Lebens fundiert. Infolgedessen erwartet der Glaube eine Ordnung des sozialen Systems, die es gestattet, in der multimedial vermittelten Öffentlichkeit und in den Konzeptionen einer Bildungspolitik der Pluralität unverfügbar angeeigneter Perspektiven gelingenden Lebens Rechnung zu tragen. Die "Gesellschaft" ist jedenfalls schon wegen ihres Status als Ensemble sozialer Institutionen nicht das Subjekt, das dazu imstande und befugt wäre, die Lebensperspektiven ihrer Mitglieder zu programmieren. Dem Selbstverständnis des Glaubens entspricht der "individualistische" Typus in der Sozialtheorie.[24]

(2) Das Menschenbild des christlichen Glaubens bezieht die Perspektive gelingenden Lebens auf die "Natur" des Menschen als Ebenbild Gottes. Die unverfügbare individuelle Aneignung dieser Perspektive qualifiziert also das gottebenbildliche Dasein des Menschen, und d.h. auch seine soziale Existenz in der Mitwirkung an den gemeinsamen Zeichen- und Handlungsprozessen innerhalb einer Gesellschaft und zwischen Gesellschaften. In gleicher Weise folgt aus seinem Selbstverständnis die allgemeine These, daß jede mögliche Mitwirkung individueller Personen an den gemeinsamen Zeichen- und Handlungsprozessen des sozialen Lebens durch ihre ureigene Perspektive gelingenden Lebens bedingt und geprägt ist. Und diese Prägung findet nicht etwa nur in einem einzigen Subsystem, sondern vielmehr in allen Subsystemen ausdifferenzierter Gesellschaften statt. Aus diesem Grunde erwartet der Glaube eine soziale Ordnung, die nicht durch eine Teilfunktion des sozialen Systems dominiert wird (etwa durch den technischen Fortschritt und seine ethisch unreflektierte Anwendung in der Wirtschaft oder durch die politische Herrschaft oder durch eine Weltanschauung), sondern die es den individuellen Personen zumutet, sich miteinander öffentlich über die Erwartungen an die Teilfunktionen des sozialen Systems zu verständigen.

(3) Das Menschenbild des christlichen Glaubens hat zwar nicht von Anfang an, aber dann doch über lange Zeiträume hinweg in der euro-amerikanischen Sozialgeschichte die Rolle eines Leitbildes sozialer Identität gespielt. Es hat in seinen verschiedenen konfessionellen und denominationellen Varianten Mentalitäten geprägt. Nicht nur als öffentlich anerkannter Kul-

---

[23] Jürgen Habermas, Können komplexe Gesellschaften eine vernünftige Identität ausbilden? in: Zur Rekonstruktion des Historischen Materialismus (stw 157), Frankfurt/M. 1976, 92 - 126.
[24] Viktor Vanberg, Die zwei Soziologien. Individualismus und Kollektivismus in der Sozialtheorie, Tübingen 1975.

tus, sondern auch als mentalitätsbestimmende Kraft war es die "Zivilreligion" euroamerikanischer Gesellschaften.[25] Es ist ein wichtiges und befreiendes Ergebnis der Evolution zur okzidentalen Moderne, daß die verschiedenen Organisationsformen des Christentums diese zivilreligiöse Funktion verloren haben. Aber der produktive Effekt der Ablösung des Christentums als euro-amerikanischer Zivilreligion wird verspielt, wenn nun an seiner Stelle andere Instanzen die Funktion der Zivilreligion einzunehmen trachten: etwa die Menschenrechte oder die olympische Idee oder - trotz aller bitteren Erfahrungen mit dieser desorientierenden Konzeption seit dem Beginn des 19. Jahrhunderts - die nationale Identität. Aus dem Menschenbild des christlichen Glaubens folgt vielmehr die Einsicht, daß die Idee einer Zivilreligion überhaupt überwunden werden muß, weil sie die Aufgabe der Integration nur scheinbar zu leisten imstande ist. Dem Respekt vor dem Fremden und der Anerkennung des Fremden dient vielmehr der öffentliche Diskurs über die realiter bestehenden Differenzen, die sich letztlich als differente Lebens- und Sinnperspektiven erweisen werden. Der Glaube erwartet eine soziale Ordnung, deren Öffentlichkeit das Forum eines Aufklärungsprozesses ist: nämlich das Forum einer expliziten Verständigung der Gesellschaftsmitglieder über die Grundfragen menschlichen Daseins. Eine solche explizite Verständigung wird sich nur als religiösweltanschaulicher Diskurs vollziehen können, und er scheint mir die realitätsgerechte Alternative zu einem "Krieg der Zivilisationen" zu sein.

Literaturverzeichnis

Aurelius Augustinus, De civitate dei, Bd. I/II. In deutscher Übersetzung bei: Wilhelm Thimme, Aurelius Augustinus, Vom Gottesstaat (De civitate dei). Bd. I, Zürich ²1977. Bd. II, Zürich ²1978.
Gerhard Ebeling, Lutherstudien. Bd. 2. Disputatio de homine. Teil 1 - 3, Tübingen 1977 - 1989.
Christof Gestrich, Neuzeitliches Denken und die Spaltung der dialektischen Theologie. Zur Frage der natürlichen Theologie (BhTh 52), Tübingen 1977, bes. 172 - 206.
Christof Gestrich, Die Wiederkehr des Glanzes in der Welt. Die christliche Lehre von der Sünde und ihrer Vergebung in der gegenwärtigen Verantwortung, Tübingen ²1995.
Jürgen Habermas, Können komplexe Gesellschaften eine vernünftige Identität ausbilden? in: Zur Rekonstruktion des Historischen Materialismus (stw 157), Frankfurt/M. 1976, 92 - 126.
Eilert Herms, Art. Entscheidung, in: TRE 9, 690 - 705, bes. 690.
Eilert Herms, Art. Humanität, TRE 15, 661 - 682.
Immanuel Kant, Die Religion innerhalb der Grenzen der bloßen Vernunft, hg. von Karl Vorländer (PhB 45), 1956, 17.
Traugott Koch, Art. Mensch. VIII.IX, TRE 22, 530 - 567
H.-J. Kraus, Theologische Religionskritik, Neukirchen - Vluyn 1982. Wolfhart Pannenberg, Typen des Atheismus und ihre theologische Bedeutung, in: ders., Grundfragen systematischer Theologie. Ges. Aufsätze, Göttingen ²1971, 347 - 360.
Konrad Lorenz, Das sogenannte Böse. Zur Naturgeschichte der Aggression, München 1974.

---

[25] Rolf Schieder, Civilreligion: die religiöse Dimension der politischen Kultur. Gütersloh 1987.

Martin Luther, De servo arbitrio (1525), WA 18, 600 - 787.
Martin Luther, Disputatio de homine (1536), WA 39 I., 175 - 177.
G. Meckenstock, Liebe, in: Wilfried Härle - Reiner Preul (Hg.), Gute Werke (Marburger Jahrbuch Theologie V. [MThSt 24]), Marburg 1993, 63 - 93.
Wolfhart Pannenberg, Anthropologie in theologischer Perspektive, Göttingen 1983. Einen Überblick über die Tendenzen der theologischen Lehre vom Menschen legt vor.
Christine Axt-Piscalar, Ohnmächtige Freiheit, Tübingen, 1996.
Rolf Schieder, Civilreligion: die religiöse Dimension. Gütersloh 1987.
Friedrich D.E. Schleiermacher, Ethik (1812/13), hg. und eingeleitet von Hans-Joachim Birkner (PhB 335), Hamburg 1981.
Friedrich D.E. Schleiermacher, Der christliche Glaube nach den Grundsätzen der evangelischen Kirche im Zusammenhang dargestellt, Bd.I, hg. von Martin Redeker, Berlin 1960, §§ 3.4.
Werner H. Schmidt, Alttestamentlicher Glaube, Neukirchen - Vlyun [8]1996. Zur Anthropologie des Alten Testaments vgl. die Skizze von Rainer Albertz, Mensch. II, in: TRE 22, 464 - 474.
Konrad Stock, Person. II. Theologisch, in: TRE 26, 225 - 231.
Peter Stuhlmacher, Die Gerechtigkeitsanschauung des Apostel Paulus, in: ders., Versöhnung, Gesetz und Gerechtigkeit. Aufsätze zur biblischen Theologie, Göttingen 1981, 87 - 116.
Viktor Vanberg, Die zwei Soziologien. Individualismus und Kollektivismus in der Sozialtheorie, Tübingen 1975.

II. Menschenbilder und Entwicklungstendenzen in der modernen Gesellschaft

Menschenbildannahmen in der Geschlechterforschung

Gertrud Nunner-Winkler

Konstitutiv für die Thematisierung der Geschlechterfrage ist die Grundannahme, daß die Kategorie Geschlecht eine zentrale Bedeutung besitze für das Erklären oder Verstehen von gesellschaftlichen Strukturen, kollektiven Deutungssystemen oder individuellen Verhaltensdispositionen. Naheliegend ist auch die Annahme, es gäbe relevante Unterschiede zwischen den Geschlechtern: Nur wer annimmt, es mache einen Unterschied, ob eine Person männlich oder weiblich sei, wird Geschlecht für eine relevante Variable halten.

Im folgenden will ich exemplarisch - Geschlechterforschung ist ein weites Feld - drei Theorieansätze vorstellen, die höchst divergierende inhaltliche Beschreibungen und kausale Deutungen der Geschlechterdifferenz geben. Als Ausgangsmodell wähle ich den soziobiologischen Ansatz: Dieser unterstellt, es gäbe inhaltlich ein für allemal festgelegte Geschlechtsunterschiede, die genetisch bestimmt sind. Das Kontrastmodell liefert der konstruktivistische Ansatz: Dieser deutet schon die Nutzung biologischer Begrifflichkeit zur Geschlechtsdefinition als spezifische Eigenart unserer Kultur. Geschlechtsdifferenzen begreift er nicht als fixe Vorgaben, sondern als situativ hergestellte und inhaltlich fast beliebig variable Produkte von Wahrnehmungs- und Darstellungsleistungen der Teilnehmer. Der klassische soziologische Ansatz läßt sich dann als Zwischenmodell lesen: Geschlechtsdifferenzen gelten danach zwar als kulturell erzeugt, aber doch auch an objektive Problemvorgaben gebunden. Jeder Gesellschaft stellen sich die Probleme von Produktion und Reproduktion und deren Lösung begrenzt die Beliebigkeit und situative Variabilität inhaltlicher Differenzkonstruktionen. Abschließend will ich in Weiterführung des klassischen soziologischen Ansatzes kurz die Gegenposition benennen, der ich selbst zuneige. Diese bezweifelt, ob angesichts moderner Formen von Arbeitsteilung - angesichts der funktionalen Ausdifferenzierung sozialer Systeme also - Geschlecht überhaupt noch eine zentrale Kategorie sei.

1   Das soziobiologische Modell

Der soziobiologische Ansatz erklärt die Existenz des Menschen, seine Eigenschaften und Verhaltensdispositionen aus der Evolution. Als Einheit, an der die Prozesse der natürlichen Auslese ansetzen, gilt dabei nicht mehr (wie noch bei Darwin) die Art oder die Gruppe, sondern das Individuum, präziser: seine Gene. Der Mensch ist ein Vehikel, das die Gene im Laufe der Jahrmillionen konstruiert haben, um im 'Kampf ums Dasein', im 'Wettbewerb' mit anderen 'Replikatoren', die eigenen Überlebenschancen zu verbessern. Diese These ist anstößig für unser 'alteuropäisches' Selbstverständnis, und um die Provokation voll auszukosten, wählt Dawkins religiöse Metaphern. So sagt er über die Gene: "Sie sind in dir und in mir, sie schufen uns, Körper und Geist, und ihr Fortbestehen ist der letzte Grund unserer Existenz. Sie haben einen weiten Weg hinter sich, diese Replikatoren, heute tragen sie den Namen Gene und wir sind ihre Überlebensmaschinen" (Dawkins, 1976, S.51). Und an anderer Stelle formuliert er: "Der einzelne Körper, der uns auf unserem Planeten so vertraut ist, brauchte nicht zu existieren. Die einzige Einheit, die existieren muß, damit irgendwo im Universum Leben entsteht, ist der unsterbliche Replikator" (ebda, S.419). Nicht länger also hat Gott den Menschen erschaffen - nach seinem Bilde - und ihm eine unsterbliche Seele eingehaucht. Nicht länger mehr ist der Mensch ein Wesen, das "als Zweck an sich selbst, nicht bloß als Mittel (existiert)" (Kant,

1962, S.50) und das daher "nicht bloß einen relativen Wert, d.i. einen Preis, sondern einen inneren Wert, d.i. Würde (hat)" (ebda, S.58). Der Mensch ist vielmehr nichts als *Mittel* - ein 'Vehikel' im Dienst der Überlebenssicherung der Gene.

Die Tatsache, daß der Mensch sich als 'Selbsterhaltungsmaschine' der Gene bewährt und die vier Milliarden Jahre harter Konkurrenz, um "seltene und kostbare Ressourcen" (Dawkings 1976, S.50) überdauert hat, läßt Rückschlüsse auf sein Wesen zu: "Man kann sehr wohl einige Aussagen über den Charakter eines Menschen machen, wenn man etwas über die Bedingungen weiß, unter denen er überlebt und sich erfolgreich behauptet hat" (ebda, S.25). Eine "vorherrschende Eigenschaft, die wir bei einem erfolgreichen Gen erwarten müssen, (ist) ein skrupelloser *Egoismus*. Dieser Egoismus des Gens wird gewöhnlich egoistisches Verhalten des Individuums hervorrufen. Es gibt jedoch ... besondere Umstände, unter denen ein Gen seine eigenen egoistischen Ziele am besten dadurch erreichen kann, daß es einen begrenzten Altruismus auf der Stufe des Individuums fördert." (ebda, S.25). Egoistisch heißt jegliches Verhalten, durch das der Organismus die Überlebenschancen eines anderen gleichartigen Organismus mindert, um die eigenen zu erhöhen; altruistisches Verhalten ist umgekehrt definiert. Es gibt zwei Arten scheinbar altruistischen Verhaltens. Im ersten Fall unterstützt das Individuum andere dann, wenn dadurch ein positiver Nettoeffekt für die Überlebenschancen der eigenen Gene erzielt wird. Hier spricht man vom 'verwandtschaftlichen Altruismus'; die Höhe des Einsatzes ist dabei abhängig von dem Prozentsatz geteilter Gene: Für die eigenen Kinder (mit 50 Prozent Genüberlappung) beispielsweise setzt man sich stärker ein als für die Neffen und Nichten (mit nur 25 Prozent). Der zweite Fall betrifft die Erhöhung der eigenen Überlebenschancen; das Individuum erbringt ein Opfer, um sich eine Rückzahlung in einer künftig erwartbaren eigenen Notlage zu sichern. Dies ist der 'reziproke Altruismus'. Beispiele sind etwa das Teilen der Beute im Wolfsrudel oder in einfachen Jägergesellschaften. Verwandtschaftlicher wie reziproker Altruismus also sind in Wahrheit Formen von Egoismus: von Genegoismus bzw. langfristig kalkulierendem Individualegoismus. Daß alles, was sich durch natürliche Auslese entwickelt hat, egoistisch sein muß[1], folgt schlicht aus den Mechanismen der Selektion. 'Echter Altruismus' im menschlichen Verhalten also wäre "etwas Erstaunliches" (ebda, S.27).

Im soziobiologischen Ansatz geht es allein um Verhalten. Auch Egoismus und Altruismus sind durch die faktisch erzeugten Effekte und keineswegs durch (bewußte oder insgeheime) Motive des Handelnden definiert. Motive und Gefühle nämlich sind selbst bloße Mechanismen - entwickelt und weitergegeben, weil sich so die basalen Überlebensstrategien der Gene auf der Ebene der Organismen erfolgreicher durchsetzen ließen.[2] Dabei wird auch *Selbsttäuschung* eine bedeutsame Rolle spielen: Wenn nämlich Egoismus die fundamentale Triebfeder ist und das eigene Wohlergehen insbesondere auch durch die Ausbeutung anderer zu befördern ist, dann wird die Täuschung anderer eine besonders erfolgsträchtige Waffe im Überlebenswettbewerb sein. Und daraus folgt: "There must be a strong selection to spot deception and this ought in turn to select for a degree of selfdeception rendering some facts and motives unconcious so as not to betray - by subtle signs of self-knowledge - the deception being practiced" (Trivers, zit. nach Wright 1994, S.264).

Gene bestimmen menschliches Verhalten. Daraus folgt nicht, daß menschliches

---

[1] "Auf der Ebene des Gens muß Altruismus schlecht und Egoismus gut sein. Dies folgt unausweichlich aus unserer Definition von Egoismus und Altruismus. Gene kämpfen mit ihren Allelen unmittelbar ums Dasein, da ihre Allele im Genpool Rivalen für ihre Genart auf den Chromosomen künftiger Generationen sind. Jedes Gen, welches sich so verhält, daß es seine eigenen Überlebenschancen im Genpool auf Kosten seiner Allele vergrößert, wird definitionsgemäß dazu neigen zu überleben - das ist eine Tautologie. Das Gen ist die Grundeinheit des Eigennutzes" (Dawkins, 1976, S.75).

[2] "Emotions are just evolution's executioners" (Wright, 1994, S.88).

Verhalten vollständig genetisch *determiniert* sei. Zum einen gilt, daß "genetisch ererbte Merkmale keineswegs per definitionem feststehend und unveränderbar" sind (Dawkins, 1976, S.26). Zum andern ist der Mensch "in einzigartiger Weise durch die Kultur beeinflußt" (ebda, S.26). Das Gewicht, das man den Genen beimißt, hängt also vom "Standpunkt (ab), den man in der Debatte über 'Natur oder Erziehung' als bestimmende Faktoren für die menschlichen Eigenschaften annimmt" (ebda, S.26). Vielleicht - so Dawkins - haben die Menschen "die Chance, (die) Pläne (der egoistischen Gene) zu durchkreuzen - etwas, das keine andere Art bisher angestrebt hat" (ebda, S.26). Aus Dawkins Perspektive aber kommt auch dieses Zugeständnis nur einer Umgewichtung unter gegebenen Kausalfaktoren gleich: Nur wer religiös ist nämlich, könne "die Ansicht vertreten, daß wir Menschen die göttliche Gabe des freien Willens besitzen, die bloßen Maschinen verwehrt ist." Wenn einer aber nicht religiös ist, "stelle er sich der folgenden Frage: Was in aller Welt glauben wir denn zu sein, wenn nicht Roboter, wenn auch überaus komplizierte" (ebda, S.427).

Der Mensch also - so die Kurzfassung der soziobiologischen Sicht - ist bloßes Mittel allein zum Zwecke der Erhöhung der Replikationschancen seiner Gene. Seinem Wesen nach ist er egoistisch, zugleich fähig und allzeit bereit, sich und andere erfolgreich darüber hinwegzutäuschen. Welche Implikationen haben diese Grundannahmen für mögliche *Unterschiede zwischen den Geschlechtern*? Das grundlegende Merkmal, das die Geschlechter zu unterscheiden erlaubt, ist die Größe der Geschlechtszellen: Über alle Arten hinweg sind die "Gameten der männlichen Organismen viel kleiner und zahlreicher als die weiblichen Gameten" (ebda, S.232). Der Beitrag der weiblichen Organismen zu den neuen Lebewesen also ist größer und kostenintensiver. Bei Säugetieren erhöht er sich noch erheblich durch die Zeit des Austragens und Stillens. Beim Menschen tritt dann noch die ausgedehnte Abhängigkeitsphase des Kleinkindes hinzu. Somit sind der möglichen Kinderzahl von Frauen enge Grenzen gesetzt, während der Mann fast unbegrenzt viele Kinder zeugen kann. Aus dieser biologisch vorgegebenen Differenz werden alle anderen Unterschiede zwischen den Geschlechtern abgeleitet.[3] Als eigennützige Maschinen 'wünschen' beide Partner sich so viele lebende Kinder wie möglich (ebda, S.240). Die beste Strategie hierfür wäre es, den Partner dazu zu bringen, daß er mehr in die Aufzucht der gemeinsamen Kinder investiert, während man selbst mit anderen Partnern weitere Kinder zeugt. Diese Strategie ist für die Frau schwerer zu realisieren und aus dieser basalen Asymmetrie werden geschlechtsspezifisch unterschiedliche Interessenlagen und in deren Gefolge unterschiedliche Verhaltensweisen abgeleitet. Aufgrund ihrer unvergleichlich höheren Vorinvestitionen und Ersatzbeschaffungskosten habe die Frau ein stärkeres Interesse an den Überlebenschancen eines von ihr geborenen Kindes als der Mann.[4] Darüber hinaus aber ist sie auch daran interessiert, daß ihr Partner auf Dauer einen Beitrag zur Kinderaufzucht leistet. Scheitert dies, d.h. wird sie verlassen, so wäre die nächstbeste Strategie, das Kind einem neuen Partner als dessen eigenes unterzuschieben. Daraus wird gefolgert: Für die Frau zahlt sich im allgemeinen sexuelle Zurückhaltung besser aus: Wenn sie auf einer langen Werbezeit insistiert, so erhöht dies auch des männlichen Partners

---

[3] Dawkins hat später die Ableitung verallgemeinert: Es genüge die Annahme von anfänglich nur sehr geringen zufällig gegebenen Unterschieden zwischen zwei sich paarenden Geschlechtern. Im Verlaufe der Evolution verstärken sich solche ursprünglich minimalen Differenzen, sofern die Geschlechter sich dann auseinanderentwickeln und sich auf entgegengesetzte und einander komplementäre Fortpflanzungsstrategien spezialisieren (vgl. S.477ff).

[4] Diese Annahme bildet die Basis für evolutionsbiologische Erklärungen einer vorgeblichen 'weiblichen Fürsorgemoral' (vgl. Held, 1987): Nur 'fürsorgliche' Frauen nämlich, die sich um das Überleben ihrer Kinder kümmern, können ihre Gene weitergeben. Ich meine, die These einer 'weiblichen' Moral und die Behauptung einer höheren angeborenen Fürsorgeorientierung von Frauen ist moralphilosophisch unangemessen und empirisch unhaltbar (vgl. Nunner-Winkler, 1994).

Vorausinvestitionen (in Form von aufgewandter Zeit und übergebenen Geschenken); zugleich kann sie seine Treue und Häuslichkeit überprüfen. Auch für den Mann bringt die Werbezeit gewisse Vorteile: Er kann höhere Sicherheit gewinnen, daß die von der Partnerin geborenen Kinder auch seine eigenen sind, daß es sich gegebenenfalls also lohnt, durch die Gewährung von Schutz und Unterstützungsleistung deren Überlebenschancen zu verbessern. Nebenbei aber wird er sich bietende Gelegenheiten zum Geschlechtsverkehr mit anderen Frauen jederzeit wahrnehmen. Für ihn bedeutet dies ja kein großes Risiko: Im Zweifelsfall wird die Frau die Versorgungslast übernehmen. Um nun trotz der biologisch präformierten sexuellen Zurückhaltung der Frau zum Ziele zu gelangen, wird er heiße Liebesschwüre flüstern, von deren Aufrichtigkeit er sich - im Interesse erhöhter Glaubwürdigkeit - situativ selbst überzeugt haben wird. Der Mann also habe "generell eine Tendenz zu Promiskuität" (ebda, S.268); die Frau hingegen präferiere Monogamie. Er wähle die Partnerinnen nach Schönheitskriterien, und zwar insbesondere nach solchen, die gemeinhin Jugendlichkeit und damit eine lange prospektive Gebärzeit indizieren (nämlich große Augen, kleine Nase); sie hingegen wähle den Partner nach Statuskriterien, um ihrem Nachwuchs gute Lebensbedingungen zu sichern. Fast unvermeidlich - so die weitergehenden Thesen - wird der Mann die Frauen nach dem 'Madonna-Hure-Schema' klassifizieren und allenfalls in Kinder investieren, die von der sexuell zurückhaltenden Frau geboren wurden, weil diese mit größerer Wahrscheinlichkeit auch seine eigenen sind. Er verläßt aber auch diese Frau, wenn sich das Ende ihrer Gebärzeit nähert, um einer jüngeren willen. Nur so nämlich können seine Gene sich weitere Replikationschancen sichern.

Solche aus dem Grundaxiom des Genegoismus abgeleiteten Strategien gelten im soziobiologischen Ansatz als genetisch verankerte Dispositionen: Schließlich können nur solche Gene noch im Pool sein, die ihre Träger dazu bringen konnten, sich genau diesen Interessen gemäß zu verhalten. Etliche *Stützannahmen* werden zur Komplettierung der Argumentationslogik hinzugefügt. Einmal wird unterstellt, gleiche Gene lösten im weiblichen Körper ein anderes Verhalten aus als im männlichen. Diese Zusatzannahme ist wichtig angesichts der Tatsache, daß alle Gene ihre Existenzzeit zur Hälfte in weiblichen, zur anderen in männlichen Körpern verbringen. Zum anderen wird angenommen, daß zuweilen Mixstrategien genetisch verankert seien, wobei dann je nach vorfindlichen Kontextbedingungen die eine oder die andere Verhaltensstrategie zum Tragen komme. So etwa zahle sich für die Frau bei individuell guten Chancen auf dem vorfindlichen Heiratsmarkt eher die Madonna-Strategie, bei schlechten hingegen eher die Huren-Strategie aus (die ihr über viele Partner hinweg kleinere Zuwendungen und Geschenke einzuheimsen, vgl. dazu Wright, 1994, S.83f). Und schließlich gilt: Da die Gene unter den Kontextbedingungen ihrer Entstehungszeit selegiert worden sind, produzieren sie Verhalten, das vor allem an die Lebensweise der Urahnen angepaßt war.

Zur immanenten Kritik am soziobiologischen Modell

Die radikalste Form der Kritik am soziobiologischen Modell stellen die konstruktivistischen Theorien dar: Sie bestreiten schon die Basis des Modells, sofern sie von konträren Grundvoraussetzungen und Menschenbildannahmen ausgehen. Bevor diese Ansätze im folgenden Abschnitt behandelt werden, seien jedoch noch einige eher immanente Einwände diskutiert. Daß soziobiologische Deutungen sich trefflich eignen, nach 'alteuropäischem' Verständnis 'unmoralische' Verhaltensweisen zu legitimieren, ist offensichtlich. Dies kann allerdings nur dann als Einwand gelten, wenn sich Zweifel an der theoretischen und empirischen Plausibilität des Ansatzes triftig begründen lassen. Dies sei im folgenden ansatzweise versucht:

Mythenbildung

Im soziobiologischen Ansatz gelten komplexe Verhaltensweisen als genetisch verankert. Zuweilen allerdings scheint der evolutionsbiologische Ableitungsapparat unnötig aufwendig - sparsamere Erklärungen bieten sich an. Am Beispiel: Um die Überlebenschancen der eigenen Gene zu maximieren nutze die Frau als Kriterium der Partnerwahl Status, der Mann ein dem Kindchen-Schema entsprechendes Aussehen. Nun ist aber der Familienstatus im allgemeinen durch den Status des Mannes bestimmt und unser weibliches Schönheitsideal orientiert sich derzeit an androgynen Modellen. Damit ließen sich die behaupteten Differenzen theorieökonomischer aus einem rational-choice-Modell ableiten: Beide Geschlechter verfolgen bei der Partnerwahl - an eigenen Interessen orientiert - eine statussichernde Strategie: Die Frauen suchen (durch die Wahl hochrangiger Partner) Status zu gewinnen, die Männer (durch die Wahl einer 'Vorzeigefrau') Status zu bestätigen. Die These einer genetischen Verankerung geschlechtsspezifischer Partnerwahlstrategien hingegen bedürfte erst noch einer sozialhistorisch und interkulturell vergleichenden Überprüfung. Dabei dürfte sich erweisen, daß für Männer etwa im traditionalen China kleine Füßchen oder in einigen afrikanischen Stammeskulturen ein ausladendes Gesäß bedeutsamer sind als großen Augen und kleine Nase. Auch gibt es inzwischen erste Belege dafür, daß Frauen in Spitzenpositionen häufig Männer mit niedrigerem Sozialstatus wählen. Kurz: Die These unabänderlich und universell wirksamer Partnerwahlkriterien ist wenig einleuchtend. Ihre scheinbare Überzeugungskraft gewinnt die evolutionsbiologische Ableitung allein aus ihrer derzeitigen alltagsweltlichen Plausibilität. Die Rückprojektion solcher Gegenwartsdiagnosen ähnelt Ursprungsmythen. Der mystifizierende Charakter solcher Erklärungen tritt klarer zutage, wenn man Deutungsmuster aus unterschiedlichen Theorietraditionen gegeneinander ausspielt. So etwa sieht die Soziobiologie in der heute bei Männern häufig beobachtbaren Bevorzugung jüngerer Partnerinnen ein Interesse an verlängerter Gebärfähigkeit verwirklicht. Mit Freud hingegen könnte man das als Abwehr der ödipalen Triebkonstellation lesen, als Reaktionsformation gegen inzestuöse durch Abhängigkeitsbedürfnisse gestiftete Wünsche (vgl. Parsons, 1964, S.223).[5]

Wie sich zeigt, lassen sich vorfindliche Phänomene in höchst divergierende Theoriekonstruktionen jeweils stimmig einbetten, um diesen dann Überzeugungskraft zu verleihen. Daß es sich hierbei jedoch um reine Scheinplausibilisierungen handelt, wird erst in der wechselseitigen Konfrontation unterschiedlicher - also etwa soziobiologischer, psychoanalytischer, rational-choice-theoretischer - Metaerzählungen offenbar. Dies mag dann zu der vielbeschworenen These vom 'Ende der Metaerzählungen' führen.

Empirische Basis

Die Leitidee evolutionsbiologischer Erklärungen, Motor der Entwicklung sei das Interesse an einer Maximierung der Genreplikation, ist auf menschliche Gesellschaften nicht ohne weiteres übertragbar. In Abhängigkeit von soziokulturellen und ökonomischen Bedingungen schwankt die Geburtenrate so stark, daß dem Rekurs auf genetische Dispositionen eigentlich kein Erklärungswert zukommt. Um exemplarisch nur einige Befunde zu erwähnen: Mit der Modernisierung hat sich - und zwar vorauslaufend in protestantischen Großstädten - der Abstand zwischen den Geburten systematisch von im Schnitt 1-2 Jahren (Genf: 1650; Paris 1750; deutsche Kleinstadt: 1850) auf im Schnitt 4 Jahre (Genf: 1770; Paris: 1820; deutsche Kleinstadt: 1900) erhöht - und die Kinderzahl entsprechend

---

[5] Sozialhistorische Studien zeigen natürlich eine hohe geschlechtsunabhängige Varianz der Altersunterschiede zwischen Ehepartnern in ständischen Gesellschaften: Der junge Geselle etwa freite häufig die alte Meisterswitwe - dies ermöglichte die Gründung einer selbständigen Existenz (vgl. Imhof, 1984).

verringert (vgl. Imhof, 1984). Kinderlos sind in den USA 96.7% der weißen ledigen hochgebildeten Frauen im Alter von 35 bis 44 Jahren, hingegen nur 1.7% der gleichaltrigen verheirateten schwarzen arbeitslosen Frauen (vgl. Burkhart, 1993). Die durchschnittliche Kinderzahl beträgt heute etwa in Somalia 6.8, in Deutschland 1.4 (vgl. Imhof, 1984). Es finden sich also extreme Variationen zwischen den Jahrhunderten, zwischen verschiedenen Gesellschaften oder Subkulturen, wiewohl doch universell Menschen von Urzeit an das egoistische Gen in sich tragen, das nach Replikation schreit. Solch naheliegende Einwände sucht man durch Zusatzannahmen zu entkräften. So heißt es dann auf einmal: etwa "Der Einfluß der Gene könnte leicht von anderen Einflüssen in sein Gegenteil verkehrt werden." (Dawkins, 1976, S.422). Oder es wird darauf verwiesen, daß die Gene den (uns im übrigen wenig bekannten) Vorzeitbedingungen angepaßt seien. Solche nachgeschobenen Hilfshypothesen aber taugen eher zur Immunisierung als zur Rettung des Ansatzes.

Willensfreiheit
Der soziobiologische Ansatz bestreitet die Möglichkeit menschlicher Willensfreiheit. Dawkins sucht diese These zwar abzuschwächen, wenn er behauptet, der Mensch könne den Genen 'trotzen' (ebda, S.429) oder zur "Rebellion gegen die 'Tyrannei der egoistischen Replikatoren' aufrufen" (ebda, S.530). Es läßt sich aber dieser Hinweis nicht anders denn als Konzession an Kritik - seien es externe Kritiker, sei es die eigene Stimme der Vernunft - lesen. Wer soll denn das Gehirn nach welchen Kriterien steuern? Die Theorie erlaubt nicht einmal solche Fragen sinnvoll zu stellen, ob der Mensch weiter nichts ist als ein in Selbsttäuschungen befangener "vorübergehender Behälter für eine kurzlebige Kombination von Genen" (ebda, S.57). Im Grunde begehen solch deterministisch verfahrende Ansätze wie die Soziobiologie (aber etwa auch der klassische Behaviorismus Skinner'scher Provenienz) einen 'performativen Widerspruch' (Habermas): Für die eigene Theorie wird Wahrheitsfähigkeit und Aufklärungsinteresse beansprucht, deren Möglichkeit doch in der Theorie selbst bestritten werden. Dawkins etwa beansprucht darzustellen, was nach seiner "Überzeugung der Fall ist" (ebda, S.25), damit wir "verstehen lernen" (ebda, S.26) und die "Pläne der egoistischen Gene durchkreuzen" (ebda, S.26) können. Er selbst also tut und will, was nach seiner Theorie zu tun und zu wollen nicht möglich ist.

Altruismus versus Moral
Für menschliches Zusammenleben sind moralische Normen, insbesondere auch die Bereitschaft, den soziobiologisch definierten Egoismus auch ohne konkret erwartbare Gegenleistung zu zügeln, unverzichtbar. Moral aber ist mit Altruismus nicht identisch (weder in der alltagsweltlichen noch der soziobiologischen Bedeutung): Selbstaufopferung ist nicht gefordert. Die Bereitschaft, die direkte oder indirekte Schädigung anderer zu unterlassen, und bei Ausnahmen von diesem Prinzip Unparteilichkeit walten zu lassen, reicht hin. Die soziobiologische Dichotomie von Egoismus und Altruismus verfehlt gerade die für menschliche Gesellschaften konstitutive Kategorie der Moral, die Unparteilichkeit erfordert.

2   Konstruktivistische Ansätze

Ausgangspunkt konstruktivistischer Ansätze ist die Annahme, schon die spezifischen Merkmale des *Geschlechtsklassifikationssystems* selbst seien Produkt kultureller Konstruktionsleistungen (vgl. zum folgenden Tyrell, 1986; Lipp, 1986). In westlichen Gesellschaften etwa gilt die Geschlechtsdefinition als
- *physisch fundiert*: Kriterium für Männlichkeit ist der Besitz eines Penis; die Frau wird als

besitzlose Restklasse rein negativ definiert. (Andere Kulturen hingegen fokussieren stärker auf soziale Tätigkeitsmerkmale, z.B. Kriegsführung oder Kinderversorgung.)
- *binär*: Die Variable Geschlecht kennt nur zwei Ausprägungen, dritte Möglichkeiten sind ausgeschlossen. (Manche Kulturen hingegen kennen den Hermaphroditen und weisen ihm gar einen positiven Status zu.)
- *inklusiv*: Alle Personen werden zwangsläufig zugeordnet, auch Personen, deren Genausstattung keinem der beiden Geschlechter entspricht (z.B. XO).
- *irreversibel lebenslänglich*: Eine einmal festgelegte Geschlechtszuschreibung bleibt im Prinzip (Ausnahme: medizinische Geschlechtsumwandlung) stabil - ungeachtet etwaiger Veränderungen von physischen (z.B. unfallbedingte Einbuße des primären männlichen Geschlechtsmerkmals) oder sozialen Merkmalen. (Andere Kulturen beispielsweise lassen im Alter einen sozialen Geschlechtsrollenwechsel zu.)
- *askriptiv qua Geburt*: Unmittelbar bei der Geburt wird ein Geschlecht zugeschrieben. Bei körperlichen Abweichungen erfolgt gegebenenfalls eine operative Anpassung an die festgelegte Zuordnung. (Es gibt Kulturen, die Kinder als geschlechtsneutral definieren oder dem weiblichen Geschlecht zurechnen. Männlichkeit wird dann erst im Initiationsritus verliehen/erworben.)

Nicht nur das formale Klassifikationssystem, auch die Beschreibung *inhaltlicher Geschlechterdifferenzen* gilt als soziale Konstruktion. So etwa ist schon die Vorstellung einer starken Gegensätzlichkeit der Geschlechter spezifisch modern. Es gab Zeiten, in denen man eher Ähnlichkeit oder Gleichheit der Geschlechter oder allenfalls eine graduelle Verschiedenheit unterstellte. Dies gilt selbst für die Deutung der anatomischen Differenz: Weibliche Geschlechtsorgane verstand man als nach innen gestülptes Komplement der männlichen (vgl. Nicholson, 1993, zit. nach Maihofer, 1994, S.257). Erst recht aber sind die je spezifischen inhaltlichen Merkmale von 'Weiblichkeit' und 'Männlichkeit' "einem beständigen Prozeß der Auslegung, der Um- und Neuformulierung der Geschlechterdifferenz" geschuldet, einem "Prozeß, den man als kontinuierliche 'Umschrift der Differenz' bezeichnen kann" (Gildemeister/Wetterer, 1992, S.223).[6]

Es gibt noch radikalere Ansätze, die sich nicht damit begnügen, die je vorfindlichen Ausdeutungen des Wesens von Mann und Frau als historisch variable und letztlich beliebige soziale Konstruktionen zu entlarven, sondern schon die Frage nach *kategorialer Differenz* selbst ad absurdum zu führen suchen. In der klassischen 'Wer ist Wie'-Forschung - so Knapp's (1998) systematisierendes Resümee einschlägiger Debatten - falle die Geschlechterdifferenz der 'Ontologisierung', 'Essentialisierung', 'Substantialisierung', 'Positivierung', 'Reifizierung' oder 'Naturalisierung' anheim. Mit anderen Worten: Zu Unrecht wird in der Geschlechterforschung unterstellt, Geschlechtdifferenz sei ursprünglich und fundamental, bezeichne Wesensmerkmale, also reale, faktisch vorfindliche, endgültig festgelegte, von der Natur bestimmte Eigenschaften. Schon die vergleichende Kontrastierung von Männern und Frauen sei verfehlter 'Vorstellungskonkretismus'. Angesichts der Vielfalt interindividueller Unterschiede[7] und der hohen Binnenkomplexität von Personen[8] muß jeder Versuch, kategoriale Differenzen festzumachen, scheitern: "Menschen nämlich 'haben' kein Geschlecht und 'sind' nicht

---

[6] Christa Wolf bringt den Sachverhalt auf den Punkt: "Nicht uninteressant scheint es mir, daß jedes Zeitalter genau dasjenige der Frau abspricht, was ihm das Wertvollste war oder ist. Dem mittelalterlichen Christentum fehlte an ihr die Fähigkeit zum rechten Glauben: an die Frage, ob das Weib überhaupt eine Seele hat, entzündete sich der Streit der Gelehrten. Heute, wo die Seele kein wertvoller Besitz mehr ist, wird sie nur dem Weibe zugeschrieben."
[7] "Ich befürworte eine Auffassung von Weiblichkeit, bei der es ebenso viele weibliche Wesen wie Frauen gibt" (Kristeva, zit. nach Knapp, 1998, S.11).
[8] "Es läßt sich von einer Frau nicht sagen, was sie ist, auf die Gefahr hin, ihre Verschiedenheit aufzuheben" (Kristeva, zitiert ebda, S.8).

Frauen und Männer, sondern sie 'geben' und 'sehen' sich als solche." (Knapp, Knapp, 1998, S.170)

Geschlecht also ist nichts weiter als soziale Konstruktion. Die Prozesse und Mechanismen solch alltäglicher Konstruktionsleistungen sind in der ethnomethodologischen Forschungstradition insbesondere am Beispiel von Transsexuellen analysiert worden (vgl. zum folgenden Hirschauer, 1989): Geschlecht - so die forschungsleitende Annahme - wird in jeder konkreten Interaktionssituation von den Teilnehmern in komplementären Prozessen von Wahrnehmung und Darstellung je erneut hergestellt und bestätigt. In unserer Kultur ist die Konstruktion an einem biologisch präformierten Geschlechtsverständnis orientiert. Diese Wissensbasis nötigt die Teilnehmer, entweder Frauen oder Männer zu sehen und an einer einmal vollzogenen zuordnenden 'Wahrnehmung' auch angesichts von Gegenevidenzen festzuhalten, da wir Geschlecht als stabiles Merkmal begreifen. Die Geschlechtszuschreibung basiert auf einer komplexen Wahrnehmungsleistung. Da das anatomisch definierende Merkmal ja gerade nicht sichtbar ist, müssen sekundäre und tertiäre Indizien - die 'kulturellen Geschlechtsinsignien' - gemustert, beurteilt, in ihrem wechselseitigen Verweisungszusammenhang erfaßt und zu einer gestalthaften Einheit synthetisiert werden. Dies gelingt im allgemeinen zwar problemlos - ist aber doch konstruktive Leistung. Dies zeigt sich etwa an der Alltagserfahrung, daß man eine Stimme, die man am Telefon als männlich deutet, dann als angenehm dunkel oder völlig unauffällig wahrnimmt, wenn sich in der konkreten Begegnung ihr Träger als Frau erweist. Der Konstruktionsprozeß selbst wird unkenntlich gemacht. Der Wahrnehmende vermeint, eine objektiv vorgegebene Realität nur passiv widerzuspiegeln. Auch die Geschlechtsdarstellung gelingt im Normalfall zwanglos. Nur Transsexuelle wissen um die Mühsal, die das Erlernen der 'typischen' Körperhaltungen, Mimik, Gestik sowie der angemessenen Regulierung des Blickkontakts bedeutet, bis sie schließlich begreifen, daß es am wichtigsten ist, unbezweifelbare Selbstsicherheit und Gelassenheit zur Schau zu stellen.

Geschlecht also gilt in diesen Ansätzen als Produkt sozialer Konstruktion. Schon das Klassifikationssystem selbst ist ein historisch variables Ordnungsschema, erst recht sind die Annahmen über das Ausmaß von Gleichheit oder Differenz und die Dimensionen, in denen sich die unterstellten Unterschiede manifestieren, kulturspezifisch. Ihre Kontinuität und Stabilität verdanken solche soziokulturellen Deutungsschemata den ständigen Konstruktionsleistungen der Teilnehmer, die verdeckt vollzogen werden und so den Anschein von Objektivität erzeugen. Dabei sind dann die konkreten Konstruktionen von Geschlechtszugehörigkeit "nicht an biologische Vorgaben gebunden, aber sie sind eingebunden in einen gesellschaftlichen Kontext, der vor allem aus den historischen Beziehungen konstruierter Geschlechter besteht" (Hirschauer, 1989, S.115).[9]

---

[9] Ein Analogon zu diesen mikrosoziologischen Forschungen auf der Makroebene ist die konstruktivistische Analyse der Vergeschlechtlichung von Berufen (vgl. dazu Wetterer, 1995). In Professionalisierungsprozessen etwa werden Tätigkeiten aufgespalten, und im Interesse der Aufrechterhaltung männlicher Höherwertigkeit die weniger prestige- und einkommensträchtigen Segmente den Frauen zugeschlagen. Ein Beispiel für eine solche Berufsdefinition bildet die Aufspaltung der Patientenversorgung in die Tätigkeiten von Diagnose und Therapie, die dem Arzt, und die Pflegehandlungen, die der Krankenschwester zugeschrieben wurden. Im Nachhinein wird die Aufgabenteilung auf Sachzwänge und die geschlechtsspezifische Zuschreibung auf 'natürliche' Geschlechtsdifferenzen zurückgeführt: Es entspräche die Pflege der weiblichen Fürsorglichkeitsneigung, das analytisch-diagnostische Denken dem rationalen Wesen des Mannes. Das eigentliche Ziel solcher Differenzierungsprozesse aber - so die Analyse - sei allein, die hierarchische Geschlechterstruktur zu erhalten und die Inhalte nur irgendwie zu plausibilisieren.

3 Menschenbildannahmen: Vergleich von Soziobiologie und Konstruktivismus

Den konstruktivistischen Ansätzen unterliegt ein Menschenbild, das in vieler Hinsicht ein genaues *Kontrastprogramm* zum homo biologicus bildet. Ist der Mensch in der Soziobiologie bloßes *Instrument*, Gefäß für das allein wirkmächtige unsterbliche Gen, so ist er in konstruktivistischen Ansätzen der *allmächtige Schöpfer*, der aktiv alles erzeugt: die soziale Ordnung, soziale Strukturen, den Sinn der menschlichen Existenz. Ist der Mensch in der Soziobiologie von den ererbten Genen determiniert, ohne Willensfreiheit oder Selbstbestimmungsmöglichkeiten, so gilt er im Konstruktivismus als autonomer Konstrukteur der eigenen Lebenswirklichkeit. Ja selbst die Geschlechtszugehörigkeit - bislang unhintergehbar vorgegebenes Schicksal - gilt, so die Botschaft der Transsexualitätsforschung, als veränderbar, wählbar, entscheidbar, machbar.

In der Soziobiologie ist der Mensch ein *Einzelgänger*. Das egoistische Gen sucht allein die eigenen Überlebenschancen zu maximieren und läßt auf Beziehungen sich nur insoweit ein als dies zweckdienlich scheint. Im Konstruktivismus hingegen wird der Mensch schon von der theoretischen Grundbegrifflichkeit her als *soziales Wesen* gefaßt: Nur durch soziale Interaktionen im symbolischen Raum können Menschen einander wechselseitig erzeugen. Nicht einmal das Geschlecht 'hat' die Person an sich - es bedarf der gemeinsamen Herstellung durch komplementär aufeinander bezogene Darstellungs- und Wahrnehmungsleistungen. Nicht die Biologie, sondern die Kultur also ist konstitutiv für den Menschen und nicht durch isolierte Interessenmaximierung, sondern nur in reziproken Anerkennungsverhältnissen wird der Organismus zur Person, zum Geschlechtswesen.

Trotz dieser klaren Gegensätze gibt es doch auch gewisse *Übereinstimmungen* in den Basisunterstellungen. Beide Ansätze verfahren - wenngleich auf unterschiedliche Weise - im Grunde *ahistorisch*. In der Soziobiologie bestimmen Gene, die sich in der Welt der Ahnen erfolgreich durchgesetzt haben, die Verhaltensdispositionen ein für allemal über alle Kulturen und Zeiten hinweg. Im Konstruktivismus erfolgt die Setzung des Menschen je situativ erneut. Der Kontext liefert zwar Inhalte für die jeweiligen Konstruktionen, doch welche Inhalte dies jeweils sind, bleibt kontingent, beliebig. Die 'geronnene Gewalt der Geschichte', der kollektiven wie der biographischen, kommt nicht in den Blick: Individuelle Gestaltungsmöglichkeiten scheinen fast unbegrenzt.

Auch gilt in beiden Ansätzen 'Wahrheitsorientierung' als Illusion. In der Soziobiologie unterliegt das Individuum einem prinzipiellen Selbsttäuschungsverdacht: Wo es subjektiv vermeint, altruistisch zu handeln oder den Partner zu lieben, da sind nur seine Gene am Werk: hinter dem Rücken des Subjekts zielen diese allein auf Replikationsmaximierung und die Selbsttäuschung der ausagierenden Organismen ist dazu dienliches Instrument. Auch im Konstruktivismus gibt es keine Basis für 'Wahrheit'. Ein Standpunkt außerhalb der erfolgreichen Ko-Konstruktionen konkreter Akteure ist nicht denkbar: Eine Realität, die der Konstruktion vorgängig wäre und ihr doch zum wenigsten Begrenzungen und Minimalstrukturierungen aufzwänge, ist nicht repräsentiert. Schon die Kategorie der Wahrnehmung selbst, erst recht die Inhalte des Wahrgenommenen, gelten als allein kulturell konstruiert.

4 Geschlechtsspezifische Arbeitsteilung - der klassische soziologische Ansatz

Die klassische soziologische Zugangsweise zur Erklärung von Geschlechtsdifferenzen läßt sich als Mittelposition lesen. Sie sucht die beiden in den anderen Ansätzen als je allein wirksam geltenden Bestimmungsgründe zu integrieren: Wie die Soziobiologie unterstellt sie, daß es biologisch fundierte Vorgaben und wie der Konstruktivismus, daß es kulturelle Deutungsspielräume gibt. Zugleich aber wird anerkannt, daß einmal soziokulturell erarbeitete Ausgestaltungen biologischer Differenzen sich verselbständigen und verfestigen. Der soziologische Ansatz wählt als Ausgangspunkt die Tatsache, daß alle Gesellschaften ein Doppelproblem lösen müssen: die Sicherung von *Produktion und Reproduktion* (vgl. Eckert, 1979). Der unterschiedliche Beitrag, den die Geschlechter 'natürlicherweise' zur Lösung der Reproduktionsaufgabe leisten, legt zumal in einfachen Gesellschaften - im Interesse der Effizienzsteigerung - eine Arbeitsteilung zwischen den Geschlechtern nahe. In Jäger- und Sammlerkulturen etwa werden den Frauen eher Tätigkeiten zugewiesen, die mit der Kinderbetreuung verträglich sind, also eher nicht das Aufspüren und Verfolgen des Wildes. Die je kulturspezifischen Formen der Arbeitsteilung bestimmen die Lebenslagen beider Geschlechter und damit auch deren Ähnlichkeit oder Verschiedenheit. In der agrarischen Familienökonomie beispielsweise war die Arbeit eher egalitär aufgeteilt: Es herrschte ein "nicht hierarchisches Machtverhältnis zwischen den Kategorien des 'Männlichen' und des 'Weiblichen' vor" (Rogers, 1975, S.730, zit. nach Honegger/Heintz, 1984, S.15). Auch die Frauen genossen Einfluß- und Mitbestimmungschancen: "Grundlage ihrer Macht ist die zentrale Funktion der Frau in der Familienökonomie, die Eigenverantwortung für Haus, Vorratshaltung, Garten, häufig auch für Kleinvieh und/oder Milchwirtschaft." (ebda, S.14) Mit dem Übergang in die Moderne haben sich Veränderungen sowohl im kulturellen Deutungssystem wie im ökonomischen Unterbau vollzogen. Die Industrialisierung führte zu einer Trennung von Haus- und Berufsarbeit, entlohnt aber wurde nur die überwiegend den Männern zugestandene/ zugewiesene Erwerbsarbeit. Die außerhäuslichen Tätigkeiten gewannen dabei immer mehr an Bedeutung und es etablierte sich eine faktische Vormachtstellung des Mannes.

Ungleichbehandlung aber war im Zuge des Aufklärungsdenkens anstößig geworden. Wenn gilt: Unabhängig von Rasse, Religion und Geschlecht sind alle Menschen von Natur aus gleich, dann wird Ungleichheit rechtfertigungspflichtig. Dieser kulturell erzeugte Legitimationsbedarf ist eine der Wurzeln für die *Naturalisierung der Geschlechter*. Condorcet noch trat dafür ein, auch den Frauen gleiche Menschen- und Bürgerrechte zu gewähren; er beschließt sein Plädoyer mit der Forderung: "Man zeige mir vor allem einen natürlichen Unterschied zwischen Männern und Frauen auf ..., der den Ausschluß der Frauen vom Recht legitimieren könnte" (1789, zit. nach Alder, 1992, S.69). Die Rechte der Frauen durchzusetzen gelang ihm nicht - seiner Forderung nach einer 'natürlichen' Legitimierung von Ungleichheit kam man jedoch sehr zügig nach. Die Lehrbücher der Medizin im 18. und 19. Jahrhundert begannen sich zu füllen mit biologischen Differenznachweisen, die eine Ungleichbehandlung nur allzu berechtigt erscheinen ließen (vgl. Honegger, 1989): So wurden die Geschlechtsorgane vermessen; das 'Muköse' als konstitutiv für Weiblichkeit 'entdeckt' und mit der weltoffenen Geschlechtsausstattung des Mannes kontrastiert; es wurden die Gehirne gewogen und das weibliche für zu leicht befunden.[10]

Die ursprünglich allein der geschlechtsspezifischen Trennung der Tätigkeitsbereiche geschuldeten Veränderungen in den Geschlechtsrollenerwartungen wurden nunmehr - dem neuen *Legitimierungsbedarf* Rechnung tragend - reinterpretiert: 'Holde Weiblichkeit' wird zum herrschenden Frauenidol, das Dasein als 'Gattin, Hausfrau und Mutter' zur weiblichen Aufgabe, deren Erfüllung hinfort als 'reiner Ausdruck ihres Wesens', ihres 'Geschlechtscharakters', kurz: ihrer spezifisch weiblichen 'Natur' gilt (Alder, 1992, S.13). Dem weiblichen Tätigkeitsbereich wird alsdann der Charakter der Arbeit abgesprochen: Haus- und Familienarbeit gelten als "originär weiblicher Liebesdienst" (ebd.; vgl. auch Schütze, 1986). Auch der Ausschluß der gefühlsbetonten Frau aus Politik und Öffentlichem Leben

---

[10] Die gleiche Argumentationslogik hat Sigrid Meuschel (1981) in der Debatte um die Sklavenhaltung in den USA nachgewiesen. Auch dort wurden zur Legitimation der Ungleichbehandlung 'natürliche Unterschiede' herangezogen: Hautfarbe, Physiognomie, das sexuelle Verhalten und insbesondere die (als genetisch bedingt gedeuteten) niedrigeren intellektuellen Fähigkeiten der Schwarzen.

erscheint bald als 'natürlich'. Es mag dann wenig verwundern, wenn die zu Unterordnung gezwungenen Frauen zu 'Listen der Ohnmacht'[11] greifen und etwa durch Flucht in die Krankheit sich häuslichen Pflichten und Zumutungen entziehen: Die Hysterie als klassische Frauenkrankheit wurde erfunden (vgl. Smith-Rosenberg, 1984).

Menschenbildannahmen

Grundlegend ist die Annahme, daß der Mensch in objektive Zwänge eingebunden ist und doch zugleich kulturelle Gestaltungsspielräume besitzt. Es gibt Funktionserfordernisse, die erfüllt sein müssen, sollen Gesellschaften Bestand haben; für viele Probleme aber gibt es funktional äquivalente Lösungsmöglichkeiten. Waren beide Geschlechter in agrarischen Gesellschaften eher noch egalitär an den Produktions- und Reproduktionsaufgaben beteiligt, so haben sich mit der Industrialisierung Beruf und Familie ausdifferenziert und komplementäre *Rollenerwartungen* herausgebildet. Für die Familie konstitutiv ist eine affektive, partikularistische, gemeinschaftsbezogene, an zugeschriebenen Merkmalen orientierte Haltung sowie die Bereitschaft, sich allzeit für alle auftretenden Probleme zuständig zu fühlen; im Beruf hingegen ist eine affektiv neutrale, universalistische, individualistisch leistungsbezogene Orientierung gefordert. Daß die Frauen im Gefolge der Industrialisierung vorwiegend für Familienarbeiten, die Männer für die Sicherung des Familieneinkommens zuständig gemacht wurden und sich fühlten, mag erklären, daß sich gegebenenfalls unterschiedliche Handlungsdispositionen und -kompetenzen entwickelten ('weibliches Arbeitsvermögen') (vgl. Ostner, 1982).

Diese ausdifferenzierten Geschlechtsrollen werden im *Sozialisationsprozeß* weitergegeben, besser gesagt: Sie werden von den heranwachsenden Kindern an den erwachsenen Modellen abgelesen und per Imitation, Identifikation und aktiver Rekonstruktion der zugrunde liegenden Regelstrukturen persönlich angeeignet. Solche Lernprozesse prägen Ausdrucksformen, Haltungen und Handlungsdispositionen und sind nicht beliebig reversibel (vgl. auch Lindemann, 1994). Allenfalls in persönlichen Krisenphasen sind motivational früh verankerte Selbstfestlegungen und Persönlichkeitsüberformungen einer Überarbeitung zugänglich (vgl. Jacobson, 1980; Blos, 1980; Döbert/ Nunner-Winkler, 1975; Nunner-Winkler, 1985).

Das für Sozialisation konstitutive Zusammenspiel zunächst rein formaler kindlicher Lernbereitschaft und kulturspezifischer inhaltlicher Vorgaben mit dem Ergebnis weitgehend definitiver Festlegungen läßt sich an Forschungen zur Sprachentwicklung besonders plastisch erläutern. Jedes Kind wird als 'Weltbürger' geboren, fähig und bereit, jede nur erdenkliche Sprache zu erwerben. In der ersten Lallphase produziert der Säugling alle überhaupt in menschlichen Sprachen vorkommenden Laute. Allmählich sucht er gezielt die in seiner Umgebung gehörten Laute zu imitieren und sobald der Abgleich zwischen produzierten und gehörten Lauten gelungen ist, werden die erarbeiteten Verbindungen neuronal verdrahtet: Das Kind hat sich selbst in seine je eigene Kultur eingebunden. Hinfort fällt es ihm schwer, fremde Laute zu erzeugen oder differenziert zu hören: Chinesen etwa tun sich schwer, L und R als differente Laute wahrzunehmen und nachzusprechen.

Analog mag gelten: Geboren werden Kinder als geschlechtsneutrale Wesen. Von Anfang an aber erfahren Jungen und Mädchen (von den Vätern stärker als von den Müttern) eine unterschiedliche Behandlung. Und bald beginnen sie - jedenfalls in unserer geschlechtsfokussierten Welt - gleichgeschlechtliche Spielkameraden zu präferieren. Ab etwa 4-5 Jahren begreifen sie dann, daß Geschlechtszugehörigkeit ein stabiles Merkmal ist - jüngere Kinder nämlich glauben, ein Junge könne ein Mädchen werden, wenn er sich nur

---

[11] Dies ist der Titel der von Honegger/Heintz (1984) herausgegebenen einschlägigen Aufsatzsammlung.

ein Kleid anzöge oder eine Schleife ins Haar binde. Dies spiegelt einen Entwicklungsschub im Begriffsverständnis wider, der kognitive und motivationale Implikationen hat. In kognitiver Hinsicht begreifen Kinder nun, daß allen Angehörigen einer 'natürlichen Kategorie' (natural kind term) trotz oberflächlicher Unterschiede oder Veränderungen konstante geteilte Wesensmerkmale zukommen (vgl. Gelman, Collman & Maccoby, 1986; Gelman & Markman, 1987; Keil, 1986; Nunner-Winkler, 1993). Geschlecht verstehen sie als natürliche Kategorie. Sie erwarten also, daß alle Frauen bzw. Männer basale Wesensgemeinsamkeiten teilen, auch wenn sie noch nicht wissen, welche dies im einzelnen sind. Diese Neigung zu 'kategorialem Denken' erklärt die hohe Überzeugungskraft, die je spezifische Geschlechterstereotypisierungen besitzen. In motivationaler Hinsicht gilt, daß Kinder, nachdem sie die eigene Geschlechtszugehörigkeit als unabänderliches Schicksal zu begreifen gelernt haben, beginnen, selektiv exemplarische Modelle ihres eigenen Geschlechts zu imitieren. Abweichende Modelle werden zunächst noch ignoriert (es werden immer die Regeln vor den Ausnahmen gelernt) (vgl. Slaby & Frey, 1975). Diese persönliche Aneignung vorgegebener Geschlechtsdefinitionen ist weniger durch eine äußere Orientierung an Sanktionen als vielmehr durch eine allgemeine Kompetenzmotivation bestimmt: Menschen nämlich wollen das, was sie unabänderlich sind, gut sein (vgl. Kohlberg, 1974). Im Zuge dieses Lernprozesses mag das Kind die kulturell vorherrschenden Idealvorstellungen von Männlichkeit und Weiblichkeit übernehmen und sich deren Erfüllung zum persönlichen Bedürfnis machen, bis schließlich seine 'spontanen' Empfindungen, Reaktionsweisen und Zielvorstellungen den kulturell vorgeschriebenen weitgehend entsprechen (vgl. Parsons, 1964).

Daß nachwachsende Generationen im allgemeinen in vorfindliche Sozialstrukturen erfolgreich einsozialisiert werden bzw. sich selbst einsozialisieren ist nur eine der Erklärungen für die *Verfestigung einmal entwickelter Strukturen* geschlechtsspezifischer Arbeitsteilung. Wenn Mädchen an ihren Müttern abgelesen haben, daß Kinderversorgung konstitutiv für die Frauenrolle ist, so werden sie die Versorgung ihrer eigenen Kinder selbst übernehmen, weil sie nicht als Rabenmütter gelten bzw. sich fühlen wollen. Eine andere Erklärung läßt sich aus der Tatsache ableiten, daß Frauen (sofern sie lange als Zuverdiener galten und sich gewerkschaftlich nicht zureichend organisierten) immer noch deutlich niedrigere Einkommens- und Karrierechancen haben. Es gilt dann nicht nur normativ als angemessener, sondern ist auch ökonomisch rationaler, wenn die Frau die Familienaufgaben übernimmt. Daß in der Tat auch sogenannte 'progressive' Paare bei der Geburt des ersten Kindes zur traditionellen geschlechtsspezifischen Aufgabenverteilung zurückkehren, hat dann natürlich wiederum strukturverfestigende Rückwirkungen: Arbeitgeber werden Frauen, deren lebenslange Verfügbarkeit und stabile Berufsorientierung sie als niedrig einschätzen, eher im sogenannten zweiten Arbeitsmarkt beschäftigen, d.h. nicht ihrer (männlichen, qualifizierten) Stammbelegschaft, sondern (wie die Ausländer, die Unqualifizierten etc.) der Randbelegschaft zurechnen, die sie als Puffermasse zum Ausgleich von Konjunkturschwankungen nutzen. Auf diese Weise verfestigen und reproduzieren sich die einmal entwickelten Strukturen der geschlechtsspezifischen Arbeitsteilung auf der Mikro- wie der Makroebene stets erneut.

5 Gegenposition: Das Ende der Geschlechtskategorie

Geschlecht - so die an das klassische soziologische Modell anknüpfende Gegenthese - ist eine Kategorie, die in der Moderne auf der Makro- wie auf der Mikroebene an Bedeutung verliert. Um mit der *Makroebene* zu beginnen. Aus theoretischer Perspektive gilt zunächst, daß moderne Gesellschaften in Teilsysteme ausdifferenziert sind, die nach ihren je eigenen binären Codes funktionieren (Luhmann, 1986). Jedes dieser Teilsysteme ist für das

Gesamtsystem unentbehrlich; jedes limitiert die Möglichkeiten der anderen; keines aber kann sich an die Stelle der anderen setzen. Die Unterscheidung Mann/Frau nun liegt quer zu den teilsystemspezifischen Codes: Was in der Wirtschaft zählt, ist die Zahlungsfähigkeit des Kunden, nicht seine Geschlechtszugehörigkeit. Was in der Wissenschaft zählt, ist die Wahrheitsfähigkeit der Aussagen, nicht die Geschlechtszugehörigkeit ihres Autors. Es gibt nur ein Teilsystem, für das die Unterscheidung nach Geschlecht konstitutiv ist - die Familie. Damit ist dieser Code aber auch bedeutungsvoll allein für dieses Teilsystem, da funktionale Differenzierung einen "Verzicht auf Mehrfachabsicherung einer Funktion durch Multifunktionalität ihrer Trägereinrichtungen ... erfordert" (Luhmann, 1988, S.65). Anders gesagt: Geschlechtszugehörigkeit auch für die anderen Teilsysteme bedeutsam machen, implizierte eine Entdifferenzierung sozialer Strukturen und damit eine Einbuße an Effizienz. Gerade weil Erziehung zum Teil aus der Familie ausgelagert wurde, konnte sich der Grad der Wissensvermittlung so immens steigern; gerade daß die Produktion sich aus der Familienökonomie ausdifferenzierte, vermochte die Produktivkräft so ungeheuer zu entfesseln. Und umgekehrt: Den familienkonstitutiven Code männlich/ weiblich in die anderen Funktionssysteme wieder zurückzutransportieren, hieße eine starke Einbuße an deren je spezifischen Funktionsfähigkeiten zu riskieren. In Anerkennung der Unhintergehbarkeit der funktionalen Ausdifferenzierung moderner Gesellschaften klagen denn auch feministische Gleichstellungsforderungen nicht die Ersetzung, sondern nur die Ergänzung teilsystemspezifischer Qualifikationskriterien durch das Merkmal Geschlechtszugehörigkeit ein: So sollen Frauen nur 'bei gleicher Qualifikation' bevorzugt werden bzw. freie Stellen sind nur mit Frauen 'entsprechender Qualifikation' zu besetzen.

Aus empirischer Sicht ist festzustellen, daß in diesem Jahrhundert - nicht zuletzt dank der Kämpfe der alten und der neuen Frauenbewegung - hinsichtlich der Gleichstellung der Frau erhebliche Fortschritte gemacht wurden. Frauen sind heute rechtlich weitgehend gleichgestellt; das Bildungsniveau hat sich angeglichen; die Berufstätigkeit von Frauen, auch von Müttern kleiner Kinder, hat kontinuierlich zugenommen und in einigen Bereichen (etwa im öffentlichen Dienst) sind auch die karriere- und einkommensbezogenen Benachteiligungen von Frauen zurückgegangen. Zweifellos sind Frauen (insbesondere Ältere oder alleinerziehende Mütter) unter den Einkommensschwachen in der Bevölkerung kraß überrepräsentiert. Dennoch ist Geschlecht für die Analyse sozialer Ungleichheiten keineswegs die erklärungskräftigste Variable.

Auch auf der *Mikroebene* verliert Geschlecht wohl eher an Bedeutung. Die unstrittige biologische Vorgabe der weiblichen Gebärfähigkeit büßt ihr Lebenslauf-determinierendes Gewicht in dem Maße ein, in dem das durchschnittliche Lebensalter ansteigt, die Kinderzahl sinkt und dank staatlich organisierter Altersversorgung freiwillige Kinderlosigkeit eine allen offenstehende Option wird.[12]

Die psychologischen Untersuchungen zu Geschlechterdifferenzen haben denn auch gezeigt, daß über die letzten Jahrzehnte hinweg vordem signifikante Geschlechtsunterschiede in Persönlichkeitsmerkmalen und Fähigkeiten fast vollständig verschwunden sind (vgl. Maccoby, 1990). Auch die Verhaltenserwartungen haben sich angeglichen: Zunehmend gefragt sind in der Schulklasse das durchsetzungsfähige Mädchen und der sensibel-kommunikative Junge (vgl. Preuss-Lausitz, 1995).

Schließlich gilt, daß in der Moderne Identität nicht mehr unter Rekurs auf vorgegebene Statusmerkmale - also im Modus der Rollenidentität - zu stabilisieren ist. Es muß die Person zwar, will sie nicht zum Spielball von Zufällen, externen Zwängen oder eigenen Trieben werden, Selbstbindungen vornehmen. Dazu aber taugen generalisierte

---

[12] In Deutschland liegt die durchschnittliche Lebenserwartung für Frauen derzeit bei ca. 76 Jahre, die durchschnittliche Kinderzahl bei 1,4. Diese Daten markieren einen starken Kontrast zum typischen weiblichen Lebenslauf im agrarischen Milieu: Dort endete das Leben der Frau gewöhnlich etwa bei Auszug des letzten Kindes (Imhof, 1981).

Wertbindungen besser als askriptive Merkmale. Dies spiegelt sich auch in einem Forschungsergebnis von Nisan (mündliche Mitteilung) wider. Er befragte Probanden, wann sie eher glaubten, eine andere Person zu sein: wenn sich ihre Geschlechtszugehörigkeit oder wenn sich ihre moralischen Überzeugungen änderten. Die meisten erwarteten eher dann ein anderer zu werden, wenn sie ihre moralischen Vorstellungen austauschten. Die Befragten also erachteten selbst gewählte und für die eigene Lebensführung bedeutsame Wertbindungen eher als personkonstitutiv als das Faktum, Mann oder Frau zu sein.

Im Zeichen von Modernisierung, also der Ausdifferenzierung von Teilsystemen, der Pluralisierung von Wertvorstellungen und der Individualisierung von Lebensformen verliert 'Geschlecht' an Prägekraft für sozioökonomische Beteiligungschancen, für politische, religiöse, moralische Überzeugungen und für Modi der Lebensführung. Vielleicht ist die gegenwärtige Fokussierung auf die Geschlechterverhältnisse eher ein Indiz für den Bedeutungsverlust einer vordem zentralen Kategorie: Es schwillt die Rede über die Geschlechterdifferenz in dem Maße, wie ihre objektive Bedeutung für die Gesellschaft und ihre Mitglieder schwindet - so wie auch das Aussterben der Vielfalt von Lurchgattungen von einer explosionsartigen Häufung von Kongressen der Froschforscher begleitet wird.

Literatur

Alder, D. (1992). Die Wurzel der Polaritäten. Geschlechtertheorie zwischen Naturrecht und Natur der Frau. Frankfurt a.M.: Campus.
Blos, P. (1980). Der zweite Individuierungs-Prozeß der Adoleszenz. In R. Döbert, J. Habermas & G. Nunner-Winkler (Eds.), Entwicklung des Ichs (pp. 179-195). Königstein/Ts.: Athenäum.
Burkart, G. (1993). Eine Gesellschaft von nicht-autonomen biographischen Bastlerinnen und Bastlern? - Antwort auf Beck/Beck-Gernsheim. Zeitschrift für Soziologie, 22, 188-191.
Condorcet, J. A. de. (1979). Über die Zulassung der Frauen zum Bürgerrecht (1789). In H. Schröder (Ed.), Die Frau ist frei geboren, Bd.I. München.
Dawkins, R. (1976). Das egoistische Gen. Berlin: Springer.
Döbert, R., & Nunner-Winkler, G. (1975). Adoleszenzkrise und Identitätsbildung. Frankfurt: edition suhrkamp.
Eckert, R. (1979). Gesellschaftliche Bedingungen der Frage nach den Geschlechtsrollen. In R. Eckert (Ed.), Geschlechtsrollen und Arbeitsteilung. Mann und Frau in soziologischer Sicht (pp. 9-14). München: Beck.
Gelman, S. A., Collman, P., & Maccoby, E.E. (1986). Inferring properties from categories versus inferring categories from properties: The case of gender. Child Development, 57, 396-404.
Gelman, S. A., & Markman, E. M. (1987). Young children's inductions from natural kinds: The role of categories and appearances. Child Development, 58, 1532-1541.
Gildemeister, R. & Wetterer, A. (1992). Wie Geschlechter gemacht werden. Die soziale Konstruktion der Zweigeschlechtlichkeit und ihre Reifizierung in der Frauenforschung. In G.A. Knapp & A. Wetterer (Eds.), TraditionenBrüche. Entwicklungen feministischer Theorie (pp. 201-254). Freiburg i.Br.: Kore.
Held, V. (1987). Feminism and moral theory. In E. F. Kittay, & D. T.Meyers (Eds.), Women and moral theory (pp. 111-128). Totowa, NJ: Rowman & Littlefield.
Hirschauer, S. (1989). Die interaktive Konstruktion von Geschlechtszugehörigkeit. Zeitschrift für Soziologie, 18, 100-118.
Honegger, C. (1989). Frauen und medizinische Deutungsmacht im 19. Jahrhundert. In A. Labisch & R. Spree (Eds.), Medizinische Deutungsmacht im sozialen Wandel (pp. 181-206). Bonn: Psychiatrie-Verlag.
Honegger, C. & Heintz, B. (1984). Listen der Ohnmacht. Zur Sozialgeschichte weiblicher Widerstandsformen. Frankfurt a.M.: Europäische Verlagsanstalt.
Imhof, A.E. (1984). Die verlorenen Welten. Alltagsbewältigung durch unsere Vorfahren - und weshalb wir uns heute so schwer damit tun. München: Beck.

Jacobson, E. (1980). Die Trieb- und Gefühlskonflikte des Adoleszenten und die Umgestaltung und das Wachsen seiner seelischen Strukturen. In R. Döbert, J. Habermas & G. Nunner-Winkler (Eds.), Entwicklung des Ichs (pp. 196-211). Königstein/Ts.: Athenäum.

Keil, F. C. (1986). The acquisition of natural kind and artifact terms. In W. Demopoulos & A. Marras (Eds.), Language learning and concept acquisition: Foundational issues (pp. 133-153). Norwood, NJ: Ablex.

Knapp, G.A. (1998). Das Seiende als Text seines Werdens lesen.... Anmerkungen zur Debatte um eine "Weibliche Moral". Gekürzte Version: Differenz ohne Differenzierung? Anmerkung zur Debatte um eine : "weibliche Moral". In: D. Horster (Ed.), Weibliche Moral – ein Mythos? (pp. 162-188) Frankfurt a. M.: Suhrkamp.

Kohlberg, L. (1974). Stufe und Sequenz: Sozialisation unter dem Aspekt der kognitiven Entwicklung. In L.Kohlberg (Ed.), Zur kognitiven Entwicklung des Kindes (pp. 7-255). Fankfurt: Suhrkamp.

Lindemann, G. (1994). Die Konstruktion der Wirklichkeit und die Wirklichkeit der Konstruktion. In T. Wobbe & G. Lindemann (Eds.), Denkachsen. Zur theoretischen und institutionellen Rede vom Geschlecht (Vol. 115-146). Frankfurt a.M.: Suhrkamp.

Lipp, W. (1986). Geschlechtsrollenwechsel. Kölner Zeitschrift für Soziologie und Sozialpsychologie, 38, 510-528.

Luhmann, N. (1986). Ökologische Kommunikation. Kann die moderne Gesellschaft sich auf ökologische Gefährdungen einstellen? Oplanden: Westdeutscher Verlag.

Luhmann, N. (1988). Frauen, Männer und George Spencer Brown. Zeitschrift für Soziologie, 17, 47-71.

Maccoby, E. E. (1990). Gender and relationships. A developmental account. American Psychologist, 4, 513-520.

Maihofer, A. (1994). Geschlecht als hegemonialer Diskurs. Ansätze zu einer kritischen Theorie des "Geschlechts". In T. Wobbe & G. Lindemann (Eds.), Denkachsen. Zur theoretischen und institutionellen Rede vom Geschlecht (pp. 236-263). Frankfurt a.M.: Suhrkamp.

Meuschel, S. (1981). Kapitalismus oder Sklaverei. Die langwierige Durchsetzung der bürgerlichen Gesellschaft in den USA. Frankfurt: Europäische Verlagsanstalt.

Nunner-Winkler, G. (1985). Adoleszenzkrisenverlauf und Wertorientierungen. In D.Baacke, & W.Heitmeyer (Eds.), Neue Widersprüche. Jugendliche in den achtziger Jahren (pp. 86-107). Weinheim/München: Juventa.

Nunner-Winkler, G. (1993). Identitätsbildung und Ethnozentrismus. In B. Schäfers (Ed.), Lebensverhältnisse und soziale Konflikte im neuen Europa. Verhandlungen des 26. Soziologentages, Düsseldorf 1992 (pp. 795-805). Frankfurt: Campus.

Nunner-Winkler, G. (1994). Der Mythos von den Zwei Moralen. Deutsche Zeitschrift für Philosophie, 42, 237-254.

Ostner, I. (1982). Beruf und Hausarbeit. Die Arbeit der Frau in unserer Gesellschaft. Frankfurt, New York: Campus.

Parsons, T. (1964). Essays in sociological theory. New York: Free Press.

Preuss-Lausitz, U. (1995). Gender patchwork: Fremd- und Selbstbilder der Geschlechter auf dem Weg zu neuen Ufern. In H. Zeiher, P. Büchner & J. Zinnecker (Eds.), Kinder als Außenseiter? Umbrüche in der gesellschaftlichen Wahrnehmung von Kindern und Kindheit. München: Juventa.

Schütze, Y. (1986). Die gute Mutter. Zur Geschichte des normativen 'Mutterliebe'. Bielefeld: Kleine Verlag.

Slaby, R. G., & Frey, K. S. (1975). Development of gender constancy and selective attention to same-sex models. Child Development, 46, 849-856.

Smith-Rosenberg, C. (1984). Weibliche Hysterie. Geschlechtsrollen und Rollenkonflikt in der amerikanischen Familie des 19. Jahrhunderts. In C. Honegger & B. Heintz (Eds.), Listen der Ohnmacht. Zur Sozialgeschichte weiblicher Widerstandsformen (pp. 191-215). Frankfurt a.M.: Europäische Verlagsanstalt.

Tyrell, H. (1986). Geschlechtliche Differenzierung und Geschlechterklassifikation. Kölner Zeitschrift für Soziologie und Sozialpsychologie, 38, 450-489.

Wetterer, A. (1995). Das Geschlecht (bei) der Arbeit. Zur Logik der Vergeschlechtlichung von Berufsarbeit. In U. Pasero & F. Braun (Eds.), Konstruktion von Geschlecht (pp. 199-223). Pfaffenweiler.

Wright, R. (1994). The moral animal. Evolutionary psychology and everyday life. New York: Pantheon Books.

Menschenbilder in der Politik

Kurt Lenk

In seinen „Erinnerungen" (1979) berichtet Carlo Schmid von seiner offiziellen Aufwartung bei Konrad Adenauer, die er 1949 als Vorsitzender der sozialdemokratischen Bundestagsfraktion pflichtgemäß zu machen hatte. „Daran schloß sich ein langes Gespräch, das Adenauer mit den Worten beendete: „Was uns beide unterscheidet, ist nicht nur das Alter, es ist noch etwas anderes: Sie glauben an den Menschen, ich glaube nicht an den Menschen und habe nie an den Menschen geglaubt". Ich habe dieses Gespräche nie vergessen. Konrad Adenauer offenbar auch nicht. Noch nach Jahren zog er mich bei Empfängen gelegentlich in eine Ecke, zeigte in die Runde und sprach lächelnd: „Glauben Sie immer noch an den Menschen?" (Carlo Schmid, S. 358f.)

Während es in der Soziologie und Psychologie, in der Theologie und Medizin, vor allem in der Pädagogik unbestritten ist, daß Menschenbilder einen erheblichen Anteil am Selbstverständnis und wohl auch an der Praxis der betreffenden Gebiete, mit denen es diese Disziplinen zu tun haben, besitzen, gilt dies für die Politik nicht im gleichen Maße. Vor allem sollte man sich davor hüten, die jeweilige politische Praxis umstandslos als die Anwendung eines jeweils dominierenden Menschenbildes mißzuverstehen. Denn dies hieße einem Monokausalismus zu huldigen.

So etwa erscheint mir die Vorstellung, der real existierende Sozialismus russischer Prägung sei am Menschenbild Marxens und Engels gescheitert, genauso abwegig wie die Annahme, die Politik der CDU/CSU seit Konrad Adenauer könne am Maßstab des christlichen Menschenbildes der Bergpredigt beurteilt werden. Das Verhältnis von Theorie und Praxis auf dem politischen Feld läßt sich wohl eher als eine Legitimierung kollektiver Interessen durch Theoreme und Ideologien begreifen, die ihrerseits weder bloß eine Widerspiegelung noch gar das entscheidende Handlungsmotiv für die politische Praxis abgeben.

Es ist gleichwohl kaum zu übersehen, daß die Geschichte der politischen Wissenschaft durchzogen ist von zwei gegensätzlichen Topoi, die sich an der Frage scheiden: Ist der Mensch seiner Natur nach überhaupt ein zur Gesellschaft geeignetes Wesen? Anders ausgedrückt: ist der Mensch ein schon immer in Intersubjektivität lebendes, staaten- und gemeinschaftsbildendes Wesen, zoon politicon.
Die in der Nachfolge von Aristoteles stehende „praktische Philosophie" antwortet darauf mit einem eindeutigen Ja, die auf Thomas Hobbes zurückgehende Tradition moderner Politiktheorie hingegen mit einem ebenso eindeutigen Nein.

Um diese grundlegende Alternative zu begreifen, bedürfte es einer Rekonstruktion des jeweiligen zeitgeschichtlichen und politischen Kontexts, der zur Entstehung dieser Theorien geführt hat. Dies kann hier freilich nicht geschehen.

Erinnert sei nur, daß Aristoteles im 4. vorchristlichen Jahrhundert sich in einer Situation der bereits allmählich zerfallenden Poliskultur befand. Seine Theorie beschwört daher noch einmal die ihr zugrundeliegenden Tugenden aus der Idee einer substanziellen Einheit von Ethik und Politik. Die Polis gilt ihr als das Telos des Menschseins; sie bildet die Einheit von physis und logos. Demnach ist der Staat ein naturgemäßes Gebilde und nicht - wie in der Moderne - das Produkt menschlichen Handelns und Konstruierens.

Im Gegensatz zu dem noch vom Mikrokosmos-Makrokosmos-Modell der Griechen bestimmten politischen Anthropologie sind für die europäische Neuzeit prägende Theoretiker wie Hobbes von der Erfahrung einer wachsenden Diskrepanz zwischen Individuum und Gemeinwesen bestimmt. Hintergrund bilden die Schrecken eines blutigen Bürgerkriegs. Deshalb bedarf die konstitutionelle Friedensunfähigkeit der menschlichen Natur nicht bloß eines vertraglich geregelten Verzichts der Untertanen auf die Anwendung jeglicher Gewalt und aller politischen Rechte, sondern - im Sinne eines Begünstigungsvertrags - vor allem der Errichtung einer absoluten staatlichen Gewalt, der sich alle Bürger zu unterwerfen haben. Da die menschliche Konstitution die Selbsterhaltung der Gattung gefährdet, muß die politische Ordnung durch einen Willensakt gesetzt werden (Dezisionismus). Der modellhaft konstruierte Herrschafts- und Unterwerfungsvertrag ist kein historisch-einmaliger Vorgang, sondern dient zur Demonstration der Schrecken eines vorstaatlichen Zustands. Daher sind Wesen, die ihren Willen einer Macht unterwerfen müssen, damit durch deren Schrecken die auseinanderstrebenden Willen der Einzelnen zu einer Einheit geformt werden, nicht politisch, sondern politikbedürftig. Der „Leviathan" als Friedensfürst soll Frieden im Innern und Schutz nach außen als Äquivalent zum staatsbürgerlichen Gehorsam garantieren.

Thomas Hobbes verwirft konsequent die aristotelische Lehre als eine „aus einer allzu oberflächlichen Betrachtung der menschlichen Natur" herrührende Illusion, denn, so Hobbes, die Menschen geraten nicht - wie alle sonstigen Lebewesen - naturwüchsig und „organisch" in die Gesellschaft, sondern durch puren Zufall. Mit dieser Kontraposition bestreitet Hobbes nicht nur die bis dahin allgemein geltende Annahme, es gäbe ein konstantes menschliches Wesen, das auf Gemeinschaft angelegt sei, sondern er intoniert zugleich auch das zentrale Motiv des kontingenten Charakters aller Politik in der Moderne. In ihr ist nichts von Haus aus gegeben, sondern alles bedarf erst einer Entscheidung. Prinzipiell kann nun jeder Prozeß, jede Institution, Organisation, Handlung oder Einstellung politisch werden. Das zeigt sich zum Beispiel daran, daß immer mehr Gebiete des gesellschaftlichen Lebens mit dem Anspruch hoheitlicher Geltung entschieden werden müssen.

Es war schon ein zentrales Motiv Machiavellis, inmitten der permanten Umbrüche im Italien der Renaissancezeit objektive Gesetze menschlichen Verhaltens aufzuspüren, die es ermöglichten, politische Herrschaft auf Dauer zu stellen. Denn wenn Affekte und Leidenschaften als konstante Kräfte im Menschen wirken, so lassen sich diese politisch nicht mit Vernunftgründen, sondern allein durch eine kluge, durch historische Erfahrung belehrte Taktik bezwingen. „Nicht nur auf der Beherrschung der Natur im engeren Sinne ... beruht die Gesellschaft, sondern eben so auf der Herrschaft von Menschen über Menschen. Der Inbegriff der Wege, die dazu führen, und der Maßnahmen, die der Aufrechterhaltung dieser Herrschaft dienen, heißt Politik" (Max Horkheimer, Anfänge der bürgerlichen Geschichtsphilosphie, Stuttgart 1938, S.9).

Seit dem frühen Absolutismus gilt Machiavelli als der Erfinder der Staatsräson. Diese beruht auf der Einsicht, daß zwischen überkommener christlicher und politischer Ethik eine strenge Arbeitsteilung herrschen müsse. Denn politisches Handeln habe es vorab mit der Tatsache zu tun, daß zwischen dem, was die Menschen von sich selbst behaupten und dem, was sie tatsächlich tun, ein tiefe Kluft besteht. Wissenschaftliche Erkenntnis des Politischen habe deshalb die Aufgabe, nach Mitteln und Wegen zu suchen, um - unter Berücksichtigung der stets zu erwartenden Verstellung beim Machtstreben - die einmal gesetzten politischen Ziele des Handelns realisieren zu helfen.

Machiavellis politische Anthropologie antizipiert bereits Grundzüge des Menschenbildes von Thomas Hobbes. Beide sehen in der dynamischen Bedürfnisnatur das appetitive Streben einer prinzipiell unersättlichen Natur des Menschen. Weil dem so ist, läßt eine verbindliche politische Ordnung sich nur durch externe Disziplinierung herbeiführen, sei es durch einen diktatorialen Herrscher bei Machiavelli, sei es durch den politisch allein kompetenten allmächtigen Leviathan bei Hobbes.

Hobbes entwirft im „Leviathan" auch eine Art Psychogramm der Bürger seiner Zeit: beherrscht vom Willen zur Selbstbehauptung, getrieben von der Gier nach immer mehr Macht und der daraus entspringenden Furcht angesichts der politischen wie auch sozialen Unsicherheit. Die menschliche Existenz ist „matter in motion", ein Körper in ständiger Bewegung. Ihre Sucht nach intensiverem Genuß ist die Kehrseite der Todesangst; Handlungsfreiheit beruht allein auf der Abwesenheit von Schranken. Die Möglichkeit des menschlichen Zusammenlebens ergibt sich nur aus einer institutionell geregelten Mediatisierung der miteinander konfligierenden Willen. Darin besteht die friedensstiftende Aufgabe des Staates: Sie garantiert Sicherheit im Innern und Schutz nach außen.

Doch da die unersättliche Bedürfnisnatur des Menschen sich nicht ändert, wird mit der Errichtung einer absoluten Staatsgewalt die Möglichkeit einer Wiederkehr von Bürgerkrieg und Anarchie bloß eingedämmt, nicht aber, schon aufgrund der latent aggressiven menschlichen Natur, schon beseitigt.

In der Tradition solch pessimistischer Anthropologie steht denn auch die konservative Staatskonzeption bis heute - noch bei Ernst Forsthoff, Arnold Gehlen und Carl Schmitt.

1 Hobbes und Schmitt: Vom absoluten zum totalen Staat

Die bis heute geläufige Interpretation der Hobbesschen Staatstheorie als einer des absoluten Staates ist nur die halbe Wahrheit. In Wirklichkeit enthält die gleiche Theorie bereits im Kern die Idee des bürgerlichen Rechtsstaats.

Denn diese beruht auf einer Arbeitsteilung zwischen Innen und Außen, zwischen persönlichem Gewissen (religio) und dem dem Gesetz unterworfenen Untertanen („subjectum"). Die Gesinnung bleibt frei, solange sie im Bereich des Privaten bleibt, dringt sie vor ins Öffentlich-Politische (confessio), unterliegt sie der Gehorsamspflicht gegenüber den geltenden Gesetzen. Parallel hierzu erfolgt eine Privatisierung der Religion.

Daß dem so ist, läßt sich an jener Kritik ablesen, die der führende Theoretiker des „totalen Staates" Carl Schmitt an der frühliberalen Trennung von Außen und Innen im Jahre 1938 geübt hat. Er spricht von einer verhängnisvollen Bruchstelle in der sonst so geschlossenen Einheit der Hobbesschen politischen Anthropologie, nämlich ihre Trennung von innerem Glauben und äußerem Bekenntnis:

„An diesem vom Agnostizismus her gewonnenen Punkt ... setzt der moderne, 'neutrale' Staat ein ... Er wurde zum Todeskeim, der den mächtigen Leviathan von innen her zerstört und den sterblichen Gott zur Strecke gebracht hat", denn, so Carl Schmitt, „wenn ...wirklich die öffentliche Macht nur noch öffentlich sein will, wenn Staat und Bekenntnis den innerlichen Glauben ins Private abdrängen, dann begibt sich die Seele eines Volkes auf den 'geheimnisvollen Weg', der nach innen führt ... In dem Augenblick, in dem die Unterscheidung von Innen und Außen anerkannt wird, ist die Überlegenheit ... des Privaten über das Öffentliche im Kern bereits entschiedene Sache ..." (Der Leviathan in der Staatslehre des Thomas Hobbes, Köln-Lövenich 1982, S. 85ff.).

Schmitt kritisiert hier Hobbes, weil dessen Konstruktion das Abgleiten in den bloß neutralen, d.h. liberalen Staat ermöglicht. Im „Vorbehalt der inneren, privaten Gedanken- und Gaubensfreiheit" (S. 86), verberge sich bereits die vom „jüdischen Geist" von Spinoza ausgehende „Zersetzungsarbeit" am Staat, an der „Einbruchsstelle des modernen Liberalismus" (ibid.), der Schmitts Polemik gilt. Wie jener geht im Blick auf das Menschenbild auch Schmitt von dem Axiom aus, „daß alle echten politischen Theorien den Menschen als 'böse', d.h. als ein keineswegs unproblematisches, sondern 'gefährliches' und 'dynamisches' Wesen voraussetzen ... Es genügt, hier die Namen Machiavelli, ... Bossuet, Fichte (sobald er seinen humanitären Idealismus vergißt), de Maistre, Donoso Cortes, H. Taine zu nennen" (Der Begriff des Politischen, Hamburg 1933, S. 43).

2 Kriterium des Politischen: Abstandnahme und Feindbestimmung

Was Schmitt mit dieser Opposition von „echter politscher Theorie" hier und „humanitärem Idealismus" dort markiert, ist zugleich die anthropologische Prämisse seines Begriffs vom Politischen. Während nämlich der Pädagoge gar nicht umhin kann, die Menschen für erziehbar zu halten, der Jurist des Privatrechts nach der Regel zu verfahren habe, daß ein jeder, bis zum Nachweis des Gegenteils, als unschuldig gelten müsse, herrschen in der Sphäre des Politischen andere Prinzipien. So wie der Theologe aufhört „Theologe zu sein, wenn er die Menschen nicht mehr für sündhaft und erlösungsbedürftig hält", so bemißt sich, Schmitt zufolge, die Substanzialität und Echtheit einer politschen Theorie vorab daran, ob sie die Fähigkeit zur „Abstandnahme" und damit zur Bestimmung des Feindes besitzt. Was für den echten Politiker die Scheidung des Freundes vom Feind, ist für den echten Theologen die Scheidung in Erlöste und Verworfene.

Denn, so lautet das Argument, „...weil die Sphäre des Politischen letzten Endes von der realen Möglichkeit eines Feindes bestimmt wird, können politische Vorstellungen und Gedankengänge nicht gut einen anthropologischen 'Optimismus' zum Ausgangspunkt nehmen. Sonst würde sie mit der Möglichkeit des Feindes auch jede spezifisch politische Konsequenz aufheben" (Begr.d.Pol. S. 45).

Wird Politikfähigkeit nicht allein durch die Kompetenz zur Unterscheidung von Freund und Feind, sondern durch die anthropologische in einer pessimistischen Anthropologie begründet, so bedeutet dies theoriegeschichtlich eine erneute Rehabilitierung Machiavellis, vergleichbar jener durch Fichte und Hegel im Zeitalter Napoleonischer Invasion zu Beginn des 19. Jahrhunderts, „als es für das deutsche Volk darauf ankam, sich eines mit einer humanitären Ideologie bewaffneten und erobernden Feindes zu erwehren" (Begr.d.Pol. S.47).

Zweifellos sah Schmitt sich in einer ähnlichen oder doch vergleichbaren Lage, als er seine „Positionen und Begriffe" (1940) mit dem Untertitel „im Kampf mit Weimar - Genf - Versailles" versah. Worum es ihm dabei ging, war die Beseitigung des liberalen Pluralismus zugunsten der Schaffung einer starken staatlichen Autorität, d.h. eines Staates, der Souveränität und damit auch das jus belli besitzen sollte, „d.h. die reale Möglichkeit, im gegebenen Fall kraft eigener Entscheidung den Feind zu bestimmen und ihn zu bekämpfen" (Positionen und Begriffe, S. 69).

3 Anti-Subjektivismus und Kult des Kollektivs

Den unvermittelten Abgrund, der den liberalen Idealismus vom bellizistischen Politikbegriff Schmitts trennt, kann man mit der so knappen wie dezisionistischen Formel Bataille statt Debatte umschreiben. Gemeint ist der Gegensatz zur bloß diskutierenden bürgerlichen Klasse, der Trägerschicht jenes Liberalismus, den er auch als die Religion der Redefreiheit, ließe sich auch als „Metaphysik der Feigheit" und „systematisches Kompromißlertum" denunziert hat. Grund für diese Feinderklärung gegen alles Liberale ist die ihm zutiefst verdächtige Idee der Humanität, die er bereits in seiner Frühschrift über den „Wert des Staates und die Bedeutung des Einzelnen" verwirft. Denn es ist Schmitt zufolge allein der das Recht verwirklichende Staat, der in der Lage sei, aus dem von Natur an sich wertlosen Menschen ein sittlich gerechtfertigtes Wesen zu machen: „Jeder Wert, der mit dem einzelnen Menschen verknüpft werden kann, besteht in der Hingabe an den überindividuellen Rhythmus einer Gesetzlichkeit" (1914,

S.93). Politisch erhält allein der Staat eine sakrale Würde zugesprochen, während „das leiblich konkrete Individuum ... eine gänzlich zufällige Einheit, ein zusammengewehter Haufen von Atomen (darstelle), dessen Gestalt, Individualität und Einzigkeit keine andere sind, wie die des Staubes, der vom Wirbelwind zu einer Säule gefügt wird" (1914, S. 102).

In dieser Metapher offenbart sich zugleich das Menschenbild des Rechtshegelianismus: subjektfeindlich, den Staat als die gleichsam immanent gewordene Transzendenz verklärend und damit Vorbild für eine ganze Generation konservativ-revolutionärer Autoren der Weimarer Republik. Einer von ihnen, Wilhelm Stapel, der Herausgeber der Monatszeitschrift „Deutsches Volkstum" hat deren politischen Kanon in das Diktum gekleidet: „Die irdische Kreatur an sich hat durchaus keinen Anspruch auf Wert. Der Mensch als irdischer Mensch, und sei er der 'geistigste', ist wertlos. Er hat als bloßes Individuum, von sich aus, keinerlei Recht auf Leben ... Dieses Individuum erhält erst seinen Wert aus dem Sinnzusammenhang eines Ganzen, dem es angehört" (W. Stapel, Volksbürgerliche Erziehung, Hamburg/Berlin/Leipzig, 3.A. 1928, S. 180f.). Dieses Ganze kann nicht allein der Staat, sondern ebenso das Volk, die Rasse usw. repräsentieren.

Von derartigen dogmatischen Setzungen her mag man die objektive Nähe eines solchen Menschenbildes zur späteren Losung: „Du bist nichts, dein Volk ist alles", zugleich aber auch die eminente verfassungsgeschichtliche Bedeutung des Art. 1 unseres Grundgesetzes ermessen, wo zum ersten Mal von der unantastbaren Würde des Menschen gesprochen wird, des Menschen, nicht etwa nur des deutschen Staatsbürgers.

4 Verschwinden des Menschenbildes im Medienzeitalter

Wer sich in der jüngsten Literatur nach Menschenbildern in der Politik umsieht, stößt kaum mehr auf Werke, die im traditionellen Sinne von Menschenbildern im Wandel der Zeiten handeln, sondern in der Regel auf Versuche, die zeitgenössischen Politikertypen in den westlichen Demokratien zu porträtieren, sie als Staatsschauspieler im Medienzeitalter oder aber als Staatsmänner, Demagogen oder Amtsinhaber zu typologisieren. Oft wird dies verbunden mit Fragen nach Funktionen und Funktionsverlust der heutigen politischen Klasse im Zeichen zunehmender Globalisierung. Da Parteiprogramme bekanntlich nur mehr eine untergeordnete Rolle bei Wählerentscheidungen spielen, sind auch Themen wie „Das Menschenbild des demokratischen Sozialismus" oder „Das liberale Menschenbild" aus der Mode gekommen. Allenfalls bestimmte Politikstile, wie Personalisierung der Politik, der häufig damit einhergehende Populismus und Opportunismus finden ein wachsendes Interesse der politischen Soziologie. Eine immer stärkere Rolle spielen auch Themen wie politische Rhetorik, Funktionen der Medien und „symbolische Politik", wie sie nicht allein bei der Inszenierung heutiger Wahlkämpfe zu beobachten ist.

Bei all diesen Einzeluntersuchungen fällt jedoch für die politische Anthropologie im engeren Sinne wenig ab. Nahezu alle „Menschenbilder" in der heutigen Politik sind medienvermittelt, d.h. nicht primär sprach-, sondern bildvermittelt, vor allem die der Politiker: Weder die blassen noch die allzumenschlich auftretenden Figuren erlauben einen tieferen Blick auf dahinterliegende Persönlichkeitsstrukturen. So wird denn nicht zufällig in den gleichen Medien nichts so sehr beklagt wie das Verschwinden von „Vollblutpolitikern", jenes Urgesteins eines Herbert Wehner oder Franz Josef Strauß. Vermißt werden solche charismatische Figuren sowohl von deren Enkeln selbst als auch vom breiten Publikum angesichts eben dieser Enkel.

In jedem Fall stellen die von den audiovisuellen Leitmedien dargebotenen Politikerfiguren gegenwärtig eher ideale Projektionsflächen für alle möglichen Wünsche, Hoffnungen, mehr aber noch für Bedrohungen und Ängste unserer Gesellschaft dar.

Homo oeconomicus und homo faber - dominierende Menschenbilder in Wirtschaft und Technik?

Kurt A. Detzer

1 Vorwort

Dieser Beitrag über Menschenbilder in Wirtschaft und Technik ist Teil eines Projektes, das untersuchen sollte, inwieweit Menschenbilder aus einzelnen Sachbereichen in unserer Gesellschaft bzw. Kultur eine *orientierende* oder gar *handlungsleitende* Funktion für Personen und Institutionen hatten oder noch haben.

Nach einer Präsentation der Erstvorträge im Mai 1996 in Kloster Banz bestand Gelegenheit zu einer Überarbeitung, um die Erkenntnisse aus anderen Bereichen im jeweils eigenen Gebiet zu berücksichtigen. Das Ergebnis dieses Prozesses kann für die Bereiche Wirtschaft und Technik wie folgt zusammengefaßt werden:
Menschenbilder spielten im Laufe der Geschichte in Theorie und Praxis von Wirtschaft und Technik eine bedeutende Rolle. Wenn allerdings nach
  - heutigen Quellen zur ethischen Orientierung und
  - aktuellen Theorien zur konkreten Handlungsanleitung
gesucht wird, müssen neben Menschenbildern weitere Leitvorstellungen berücksichtigt werden, nämlich: Weltbilder, Gesellschaftsbilder, ordnungspolitische Konzepte insbesondere auch zur Wirtschaftsordnung, Managementkonzepte, Zukunftsszenarien und Leitbilder, z.B. zur Technikgestaltung.

Ein besonderes Gewicht bei der Suche nach Orientierung - ganz gleich ob nur zur wissenschaftlichen Erkenntnis oder auch zur ethischen Verpflichtung - kommt der Systemanalyse zu. Wir müssen uns die Frage stellen, so wie *Meinberg*[1] das für die Erziehungswissenschaften tut, ob wir es bei der Systemanalyse „mit einer Supertheorie zu tun haben, die mit ihren universalistischen Ansprüchen lockt."

2 Menschen- und Weltbilder als Grundlage menschlichen Denkens und Handelns

Menschenbilder sind nach heutigen Erkenntnissen wichtige konstituierende Elemente des menschlichen Denkens und Handelns - vor allem, wenn man darunter auch alle *bioevolutionären* und *gruppendynamischen* Aspekte der Gattung Mensch subsumiert.

Unabhängig davon, in welchem Kultursachbereich wir tätig sind, bilden die Biologie, die Anthropologie, die Gesellschaftswissenschaften und die Psychologie eine wesentliche Quelle für das Bild vom Menschen. So werden viele Erkenntnisse der Psychologie fast unmittelbar (d. h. ohne besondere Transferschwierigkeit) in die Wirtschaft oder die Wirtschaftswissenschaften übertragen, z.B.

- die Entwicklungspsychologie
- die Gruppendynamik
- die Kulturpsychologie
- die Lernpsychologie
- die Gestaltpsychologie
- die kognitive Psychologie
- die Sozialpsychologie
- die Persönlichkeitspsychologie

---

[1] Meinberg, E.: Das Menschenbild der modernen Erziehungswissenschaften, Darmstadt 1988, S. 206

- die politische Psychologie
- die Tiefenpsychologie
- die Verhaltenspsychologie
- die Sozialpsychologie
- die Typenpsychologie
- die Wahrnehmungspsychologie

und nach wirtschaftlichen Klassifizierungskriterien zusammengefaßt z.B. in

- die Handlungstheorie
- die Betriebspsychologie
- die Informationstheorie
- die Kauf- und Verkaufspsychologie
- die Marktpsychologie
- die Typologie
- die Werbepsychologie
- die Arbeitspsychologie
- die Berufsberatung
- die Käufer- und Verkäuferpsychologie
- die Konfliktforschung
- die Organisationspsychologie
- die Warenpsychologie

Ähnliche Beziehungen bestehen zur Soziologie (Betriebssoziologie, Bürokratieforschung etc.) und zur Biologie (Verhaltensforschung[2], Entscheidungstheorie).

Aus der Literatur sind allerdings auch Transfer-Fälle in umgekehrter Richtung bekannt. Die Theorien des *überlegten Handelns*[3] und des *geplanten Verhaltens*[4] orientieren sich teilweise an Verhaltensmodellen der Wirtschaft.

Die in Abbildung 1 aufgeführten Menschenbilder kommen aus verschiedenen Wissensbereichen und sind zum Teil auch in der Wirtschaft bekannt.

Aus diesen wenigen einleitenden Gedanken wird bereits deutlich, daß es bei unserem Thema nicht nur um separate Menschenbilder für die Wirtschaft oder die Technik geht, sondern auch um Projektionen von Menschenbildern in die Wirtschafts- und Ingenieurwissenschaften, aber auch in die Praxis, d.h. die Unternehmen der Wirtschaft.

Nur ca. ein Drittel der in der Industrie beschäftigten Hochschulabsolventen sind ausgebildete Wirtschaftler, über die Hälfte kommt aus den Natur- und Ingenieurwissenschaften, etwa zehn Prozent aus der Jurisprudenz; der verbleibende Rest von weniger als zehn Prozent rekrutiert sich aus den übrigen Disziplinen. Das heißt, daß über zwei Drittel der in der Wirtschaft tätigen Akademiker mit nicht-ökonomisch geprägten Menschenbildern in das ökonomische System kommen und dieses vermutlich entscheidend mitbeeinflussen.

Menschenbilder - ob in Wirtschaft, Technik oder in anderen Bereichen - sind meistens komplexitätsreduzierende Modelle vom Menschen zur Erklärung bestimmter Verhaltensweisen. Am bekanntesten für die Verhaltensweisen von Wirtschaftsteilnehmern sind Modelle vom Kaufen und Entscheiden bis hin zu den Motivations- oder Bedürfnistheorien. Auch bei der Bearbeitung von Themen wie Führungsstil, Konfliktbewältigung, Arbeitszufriedenheit, Gruppenarbeit und Betriebsklima sind erweiterte Menschenbilder im Spiel.

Ebenfalls wichtig für menschliches Denken und Handeln sind die Weltbilder. Unter Weltbildern verstehen wir auf der einen Seite allgemein philosophische und theologische Weltsichten, auf der anderen Seite speziell für die Bereiche Politik und Wirtschaft die Vorstellungen über die Wechselwirkungen zwischen Kultursachbereichen oder Sachverhalte in und zwischen unbelebter Natur und Biosphäre (z.B. Klimaschutz, Ressourcenschonung Waldschäden, Artensterben).

---

[2] Ein Beispiel hierzu: Schrader K.: Psychologische und verhaltensbiologische Grundlagen des Marketing, Walter de Gruyter & Co, 1971
[3] Frey, D./Irle, M.: Theorien der Sozialpsychologie, Bd. I, Kognitive Theorien, S. 370 f.
[4] Frey, D./Irle, M.: a. a. O., S. 392 f.

Abbildung 1: Modelle des Menschen

- animal rationabile (Immanuel Kant)
- animal rationale
- animal ridens
- animal sociale
- animal symbolicum, das Kulturwesen (Cassirer)
- animal triste (Monika Maron)
- das betende Tier (Alister Hardy)
- zoon politikon = gemeinschaftsbildendes Lebewesen,
  zoon logon echon = vernünftiges Lebewesen (als Diade bei Aristoteles)
- der Mörderaffe (Robert Ardrey)
- der nackte Affe (Desmond Morris)
- homme citoyen (Rousseau)
- homo absconditus, das unergründliche Wesen (Plessner)
- homo activus
- homo agens (Mead)
- homo compensator (Luhmann)
- homo creator (Wilhelm Emil Mühlmann)
- homo demens (Edgar Morin)
- homo erectus (Physik, Biologie)
- homo exterior, novus, interior (als Triade bei Augustinus)
- homo faber (Max Frisch)
- homo grammaticus
- homo loquens
- homo ludens (Johan Huizinga)
- homo mundanus, Weltwesen, Weltgeschöpf (Luhmann)
- homo oecologicus (Meinberg)
- homo patiens (Viktor Frankl)
- homo religiosus
- homo sapiens (Carl von Linné)
- homo sociologicus
- behavioristisches Menschenmodell
- der emanzipierte, versöhnte, ausbalancierte Mensch (Habermas)
- der Mensch als Mängelwesen (Herder, Gehlen)
- der Mensch als Schauspieler, Maskenträger, Multirollenspieler (Goffman)
- der Mensch als Sinndeuter, -stifter, -träger, -vollstrecker (Plessner, Litt, Fink)
- der Mensch als Beziehungswesen (Buber)
- der Mensch als Coexistenzwesen (Fink)
- der Krisenmensch (Erikson)
- der Systemmensch (Luhmann)

Hauptquellen: Gabler, Meinberg, Winkler

Darüber hinaus spielen auch Szenarien eine wichtige Rolle in unserem alltäglichen Denken und Handeln. So ist in vielen Köpfen der Umgang mit Technik geprägt von dem Horrorszenario der Zerstörung der biologischen Umwelt oder der Selbstvernichtung der Menschheit durch Mißbrauch der Technik, sei es z.B. bei der Kerntechnik, bei der Gentechnik oder anderen modernen Entwicklungen. Der Soziologe Ulrich Beck kommentiert die Vielzahl der Horrorszenarien folgendermaßen[5]: „Wir haben es inzwischen mit einer Art Weltschönheitswettbewerb der Großrisiken um den Titel der aussichtsreichsten Untergangsperspektive zu tun."

Freilich stehen dem gegenüber die Hoffnungsszenarien, die in verschiedener Form davon ausgehen, daß durch den unbeschränkten menschlichen Innovationsgeist die Schädigung der Biosphäre unter die Schwelle der Existenzgefährdung der gesamten Menschheit zu bringen sei.

3 Von der Sklaverei zum Homo oeconomicus

Die Geschichte der Menschenbilder in der Wirtschaft erschließt sich teilweise aus der Ideengeschichte der Wirtschaftswissenschaften. John Kenneth *Galbraith*[6] beginnt seine Ökonomiegeschichte mit einem Einblick in die ethische Rechtfertigung der Sklaverei in der griechischen Antike und zitiert Aristoteles, der uns ein ungewohntes Bild vom Menschen in der Wirtschaft vermittelt: "Diejenigen (...deren Aufgabe die Verwendung ihres Körpers ist und bei denen dies das Beste ist, was sie leisten können) ... diese sind Sklaven von Natur, und für sie ist es ... besser, auf die entsprechende Art regiert zu werden ... beide helfen dazu, mit ihrer körperlichen Arbeit das Notwendige zu beschaffen, die Sklaven wie die zahmen Tiere".

Galbraith thematisiert auch den Einfluß des *Christentums*, insbesondere die Gedanken der Gleichheit aller Menschen: „Wohl vermochte das Christentum sich einerseits in bemerkenswerter Weise irdischen Notwendigkeiten, Neigungen und Freuden anzubequemen, doch gleichzeitig hielt es an der ursprünglichen Lehre Christi fest, die in irdischen, sprich: geldlichen Dingen, Enthaltsamkeit forderte". In seinem Gang durch die Wirtschaftsgeschichte beschreibt er später den *Merkantilismus* und die Vorstellungen der *Physiokraten* („Das französische Modell": 18. Jahrhundert): Erster und wichtigster Gedanke war die Vorstellung des Naturrechts; beispielsweise galten Privateigentum und Handelsfreiheit als von Natur aus gegeben und somit außerhalb jeglicher Diskussion.

Über die Menschenbilder ab der klassischen Wirtschaftstheorie von Smith geben die zusammenfassenden Arbeiten von J. *Bökenkamp* (Abbildung 2) Auskunft. Bökenkamp versucht - wie in Abbildung 2 aufgelistet - die unterschiedlichen sozialen und psychischen Komponenten der Menschen, die bei den Systemen der großen Theoretiker der Nationalökonomie erkennbar werden, nach folgenden Kriterien zu schematisieren:

Zunächst wird unterschieden zwischen dem emotionalen und dem rationalen Bereich des Menschen, in denen unterschiedliche Verhaltensweisen des Menschen erkennbar werden. Der emotionale (gefühlsmäßige) Bereich wird noch einmal untergliedert nach den Aspekten *Bedürfnisorientierung* und *Motivation*, während der rationale (verständnismäßige) Bereich in *kognitiven* und *lerntheoretischen Aspekt* differenziert wird. Damit ergibt sich ein vierteiliges Schema, das der politischen Ökonomie die Bilder vom Menschen rekonstruieren hilft.

Aus dem 19. Jahrhundert stammt auch das berühmt-berüchtigte Bild vom Homo oeconomicus, das die wirtschaftswissenschaftliche Theoriediskussion bis heute beschäftigt.

---

[5] Der Spiegel, Nr. 33/1991

[6] Galbraith, J. K.: Die Entmythologisierung der Wirtschaft, Wien, Darmstadt 1988, S. 23 und S. 66

Abbildung 2: Menschliches Verhalten und seine Berücksichtigung in der nationalökonomischen Literatur

	gefühlsmäßiger Bereich		verständnismäßiger Bereich	
Aspekte:	bedürfnisorientiert	motivational	kognitiv	lerntheoretisch
Ältere Schulen	Gefühlsausdruck Sicherheit	Reichtum Mitleid	Erkenntnisse Bewußtsein	Gewohnheit Vergangenheit
Adam Smith (1723 - 1790) „Theorie der ethischen Gefühle" „Wohlstand der Nationen"	Gefühlsausdruck soziales Handeln Selbsterhaltung Investitionslust	Neid „sympathy" Ansehen nach Einkommen	Vorstellungskraft „jurisdiction of the man within"	„reflection" „customs" habituelles Verhalten
John S. Mill (1806 - 1873) „Grundsätze der politischen Ökonomie"		Streben nach Gewinn	Theorie der Strafe	Gewohnheit
Karl Marx (1818 - 1883) kapitalistisches Menschenbild	Bedürfnis nach Arbeit	Streben nach Gewinn, Haben-Mentalität	Bewußtsein entfremdet	Unkenntnis des Zielsystems
kommunistisches Menschenbild	wahre Bedürfnisse echte Bedürfnisse	Gesellschaft Naturbejahung	Selbstverwirklichung	Rolle der Bildung
Gustav Schmoller (1838 - 1917) Grundriß der allgemeinen VWL	Gefühle statt Verstand Zwangssystem	„Mitleid", „Triebe", „Ehre"	Wertvorstellungen, „Genußwert"	Gewohnheit
John M. Keynes (1883 - 1946) „Allgemeine Theorie der Beschäftigung, des Zinses und des Geldes"	Verbauchergeschmack seelisches Engagement Sicherheitsbedürfnis	bessere Lebenshaltung, Stolz, Spekulationsmotiv	Erwartungsbildung, mehr Unsicherheit	Wiederholung, Täuschung der Erwartung

Quelle: Bökenkamp, J.: Methodologische Grundlagen der Verhaltensannahmen in der Nationalökonomie, Göttingen 1985, S. 281

In *Gablers* Wirtschaftslexikon[7] wird der Homo oeconomicus wie folgt beschrieben:
„1. Wissenschaftstheorie:
Modell eines ausschließlich wirtschaftlich denkenden Menschen, das den Analysen der klassischen und neoklassischen Wirtschaftstheorie zugrunde liegt. Hauptmerkmal des Homo Oeconomicus ist seine Fähigkeit zu uneingeschränktem rationalen Verhalten. Handlungsbestimmend ist das Streben nach Nutzenmaximierung, das für Konsumenten und Produzenten (in der speziellen Ausprägung der Gewinnmaximierung) gleichermaßen angenommen wird. Zusätzliche charakteristische Annahmen: lückenlose Information über sämtliche Entscheidungsalternativen und deren Konsequenzen; vollkommene Markttransparenz ...
2. Entscheidungstheorie:
Idealtyp eines Entscheidungsträgers, der zu uneingeschränkt rationalem Verhalten fähig ist ..."

---

[7] Gablers Wirtschaftslexikon, hrsg. von Selline, R. u.a., Wiesbaden, 13. Auflage 1993.

Selbstverständlich ist das Menschenbild des Homo oeconomicus aus heutiger Sicht reduktionistisch und somit ergänzungs-, wenn nicht gar substitutionsbedürftig. Nach allem, was über die frühe Nationalökonomie bekannt ist, war der Homo oeconomicus aber auch für damalige Wissenschaftler ein Idealtyp bzw. Konstrukt, das den Menschen bewußt einseitig betrachtete.

U. Steinborn[8] schreibt hierzu: „Es ist das Menschenbild zum ökonomischem Prinzip ... das logisch-konsequente Produkt der Aufklärung". Zunächst geht es ja darum „frei von dunklen Mächten" überhaupt erst einmal Theorien kausaler Zusammenhänge in der Wirtschaft aufzustellen. *J. Bökenkamp* zeigte in seiner Arbeit über Verhaltensannahmen in der Nationalökonomie, daß neben dem verstandesmäßigen Bereich (kognitive und lerntheoretische Aspekte) auch der gefühlsmäßige Bereich (bedürfnisorientierte und motivationale Aspekte) schon früh berücksichtigt wurde (siehe nochmals Bild 2). Es wird also deutlich, daß der Homo oeconomicus nur selten als einziges hermeneutisches Prinzip galt.

Der Homo oeconomicus ist über die Wirtschaftswissenschaften eng mit der Entscheidungstheorie (*Theorie des Rationalverhaltens*) verbunden[9]. Das klassische Homo oeconomicus-Modell „stellt im wesentlichen eine Theorie der Entscheidungen unter Sicherheit dar". Da dies offensichtlich eine unrealistische bzw. extrem vereinfachende Annahme vom Menschen und seinem Verhalten ist, war es nur konsequent, daß die Wirtschaftswissenschaften ihre Hypothesen z.B. zu einer *Theorie der Entscheidung unter Risiko* und zu einer *Theorie des beschränkten Rationalverhaltens* weiterentwickelten.

Abbildung 3: Allgemeiner Ansatz zur individuellen Entscheidungstheorie (SOR-Modell)

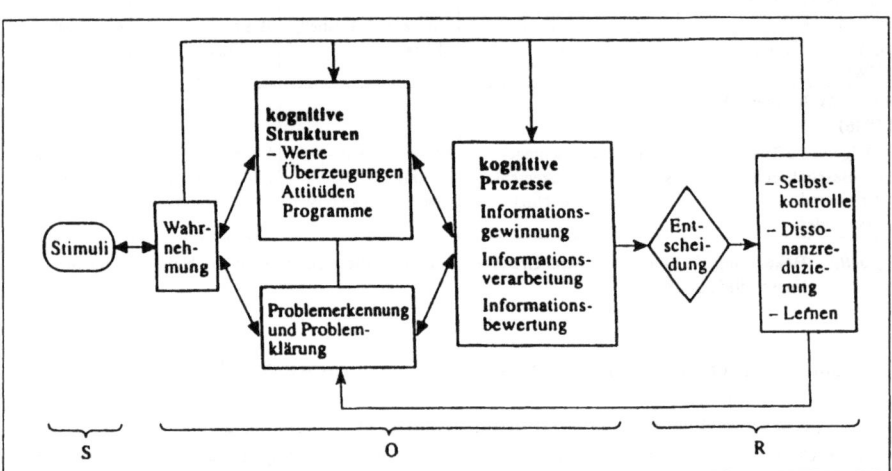

Quelle: Gablers Wirtschaftslexikon, Entscheidungstheorien, S. 978

---

[8] Steinborn, U.: Das Menschenbild der (mainstream) Ökonomik. Darstellung - Kritik - Erweiterung, Freiberg 1994
[9] Siehe Gablers Wirtschaftslexikon: Entscheidungstheorie a. a. O., S. 974 ff.

Einen allgemeinen Ansatz zum individuellen Entscheidungsverhalten stellt das *SOR-Modell* (Abbildung 3) dar, „nach dem der Mensch Stimuli (S) in seinem Organismus (O) zu Reaktionen (R) verarbeitet. Da die Stimuli sich auf Ziele oder Alternativen beziehen können, sind alle Typen von Entscheidungsverhalten (Käuferverhalten, Informationsverarbeitung) durch dieses Erklärungsschema abgedeckt".

Erweiterte Entscheidungstheorien haben demnach eine Weiterentwicklung des Homo oeconomicus zur Folge bzw. zur Voraussetzung. Aus dem primitiven, „machiavellistischen" Homo oeconomicus wird dann z.B. der *Resourceful Evaluating Maximizing Man* (REMM)[10]: Er ist lernfähig, geschickt, sophistisch; als Nutzenmaximierer verhält er sich zwar immer noch abwägend, auswertend, berechnend, ist sich aber der Unsicherheiten und Risiken bewußt. Dementsprechend ist in neueren Managementtheorien viel von Risikoanalysen, Szenarien, Transaktionskosten, Informations- und Entscheidungsproblemen die Rede.

Ähnlich differenziert gegenüber dem klassischen Homo oeconomicus-Modell zeigt sich die Einteilung der in der Wirtschaft tätigen Subjekte in Typen bzw. Typologien:
Zum Beispiel die
- Käufertypologie auf der Basis soziodemographischer oder psychodemographischer Merkmale oder
- Existenzgründertypen im gegenwärtigen wirtschaftlichen Tranformationsprozeß (siehe Abbildung 4).

Abbildung 4: Existenzgründertypen im Transformationsprozeß

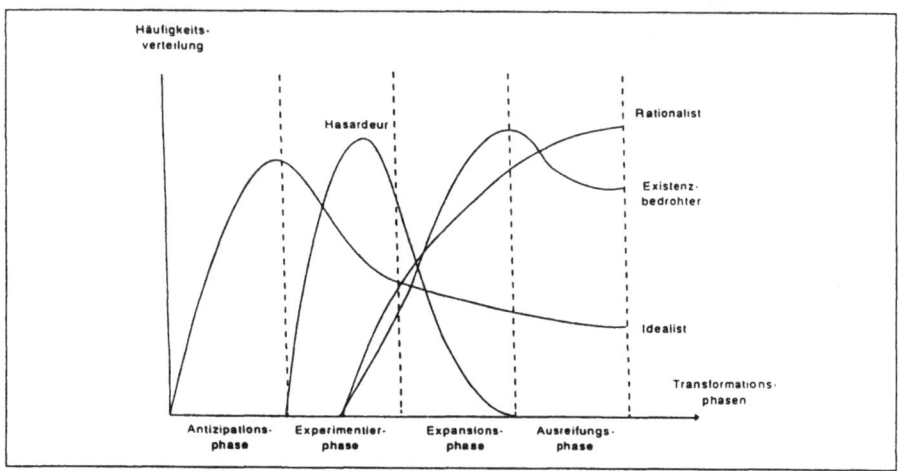

Quelle: Leuschner, H.; Lewandowitz, T.: Erfolgswirksame Förderung von Existenzgründungen, Bochum 1995, Hartwig, K.-H.; Staudt, E.; Bestel, R.; Rahe, M.: Unternehmensgründungen im Tranformationsprozeß, Bochum 1995, erschienen in Berichte aus der angewandten Innovationsforschung, Nr. 141, 1995, hrsg. von Staudt, E.

---

[10] Steinborn, U.: a. a. O., S. 8 ff.

4. Managementkonzepte und Menschenbilder

Das tatsächliche Geschehen in der Wirtschaft wird durch die Rahmenordnung (Gesellschaftsordnung[11] und Wirtschaftsordnung[12]), die Gesetzgebung - z.B. zum Umweltschutz oder zur Arbeitssicherheit - und innerhalb der dann noch verbleibenden Handlungsspielräume von Managementkonzepten beeinflußt. Ohne Anspruch auf Vollständigkeit lassen sich aus aktuellen Seminarangeboten mühelos an die hundert Schlagworte[13] zusammentragen (Abbildung 5).

Abbildung 5: Management-Schlagworte von A bis Z

Benchmarking	Lean Corporation	Renaissance
Borderless Factory	Lean Management	Renewal
Business Process Reengineering	Lean Production	Reshaping
Change Management	Lernende Organisation	Restructuring
Concurrent Engineering	Lieferantenintegration	Revamping
Continuous Flow Manufacturing	Life Cycle Costing	Reverse Engeneering
Continuous Improvement Process	Make or Buy	Review
Corporate Culture	Management by Collision („Lopez-Effekt")	Revitalisation
Corporate Identity		Revival
Corporate Planning	Management by Exception	Revolution
Cost Center	Management by Objectives	Schlanke Unternehmung
Customer Focus	Management by Results	Selbstlernende Organisation
Customer Satisfaction	Management by Systems	Selbstorganisation
Customer Value Management	Management by Walking around	Selbststeuerungsm.
Design Factory	Management des Wandels	Simultaneous Engineering
Discontinuity M.	Management-Audit	Strategic Engineering
Effiziente Fabrik	Motivationsmanagment	Strategische Allianzen

---

[11] Folgende konstituierende Elemente der politischen Ordnung gelten als unerläßlich und auch ethisch geboten
- Gewaltenteilung (Legislative, Exekutive, Judikative; Bund, Länder, Gemeinden; evtl. unabhängige Behörden, z.B. für die Währungspolitik)
- Parteien zur politischen Meinungsbildung
- Wahlen zur Bestimmung der politischen „Repräsentanten", d.h. auch Entscheider
- eine Rechtsordnung (zur Sicherheit von Ansprüchen und zur Verhinderung von Mißbräuchen)
- eine Wirtschafts- und Sozialordnung, die mit der parlamentarischen Demokratie harmoniert
- ein Machtgleichgewicht der gesellschaftlichen Gruppen und Verbände, das immer wieder neu hergestellt und austariert werden muß (checks and balances)

[12] Zur sozialen Marktwirtschaft gehören neben dem Marktprinzip
- eine Wettbewerbsordnung
- das soziale Netz
- der Umweltschutz
- der Persönlichkeits- und der Verbraucherschutz
- eine Geldverfassung
- eine Finanzverfassung
- eine Unternehmens- und Betriebsverfassung
- die Tarifautonomie, ein immer wieder neu auszutarierendes Machtgleichgewicht der Verbände

[13] MAN Informationen zur Technikbewertung, Evolutionäres Management, Lean Production, Simultaneous Engineering - Was sagen uns diese und andere Managementkonzepte? Herausgeber: MAN Aktiengesellschaft, München, 1994

Europreneurs	Null-Fehler	Strategische Planung
Evolutionäres Management	One Minute Managing	Strategisches Break even Managment
Fabrik der Zukunft	Organisational Development	Strategisches Management
Face Lifting	Organisationskultur	Synergetik
„Flottillen"-Organisation	Outsourcing	System Dynamics
Focus Factory	Overall Cost Strategy	Systemführerschaft
Fraktale Fabrik	Partizipatives Management	Target Costing
Geschäftsprozessoptimierung	Portfolio-Management	Teilautonome Arbeitsgruppe
Global Player	Produkt-Ablauf-Organisation	Time Based Management
Grenzenlose Organisation	Profit Center	Time to Market
Hands-on Management	Prozeß-Management	Total Quality Management
Human Relations	Prozeßkostenrechnung	Transformation
Human Resource Development	Public Affairs	Transition
Informatik	Public Relations	Turnaround
Informationslogistik	„Qualitäter"	Unbegrenzte Fabrik
Intrapreneuring	Qualitätskultur	Unternehmenskultur
Job Enlargement	Qualitätsmanagement	Upgrading
Job Enrichment	Qualitätszirkel	Upcycling
Job Rotation	Quality Function Deployment	Value Factory
Just in Time	Reaktionszeit	Virtual Reality
Kaizen	Rebirth	Virtuelles Unternehmen
Kanban	Reconceptualisation	Visionäres Personalmanagement
Kernkompetenz	Reconstitution	Vitale Fabrik
Knowledge Executives	Recovery	Wertorientierte Fabrik
Komplexitätskosten	Rediscovery	Workflow Management
Konflikt-Management	Reengineering	Zero Base Budgeting
Kundennutzenoptimierung	Refashioning	Zero Defect
Kundenorientierte Organisation	Reforming	
KVP (Kreativitäts-Verbesserungs-Prozeß)	Reinvention	

Eine Analyse der Konzepte zeigte, daß das Verdienst brauchbarer Managementkonzepte darin liegt, unseren Blick auf Kriterien zu fokussieren, die entweder durch veränderte Rahmen- oder Umweltbedingungen oder durch schlichte Vernachlässigung wichtiger als in der Vergangenheit geworden sind (Abbildung 6).

Zahlreiche Managementkonzepte konzentrieren sich auf die Material-, Energie- und Informationsflüsse im Unternehmen. Managementkonzepte wie *Discontinuity-Management, Just-in-Time, Kreativitäts-Verbesserungs-Prozeß, Prozeßmanagement, Reaktionszeit, Time Based Management, Zero Defect* und auch *Flache Hierarchien, Teilautonome Arbeitsgruppen* zielen auf eine derartige Optimierung: Weniger! Schneller! Fehlerfreier!

Eine zweite Gruppe von Managementkonzepten konzentriert sich auf Team- und Projektarbeit und schließlich die Selbstorganisation. Neben dem *Projektmanagement,* dem *Simultaneous Engeneering, Fertigungsinseln* bzw. *Fraktalen* werden auch Konzepte wie *Unternehmenskultur, Lernende Organisation, Evolutionäres Unternehmen, Evolutionäre Fabrik* oder *Evolutionäres Management* thematisiert.

Welch überaus feinsinnige Überlegungen sich hier anstellen lassen, zeigen Bücher von *N. Luhmann* (Die Wirtschaft der Gesellschaft), *W. Kirsch* (Kommunikatives Handeln, Autopoiese, Rationalität - Sondierungen zu einer evolutionären Führungslehre) oder *H. Servatius* (Vom strategischen Management zur evolutionären Führung). Folgendes Zitat aus einer Buchbesprechung zur Frankfurter Buchausstellung 1994 mag einen Eindruck über diese, stark von der Systemanalyse beeinflußten Konzepte vermitteln: „Die Welt ist zur vernetzten Hyperkugel geworden. Das Netz hat die Pyramide als Metapher sozialer Organisation abgelöst; das autopoietische (auf sich selbst bezogene) System ist an die Stelle Gottes getreten. Die égalité, die zwischen den Knoten des Netzes besteht, läßt sich durch die alten Oben-Unten-Differenzierungen nicht mehr disziplinieren" *(Michael Pawlik)*.

Abbildung 6: Kriterien des Wertschöpfungsprozesses

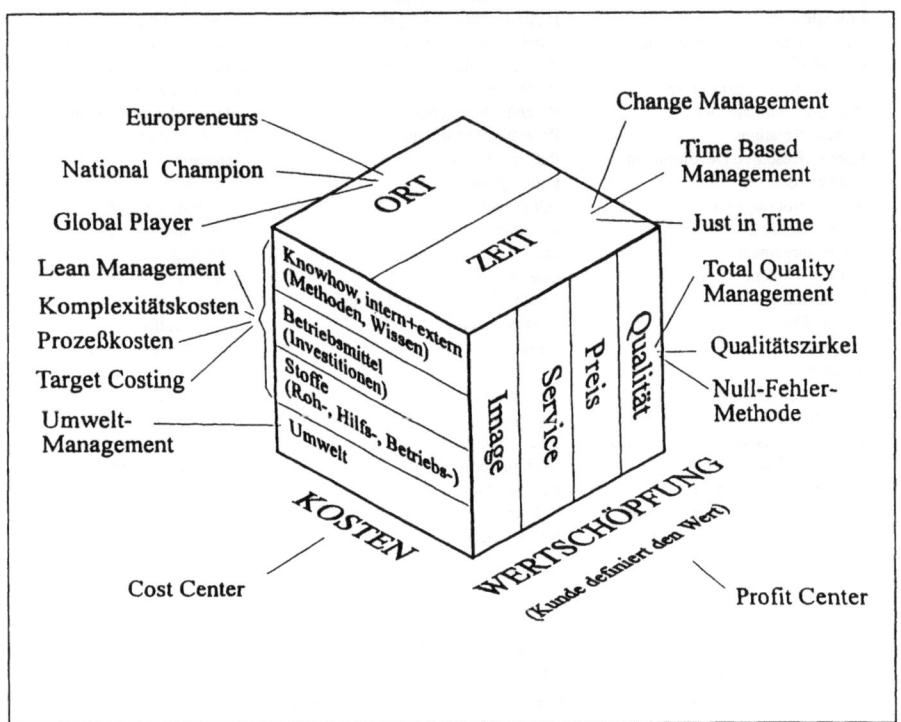

Menschenbilder werden nur bei *personenorientierten* Managementkonzepten unmittelbar relevant; handelt es sich bei den Konzepten um kriterienorientierte, prozeß- oder projektorientierte Verbesserungsvorschläge, so spielen hier Menschenbilder nur eine sekundäre Rolle. Die Rekonstruktion von Menschenbildern aus teilweise sehr vagen Konzeptdarstellungen, die ja größtenteils von Unternehmensberatungsfirmen als Richtungsmerkmal für ihr Angebot entwickelt worden sind, erscheint aber nicht in jedem Fall sinnvoll. Im Zweifel sind sie eher eklektisch als reduktionistisch, schon weil die Teams auf beiden Seiten (Berater ↔ Unternehmen) in Normalfall pluralistisch zusammengesetzt sein werden. Eine Ausnahme bilden die Menschenbilder nach *McGregor*.

5   Menschenbilder nach Douglas McGregor und Edgar H. Schein

In die Führungsmodelle, Führungsanweisungen, Unternehmensleitbilder etc. der Wirtschaftsunternehmen fanden in den letzten Jahrzehnten insbesondere die Überlegungen von und nach McGregor Eingang[14].

Er stellte dem vorherrschenden Menschenbild (Theorie X) einen moderneren Idealtyp (Theorie Y) gegenüber.

Theorie X
- der durchschnittliche Mensch hat Abneigung gegen Arbeit
- die meisten Menschen sind nicht ehrgeizig, haben wenig Lust zu Verantwortung
- sie wollen lieber geführt werden
- sie haben nur geringe Vorstellungskraft
- sie sind unkreativ bei der Lösung betrieblicher Probleme
- Motivationen spielen sich nur auf der Ebene körperlicher Bedürfnisse und des Sicherheitsbedürfnisses ab
- Menschen müssen kontrolliert werden und zur Verfolgung betrieblicher Ziele gezwungen werden

Theorie Y
- Arbeit ist genauso natürlich wie ein Spiel
- Mensch hat Spaß an der Arbeit
- er ist bereit, Verantwortung zu übernehmen und kann auch Menschen führen
- er ist kreativ und hat eigene Ideen zur Lösung innerbetrieblicher Probleme
- er ist bereit, sich selbst zu kontrollieren, um betriebliche Ziele zu erreichen
- er kann sich auch selbst führen und Vorstellungskraft bei der Arbeit entwickeln
- Motivationen spielen sich auf der Ebene des Bedürfnisses nach Zugehörigkeit, Wertschätzung und Selbstverwirklichung ab
- Mensch strebt gleichzeitig nach körperlicher wie sozialer Sicherheit
- Motivation durch Zutrauen und zugestandene Selbstverantwortung

Die Theorie McGregors wurde 1971 durch *J.M. Colin* und 1981 durch *W.G. Ouchi* zur *Theorie Z* ausgebaut:
- Mensch strebt nach Vertrauen
- Vertrauen und Produktivität sind vereinbar
- Mitarbeiter wollen in die Organisation einbezogen sein
- menschliche Beziehungen sind komplex und veränderlich
- man muß mit Menschen vorsichtig („subtil") umgehen
- vorsichtiger Umgang mit ihnen und Achtung ihrer komplexen Strukturen führt letztlich auch zur Produktionssteigerung

Eine weitere Differenzierung dieser Überlegungen führte Edgar H. Schein zur Konzeption von vier Menschentypen in der Wirtschaft:
- rational-economic man

---

[14] Hier im wesentlichen zitiert nach Matthiesen K.H.: Kritik des Menschenbildes in der Betriebswirtschaftslehre, Stuttgart, Wien 1995

- social man
- self-actualizing man
- complex man

Der „komplexe Mensch", der die anderen drei vorausgehenden Typen integrieren soll, wird so beschrieben:

- menschliche Bedürfnisse sind vielfältig und ständigen Änderungen unterworfen
- eine Hierarchie der Bedürfnisse ist immer nur für den einzelnen möglich, nicht grundsätzlich
- Arbeitnehmer sind fähig, über ihre eigenen Motive hinaus durch ihre Erfahrungen in einer Organisation neue Motive zu lernen
- eine Person kann ganz verschiedene Bedürfnisse zur Sprache bringen, abhängig von den Situationen.
- Arbeitnehmer können auf ganz unterschiedliche Strategien ansprechen
- es gibt keine Strategie, die für alle verbindlich ist
- Produktivität für Organisationen kann auf Grundlage vieler Bedürfnis- und Motivstrukturen erreicht werden
- optimale Befriedigung und optimale Effektivität sind nur zum Teil abhängig von äußeren Strukturen

Nach *K.H. Matthiesen* erreichen die hier erwähnten Menschenbilder aus der Betriebswirtschaftslehre „allesamt nicht das minimal-ethische Anforderungsniveau... Die untersuchten Menschenbildtheorien verkürzen das Menschenbild auf ein Führungsinstrument... Das Erkenntnisinteresse, das mehr oder minder deutlich durchscheint, ist in einer effizienteren Organisation der Unternehmen zu sehen. Anflüge von Philanthropie ... bleiben sofort wieder in dem Verweis auf die Nützlichkeit für die ökonomischen Interessen der Unternehmung stecken. Für echte Humanität, der ein Vorrang vor Nützlichkeitserwägungen einzuräumen wäre, ist in den untersuchten Menschenbild-Theorien kein Platz" (siehe Abbildung 7).

Diese Kritik ist sicher übertrieben: Die Fragen der Führungs-, Unternehmens- und Wirtschaftsethik werden an anderer Stelle in den Wirtschaftswissenschaften durchaus ganzheitlich bearbeitet; von Managementkonzepten und Führungstheorien können wir keine anthropologischen bzw. philanthropischen Konzepte erwarten. Eine Analogie hierzu: Man wird medizinische Theorien nicht schon deswegen verwerfen, weil sie die philosophische Frage nach dem Sinn des Lebens nicht ausreichend thematisieren.

Ähnlich argumentiert A. Suchanek[15] im Lexikon der Wirtschaftsethik: Der Homo Oeconomicus sei keine Beschreibung des menschlichen „Wesens", sondern ein Modell dafür, wie Menschen mit Knappheit umgingen. „Ebenso wenig stellt er ein Leitbild für eine moderne Gesellschaft dar...Tatsächlich ist er nicht mehr als ein Modell für die Analyse von speziellen Problemen, die auch in der Wirtschaftsethik von zentraler Bedeutung sind. Selbst zum Problem wird er nur dort, wo dies nicht erkannt oder vergessen wird."[16]

---

[15] Suchanek, A.: Art. Homo oeconomicus, in: Enderle, G. u.a. (Hrsg.): Lexikon der Wirtschaftsethik, Freiburg u.a. 1993, S. 426 ff.
[16] Suchanek, A.: a. a. O., S. 431

Abbildung 7: Humanitätsdefizite betriebswirtschaftlicher Menschenbilder und deren Folgen

Dimension	Thesen zur Kritik betriebswirtschaftlicher Menschenbilder...	...und deren Folgen für die betroffenen Menschen
Weltoffenheit	Menschenbilder sind weder offen für Veränderung der Menschen noch für die Veränderung ihrer selbst	1. Ein geschlossenes Menschenbild bestätigt und festigt den status quo. 2. Ein geschlossenes Menschenbild wird zu einer negativen 'self-fulfilling-prophecy'
Reziprozität	Menschenbilder gehen von einer prinzipiellen Ungleichwertigkeit der Menschen aus	Menschenbilder etablieren ein vertikales Kommunikationsverhältnis als Normalität
Autonomie	Menschenbilder transportieren unreflektierte Werte	Menschenbilder behindern die Selbstbestimmung des Menschen
Identität	Menschenbilder orientieren sich an systemischen Funktionszwängen	Menschenbilder ignorieren die lebensweltlichen Bedürfnisse

Quelle: Matthiesen, K.: Kritik des Menschenbildes in der Betriebswirtschaftslehre, Bern u.a. 1995

6 Menschenbilder in der Technik

Wirtschaft und Technik sind eng miteinander verflochten. Man kann sie zwar begrifflich unterscheiden, wie *Koslowski* sagt, nicht aber trennen. Deswegen empfiehlt sich in unserem Zusammenhang auch ein kurzer, wenngleich holzschnittartiger Blick auf Menschenbilder in Technik und Technikwissenschaften.

In einer Systemtheorie der Technik liefert *Ropohl* eine Technikdefinition, die Schattierungen systematischer Wechselbeziehungen der Technik verdeutlicht:

Technik umfaßt danach
- Die *gegenständlichen Artefakte*, d.h. sowohl deren *Entstehung* als auch deren *Verwendung*.
- Die Verwendung technischer Gebilde kann wiederum der *Hervorbringung* neuer Artefakte dienen.
- Das Beziehungsgeflecht zwischen Entstehungs-, Sach- und Verwendungszusammenhängen hat
  ⇒ eine *naturale*,
  ⇒ eine *humane* und eine
  ⇒ *soziale* Dimension.
- Technik *ereignet* sich demnach zwischen
  ⇒ der *Natur*,
  ⇒ dem *Individuum* und
  ⇒ der *Gesellschaft*.
- So stellen Natur, Individuum und Gesellschaft gleichermaßen
  ⇒ die *Bedingungen*, denen die Technik unterliegt.

⇒ Auf der anderen Seite sind diese drei Dimensionen den *Folgen* der Technik ausgesetzt.

Die humane Dimension, die Ropohl hier anspricht, berührt auch die Frage nach den Menschenbildern: Grundsätzlich läßt sich auf zwei Wegen vorgehen. Man kann zur Analyse der Menschenbilder in der Technik den *deduktiven* Weg beschreiten, d.h. man rekonstruiert aus *Technikdefinitionen* ein möglicherweise dahinterstehendes Menschenbild. Dieser Weg ist in allen anderen Disziplinen ebenso möglich, unterliegt allerdings immer der Gefahr, über die eigentliche Definition hinaus etwas zu interpretieren, was u. U. so gar nicht gemeint war.

Der andere Weg ist, die konkreten Auffassungen von Menschen zu erfassen, wie sie Wissenschaftler definieren, die sich mit Technik beschäftigen: Der Soziologe *Arnold Gehlen* etwa geht bei seinem Technikverständnis von einem ganz konkreten Menschenbild aus: Der Mensch ist ein sinnesarmer, waffenloser, nackter Mensch; er ist ein *Mangelwesen,* das existentiell auf unterstützende Handlungen angewiesen ist. Das Handeln aber wiederum ist eine auf Veränderung der Natur zum Zwecke des Menschen gerichtete Tätigkeit, zu deren *Erleichterung* Technik verwendet werden kann. Der Mensch nutzt nach Gehlen die Technik als *Organverstärkung, Organentlastung* und als *Organersatz.*

Stork sieht Technik als Möglichkeit für den Menschen, naturgegebene Stoffe und Energie so intelligent wie möglich umzuformen, daß sie für seinem Bedarf und zu seinem Gebrauch dienen. Der Mensch strebt nach bestimmten Ziele, z.B. der Befriedigung seiner Bedürfnisse, und benutzt die Technik als Hilfsmittel, diese zu erreichen.

Betrachtet man die zahlreichen anderen Definitionen und Erklärungsversuche zu Technik (vgl. Detzer, 1995, S. 98 ff.), so zeigt sich, daß die jeweiligen Erläuterungen häufig an eine bestimmte Vorstellung vom Menschen, der die Technik gestaltet und benutzt, angebunden sind. Die meisten Definitionen laufen in irgendeiner Weise darauf hinaus, den Menschen als ein Wesen zu sehen, das mit den unterschiedlichsten *Mitteln* (Werkzeugen, Apparaten/Geräten, Maschinen, Verfahren und Systemen) willentlich versucht, die Natur zu beherrschen.

Die Technik leistet das, wozu der Mensch auf sich alleine gestellt nicht in der Lage ist. Sie ist ein Hilfsmittel für den Durchsetzungs- und Beherrschungswillen bzw. für die Bedürfnisbefriedigung und zur Werteverwirklichung des Menschen. Für die Beziehungen von Menschen und Technik können wir also feststellen:

Technik ist den Bedingungen unterworfen, die der Mensch für sie setzt, sie aber schafft ihrerseits dann auch wieder Folgen, mit denen sich der Mensch auseinanderzusetzen hat.

Die Frage nach den Menschenbildern erfaßt so hinter der dynamischen Technikentwicklung *eine* wichtige Dimension *neben anderen,* die den Technikbegriff bestimmen. Technik „ereignet" sich zwischen Natur, Mensch und Gesellschaft, wie Ropohl sagt. Alle drei Dimensionen stehen im Wechselverhältnis zueinander; sie bestimmen einzelne Teile eines Systemzusammenhangs.

Damit ist auch das Menschenbild vom „homo faber"[17], das den Menschen alleine in seiner Technikbezogenheit sieht, durch den Gedanken der Vieldimensionalität, in der sich der Mensch jeweils befindet, zu einseitig.

---

[17] Der „Mensch als Handwerker"

7 Ausblick: Systemanalyse und Ordnungsethik

Mit der fortschreitenden Verwissenschaftlichung der Technik und der Wirtschaft und der parallel dazu fortschreitenden Entwicklung und Ausprägung der Ingenieur- und Wirtschaftswissenschaften wurde versucht, immer komplexere Zusammenhänge wissenschaftlich zu bearbeiten bzw. für die Abbildung der Realität (z.B. der Strukturen und Prozesse) immer kompliziertere Modelle zu entwerfen. Eine brauchbare Theorie und Methode hierzu stellt die Systemanalyse dar.

Unterschieden werden können methodisch insbesondere die (technischen) Sachsysteme, die Handlungssysteme (Personen und Institutionen) und schließlich der jeweilige Blickwinkel auf diese Systeme, charakterisiert durch die in Bild 8 genannten Zentrismen.

Abbildung 8: Hierarchisches Modell der verschiedenen „Zentrismen"

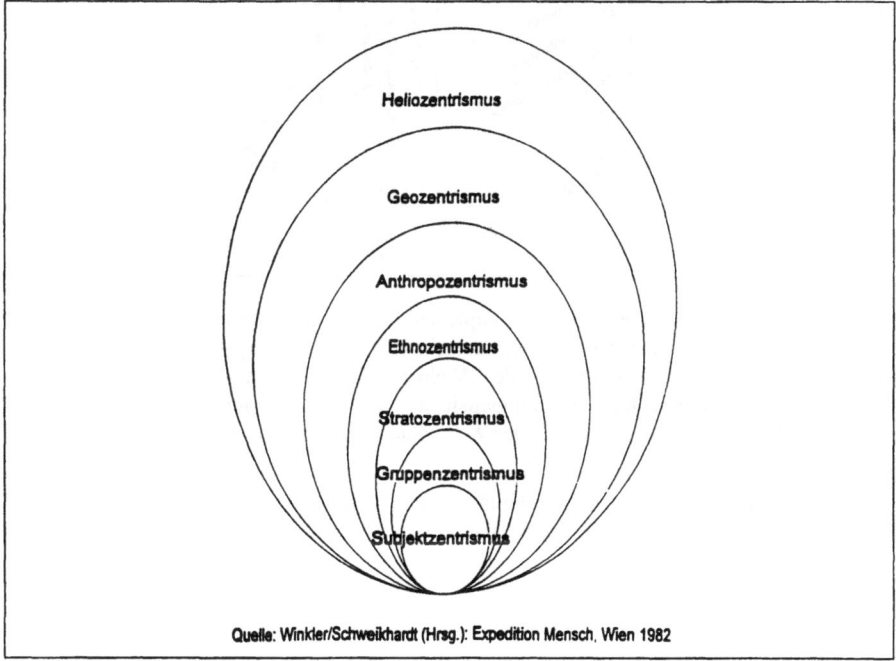

Quelle: Winkler/Schweikhardt (Hrsg.): Expedition Mensch, Wien 1982

Da sowohl die Sach- als auch die Handlungssysteme hierarchisch gegliedert werden können, ergibt sich zusammen mit den Zentrismen die im Bild 9 dargestellte Ebenenmatrix.

Interessanterweise haben Stufenmodelle in zahlreichen Variationenen immer wieder zu einem System geführt. *Hampden-Turner* z.B. ordnet unterschiedliche Modelle des Menschen in neun Ebenen und unterlegt sie mit Beispielen aus Philosophie, Religion und Geschichte[18].

Ohne auf die *Probleme* der Systemanalyse hier näher einzugehen[19], kann vermutet werden, daß in der Zukunft neben den Menschenbildern insbesondere die Bilder (Modelle, Para-

---

[18] Vgl. Hampden-Turner, C.: Modelle des Menschen. Ein Handbuch des menschlichen Bewußtseins, Weinheim u.a. 1982

digmen, Visionen) von komplexeren „Handlungssystemen" wie Unternehmen, Verbänden, Gebietskörperschaften, Regierungen, internationalen Organisationen, Staatenbünde etc. von-Bedeutung sein werden.

Abbildung 9: Sachebene, Verantwortungsebene und Zentrismen

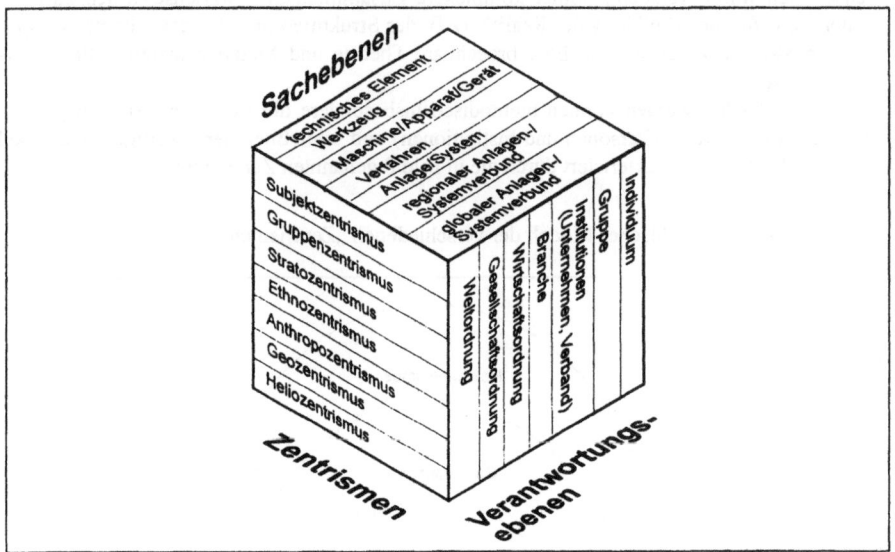

Verantwortung für und in diesen komplexeren Handlungssystemen kann nicht mehr auf der Basis individual-ethischer Normen oder einer Weltanschauungs- bzw. Gesinnungsethik allein übernommen bzw. erwartet werden. Vielmehr gilt es Verantwortung in diesen Institutionen erst noch oder noch besser zu organisieren. Neben die Individualethik muß die Institutionenethik treten. Der Wirtschaftsethiker *K. Homann*[20] sagt hierzu:

„In der modernen Gesellschaft liegt die Moral nicht länger in den Motiven der Akteure, sondern in den Regeln. Aus diesem Grund ist in der Moderne die Ordnungsethik dominant gegenüber der Handlungs- oder Tugendethik."

Literatur

Bader, W.: Neues Menschenbild für die Ökonomie. Interdisziplinäre Fundierung neuer Menschenbilder aus ökonomischer Sicht, Ludwigsburg/ Berlin 1994

Biervert, B./Held, M. (Hrsg.): Das Menschenbild in der ökonomischen Theorie. Zur Natur des Menschen, Frankfurt/ New York *1991*

---

[19] Zu komplexe Systeme sind auch mit der Systemanalyse nicht „in den Griff" zu bekommen; zu einfache Systemmodelle geben nur Teilaspekte bzw. Perspektiven aus einer bestimmten Blickrichtung wieder.

[20] Homann, K., Zur Rolle des Staates und des Marktes: Freiheit und Solidarität - ein Widerspruch, Statement beim Werkstattgespräch zur „Zukunft des Sozialstaates", Oktober 1995, Kiel

Biervert, B.: Menschenbilder in der ökonomischen Theoriebildung. Historisch genetische Grundzüge, in Biervert, B./Held, M. Das Menschenbild in der ökonomischen Theorie. Zur Natur des Menschen, Frankfurt/ New York 1991, S. 42-55
Bökenkamp, J.: Methodologische Grundlagen der Verhaltensannahmen in der Nationalökonomie, Göttingen 1987.
Frey, D./Irle, M.: Theorien der Sozialpsychologie, Bd. I, Kognitive Theorien, Bern u.a. 1993
Gablers Wirtschaftslexikon, hrsg. von Sellien, R. u.a., Wiesbaden, 13. Auflage 1993
Galbraigth, J.K.: Die Entmythologisierung der Wirtschaft. Grundvoraussetzungen wirtschaftlichen Denkens, Wien/Darmstadt 1988
Gehlen, A.: Der Mensch, Bonn 1955
Hampden-Turner, C.: Modelle des Menschen. Ein Handbuch des menschlichen Bewußtseins, Weinheim u.a. 1982.
Homann, K.: Zur Rolle des Staates und des Marktes: Freiheit und Solidarität - ein Widerspruch, Statement beim Werkstattgespräch zur „Zukunft des Sozialstaates", Oktober 1995, Kiel
Kirsch, W.: Kommunikatives Handesln, Autopoiese, Rationalität. Sondierungen zu einer evolutionären Führungslehre, München 1992
Luhmann, N.: Die Wirtschaft der Gesellschaft, Frankfurt *1988*
MAN Stabsabteilung Technik (Hrsg.): Evolutionäres Managment, Lean Production, Simultaneous Engineering – Was sagen uns diese und andere Managmentkonzepte? Informationen zur Technikbewertung, München 1994
Matthiesen K.H.: Kritik des Menschenbildes in der Betriebswirtschaftslehre, Stuttgart, Wien 1995.
Meinberg, E.: Das Menschenbild der modernen Erziehungswissenschaften, Darmstadt 1988, S. 206
Ropohl, G.: Eine Systemtheorie der Technik – Zur Grundlegung der Allgemeinen Technologie, München/Wien 1979.
Schrader K.: Psychologische und verhaltensbiologische Grundlagen des Marketing, Walter de Gruyter & Co, 1971
Servatius, H.: Vom strategischen Managment zur evolutionären Führung, Stuttgart 1991
Staudt, E. (Hrsg.): Berichte aus der angewandten Innovationsforschung, Nr. 141, Bochum 1994
Steinborn, U.: Das Menschenbild der (mainstream) Ökonomik. Darstellung - Kritik - Erweiterung, Freiberg 1994
Stork, H.: Einführung in die Philosophie der Technik, Darmstadt 1977
Werhan, P.: Menschenbild, Gesellschaftsbild und Wissenschaftsbegriff in der neueren Betriebswirtschaftslehre, Bern 1980
Winkler, E./Schweikhard, J.(Hrsg.): Expedition Mensch, Wien 1982
Woll, H.: Menschenbilder in der Ökonomie, München/Wien 1994

Homo sapiens informaticus - Endlich befreit von der Bürde der Aufklärung?

Klaus Haefner

1 Rückblick und Standort

Die sich über einige Jahrmillionen hinziehende Evolution des Menschen ist gekennzeichnet durch eine sich ständig ändernde Integration in eine zunächst noch natürliche und später zunehmend durch den Menschen gestaltete Umwelt. Durch die rasche Vergrößerung des Großhirns hatte der Mensch die Chance, sich ein komplexes Bild seiner Umwelt zu machen und in diesem zunehmend - jenseits von angeborenen Verhaltensmustern - eigene Konzepte ("deklaratives" und "prozedurales" Wissen) zu entwickeln. So ist die Menschheitsgeschichte zum einen durch die Weitergabe relativ stabiler genetischer Information und zum anderen durch ein schnell breiter werdendes "kulturelles Erbe" gekennzeichnet. Offensichtlich hatte nur der Homo sapiens die Möglichkeit, diese *beiden* Informationsstrukturen bei der Entwicklung angemessen zu balancieren.

Homo sapiens sapiens - der weise Mensch - gestaltete bereits in den frühen Kulturen, also vor über 6.000 Jahren, seine Umwelt intensiv, indem er/sie sich durch Kumulation von Wissen und Einsatz von Techniken in vielen Bereichen von seiner natürlichen Umgebung trennte. Der Mensch war und ist damit anders als die vielfältigen anderen Säugetiere, deren "Siegeszug" seit ca. 70 Millionen Jahren nicht mehr aufzuhalten ist.

Die komplexe Balance zwischen genetischem und kulturellem Erbe erlaubte es Homo sapiens sapiens, sich Bilder von seiner Welt zunächst in Mythen, dann in Religionen und Philosophien, schließlich in Natur-, Sozial- und Geisteswissenschaften zu machen und diese gestaltend und ordnend zusammenzutragen und damit ein Weltbild aufzubauen. Dieses wurde massiv genutzt, um die Welt zu beherrschen: "Machet Euch die Welt untertan" (Moses 1,7). Homo sapiens sapiens lebte und lebt nicht in einer gegebenen, sondern in einer von ihm strukturierten, organisierten und beherrschten Welt.

Die massive Nutzung von Technik - beginnend mit den großen Bauten der Frühantike und der Antike über den Ausbau von Straßennetzen und Verkehrsmitteln bis hin zu Kernreaktoren und Raumfahrt - haben Homo sapiens sapiens in den Stand versetzt, Dinge zu tun, die er allein mit seiner genetischen Ausstattung nie hätte erbringen können. Aber - und das war entscheidend - in allen Stufen der technischen Entwicklung waren dafür jeweils Menschen mit *eigenen kognitiven Leistungen zuständig.*. Es gab *keinerlei* technische Systeme, um kognitive Leistungen *außerhalb* des menschlichen Gehirns zu erbringen - auch die Tierwelt bot keine geeigneten "Sklaven"; nur *menschliche Sklaven* erlaubten die kontrollierte Nutzung menschlicher Informationsverarbeitung außerhalb des eigenen Gehirns (siehe z.B. die Aufgaben der Sklaven im antiken Athen).

Wir können also festhalten, daß die Komplementarität von genetischem Erbe einerseits und kulturellem Erbe andererseits bei steter Kontrolle aller vom Menschen bestimmten Prozesse durch menschliche Gehirne die Geschichte der Menschheit bis in die *allerjüngste* Zeit geprägt hat. *Mit der Erfindung und der immer breiteren Nutzung der Informationstechnik entsteht nun eine neue Phase der Menschheitsgeschichte*: Neben das intelligente Gehirn tritt die *kognitive Maschine*, die in immer neuen Bereichen in der Lage ist, Prozesse, die früher nur im Gehirn abgewickelt werden konnten, technisch schnell, zuverlässig und billig zu realisieren.

Damit beginnt eine neue Periode, in der sich auch das Menschheitsbild wandelt: Homo sapiens sapiens war tief eingebettet in soziale Strukturen und konnte nur aus diesen heraus seine Leistungen erbringen. Der moderne Mensch stützt sich in zunehmendem Maße auf *extrasomatische* Informationsverarbeitungsleistung. Er/sie ist nicht mehr der "weise weise Mensch" sondern ein *Homo sapiens informaticus,* der sich auf technische Informationsverarbeitung verläßt. Es hat sich in der Realität der Industrienationen - aber auch in einigen "Entwicklungsländern" - ein neues Selbstverständnis eines Menschen entwickelt, welcher seine *informationelle Umwelt* in Form informationstechnischer Infrastrukturen gestaltet und diese dann mehr oder minder direkt nutzt ("Computerisierung und Informatisierung").

2 Potenzen der physikalischen Informationstechnik

Um zu verstehen, *wie grundsätzlich* dieser Schritt in eine computerisierte Gesellschaft ist, muß man sich die Potenzen der Informationstechnik ernsthaft vergegenwärtigen. Dabei gilt es heute, zwei Ebenen zu unterscheiden: Zum einen die der *physikalisch* bestimmten Informationstechnik, die wir z.Z. bereits breit nutzen ("Computer") und zum anderen die *molekulargenetisch* bestimmte Manipulation biologischer Informationsverarbeitungsprozesse ("Gentechnik", "Biotechnik").

Während heute ein gewisses Grundwissen über die physikalisch bestimmte Informationstechnik weit verbreitet ist, beginnen wir erst langsam zur Kenntnis zu nehmen, daß die neue, direkte Manipulation genetischer Information eine zweite Schicht der Informationstechnik darstellt, die es der Menschheit erlauben wird - nicht nur indirekt über physikalisch technische Strukturen -, sondern direkt über Änderungen auf der genetischen Ebene biologischer Wesen seine Umwelt dramatisch zu verändern.

Im folgenden soll zunächst in Form von *sechs Hauptsätzen* (HS) charakterisiert werden, welche Potentiale *die physikalisch bestimmte Informationstechnik* auszeichnet. Diese Hauptsätze haben den Charakter *sehr allgemeiner* Aussagen, die - nachweislich - für die Vergangenheit gelten und, wie andere Hauptsätze, mit hoher Wahrscheinlichkeit in der Zukunft gelten werden. (Auch so elementare Hauptsätze wie z.B. der Energieerhaltungssatz können zwar *ex post* bewiesen werden, es gibt aber kein Verfahren zu beweisen, daß sie auch morgen noch gelten! Ähnlich kritisch kann man mit den folgenden Aussagen im Hinblick auf ihre Gültigkeit in der Zukunft umgehen. Es macht aber wenig Sinn, sie infrage zu stellen, so lange es keine alternativen wohlbegründeten Aussagen gibt.)

1. Hauptsatz der Informationstechnik (IT): Jeder im Detail wohl beschreibbare praktizierte Prozeß der Verarbeitung von Information kann technisch *sicher* abgebildet werden.

Die Erfindung des Rechners und seine stete Fortentwicklung - sowohl im Hardware- als auch im Softwarebereich - erlaubt es heute, durch Formalisierung bekannter und detailliert beschreibbarer kognitiver Operationen, sichere operative Systeme zu realisieren, die den Menschen zunehmend von der "kognitiven Sklavenarbeit" entlasten. Dieses beginnt bei Mikroprozessoren, die "intelligente" Programme in der Waschmaschine steuern, läuft über die CD, die mittels eines kleinen Prozessors aus einem digitalen Muster eine fast natürliche Musikqualität liefert, setzt sich fort in der vollautomatischen Fabrik, in der es in der Tat möglich ist, ohne menschliche Arbeit eine Fülle von mehr oder minder komplexen Strukturen zu produzieren und endet nicht allein bei den finanziellen Transaktionssystemen, die weltumspannend hunderte Milliarden von Transaktionen täglich abwickeln, sondern geht bis in die militärische Strategie der allein ins Ziel findenden Rakete (Cruise Missile) oder zum Konzept des Strategy Defense Initiative, einer informationsgesteuerten logistischen "Käseglocke" über einem Territorium, die sicherstellt, daß keine feindlichen Raketen eindringen können.

2. *Hauptsatz der IT:* Auch nur grundsätzliche, aber nicht im Detail beschreibbare praktizierte Prozesse der Informationsverarbeitung können technisch realisiert werden. Das Ergebnis ist dann allerdings nur *akzeptabel.*

Im Gegensatz zu den Anwendungen des ersten Hauptsatzes macht sich die "Artificial Intelligence" zunehmend auf, auch Prozesse technisch zu realisieren, die im einzelnen nur begrenzt aufgeklärt sind: Die Erkennung gesprochener Sprache - auch sprecherunabhängig - ist heute bei einem begrenzten Vokabular mit guten Ergebnissen realisiert; die Identifikation von Bildern kann mit visuellen Systemen so umgesetzt werden, daß in Sicherheitseinrichtungen bereits Videoüberwachung nicht mehr durch den Menschen zu erfolgen braucht; auch die Produktion von literarischen Texten gelingt mit geeigneten Expertensystemen, so hat z.B die anglikanische Kirche, einen Predigtgenerator offiziell zugelassen; wenn es gilt, ein Elektrokardiogramm auszuwerten, so bedient man sich in der Medizin zunehmend Expertensysteme, die - in entsprechenden Evaluationen überprüft - bessere Diagnosen gestatten als ein "mittlerer" Kardiologe; etc.

In immer neuen Domänen menschlicher Intelligenz werden solche Systeme entwickelt, implementiert und genutzt. Daß Schachprogramme mittlerweile wesentlich besser spielen als Großmeister und sogar der Weltmeister gegen ein Schachprogramm verloren hat, wird heute bereits als "normal" hingenommen - wir gewöhnen uns mehr und mehr an die Leistung derartiger "vager Systeme"! Dies hat einen einfachen Grund: Auch das menschliche Gehirn arbeitet keineswegs immer sicher und zuverlässig! (Wir "beweisen" dies jedes Jahr aufs Neue, indem wir z.B. über 100.000 Menschen im Verkehr schwer verletzen und ca. 9.000 einfach totfahren!) In dieser Situation ist der Mensch durchaus willens, "akzeptabel" arbeitende Computerprogramme immer breiter zu nutzen. Die Forderung nach 100 %ig sicheren Programmen verblaßt.

3. *Hauptsatz der IT:* Aus der Fülle der nach dem ersten und zweiten Hauptsatz möglichen Systeme werden nur die implementiert, die *ökonomisch* (oder militärisch) sinnvoll sind.

Wir müssen sehr deutlich zur Kenntnis nehmen, daß es in der Demokratie *keine* übergeordnete Instanz gibt, die entscheidet, welche Computerisierungen wo durchzuführen sind und welche unterlassen werden sollten. Z. Z. entscheidet ausschließlich der auf Kapitalrendite ausgerichtete Markt. D.h., alle die Produkte, die sich an den Weltmärkten durch Verkäufe rechnen, entstehen; all die *potentiellen* Systeme, die sich - noch - nicht rechnen, werden im Moment nicht angeboten. Ein typisches Beispiel ist das völlig autonome und autarke *Auto-*Mobil: Zur Zeit ist ein derartiges System aufgrund der notwendigen Rechenkapazität und der Komplexität der Software einfach zu teuer und würde sich auf dem Markt nicht verkaufen lassen; deswegen werden wir bis ca. Anfang der 10er Jahre des nächsten Jahrhunderts warten müssen, bis das *Auto*-Mobil auf den Weltmärkten angeboten wird. - Auch die vollautomatische Fabrik rechnet sich in vielen Bereichen nicht, weil die notwendigen Investitionen so hoch sind, daß sich - möglichst billige - menschliche Arbeit oft besser rechnet als die flexible Automatisierung.

Die Rolle des Militärs bei der Computerisierung unserer Welt war bestimmend, als der *zivile* IT-Sektor noch relativ bescheiden war. In den 60er und 70er Jahren hat das Militär weltweit entschieden dazu beigetragen, daß moderne informationstechnische Strukturen (z.B. Hochintegration, Glasfasertechnik, optische Massenspeichertechnik, maschinelles Sehen, Prozeßautomation) vorangetrieben wurden. Z.Z. beträgt der Weltumsatz der informationstechnischen und der telekommunikativen Industrie jedoch bereits ca. 1800 Milliarden Dollar. Da davon ca. 5 - 8 % in Forschung und Entwicklung investiert werden, ist verständlich, daß auch Etats des Militärs in Milliardenhöhe gegenüber den Aufwendungen im zivilen Bereich eine abnehmende Rolle spielen. Dies wird besonders deutlich, wenn man sich klarmacht, daß die

Umsätze in der informationstechnischen Industrie weltweit im Mittel um ca. 5% p.a. (real) steigen!

4. Hauptsatz der IT: Alle zentralen Komponenten der Informationstechnik können - bei konstanter Leistung - verkleinert werden.

Dies ist ein in der Technikgeschichte *einmaliges Phänomen*: Weil technische Geräte in aller Regel mit Energie in irgendeiner Form Materie umwandeln, ist es aus physikalischen Gründen nicht möglich, die Geräte beliebig klein zu bauen. So ist zwar ein moderner Elektromotor mit der Leistung von 1 kW deutlich kleiner als eine Dampfmaschine mit 1 kW, aber diese Volumenreduktion ist *unvergleichbar* mit dem, was wir an Reduktionen im Bereich der Informationstechnik hinter uns haben: Die Leistung eines heutigen Laptops erbrachte in den 50er Jahren kaum einer der Rechner, der damals ein sehr großes Gebäude füllte, kaum ein System, welches in den 60er Jahren eine Etage beanspruchte und gerade eine Struktur, die in den 70er Jahren mehrere Schränke ausmachte. Ähnliche Entwicklungen gelten insbesondere auch für die Speichermedien, wo wir vom Lochstreifen über das Magnetband zur optischen Massenspeichertechnologie dramatische Reduktionen der Volumina hinter uns haben.

Diese Entwicklungen werden sich fortsetzen, zum einen durch Nutzung von makromolekularen Strukturen zum Aufbau von Prozessoren und Speichern, die z.B. erlauben wird, einige hundert Billionen Zeichen in einer einzigen Kreditkarte zu speichern. - Auch die Mensch-Maschine-"Grenzfläche" wird sich dramatisch verkleinern: Akustische Ein- und Ausgabe ist ein erster Schritt in dieser Richtung, der heute schon auf dem Markt verfügbar ist. - Es wird der unmittelbare Transfer von Information aus dem Gehirn an den Rechner folgen: Schon heute arbeitet die US-Air Force an der drahtlosen Übergabe von Gehirnstromsignalen zur Steuerung von Flugzeugen; bisher ist es möglich, einzelne Zeichen in einem - noch sehr langsamen - Sekundentakt an einem Rechner zu übergeben.

Zwei Konsequenzen des vierten Hauptsatzes sind besonders wichtig: *Zum einen* ist es möglich, daß jeder Mensch ein *sehr kleines und handliches Denkzeug* stets verfügbar bei sich trägt, und *zum anderen* wird es mehr und mehr *"intelligente" Produkte* geben, in denen die notwendigen Bedienungen (kognitive Routinen) unmittelbar integriert sind, womit die früher erforderlichen "Benutzerqualifikationen" des Menschen in das System übertragen werden (siehe z.B. vollautomatischer Fotoapparat, für den wohl nur noch der Roboter fehlt, der auch die Kamera bewegt und die Aufnahmen macht).

5. Hauptsatz der IT: Alle wesentlichen Komponenten der IT können - bei konstanter Leistung - immer billiger angeboten werden.

Riesige Stückzahlen, steter Fluß von Innovationen, wesentlich verbesserte Produktionsbedingungen und das Prinzip der Intelligenzverstärkung, also des praktisch immateriellen Transports von Software von einer einzelnen Produktionsstätte an Millionen von Nutzern weltweit führen dazu, daß sowohl Hardware als auch Software bei konstanter Leistung immer billiger werden. - Wer heute z. B. ein Textprogramm kauft, kann für ca. 100 DM ca. 2.500 Funktionalitäten erwerben; Betriebssysteme der 60er Jahre, die einen Bruchteil an Funktionalitäten bereitstellten, kosteten damals Millionenbeträge! - Ein magnetischer Massenspeicher (Festplatte) im Bereich von 1 Milliarde Zeichen im schnellen Zugriff kostet heute einige hundert Mark; für ein System mit wesentlich geringerer Speicherkapazität mußte man noch in den 70er Jahren 100.000 DM ausgeben.

Diese Liste läßt sich beliebig fortsetzen. - Auch für die Telekommunikation erleben wir fallende Tarife, die Telekommunikationsanbieter gehen davon aus, daß um die Jahrtausendwende vermutlich ein *einheitlicher Tarif* für Telefongespräche rund um die Erde gelten wird, da die Übertragung über lange Strecken immer billiger wird und die eigentlichen Kosten im wesentlichen nur im Nahbereich entstehen.

Diese Entwicklung hat für Homo sapiens *gravierende Konsequenzen:* Während Kosten für kognitive Arbeit des Menschen - und natürlich auch für die manuelle Arbeit, die ja letztlich kognitiv gesteuert ist - in Abhängigkeit vom Lebensstandard der jeweiligen Nation einigermaßen konstant bleiben, wird technische Informationsverarbeitung *immer billiger!* Unter Bedingungen des Spätkapitalismus ist klar, wo die Reise hingeht: In einen raschen Abbau von Arbeit, eine zunehmende Automatisierung von Produktion und Dienstleistungen. Vor allem für letztere gilt, daß wir eben *nicht* in eine *menschlich* bestimmte Dienstleistungsgesellschaft gehen, sondern in eine Gesellschaft, in der immer mehr Dienstleistungen *technisch* abgewickelt werden:

Das beginnt in dem Riesenmarkt des Tourismus, wo eben Reservierungen oder die Ausstellung von Tickets *nicht* von Menschen, sondern von Computern getätigt werden; dies läuft über den gesamten Finanzdienstleistungsmarkt, wo die Bankangestellten die Kreditwürdigkeit eines Kunden eben nicht mehr durch den Blick in seine blauen Augen bestimmen, sondern ein Expertensystem zu Rate ziehen; und es läuft bis ins Restaurant, wo der Kellner eben seine Rechnung nicht mehr von Hand schreibt, sondern bereits die Bestellungen am Tisch in einen Computer eingibt, der die einzelnen Plätze "verwaltet". - Daß die großen Entertainer, insbesondere die Rundfunkanstalten und die Verlage, schon lange hochcomputerisiert sind, wundert kaum.

Um die Jahrtausendwende wird sich mehr und mehr ein *einheitliches* digitales Endgerät für *alle* Formen der Kommunikation durchsetzen: die Radio-TV-Telefon-FAX-Computer-Maschine in einem sehr handlichen Format! Der Informationszugang wird zum einen über terrestrische und Satelliten-Netze, und zum anderen über optische, später auch molekulare Massenspeicher erfolgen. Informationsverarbeitung vor Ort kann dabei in fast grenzenlosem Umfange erledigt werden. Man sieht es bei den jetzt aufkommenden Java-Maschinen, die es erlauben, über das Netz transportierte Bitströme vor Ort in Animation und Fernsehprogramme umzusetzen.

6. Hauptsatz der IT: Durch die zunehmende und immer breiter werdende Nutzung der IT wandeln sich die alten sozialen Strukturen zunehmend in ein *soziotechnisches Mega-System.*

In der "schönen alten" Welt bestimmte der soziale Diskurs die *gesamte gesellschaftliche Organisation* und alle dort ablaufenden Prozesse. Es mußten eben alle Informationen von menschlichen Gehirnen wahrgenommen, verarbeitet und transportiert werden; geschriebene und gedruckte Dokumente ergänzten diesen Prozeß in aller Regel nur marginal. - Ganz anders in der neuen Situation: die Gesellschaften der Industrienationen - zunehmend auch die sich entwickelnden Länder - sind dabei, immer mehr kognitive Routinen an komplexe Netzwerke aus Computern, Datenbanken, Expertensystemen und Maschinensteuerungen aller Art zu übergeben. Der Mensch zieht sich mehr und mehr aus der "kognitiven Sklavenarbeit" zurück! Dieses hat vielerlei Gründe:

(1) *Homo oeconomicus ist schlicht faul;* das führt dazu, daß er versucht, *mit einem Minimum an Aufwand* ein Maximum an Wirkung zu erzielen. Hierfür sind die Informatisierung und Computerisierung ideal. Niemand ist heute ernsthaft interessiert, über die Wiedereinführung der 48- oder vielleicht sogar der 52-Stunden-Woche überhaupt zu diskutieren. Wenn wir unsere eben sehr hohe Arbeitsproduktivität erhalten wollen, dann brauchen wir dafür die Computerisierung!

(2) Der Mensch ist an *Sicherheit* interessiert; dies führt dazu, daß zuverlässige informationstechnische Lösungen in aller Regel unzuverlässigen humanen Lösungen vorgezogen werden: Bei einem Bankkontoauszug erwartet man Exaktheit, dies kann bei der großen Fülle von Transaktionen (ca. 1,5 Mrd. täglich in Deutschland) nur noch von Rechnern geleistet werden. Natürlich können hochkomplexe technische Produkte nur noch entworfen und gebaut werden, wenn alle Teile präzise ineinander passen (siehe Flugzeugbau). Dies ist ohne Rechnerunterstützung im Entwurf, in der Konstruktion und in der Pflege solcher Strukturen unmöglich; die zivile Massenluftfahrt wäre im wesentlichen eine chaotische Veranstaltung, wenn in ihr nicht auf allen Ebenen computerisiert gearbeitet würde; etc.

(3) Der Mensch ist *neugierig*. Dieses Interesse kann mit vielerlei Informationsangeboten mittels der alten distributiven und der "superneuen" *interaktiven* Medien befriedigt werden, daher der "Multimedia-Boom".

(4) Der Mensch versucht, *Macht zu organisieren*. Hierfür eignen sich informationstechnische Systeme besonders gut, weil sie es eben erlauben, eigene Konzepte *unmittelbar* technisch zu realisieren, zu implementieren und zu vermarkten, ohne daß man dafür andere Menschen braucht. Man sieht das z.B. an den die Welt als Konsumgüter beherrschenden Softwaresystemen: Wenn heute die ganze Menschheit (der Industrienationen) mit einer kleinen Gruppe von textverarbeitenden Programmen arbeitet, so wird dort die Macht der großen Anbieter ausgeübt: Wenn ich in einem Text ein Wort fett schreiben will, muß ich auf dem Bildschirm den entsprechenden Knopf anklicken. Die Option zu schreiben, "dieses Wort soll fett geschrieben werden", gibt es einfach nicht mehr.

Wir stehen mit der Realisierung soziotechnischer Systeme *ganz ganz ganz* am Anfang einer grundsätzlichen Entwicklung! So wie z.B. in den ersten Jahrzehnten des 18. Jahrhunderts in keiner Weise beschreibbar war, wie eine hochindustrialisierte Gesellschaft am Ende des 20. Jahrhunderts aussehen würde, so sind wir heute keineswegs in der Lage uns vorzustellen, wie das soziotechnische Megaystem des Jahres 2100 strukturiert sein wird! Aber eins scheint klar zu sein, die Ablösung sozialer Strukturen schreitet Schritt für Schritt voran. Dies hängt auch damit zusammen, daß wir in den Demokratien keine Instanzen haben, die solche Strukturen kontrollieren und organisieren können.

Ganz im Gegenteil: Durch *Deregulation* überlassen wir die Entwicklung mehr und mehr der industriellen Hand, d.h. dem Kapital, und diese kann in der Struktur des Spätkapitalismus keine gesamtgesellschaftlichen Aufgaben verfolgen, es *muß* sich an Rendite orientieren! Daher ist nicht zu erwarten, daß unter den derzeitigen volkswirtschaftlichen Randbedingungen ein besonders menschliches soziotechnisches Megasystem entstehen wird. (Wir werden weiter unten der Frage nachgehen, ob man diese Randbedingungen nicht entsprechend ändern müßten.)

3 Optionen der molekular-genetischen Informationstechnik

Nach 50 Jahren physikalisch bestimmter Informationstechnik wissen wir über deren Grundprinzipien heute relativ gut Bescheid. Dies ist im Bereich der molekular-genetisch bestimmten Informationstechniken nicht in diesem Umfang der Fall, weil sich dort viele Entwicklungen noch im Forschungs- und Entwicklungszustand befinden. Dennoch können wir auch für die molekular-genetischen Verfahren der technischen Informationsverarbeitung bereits einige Aussagen machen, die - vermutlich in noch stärkerem Maße als die physikalisch bestimmten Techniken - die Zukunft des Homo sapiens prägen werden. Auch diese Aussagen sollen im

Sinne von Hauptsätzen formuliert werden um zu zeigen, daß es sich um belegbare und auch mit hoher Wahrscheinlichkeit in die Zukunft extrapolierbare Aussagen handelt.

1.Hauptsatz der genetisch bestimmten Informationstechnik (GIT): Im Detail wohl bekannte Prozesse der genetischen Informationsverarbeitung können technisch sicher organisiert werden.

D.h. konkret, daß der Mensch in der Lage ist - unter Nutzung relativ komplexer gentechnischer oder aber relativ einfacher Verfahren, wie der extrakorporalen Fertilisation (u.a. dem Klonieren) -, gezielt in die biologisch bestimmte Informationsverarbeitung einzugreifen. Was bekanntermaßen in einer Zelle oder einem Organismus abläuft, wenn es gilt, genetische Information in "Handeln" der Zelle oder des Organismus zu übertragen, kann technisch organisiert werden.

Heute findet dies z.B. auf dem Niveau der Produktion von Molekülen statt, wobei die entsprechende genetische Information von fremden ("transgenen") Organismen ausgewertet wird. Während wir bei Mikroorganismen und einfachen Organismen bisher keinerlei Scheu haben, in die Keimbahn direkt einzugreifen, um dort die notwendigen Umsteuerungen vorzunehmen, gibt es bisher einen - in einigen Ländern (z.B. Deutschland) auch gesetzlich festgeschriebenen - Konsens, nicht in die *menschliche* Keimbahn einzugreifen. Dieser wird allerdings im internationalen Wettbewerb aller Wahrscheinlichkeit nach - leider - nicht halten: So ist in einigen Nationen sicher zu erwarten, daß dort in die menschliche Keimbahn eingegriffen wird und damit geklonte oder technisch modifizierte Genome entstehen, die zu technisch veränderten biologischen Ausprägungen des Menschen führen werden.

Zunächst kann und wird dieses Instrumentarium genutzt werden, um Erbkrankheiten mehr oder minder gezielt zu "kompensieren", wenn nicht im Sinne von eugenischen Verfahren aufgrund pränataler Diagnose bereits drastisch in die transferierte Keimbahn durch Abtreibung eingegriffen wird. - Da wir mittlerweile z.B. bei der Maus ein Gen kennen, welches die räumliche Orientierung von Mäusen *stark* beeinflußt, ist zu erwarten, daß solche Gene auch in der Kartierung des menschlichen Genoms lokalisiert werden und es sich dann anbietet, dieses zugunsten von "mehr Intelligenz" gentechnisch zu verändern.

Das Klonieren existierender menschlicher Genome wird - mittelfristig – im wesentlichen von den Familien angenommen werden. Es sichert ein "gesundes", "intelligentes", "starkes", "blondes", "großes", etc. Kind, weil die *biologischen* Eigenschaften des "Spenders der genetischen Information" im Detail bekannt sind. Bei dieser "technischen Option" werden mehr und mehr Familien auf die derzeitige "genetische Lotterie" verzichten, die ein "zufälliges" Kind zeugt - in der Regel mit Ergebnissen (= Kindern), die die Eltern "so nicht gewollt haben", bis hin zur Idiotie oder schweren körperlichen Mißbildungen. Insbesondere das Wissen um in der Familie vorhandene Erbkrankheiten (von der einfachen Kurzsichtigkeit bis zur Bluterkrankheit) wird bei zunehmenden Wissen um das menschliche Genom aufgrund der Kartierung den Wunsch zum Klonieren eines "guten" Genoms stark vorantreiben.

Insgesamt kann man erwarten, daß eine "totale Transparenz" des menschlichen Genoms als Konsequenz der Genkartierungsprojekte ca. im Jahre 2020 notwendigerweise dazu führen wird, daß man über "gute" und "schlechte" Genome des Menschen nachdenken muß und sie der direkten Manipulation zur Verfügung stellen wird, wobei das "Klonen" Vorrang haben wird vor der komplizierteren "gentechnischen Manipulation".

2. Hauptsatz der GIT: Auch in Bereichen, in denen die molekularen Zusammenhänge nicht bis ins Letzte aufgeklärt sind, kann durch gentechnische Verfahren eine *akzeptable* Veränderung organismischer Strukturen und Funktionalitäten erreicht werden.

Hier handelt es sich im wesentlichen um Eingriffe in die zellulare Informationsverarbeitung in Bereichen, wo polygene Merkmalsbestimmung die Regel ist und wo die Zusammenhänge kompliziert sind. Während nach dem 1. HS der GIT gezielt und spezifisch eingegriffen wird, können viele genetische Reorganisationen unter Nutzung von technischen Verfahren zu "vielfältigen" Veränderungen führen, die aber durchaus nutzbar sind. Solche Verfahren werden z.b. genutzt, um Einfluß auf Regulationen im genetischen Apparat zu nehmen und dadurch "negative" Gene in ihrer Funktionalität zu reduzieren.

Langfristig wird ein größerer Bereich der "interessanten" gentechnischen Veränderungen, insbesondere beim Menschen, unter diesen 2. HS fallen, da für viele der interessanten Eigenschaften (Gesundheit, Intelligenz, langes Leben, etc.) in aller Regel *viele* Gene in einer komplexen Art zusammenwirken und dadurch eine "einfache Umsteuerung" nach dem 1. HS der GIT kaum möglich sein wird. Aber auch derartige "Verbesserungen" werden sich im einen oder anderen Falle im internationalen Wettbewerb der Konzerne, der Nationen und der Familien untereinander "auszahlen".

3. Hauptsatz der GIT: Die Verfahren der molekular-genetischen Manipulation werden - bei konstanter Leistung - stetig billiger.

Dies hat *zum einen* damit zu tun, daß wir das Wissen über wichtige relevante Prozesse international kumulieren (z.B. Gendatenbanken) und transparent machen, und *zum anderen* die Verfahren der Genanalyse und die technischen Manipulationen von Genomen, unter Nutzung der physikalisch bestimmten Informationstechnik, immer schneller und effektiver gestaltet werden können. Der Laboraufwand für gentechnische Prozesse wird durch zunehmende flexible Automatisierung immer geringer.

Damit besteht zunehmend die "Versuchung", diese Verfahren nicht nur in der Pflanzen- und Tierzucht, sondern auch beim Menschen zu nutzen. In gleicher Weise, wie wir bei der heutigen Prothetik bei Menschen Schritt für Schritt, Organ für Organ, dazu übergehen, die "defekte Maschine" zu reparieren, so wird auch bei ökonomischer Verfügbarkeit der Verfahren zur "Reparatur der genetischen Konstitution" deren Nutzung zunehmen.

4. Hauptsatz der GIT: Durch die intensive Nutzung der GIT entsteht eine *neue Schicht* biologisch-technisch geprägten Lebens, die ein wichtiger Teil des soziotechnischen Megasystems werden wird.

Weist der 6. HS der physikalisch bestimmten IT bereits darauf hin, daß wir eine kognitiv-technische Infrastruktur aufbauen, so macht der 4.HS der GIT deutlich, daß insbesondere der künstliche Umgang mit genetischer Information eine wichtige Rolle spielen wird: Wenn immer es gilt, komplexe Prozesse zu organisieren und abzuwickeln, kann der Mensch zum einen auf die klassischen physikalisch bestimmten Informationstechniken zurückgreifen und zum anderen zunehmend biologisch molekular-genetische Verfahren verwenden, um das Gesamtsystem soziotechnisch zu strukturieren.

Ein Beispiel aus der Pflanzenzucht macht das deutlich: Wenn es gilt, auf einem Feld ein Optimum an Ernte einzubringen, so macht es zum einen ökonomisch Sinn, daß Traktoren *vollautomatisch* pflügen, düngen und ernten, zum anderen aber ein Saatgut zu verwenden, das gegen Schädlinge aller Art entweder aufgrund der eigenen genetischen Konstitution oder in Kombination mit entsprechenden Pflanzenschutzgiften unangefochten von Schädlingen den vollen Ertrag erbringt.

Hier sieht man das soziotechnische System besonders gut: Die Gewinnung von primären Produkten der Agrarwirtschaft ist nicht mehr ein Problem der liebevollen Zuwendung eines Bauern zu seinem Land und seinem Vieh, sondern das Ergebnis des *Transfers* unseres Wissens über die Produktion landwirtschaftlicher Produkte in technische Strukturen. Das - alte - soziale Verhalten des Menschen wird im Detail analysiert, technisch implementiert und dann technisch betrieben - der Bauer kann sich mehr und mehr von Feld und Flur zurückziehen! Das soziotechnische System übernimmt!

Ähnliches wird mittelfristig z.B. für die Medizin gelten: Der genetisch "richtig" präselektionierte Mensch wird wesentlich seltener krank werden als der "natürliche" Mensch. Wenn er dennoch erkrankt, so wird ein komplexer Apparat molekular-biologischer Verfahren und informationstechnischer Strukturen bereitstehen, um Analyse, Diagnose und Therapie zügig zu betreiben. Die heute z.B. bereits in der "Tradition" des Computer Integrated Manufacturing (CIM) in der Gehirnchirugie praktizierte Kombination von Computertomographie und dem anschließenden Einsatz von Mikrorobotern bei der chirurgischen Entfernung von Gehirntumoren weist bereits in diese Richtung.

Physikalisch und genetisch bestimmte Informationstechniken werden mittelfristig auch mehr und mehr ineinander greifen. Besonders interessant ist z.B. die durchaus realistische Vorstellung, Computer durch Zellen nach entsprechender Programmierung deren genetische Information als *molekulare Rechner* produzieren zu lassen. Das Verfahren wird heute bereits zur Produktion "einfacher" pharmazeutischer Stoffe genutzt ("Gene Pharming"). Hier bestimmt die eine IT-Technik die andere.

Wichtig ist auch, zur Kenntnis zu nehmen, daß beide Techniken in Zukunft weltweit in der Hand einer außerordentlich kleinen Gruppe von einigen 10.000 bis maximal 100.000 Forschern, Entwicklern und Produktionsvorbereitern liegen. *Eine breite Partizipation der Bevölkerung findet - im Gegensatz zur Industrialisierung - nicht statt!* "Intelligenzverstärkung" erfolgt unmittelbar und global. Dies gibt der lokalen menschlichen Arbeit einen ganz neuen Stellenwert: Während früher Menschen *stets vor Ort* die notwendigen Verfahren lernen und das notwendige Wissen akkumulieren mußten, können informationstechnische Systeme an *jeder Stelle der Welt und sofort* zum Laufen gebracht werden! Das gilt für die physikalisch bestimmte Technik, z.B. durch das Einlesen von Software, und für die genetisch-molekular bestimmte Informationstechnik durch die unmittelbare Nutzung geeigneter genmanipulierter Organismen. Während früher nach dem Tod eines Menschen nur "deklaratives" Wissen - in Form von Texten - "übrig" bleiben konnte, werden jetzt *operative Strukturen* unmittelbar von Generation zu Generation weitergegeben. Es ergibt sich eine "neue Form des Megalebens" auf der soziotechnischen Ebene.

4 Psychische Mobilität mit Informationstechnik

Bis in die 50er Jahre dieses Jahrhunderts war ein "gebildeter" und "gut ausgebildeter" Mensch die einzige "operative Struktur" auf Erden, die es erlaubte, komplexere kognitive Prozesse zu bewältigen. Mit den neuen Informationstechniken hat sich diese Situation *grundsätzlich, dramatisch und schnell verändert*: Heute werden mehr und mehr kognitive Leistungen durch die physikalisch bestimmte Informationstechnik *in allen Gebieten erbracht;* morgen ist zu erwarten, daß auch die gentechnisch bestimmten Informationstechniken gezielte Leistungssteigerungen der menschlichen Intelligenz erlauben werden.

Daraus ergibt sich eine grundsätzlich neue Struktur: "Natürlich-menschliche" und technisch bestimmte Informationsverarbeitung *komplementieren* sich in immer größerem Umfang. Wir begegnen heute schon der Situation- und werden dies in immer größerem Maße erleben -, daß diese Komplementarität als *"psychische Mobilität mit Informationstechnik"* realisiert wird: Der Mensch greift immer häufiger und in immer neuen Gebieten zur Informationstechnik, wenn es gilt, kognitive Routineprozesse zu lösen; ihm bleiben "Steuerung und Kontrolle". Dies entspricht - allerdings auf einer anderen Ebene - dem in den Industrienationen schon abgeschlossenen Weg in die *physische Mobilität mit Verkehrstechnik!* Dort haben wir in den letzten 120 Jahren mit motorisierter Verkehrstechnik die Komplementarität von menschlicher und technischer Fortbewegung in immer höherem Maße - über die Eisenbahnen bis zum Sportflugzeug - perfektioniert. Heute werden in Deutschland deshalb nur noch 4 % der Wegstrecken zu Fuß zurückgelegt! Bei einer Gesamtwegestrecke der deutschen Bevölkerung von ca. 1.000 Milliarden Personenkilometern pro Jahr bedeutet dies gerade noch 10 Milliarden km pro Jahr- oder *340 m* pro Tag und Einwohner!

Vergleichbare Zahlen gibt es heute bereits in einigen Bereichen bezüglich der psychischen Mobilität mit Informationstechnik: Betrachtet man z.B. die im Kreditwesen insgesamt anfallenden arithmetischen Transaktionen, so wären heute ca. *7 Millionen Menschen* - ausgerüstet mit Taschenrechnern - notwendig, um die Gesamtleistung der Großrechner des Kreditwesens "im Kopf" abzuwickeln; im Kreditwesen sind aber nur noch ca. 700.000 Menschen beschäftigt! D.h. nichts weiter, als daß in diesem Bereich psychische Mobilität mit Informationstechnik heute bereits in einem quantitativ vergleichbaren Umfange praktiziert wird wie im Verkehr.

Diese Entwicklung hat tiefgreifende Konsequenzen für das Menschheitsbild, für Bildung und Ausbildung und für die zukünftigen Strukturen der Menschheit. Während bis in die 50er Jahre physikalisch bestimmte technische Informationsverarbeitung nicht zur Verfügung stand und in dieser Situation z.B. nach dem zweiten Weltkrieg die heute im wesentlichen noch gültigen Lehrpläne für Schulen und Hochschulen entwickelt wurden, so ist heute eine völlig andersartige Bildung und Ausbildung gefordert, die den Menschen qualifiziert, mittels psychischer Mobilität mit Informationstechnik erlaubt, leistungsfähig, zufrieden und glücklich zu arbeiten und zu leben. Aber die notwendige curriculare Reform hat *nicht* stattgefunden, wir bilden in vielen Fächern "Computer auf Beinen" aus, für die die Gesellschaft dann "keine Verwertung" mehr hat (Arbeitslosigkeit!).

In gleicher Weise wird die genetisch bestimmte Informationsverarbeitung - zunächst in der Produktion chemisch bestimmter Strukturen und später in der langsamen Veränderung der menschlichen Rasse - dazu führen, daß sich das menschliche Verhalten und das gesellschaftliche Handeln im Sinne einer neuen Komplementarität von "natürlich-menschlich" einerseits und "technisch-bestimmter Menschlichkeit" andererseits ergänzen.

Z.Z. stehen wir schon fassungslos vor der Frage, wie Bildung und Ausbildung eigentlich in Zukunft aussehen sollen, wenn immer mehr kognitive Routinen vom Computer übernommen werden. - In Deutschland haben wir bisher praktisch keine Antwort auf diese Frage gegeben. Über die sich durch Fertilisationstechnik ("Klonieren") und durch die Gentechnik verändernden Sozialstrukturen wird nicht einmal diskutiert - sie werden als "ethisch verwerflich" von vornherein aus der Diskussion ausgeklammert - und später unreflektiert doch realisiert!

Für eine bewußte Gestaltung soziotechnischer Systeme auf den unterschiedlichen Ebenen ist es jedoch unabdingbar, daß das Verhältnis von primär informationstechnisch bestimmter Infrastruktur einerseits und menschlichem Handeln andererseits - auf allen Ebenen - im Detail erörtert wird. Reale psychische Mobilität mit Informationstechnik nicht zur Kenntnis zu nehmen, heißt schlicht, Realitäten zu leugnen und sich nicht zukunftsorientiert und gestaltend auf sie einzulassen.

5   Tiefgreifende Änderungen in allen gesellschaftlichen Bereichen

Mitten auf dem Weg in die soziotechnische Megastruktur sehen wir heute den Wald vor Bäumen kaum noch: Die Technifizierung unserer Welt - und damit natürlich auch die Technifizierung menschlichen Handelns - ist in den Industrienationen bereits weit fortgeschritten. Im folgenden seien exemplarisch nur einige wichtige Felder zusammengetragen, um zu zeigen, wie weit wir bereits von einer "natürlichen" und "sozial bestimmten" Welt entfernt sind und wie weit *sich Homo sapiens informaticus* bereits de facto entwickelt hat.

Dabei ist allerdings auch die riesige Heterogenität zwischen "hoch entwickelten" Industrienationen einerseits, und "armen" Entwicklungsländern andererseits zu sehen. Während die Aussagen über den Weg in die soziotechnische Höchstintegration für erstere gilt, gibt es viele Länder, in denen heute der Homo faber so lebt und arbeitet wie vor Tausenden von Jahren. Damit unterscheidet sich unsere heutige Zeit qualitativ, aber nicht quantitativ von früheren Epochen in der Kulturgeschichte der Menschheit: Es gab stets große Differenzen zwischen den "Hochkulturen" und vielen "normal-natürlich" lebenden Menschen. Deshalb sind die im folgenden angestellten Überlegungen auch vermutlich nur für ca. 1 Milliarde Menschen relevant, nämlich die Einwohner der "hochentwickelten" Länder, und in diesen für alle die, die sich mehr oder minder in das soziotechnische Megasystem haben aufsaugen lassen. Für den Rest der Welt - das sind immerhin ca. 5 Milliarden Menschen - gelten andere Prinzipien, und damit ein anderes Menschheitsbild, welches sich allerdings in Zukunft auch langsam ändern wird.

Betrachten wir - mit dieser Einschränkung - zunächst den *Produktionsprozeß*, so ist festzuhalten, daß die alte soziale Kette - von einer Idee über einen Diskurs zur Konstruktionszeichnung, von dieser über Techniker, Meister, Gesellen und Lehrlinge zum "vorläufigen" Produkt und schließlich nach Inspektion und manueller Verpackung zum "Endprodukt" - heute weitgehend abgelöst ist durch eine homogene logistische Kette (Computer Integrated Manufacturing (CIM)). Dabei wird in der ersten Phase der Produktdefinition möglichst präzise und konfliktfrei am Rechner eine Konstruktion spezifiziert, die zum einen eine Datenbank geometrischer Objekte, und zum anderen eine Kette logistischer Anweisungen zur Beschaffung und zur Integration der notwendigen Halbfertigfabrikate und Materialien darstellt.

Ausgehend von dieser Definition werden dann komplexe kognitive Maschinen genutzt, um den eigentlichen Produktionsablauf zu planen, zu organisieren, zu steuern und letztlich durchzuführen (Computer Aided Manufacturing). Auf diesem Weg hat menschliche Kommunikation, haben menschliche Informationsverarbeitungsleistungen und menschliches manuelles Handeln nur noch einen sehr begrenzten Platz. D.h., der Mensch ist in der Tat dabei, sich mehr und mehr aus der eigentlichen Produktion zurückzuziehen! - Die Konsequenzen liegen auf der Hand: unter Bedingungen der vollen Ausnutzung der Hochautomatisierung reicht *immer weniger* Arbeit aus, immer effizienter und besser zu produzieren. Während früher "deutsche Wertarbeit" ein Zeichen von Qualität war, ist heute computergesteuerte Produktion (irgendwo auf der Welt) gefordert, wenn es letztlich um Qualität geht. Wer als Unternehmer diesen Weg nicht geht, verschwindet vom Markt oder hat bestenfalls noch in speziellen Nischen eine Chance (siehe z.B. die Firma Porsche mit ihren High-Tech- und High-Price-Produkten).

Fast noch massiver als die Produktion hat die technische Informationsverarbeitung die *Dienstleistungen* durchsetzt: Wir leben *keineswegs* in einer menschlichen Dienstleistungsgesellschaft, sondern in einer soziotechnischen Infrastruktur, in der eine breite Fülle von Dienstleistungen nicht mehr von Menschen, sondern von technischen Infrastrukturen bewältigt werden: Wäsche wird nicht von Waschfrauen gewaschen, sondern von Waschautomaten; gute Musik kommt für 99 % aller Musikkonsumenten nicht unmittelbar aus dem Klangkörper eines Orchesters, sondern aus Radio, Fernseher und der CD - kaum noch jemand bestellt sich zu seiner Party ein kleines Orchester; finanzielle Transaktionen werden von Computer zu Computer durchgeführt, das "Home Banking" breitet sich immer mehr auch in den privaten Haushalten aus; daß man sein Bargeld nicht mehr am Bankschalter abholt, sondern aus dem Bankautomaten zieht, ist da schon fast selbstverständlich; studierten früher Finanzbeamte das Steuerrecht und ermittelten dann mühsam aus den eingereichten Unterlagen des Steuerpflichtigen die Steuerklärung, so ist dieser Job schon lange an Rechnerprogramme übergeben worden, die es jetzt erlauben, das Steuerrecht entsprechend schnell und flexibel zu verändern (eine bei menschlicher Bearbeitung unmögliche Konstellation).

Das "nette Fräulein vom Amt", welches früher einmal im Telefonnetz die Verbindungen herstellte, ist schon lange durch vollautomatische und neuerdings durch digitale Vermittlungen ersetzt worden, die jetzt auch Dienstleistungen anbieten, die früher nicht einmal von der Handvermittlung erbracht wurden. Die Konsequenz ist klar: Die Telekommunikationsgesellschaften reduzieren weltweit ihr Personal von Tag zu Tag. - Obwohl der medizinische Sektor unserer Volkswirtschaft außerordentlich teuer ist, hat sich auch dort das medizinische Personal auf breiter Front von vielen alten Routinetätigkeiten zurückgezogen: Die Masse der Tests wird heute von vollautomatischen Systemen durchgeführt - von der Blutanalyse bis hin zum Kernspintomographen. Computerisierte Ultraschalltechniken ersetzen schon lange das "Fingerspitzengefühl" guter Ärzte. Daß mittlerweile computergesteuerte Roboter in die Chirurgie einziehen, macht durchaus Sinn: Chirurgen haben nun einmal, bedingt durch ihre menschliche Konstituiertheit nur eine gewisse Präzision in der manuellen Motorik; wird diese überfordert, so bietet der Mikroroboter einen "sinnvollen" Ersatz. Medizinische Expertensysteme kommen immer mehr zum Einsatz, wenn es gilt, das aggregierte Wissen von hochqualifizierten Medizinern schnell vor Ort verfügbar zu haben. Daß das gesamte Abrechnungssystem in den Praxen der niedergelassenen Ärzte und in den Krankenhäusern computerisiert ist und damit praktisch sowohl der "gläserne Patient" als auch der "gläserne Arzt" realisiert wurden, fällt dabei kaum noch auf. Nur noch die Primärdaten werden von Ärzten bzw. dem Krankenhauspersonal erzeugt.

In *Bildung und Ausbildung* haben wir heute eine zweigeteilte Situation: In den allgemeinbildenden Schulen und zum Teil auch in den Berufsschulen wird der alte "Dienst nach Vorschrift" von einer beamteten (und überalterten) Lehrerschaft gemacht. Dort in der Tat stehen menschliche - und insbesondere soziale Kontakte - ganz im Vordergrund. Auf der anderen Seite wird immer deutlicher, daß in der betrieblichen Aus- und Weiterbildung der computerunterstützte Unterricht (als Computer Based Training, CBT) den personalen Unterricht ablöst. Es gibt heute kaum noch größere Unternehmen, die nicht zumindest einen Teil ihrer Bildungsmaßnahmen computerunterstützt durchführen: Das beginnt bei den Fluglinien, die ihre Piloten natürlich auf computergestützten Simulatoren ausbilden, läuft über ständige Fort- und Weiterbildungsangebote der großen Telekommunikationsgesellschaften und endet sicher nicht bei dem Versuch der Automobilhersteller, das notwendige Wissen in den Werkstätten durch verschiedene Formen der Computernutzung on-line und off-line zu vermitteln.

Allerdings zeichnet sich in jüngster Zeit auch in den allgemeinbildenden Schulen eine gravierende Trendwende ab: Schulbuchverlage, Softwarehäuser und viele institutionelle Anbieter sind dabei, "Lernsoftware" auf dem Nachmittagsmarkt zu verkaufen, die zu Hause - insbesondere bedingt durch die Halbtagsschule in Deutschland - *immer stärkere Resonanz findet*. Ein sehr bekannter Schulbuchverleger hat vor gar nicht langer Zeit konsequenterweise gesagt: "Die Schule bleibt der Raum für soziale Begegnung, Lernen findet zu Hause statt".

Hier wäre das Ende der klassischen Dienstleistung in der Lehre! Allerdings wird sich das Bildungswesen so lange als institutionelle Struktur behaupten können, wie die Gesellschaft es akzeptiert, daß die gesamte Zertifizierung der Jugend vom Staat durchgeführt wird und dieser jungen Menschen entweder eine Zukunft schafft - oder sie verbaut. Die Frage ist, wann die notwendigen Reformen und Strukturanpassungen in der Lehre durchgeführt werden und ob eine Entwicklung hin zu einer Betonung von psychischer Mobilität mit Informationstechnik stattfindet.

Unter dem Schlagwort *"Der Schlanke Staat"* werden auch staatliche und kommunale Dienstleistungen immer stärker rationalisiert, sprich: computerisiert und automatisiert. D.h., die alten menschlich-sozialen Funktionen werden zurückgefahren, und es breitet sich eine soziotechnisch bestimmte staatliche Infrastruktur aus: Dies beginnt bei "Bürger-Informationssystemen", die in immer mehr Städten vorgehalten werden und die es dem Bürger - z.B. über Internet - gestatten, unmittelbar mit Verwaltungsrechnern zu kommunizieren und endet irgendwo im Bereich der Verteidigung, wo in der Tat mit immer kleineren (Berufs-)Heeren durch Einsatz *modernster computergesteuerter Waffensysteme* eine immer mächtigere militärische Schlagkraft aufgebaut wird. Insbesondere spielt dabei die "Strategic Defence Initiative (SDI)" eine immer wichtigere Rolle: Es kommt darauf an, das eigene Territorium durch ein hoch computerisiertes "käseglockenartiges" Raketenabwehrsystem so sicher zu machen, daß das Eindringen fremder Raketen und fremder Streitkräfte im Kern erstickt wird. Eine Aufgabe, die ohne Informationstechnik nicht realisierbar wäre!

Verglichen mit dem massiven Einsatz der physikalisch bestimmten Informationstechnik in unserer Gesellschaft ist die Nutzung von gentechnisch bestimmten Informationstechniken *bisher* nur marginal: In Pflanzen- und Tierzucht entstehen zwar zunehmend Arten und Sorten, die das Produkt gezielter genetischer Manipulation sind, aber sie dominieren noch nicht die Märkte. Wichtiger ist schon die Nutzung genetischer Techniken zur gezielten Produktion von wichtigen molekularen Strukturen: Nicht umsonst war das erste geklonte Schaf "Dolly" nicht irgendein Schaf, sondern eines, dessen genetische Information vorher so gezielt verändert wurde, daß es in seiner Milch bestimmte Pharmaka produziert.

Dieses Konzept des "Gene Pharming" wird sich ausbreiten, macht es doch ökonomischen Sinn: anstelle eines komplexen chemischen Syntheseprozesses wird einfach ein normales Lebewesen als "Fabrik" genutzt, um die komplexen Syntheseprozesse "nebenher" abzuwickeln und nur noch das Endprodukt aus der Fülle der Produkte der "biochemischen Fabrik Körper" abzutrennen. Hier entsteht eine ganz neue organismisch-industrielle Struktur, die immer neue Produkte erzeugen wird.

Betrachtet man die breite Fülle von realen soziotechnischen Infrastrukturen - an deren *erstem Anfang* wir ja erst stehen - so wird deutlich, wo die Reise hingeht: Homo sapiens sapiens verabschiedet sich, *Homo sapiens informaticus* - tief verflochten in soziotechnischen Megastrukturen - übernimmt das ungewisse Schicksal der Menschheit.

6   *Homo sapiens informaticus* am Rande soziotechnischer Megasysteme

Nach einer ersten Analyse der sich schnell wandelnden *deklarativen und prozeduralen informationellen Umwelt* des Menschen soll abschließend der Versuch gemacht werden, einige erste Aussagen über Homo sapiens informaticus zu formulieren. Dies ist nicht leicht, da wir *ganz am Anfang* einer völlig neuartigen Entwicklung stehen, nämlich der Existenz und massiven Nutzung kognitiver Maschinen - zunächst in physikalischer und später auch in molekulargenetischer Form.

Wie bei allen Systembrüchen wird in der gesellschaftlichen Diskussion zunächst die grundsätzliche Neuigkeit des Umbruches geleugnet, verdrängt oder verniedlicht. Dies genau charakterisiert den heutigen Blick auf das Menschheitsbild: Die Tradition der Aufklärung in Form des mündigen Bürgers, des politisch Aktiven, des um Verständnis der Welt Ringenden, schlicht des Homo politicus wird in allen Darstellungen immer wieder beschworen. *Aber dieses Bild ist angesichts der Realitäten schlicht längst zu einer Illusion geworden!*

Real und praktisch sind wir massiv dabei, das *Projekt der Aufklärung zu beenden*. Dies hat vielerlei Gründe: Das immer schneller zunehmende Wissen im Vergleich zur begrenzten Leistung des menschlichen Gehirns erlaubt es schon lange nicht mehr, "über die Welt Bescheid zu wissen", geschweige denn, urteilsfähig zu sein und darauf aufbauend zu handeln; dies gelingt bestenfalls noch in sehr schmalen Fachgebieten. - Die völlige Unfähigkeit des Bildungswesens, sich neu zu organisieren und die Fülle des Wissens in Formen zu bringen, die Perspektiven und Übersichten ermöglichen, ist eine zweite Ursache für das Ende der Aufklärung. - Aber der eigentliche Grund liegt *viel tiefer*: Trägheit und Faulheit des Menschen haben ihn immer danach suchen lassen, Techniken zu entwickeln, die ihn entlasten. Nun ist es den Menschen (der Industrienationen) - endlich - gelungen, sich auch von den kognitiven Tätigkeiten zu "befreien"! Aufklärung als allgemeine Aufgabe ist nicht mehr breit notwendig, übernimmt doch die Informationstechnik - zunehmend auch in vernetzter Form - eine kognitive Aufgabe nach der anderen. Ein breites und massenhaftes Wissen und Verstehen von Zusammenhängen wird für breite Schichten - scheinbar - nicht mehr nötig, wenn gigantische technische Infrastrukturen alle notwendigen Leistungen vorhalten ("Wissen kommt aus der Steckdose" und "intelligente Produkte und Dienstleistungen").

Natürlich muß sich *Homo sapiens informaticus* um Struktur, Organisation und Kontrolle der gigantischen soziotechnischen Megastrukturen kümmern - aber dies ist schon lange *nicht* mehr die Aufgabe breiter Schichten; eine *kleine* - weltweit operierende - *Minderheit* von einigen hunderttausend innovativen Menschen konzipiert, strukturiert und implementiert eine Schicht des soziotechnischen Megasystems nach der anderen. Insbesondere die in ihrer Grundstruktur *völlig veraltete* repräsentative Demokratie mit ihren Vier-Jahres-Perioden bei immer langfristigeren Problemen erlaubt ja *bewußt* keine Partizipation!

Homo sapiens sapiens ist es in den letzten Jahrtausenden gelungen, die natürliche Umwelt technisch zu überbauen; die Stadt, das Verkehrswesen, die Strom- und Wasserversorgung sind hierfür typische Beispiele. *Homo sapiens informaticus* überbaut nun in einem zweiten Schritt diese zunächst von Menschen sozial zu kontrollierende "Hardwarestruktur" durch das soziotechnische Megasystem, in dem immer mehr soziale Verhaltensweisen in Form von Informationstechnik implementiert werden. Er/sie/wir bauen ein "Paradies auf Erden", in dem informationstechnische Sklaven mehr und mehr Funktionen übernehmen und den Menschen "*freistellen*", ungeklärt aber ist: wozu?

Die neuen Aufgaben scheinen zwar auf der Straße zu liegen: Fortentwicklung der Demokratie, revolutionäre Umgestaltung des Bildungswesens, Neuorganisation der Volkswirtschaft, usw. Aber hierfür hat *Homo sapiens informaticus* offensichtlich nicht viel Zeit; wenn er arbeitslos ist, versteckt er sich; wenn er noch einen Job hat, so nutzt er die arbeitsfreie Zeit für Amüsement und viel Urlaub! Es besteht eine in der Geschichte *nie* dagewesene Diskrepanz zwischen einem Überschuß materiellen und monetären Wohlstands und frei verfügbarer Zeit einerseits und einer nur marginalen Nutzung dieses gewaltigen Potentials für die Entfaltung von Menschlichkeit andererseits!

So wird sich im nächsten Jahrhundert ein mehrschichtiges Bild des *Homo sapiens informaticus* herausbilden: *Auf der einen Seite* wird es eine extrem kleine "Elite" geben, die den "Fortschritt" schnell vorantreibt und immer neue Infrastrukturen aufbaut. *Auf der anderen Seite* wird es eine durch Informationstechnik psychisch mobil gemachte Masse geben, die vom soziotechnischen Megasystem "ausgehalten" wird, letztlich aber am Rande dieser Strukturen ohne Verständnis ihrer Funktionalität und Komplexität lebt - und leben kann.

Nur dramatische Veränderungen in der Organisation unseres politischen Systems einerseits und in der Verteilung von Produktivität (also eine "Neue Volkswirtschaft") andererseits, würden es ermöglichen, eine intensivere Beteiligung vieler *Homo sapiens informatici* am soziotechnischen Gesamtsystem und dessen Kontrolle zu erlauben. Bisher sind keinerlei Kräfte erkennbar, die in diese Richtung weisen. Aber dies ist wohl normal am Beginn eines kaum überschaubaren und sehr grundsätzlichen Wandels der realen Bedeutung des menschlichen Geistes.

Weitgehend ungeklärt bleibt z.Z. auch das Verhältnis von *Homo sapiens informaticus* in den Industrienationen und der noch "natürlichen" Bevölkerung in den anderen Ländern der Welt. Dort herrscht häufig breite Unwissenheit - weit unterhalb der hehren Ziele der Aufklärung -, bittere Armut und weitgehende Isolation gegenüber dem sich bildenden soziotechnischen Megasystem.

Zwei Szenarien erscheinen mittelfristig denkbar: (a) Das soziotechnische Megasystem kann sich Schritt für Schritt auch in diesen Ländern ausbreiten – vorausgesetzt, dort entsteht so viel Wissen und Kapital, daß die Grundstrukturen überhaupt aufgebaut werden können. (b) Die Industrienationen "überwachen" mit ihrer soziotechnischen Megastruktur die armen Länder der Welt (letztlich militärisch) in einer Art und Weise, daß sie außerhalb der neuen Systeme leben müssen. Hinzu kommt noch, daß es - z.B. im Rahmen des islamischen Fundamentalismus - durchaus *aktive* Bestrebungen einiger Länder gibt, gar nicht die soziotechnische Integration anzustreben; z.Z. zumindest ist für diese Nationen der *Homo sapiens informaticus* keineswegs Leitbild menschlicher Entwicklung!

Literatur

Bemmé, A. et al.: Maschinen-Menschen, Mensch-Maschinen. Reinbek 1983.

Bresch, C.: Zwischenstufe Leben – Evolution ohne Ziel. München 1977.

Fischer, G.B.: Die biologische Zeitbombe. Frankfurt 1968.

Forester, T. (Ed.): The Information Technology Revolution. Padstow 1985.

Haefner, K. (Ed.): Evolution of Information Processing Systems - An interdisciplinary Approach for a New Understanding of Nature and Society. Berlin 1992.

Lee, T.F.: The Human Genome Project. New York 1991.

Minsky, M: Mentopolis. Stuttgart 1991.

Negroponte, N.: Being Digital. London 1995.

Turkle, S.: Die Wundermaschine - vom Entstehen der Computerkultur. Reinbek 1984.

Das Menschenbild des Ingenieurs

Karlheinz G. Schmitt-Thomas

Einleitung

Philosophisch ist das Problem der Technik und des dahinterstehenden Menschen eine unbewältigte Aufgabe. Äußerungen, die eine Hinwendung der abendländischen Geisteshaltung zum technischen Denken erkennen lassen, sehen mehr die Möglichkeiten der Technik als die Auseinandersetzung mit den anthropologischen Aspekten dieses Phänomens. Wenn davon ausgegangen wird, daß es bei der Vielfältigkeit des Ingenieurwesens im Sinne der philosophischen Anthropologie überhaupt ein spezifisches Menschenbild des Ingenieurs geben kann, so ist dieses unter mehreren Perspektiven zu sehen. Einmal ist auf die Frage einzugehen, wie der Ingenieur sich selbst im Gesellschaftsumfeld sieht, zum anderen steht die Frage im Raum, wie die Gesellschaft den Ingenieur sieht und schließlich ist zu prüfen, wie weit aus diesen Positionen ein geschlossenes Menschenbild des Ingenieurs beschreibbar ist.

Um sich einer solchen Darstellung anzunähern, ist zunächst auf die Wurzeln der Technik und die Entstehung des Ingenieurberufs einzugehen. Sodann ist der Versuch zu machen, den Bereich der Technik von dem Bereich der Naturwissenschaften abzugrenzen und entsprechend zwischen Ingenieur und Naturwissenschaftler zu differenzieren. Es ist dies ein Unterschied, der sich neben vielem anderen auch in den Begriffen des „Erfindens" in den Ingenieurwissenschaften und des „Entdeckens" in den Naturwissenschaften niederschlägt. Entscheidend für das Selbstverständnis des Ingenieurs und für sein Bild in der Gesellschaft ist schließlich die Tatsache, daß Technik in ihrer heutigen Dimension und in ihrer allumfassenden Durchdringung aller Lebensbereiche oft den Blick auf den dahinterstehenden Ingenieur, die Persönlichkeit und den Menschen, den Blick verstellt. Dieser Aspekt erlangt besondere Bedeutsamkeit im Zusammenhang mit der Betrachtung des Verantwortungsbewußtseins des einzelnen Ingenieurs bei der Realisierung des beim Stand der Technik heute Machbaren. Das Nachvollziehen der angesprochenen Gedanken läßt erkennen, daß die philosophische und die technische Mentalität von Haus aus einander fremd sind und damit ein „Menschenbild" des Ingenieurs in einer gewissen Allgemeingültigkeit nicht leicht zu zeichnen ist.

Vom Ursprung der Technik und des Ingenieurberufs

Für den Versuch, ein eigenständiges Menschenbild des Ingenieurs zu zeichnen, ist zurückzugehen auf das Wesen und die Entstehung der Technik und der sich daraus ergebenden Position und der Aufgaben des Ingenieurs. Bereits der Begriff der Technik und seine etymologische Ableitung beinhalten Widersprüchlichkeiten, die sich in der geistigen Position des Ingenieurs immer wieder spiegeln. Bei Platon bedeutet „techne" Kunst, Kunstfertigkeit, Können und „sich auf – etwas – verstehen". Der Techniker versteht sich als Baumeister und sachverständiger Fachmann genauso wie derjenige, der mit Künsten und ihren Erzeugnissen befaßt ist. Die Ambivalenz des Technischen kommt im Begriff „technazien" zum Ausdruck, der in erster Linie Täuschung und Betrug durch geeignete Mittel meint. Unter anderem steckt dahinter, daß der Gegner durch Kriegslist und mit Mitteln der Technik zu täuschen und zu bezwingen ist.

In jedem Fall aber ist es die Technik, die Werkzeuge und Hilfsmittel für das Überleben und zur Überwindung der dem Menschen gesetzten Grenzen schaffen läßt. Bis in die frühesten geschichtlich zurückverfolgbaren Zeiträume sind solche Hilfsmittel die Voraussetzungen dafür, daß der Mensch sich in der Natur behaupten konnte und in die Lage versetzt wurde, Naturgesetze nutzbar zu machen. Bereits bei Augustinus kreisen die philosophischen Gedanken um den Begriff der „Ars" (Kunst, Können), mit der Augustinus die Fähigkeit des Menschen bezeichnet, sich mit Hilfe seiner Vernunft im Leben und in der Welt einzurichten. Wenn Arnold Gehlen den Menschen als „Mängelwesen" in bezug auf seine mangelhafte Organ- und Instinktausstattung sieht, das, um überleben zu können, seine Umwelt „handelnd" verändern muß (Gehlen 1957), so lassen sich darin Elemente der Naturphilosophie Schellings erkennen, ebenso wie diese Position mit Ansichten Herders übereinstimmt. Mit unterschiedlichem philosophischen Hintergrund spiegelt sich in den An- und Einsichten, daß es in einer zunächst unbezähmten Natur die geistigen Kräfte, die Intuition, die Schöpfungs- und Erfindungsgabe waren, die die Basis für die Prägung des Menschen als autonome Persönlichkeit und als Urheber seiner Geschichte darstellten.

Immer wieder eilten seit frühesten Zeiten in der Entwicklungsgeschichte des Menschen die Phantasien zur Überwindung der dem Menschen gesetzten Grenzen weit über das beim jeweiligen Erkenntnisstand und den zur Verfügung stehenden Ressourcen zu Realisierende hinaus. Träume und Wünsche nach außergewöhnlichen Kräften, nach Unangreifbarkeit und nach der Überwindung von Raum, Zeit und irdischen Dimensionen haben dabei eine große Bedeutung. Dieses Streben kommt in Sagen und dichterisch ausgestalteten historischen Überlieferungen in Form phantasievoll ausgeschmückter technischer Ideen zum Ausdruck. Bereits in der griechischen Mythologie wird beispielsweise die Erfindung von Zirkel, Säge und Töpferscheibe thematisiert.

Dädalus entflieht nach der Sage mit seinem Sohn Ikarus mit Hilfe künstlicher Flügel der Gefangenschaft des Königs Minos. Die Grenzen und die Gefahren dieses Fluges werden dabei angesprochen, indem nach dieser Sage Dädalus' Sohn Ikarus der Sonne zu nahe kommt, das Wachs, das die Federn der Flügel bindet, schmilzt und Ikarus ins Meer stürzt.

Unter den Fabeln um Archimedes (285 - 212 v.Chr.) befindet sich die Erzählung von einem Sonnenmotor und von der Versenkung feindlicher Schiffe mit Hilfe von Hohlspiegeln. Diese Darstellungen sind insoweit bemerkenswert, als hier bereits klare theoretische Erkenntnisse zugrundegelegt werden, zu deren Umsetzung allerdings die Voraussetzungen noch bei weitem fehlten. Gesichert scheint jedoch, daß von Archimedes einfache Maschinen allein auf der Basis axiomatisch deduktiver Erkenntnis entwicklelt wurden. Nach den Berichten gehören dazu der Hebel, der Flaschenzug und die Schraube, die alle zur Vervielfachung der Kraft dienen. In diesem Zusammenhang wird Archimedes auch der Satz zugeschrieben: „Gib mir einen Punkt, wo ich stehen kann und ich werde die Erde in Bewegung setzen."

Der Archimedes zugeschriebene Ausspruch „heureka" beruht auf einem vermutlich legendären Bericht über die Entdeckung des Archimedischen Prinzips. Dieses naturgesetzliche Prinzip darf wohl als erster Bericht über ein zerstörungsfreies Prüfverfahren angesehen werden. Archimedes stellt mit Hilfe des Gewichtsverlustes beim Eintauchen in Wasser fest, ob die Krone König Hirons wirklich aus purem Gold gefertigt ist. Er konnte dabei auf jegliche Probennahme und damit Beschädigung der Krone verzichten.

Der Antrieb von einfachen Arbeitsmaschinen und von Fortbewegungsmitteln war über lange Zeiträume hinweg nur mit Hilfe der Kraft des Menschen und des Tieres möglich, wobei mit einfachen Mitteln die Kräfte durch Vergrößerung des Weges erhöht werden konnten. In der Entwicklungsfolge gelang es, zur Krafterzeugung fallendes Wasser, Wind und schließlich Wärme und Feuer heranzuziehen. Die Wassermühle ist die erste Maschine des Altertums, die nicht durch Muskelkraft betrieben werden mußte. Die Schiffe des Altertums wurden gerudert, wenn auch früh schon ein kleines Segel zur Hilfe genommen wurde, das aber zunächst nur das Segeln vor dem Wind ermöglichte. Die Windmühlen werden ein Jahrtausend nach den Wassermühlen datiert.

Heron von Alexandrien war in der zweiten Hälfte des ersten Jahrhunderts n.Chr. der einzige Mensch des Altertums, von dem bekannt ist, daß er mit Hilfe des Feuers Maschinen in Bewegung setzte. So erzeugte er durch Erwärmung einer Kugel in dieser Dampf, der durch Düsen ausströmte und die Kugel nach dem Reaktionsprinzip, d.h. nach dem Prinzip des heutigen Strahlantriebs, in Bewegung setzte. Um 1750 wurde dieses Reaktionsprinzip dann von Segner als Vorform der Wasserturbine umgesetzt. Die Maschinen des Altertums waren jedoch meist noch nicht zur Erzeugung nutzbarer Energie zu verwenden, sondern vielmehr unter Spielwerke und Zauberapparate einzuordnen.

Wird die dargestellte Entwicklung früher Technik betrachtet, so zeigt sich, daß zwischen philosophischem Denken, der Gewinnung naturwissenschaftlicher Grundlagenerkenntnisse und der Umsetzung in sinnvolle Anwendung keine scharf definierten Grenzen zu ziehen waren. Repräsentativ für diese Art der erkenntnistheoretischen Vorgehensweise ist Descartes, der seinen Begriff der Wahrheit als reine durch Intuition gewonnene Evidenz und durch klare distinktive Anschauung begründet. Er unterscheidet zwischen zwei Substanzen, nämlich der res extensa (Außenwelt) und der res cogitanz (Innenwelt) und stellt an das Ende einer kunstvollen methodischen Zweifelsbetrachtung die Einsicht des „cogito ergo sum". Diese deduktiv axiomatische Beweisführung aus einer Einheit von Philosophie und Naturwissenschaft heraus findet sich bereits in den frühen Schulen von Pythagoras und Euklid.

Die Einheit von Kunst und Ingenieurwesen manifestiert sich in den Bauwerken des Altertums, wie den Pyramiden, und den Kathedralen des Mittelalters. Leonardo da Vinci und Michelangelo waren Künstler, die der Ingenieurkunst ebenso verschrieben waren wie der Malerei und der Bildhauerei. Die Bauten des Altertums ebenso wie die Kathedralen des Mittelalters entstanden, bevor die mathematische Behandlung der Festigkeitsprobleme in erschöpfender Weise möglich gewesen ist. Die Bauwerke wurden geschaffen aus Visionen, aus künstlerischer Intuition unter Beachtung der Harmonie der Proportionen, wie sie sich auch in der Musik und ihrer Gegenüberstellung zur Mathematik reflektieren.

Die Ausführung der Technik allein aus Vorstellungen, Empirie und Formen, die dem Harmoniegefühl und der Phantasie entsprangen, ist dort an ihre Grenzen gestoßen, wo der Bau von Maschinen und Vorrichtungen die wissenschaftliche Durchdringung der Gesetzmäßigkeiten der Physik ebenso voraussetzte wie das Vorhandensein entsprechender Materialien und von Technologien, um diese zu formen und in ihren Eigenschaften zu beeinflussen. Die Bereitstellung von Materialien, Werkzeugen und Vorrichtungen ebenso wie die Erschließung von Ressourcen für Betriebs- und Hilfsstoffe waren unverzichtbar für die Realisierbarkeit technischer Ideen in der Neuzeit. So hat Leonardo da Vinci viele Vorrichtungen und Maschinen erdacht und gewollt, zur Funktion konnte er sie nicht bringen. Erst mit den naturwissenschaftlichen Erkenntnissen der Neuzeit konnten physikalische Gesetze in ihren Zusammenhängen so erfaßt werden, daß sie Vorgaben für den Ingenieur und sein Handeln werden konnten.

Der Freiraum für die Phantasie des Ingenieurs war durch diese notwendigen Voraussetzungen gegenüber den vorangegangenen Zeiträumen naturgemäß eingeengt und fokussierte sich auf ein realitätsbezogenes technisch-wissenschaftliches Denken. Die Kreativität des Ingenieurs ist damit auf der einen Seite gefordert, aber auch wieder begrenzt auf eine sinnvolle Kombination der Naturgesetze für eine technische Umsetzung. Normen, Regelwerke und Richtlinien geben darüber hinaus ein oft starres Gerüst vor, mit dem Kreativität und geistige Beweglichkeit des Ingenieurs künstlich eingeengt werden. Solche Beschränkungen ergeben sich zwangsläufig aus dem Bestreben der Technik, die Produkte in großer Zahl zur Verfügung zu stellen und damit austauschbar zu machen. Es ist dies eine der Technik immanente Gesetzlichkeit, die wohl auch eine wichtige Grundlage für die meisten Probleme mit den Technikfolgen bildet.

Oswald Spengler, der die Technik als Taktik des ganzen Lebens sieht, apostrophiert diese Tatsache mit der Feststellung, daß die technische Organisation zum Verlust der Freiheit führt und daß dies die stille, tiefe Rache der Natur ist. Herbert Marcuse findet dafür härtere Worte. In der Veröffentlichung „Der eindimensionale Mensch" nennt er die Technik destruktiv, seelisch verarmend, antihuman und in ihrem Wesen mit Unterdrückung verbunden. Er schreibt weiter: „Tüchtigkeit und Unterdrückung reichen sich die Hand" (Spengler 1971).

Erkenntnisprozesse in den Naturwissenschaften und in der Technik

Wie sich aus den Betrachtungen zum Ursprung der Technik und des Ingenieurberufs ableitet, ergibt sich die Aufgabe des Ingenieurs als Umsetzung naturwissenschaftlicher Grundlagenerkenntnisse unter wirtschaftlicher Anwendung der Ressourcen in nutzbare Technik. Eine solche Aufgabenstellung beinhaltet eine Abgrenzung der Aufgaben zwischen dem Naturwissenschaftler und dem Ingenieur, womit das Menschenbild dieser beiden Gruppen entscheidend bestimmt wird. Die exakte Naturwissenschaft, wie sie sich in der Zeit nach der Renaissance entwickelte, wird auf Galilei und Newton zurückgeführt. Galilei setzte an die Stelle des naturphilosophischen „Warum" das analytische „Wie". In Beobachtungen und in planmäßigen Experimenten werden Strukturen und Vorgänge untersucht und in mathematisch faßbaren Gesetzmäßigkeiten dargestellt. Diese Analyse, die vom Mikro- bis zum Makrokosmos reicht, führt an eine Schöpfung heran, die außerhalb der vom Menschen faßbaren Dimensionen liegt.

Technik und ihre Gestaltung durch den Ingenieur ist angewiesen auf die durch analytische Forschung erarbeiteten naturwissenschaftlichen Grundlagenerkenntnisse. Nach Augustinus liegt darin der Grund für die nötige Bescheidenheit und Ehrfurcht, da alles menschliche Schaffen nur auf dem Fundament des im göttlichen Schaffen Grundgelegten möglich ist.

Wenn der forschende Naturwissenschaftler das ihm gesetzte Ziel in der Entdeckung der Baupläne und Abläufe der Natur zu sehen hat, so unterscheidet sich dies von der originären Zielsetzung und der Vorgehensweise des Ingenieurs. Der Ingenieur benützt die Erkenntnisse aus den Naturwissenschaften ebenso wie sein Material, um daraus Technik zu entwickeln und Maschinen, Anlagen und Verfahren zu gestalten und zu „erfinden".

Durch Zusammenfügung und Anwenden der Erkenntnisse zum nutzbaren System wird vom Ingenieur Innovation geschaffen und Neuland betreten. Damit aber ergeben sich Verhaltensweisen eines Systems und Wechselwirkungen mit dem Umfeld, die oft nicht vorhersehbar waren und die erst aus der Nutzung der Technik als Einzelobjekt oder in der großen Zahl aufgedeckt werden. Innovation bedeutet stets auch Risiko, und aus den Erfahrungen mit dem Risiko ergibt sich wieder eine wichtige Quelle der Erkenntnisgewinnung für den Ingenieur. Gerade das Versagen der Technik und die analytische Untersuchung der Ursachen wird damit zu einem wichtigen Faktor in der technischen Entwicklung. Am einfachen Beispiel läßt sich diese Tatsache deutlich aufzeigen. Eine Neuentwicklung, wie ein neuer Typ eines Fahrzeugs, aber oft auch nur eine Änderung in einer Konstruktion, führt nicht selten auch zu neuen Mängeln und zu einem Ansteigen von Rückrufaktionen, um Verbesserungen durchführen und Gefahren vermindern zu können. Die Aufdeckung von Schwachstellen und die wissenschaftliche Klärung des Systems des Versagens wird damit ein bedeutendes Instrument in der Arbeit des Ingenieurs.

Die von Menschenhand geschaffene Technik folgt nicht einem übergeordnet festgelegten Funktionsprinzip oder einer Gestalt, sondern dem Ingenieur bleiben im Rahmen der Naturgesetzlichkeiten eine Reihe von Lösungsmöglichkeiten, die nach menschlichen Entscheidungen und aufgrund von Empirie gewählt werden können. Allein die Aufgabe, durch elastische Formänderungsarbeit Stoßenergie aufzunehmen und abzumildern, läßt sich mit einem Wirkungsprinzip erfüllen, das allen Federn gemeinsam ist. Die Ausführung solcher Federn ist jedoch vielfältig und unterscheidet sich zunächst nach der Art der Beanspruchung, Zug, Druck, Biegung, Torsion und Schub. Sodann werden je nach der gewünschten Charakteristik zur Energieaufnahme Metalle, faserverstärkte Polymere, Elastomere, insbesondere Gummi, und sogar Keramik eingesetzt. Schließlich finden auch gasförmige Medien in Gasdruckfedern Verwendung. Die Entscheidung für das richtige Prinzip stützt sich somit nicht nur auf Grundlagenerkenntnisse, sondern auch auf Erfahrungen mit ausgeführten Systemen.

Geistiger Standort und Aufgaben für die Ingenieurausbildung

Im Ingenieur finden sich Handlungs- und Denkweisen aus Handwerk, Naturwissenschaft und Kunst in unterschiedlicher Gewichtung entsprechend den Wurzeln des Ingenieurwesens. Wenn auch bereits im 14. Jahrhundert wissenschaftstheoretisch die Bereiche Technik und Arbeit in den sieben artes mechanicae organisiert waren, so waren sie soziologisch doch gegenüber den artes liberales abgewertet. Insbesondere im Neuhumanismus, der bis zur Gründung der ersten technischen Hochschulen in seiner Blüte stand, ist die Stellung der Technik vergleichsweise geringwertig. Die ersten deutschsprachigen Universitäten orientierten sich stark an kirchlichen Dogmen und zeigten eine entsprechende Beeinflussung der Wissenschaften. Es wurden dadurch Gräben gezogen zwischen den „exakten" Naturwissenschaften und der Technik einerseits und den sog. Geisteswissenschaften andererseits. Kopernikus und Galilei stehen für die dogmatische Behinderung naturwissenschaftlich sauber abgeleiteter Erkenntnisse und für die Widersprüche zwischen Dogmen und wissenschaftlichem Fortschritt.

Während sich naturwissenschaftliche Erkenntnisse experimentell und mathematisch beweisbar absichern lassen, sind geisteswissenschaftliche Disziplinen sehr viel stärker Einflüssen ideologischer Standorte ausgesetzt. Das Streben nach Entdeckung und dem Wissen um die naturwissenschaftlichen Gesetze mußte zwangsläufig verbunden sein mit dem Streben nach Unabhängigkeit der wissenschaftlichen Arbeit von Ideologien und Dogmen. Damit erfolgte ein Absetzen der Naturwissenschaften von den Geisteswissenschaften, die sich mit solchen Dogmen und Ideologien auseinanderzusetzen haben und sie in ihre geistige Suche einbinden müssen.

Da der Naturwissenschaftler per definitionem die Strukturen und Mechanismen, die von einer übergeordneten Schöpfung geschaffen wurden, aufklären will, kommt er auch an die Grenzen des für den Menschen Faßbaren und wird an die Auseinandersetzung mit dem Glauben herangeführt. Anders der Ingenieur. Er fügt die ihm gegebenen Grundlagenerkenntnisse und vorhandene Materie zu Maschinen, Verfahren und Bauwerken für einen ganz bestimmten vorgegebenen Zweck. In Kants Kritik der Urteilskraft wird Technik definiert als „ein nach Zwecken handelndes Verständiges von Endursachen bestimmtes Verfahren". Damit hat sich der Ingenieur im Gegensatz zum Naturwissenschaftler mit einer von ihm selbst hervorgebrachten, somit also mit einer von Menschenhand geschaffenen Schöpfung auseinanderzusetzen. Er ist im Vergleich zum forschenden Naturwissenschaftler weiter entfernt von den Grenzen der Erkenntnis über die uns übergeordneten Gesetze. Die Denkart des Ingenieurs ist damit streng realitätsbezogen und der Auseinandersetzung mit Ideologien und Glaubenssätzen abgewandt.

Das Denken des Ingenieurs in mechanistischen und in „faßbaren" Kategorien kommt beispielhaft in den Werkstoffwissenschaften zum Ausdruck. Die Fragen des Werkstoffverhaltens und die Probleme der Festigkeitslehre liegen voll im Ingenieurverständnis. Wird jedoch die Betrachtung ausgedehnt auf den atomaren Aufbau des Werkstoffs als Festkörper, so trifft dies nicht mehr die Interessenlage des Ingenieurs im materiell Faßbaren. Die Erforschung der Werkstoffstrukturen betrachtet er als außerhalb seines Aufgabengebietes liegend.

Vor diesem Hintergrund wird verständlich, daß die Entwicklung der Universitäten und der hohen Schulen zur Ingenieurausbildung unterschiedliche Wege eingeschlagen hat. Der Weg von der zu Anfang des 19. Jahrhunderts vorherrschenden neuhumanistischen Bildungsidee zu einem auch nur ansatzweise auf universitärem Niveau stehenden Technologieunterricht war schwierig. Erstes Vorbild für eine anerkannte wissenschaftliche höhere technische Bildung war die bereits 1794 in Paris gegründete Ecole Polytechnique. Dennoch dauerte es bis in die zweite Hälfte des 19. Jahrhunderts, bis die technische Bildung in ersten Schritten aus ihrer Diskriminierung gegenüber dem neuhumanistisch geprägten Universitätsstudium herauskam.

Aus Gewerbeschulen entstanden die zunächst noch als Polytechnische Anstalten bezeichneten Technischen Hochschulen, die heute überwiegend in technische Universitäten übergeführt worden sind. Diese Gründungsphase fällt in die Zeit rascher Entwicklung in der Anwendung der Dampfkraft und in die erste industrielle Revolution. Es ist bemerkenswert, daß es vorzugsweise die mit dieser Technik eintretenden Unfälle und Katastrophen waren, die die Notwendigkeit der wissenschaftlichen Auseinandersetzung mit der Technik vor aller Augen führte. Es wurde erkannt, daß ungenügende theoretische Durchdringung und mangelndes Verstehen der Vorgänge bei technischen Prozessen die Gefährdung von Mensch und Umwelt mit sich bringen. Die Forschung und Lehre, wie sie sich in den letzten 150 Jahren auf dem Gebiet der Technik entwickelte, spiegeln das Menschenbild des Ingenieurs und prägen seinen geistigen Standort.

Das Selbstverständnis des Ingenieurs und sein Menschenbild in der Gesellschaft

Aus den Wurzeln heutiger Technik, aus technischen Erkenntnisprozessen und aus dem Bildungsstandort des Ingenieurs leitet sich ab, wie sich der Ingenieur selbst sieht und wie er in seinem Gesellschaftsumfeld steht und verstanden wird. In den Grenzen, die ihm durch Naturgesetzlichkeiten und durch Material gesetzt sind, übt der Ingenieur Schöpferkraft aus, die wesentlich sein Menschenbild bestimmt. Friedrich Dessauer schreibt sogar: „in der Technik pflanzt sich die Schöpfung fort ..." (Dessauer 1933). Weiter stellt er fest, daß das Werk des Technikers noch mehr als das des Künstlers sich von seinem Schöpfer löst und autonom in der Wirklichkeit und der äußeren Erscheinungswelt wirkt. Es liegt in der Passion des Ingenieurs, daß dieser sein Handeln und die Anwendung seines Wissens zweckgerichtet auf einen Nutzeffekt durch die von ihm geschaffene Technik ausrichtet (Dessauer 1933). Bereits Aristoteles sieht das technische Tun im Zusammenfügen der Mittel mit Hilfe der Vernunft. Das Erfolgserlebnis für den Ingenieur ist das Funktionieren des von ihm zusamengefügten, nach einem von ihm erdachten Vorgehen erschaffenen Produkts. Die Maschine, das Verfahren, das Bauwerk oder auch die Fertigungstechnik sind das Werk des Ingenieurs, dessen sich unsere Gesellschaft bedient. Der Schöpfer einer Technik, durch die unser Leben in unserer Zivilsation und in der heutigen Form erst möglich ist, steht zunächst durch ein imponierendes Werk in hohem Ansehen. Kant hingegen bezeichnet es als eine kopernikanische Wende, daß die Erkenntnis nicht mehr als Empfang, als Erleuchtung und Teilhabe zu verstehen sei, sondern als eine konstruktive – eine technische – Leistung des Menschen.

Wenn nun einerseits die unser ganzes Leben bestimmende Technik teilweise zu einer Überhöhung des Menschenbilds des Ingenieurs führt, so stehen diesem andererseits auch sehr kritische Aspekte gegenüber, wenn die Technikfolgen betrachtet werden. Der Ingenieur stellt sich dabei oft dar als ein Mensch, der sein Ziel mit dem Funktionieren seines Werkes zu seiner Zufriedenheit erreicht hat, das er dann aus der Hand gibt, ohne sich weiter darum zu kümmern, was eine Gesellschaft mit seiner Technik macht. Die Erfüllung im Erschaffen neuer Methoden und Einrichtungen führt zu der Versuchung des Ingenieurs, alles zu machen, was überhaupt machbar ist. In seiner Entwicklungsarbeit ist die Selbstbeschränkung des Ingenieurs noch wenig ausgeprägt. Im besonderen Maße gilt für ihn daher die Feststellung Romano Guardinis „Wir müssen lernen, daß die Herrschaft über die Welt die Herrschaft über uns selbst voraussetzt" (Guardini 1951).

Eine weitere Einschränkung des Selbstbewußtseins des Ingenieurs in der Gesellschaft ergibt sich aus einer der Technik immanenten Entwicklung zu immer größerer Komplexität. Damit verbunden ist eine fortschreitende Spezialisierung auf Teilsysteme innerhalb des Gesamtsystems einer technischen Einrichtung. Der einzelne Ingenieur tritt damit zunehmend zurück in die Anonymität mit seinem für sich allein zwar wichtigen, aber nur noch im Gesamtsystem sinnvollen Beitrag zur Funktion des Ganzen, das zuweilen der Einzelne gar nicht mehr überblickt.

Bei Walter Rathenau klingt bereits durch, daß durch Unanschaulichkeit und Entsinnlichung der Technik eine Trennung der Handlung und der Folgen eintritt. Vollends wird dies unterstrichen, wenn Technik in ihrer Vernetzung mit unserer Gesellschaft und mit den durch Technik entstehenden Problemen gesehen wird (Rathenau 1957). Gerade die Tatsache, daß Technik nicht bei Entwurf und Bau einer einzelnen Maschine endet, sondern daß moderne Technik die große Zahl ihrer Produkte anstrebt, ist der eigentliche Grund für die Technikfolgen. Der Dichter Arnold Bronnen schrieb bereits in den 20er Jahren prophetisch über den Verkehr: „Er begann als Luxus und er endete als Terror" (Bronnen 1996). Dies gilt inzwischen über den Verkehr hinaus für nahezu alle Bereiche der Technik, in denen mit Hilfe moderner Produktionsmethoden die erforderliche Voraussetzung der massenhaften Erzeugung technischer Produkte geschaffen werden.

Wesentlich für diese Entwicklung der Massenproduktion ist die Prozeßautomation, die ein Beispiel dafür sein kann, wie sich im Hinblick auf Voraussagen im Bereich der Technik in ihrem vielfältigen Netzwerk Irrtümer ergeben. Herbert Marcuse erwartet noch 1967 von der Automation die Aufhebung der Arbeitsteilung, der Spezialisierung und der Entfremdung – ein Leben in Freiheit (Marcuse 1967). Hier stand vermutlich die Freiheit des Einzelnen von eintöniger und einseitiger Arbeit im Vordergrund. Die Folgen der massenhaften Automation waren und sind vielleicht noch nicht zu Ende gedacht. Immer weniger Menschen können immer mehr produzieren mit der Folge, daß immer weniger Arbeitsplätze, zumindest in der bisherigen Struktur und

Qualität, zur Verfügung stehen - ein sicherlich wichtiger Gedankengang, der aber in anderem Zusammenhang weitergeführt werden sollte.

In Reflektion der dargelegten Gedanken ergibt sich die absurde Entwicklung, daß die Technik, die unser Leben in der heutigen Form erst ermöglicht hat, in der breiten Anwendung und in der erdrückenden Masse wieder Probleme schafft, die ihrerseits neue Technologien zu ihrer Überwindung benötigen. Wie wirkt sich diese Tatsache nun wiederum auf das Menschenbild des Ingenieurs aus? Aus zwangsläufig nach vorne gerichteten Überlegungen wird der Ingenieur von der Gesellschaft dringender denn je benötigt, da er wieder als „Arzt" die Hoffnung auf sich vereinigt, daß er die Probleme zu lösen vermag, die er geschaffen hat. Dies jedoch wird in Zukunft der Ingenieur allein nicht können. Es bedarf dazu eines synergetischen Zusammenwirkens technischer und geisteswissenschaftlicher Disziplinen. An der Kommunikationstechnik, an den digitalen Übertragungstechniken mag dies deutlich werden. Mit der Entwicklung der vielfältigen Informations- und Kommunikationsmöglichkeiten müssen auch die Inhalte, die zu übertragen sind, Schritt halten, damit diese Technik nicht dem geistigen Sumpf Vorschub leistet. Dies ist nur ein Bereich, an dem sichtbar wird, daß zur Beherrschung und zum sinnvollen Einsatz der Technik auch zunehmend der Geisteswissenschaftler gefordert ist.

Schließlich ist auf der Seite der Ingenieure aber auch deren Ausbildung im Hinblick auf die anspruchsvollen Zukunftsaufgaben auf den Prüfstand zu stellen. Gerade in einer Zeit, in der im Zuge der Bestrebungen zur Ausbildungsverkürzung ein stärker auf die unmittelbare Praxis bezogenes Studium propagiert wird, darf der Blick nicht verloren gehen für die Notwendigkeit, den Ingenieur über seine fachlichen Grenzen hinausblicken zu lassen. Er muß sich bewußt werden, daß seine Verantwortung nicht mehr damit enden kann, ein fertiges Produkt aus der Hand zu geben und sich aus der Entscheidung über die Anwendung und über die Folgen herauszuhalten. Mehr und mehr ist es zur Lebensnotwendigkeit geworden, sich mit den Technikfolgen bei Mensch und Umwelt auseinanderzusetzen und diese in den Griff zu bekommen. Die Situation läßt sich kennzeichnen mit dem Ausspruch Mephistos in Goethes Faust:

> „s' ist ein Gesetz der Teufel und Gespenster,
> wo sie hereingeschlüpft, da müssen sie hinaus.
> das erste steht uns frei
> beim zweiten sind wir Knechte."

Trennlinien zwischen den Menschenbildern, wie sie sich in verschiedenen Disziplinen ergeben, werden mehr und mehr zu überbrücken sein, um technischen Fortschritt auch im ethischen und moralischen Sinn positiv umzusetzen.

Literatur:

Bronnen Arnolt (1996), zitiert in: Erhard Schütz und Eckhard Gruber. Mythos Reichsautobahn. Links Verlag: Berlin.
Dessauer, Friedrich (1933). Philosophie der Technik. Friedrich Cohen: Bonn.
Gehlen, Arnold (1957). Die Seele im technischen Zeitalter. Sozialpsychologische Probleme in der industriellen Gesellschaft. Rowohlt: Hamburg,
Guardini, Romano (1951). Das Ende der Neuzeit. Ein Versuch zur Orientierung. Werkverbundverlag: Würzburg.

Marcuse, Herbert (1967). Der eindimensionale Mensch. Studien zur Ideologie der fortgeschrittenen Industriegesellschaft. Luchterhand: Neuwied.
Rathenau, Walter, zitiert nach: Arnold Gehlen (1957). Die Seele im technischen Zeitalter. Sozialpsychologische Probleme in der industriellen Gesellschaft. Rowohlt: Hamburg,
Spengler, Oswald (1971). Der Mensch und die Technik, Beitrag zu einer Philosophie des Lebens. Beck: München.

III. Menschenbild und Kultur

Menschenbilder in Bildung und Erziehung

Hartmut von Hentig

Für die Erforschung, Ordnung und Darstellung des Gegenstandes „Bildung und Erziehung" ist die Pädagogik zuständig. Das mir gestellte Thema läßt erwarten, daß ich in diesem Text darlege, welchen Gebrauch diese meine Disziplin von dem macht, was man Menschenbild/Menschenbilder nennt, welche Erkenntnisbedingungen, Erkenntnisentwicklungen, Erkenntnisschwierigkeiten damit verbunden sind. Das wird oft notwendig einen Ausblick auf die anderen Disziplinen einschließen, kaum jedoch in der Absicht, aus den verschiedenen Vorstellungen eine einzige gemeinsame zu machen. Der Pädagoge wie der Historiker oder der Mediziner oder der Theologe tut dies vielmehr in der Hoffnung auf Bestätigung oder Bereinigung des eigenen - für seinen Zweck entwickelten - Bildes. Schon weil „Bilder", anders als Begriffe, nicht miteinander verbunden werden können, ohne ihre Deutlichkeit und Stimmigkeit zu verlieren, wird man den an sich reizvollen Vergleich der unterschiedlichen Figuren und ihrer Verwendung nicht systematisch weitertreiben wollen, jedenfalls nicht, wenn man auf diesem Weg zu einem gemeinsamen „Konzept" des Menschen, einem verbindlichen gedanklichen Entwurf, kommen will. Wer ein solches sucht, müßte ein anderes, ja, gerade das entgegengesetzte Verfahren einsetzen: die systematische Auflösung des Bildes oder der Bilder.

Mit dem bloßen Vergleich der verschiedenen Menschenbilder mögen andere zufrieden sein. Derjenige, der die Position „Bildung und Erziehung" vertritt (ausdrücklich nicht die Position „Erziehungswissenschaft"), kann das nicht: In Bildung und Erziehung gibt die Gesellschaft ihre Vorstellungen, Ideale, Hoffnungen, Erfahrungen, Institutionen, Kenntnisse an die nächste Generation weiter; sie wählt aus, was sie den jungen Menschen wertvoll machen, und verschweigt oder verurteilt, was sie ihnen ersparen will; in einem gewissen Sinn erzeugt sie Menschenbilder in den Köpfen und Herzen der Kinder und Jugendlichen - und kann es nicht mit Bestandsaufnahme, neugieriger Musterung, Typologie, Vor- und Nachteilsberechnung bewenden lassen. Denen, die bilden und erziehen, ist es versagt, bei der Objektivierung und Relativierung des Tatbestandes „Menschen machen sich Bilder vom Menschen" - in der Theologie so, in der Medizin so, in der Kunst so - stehen zu bleiben. Sie müssen sich für dieses und gegen jenes Menschenbild entscheiden, stehen dabei aber offensichtlich selbst unter dem Eindruck von Menschenbildern, entscheiden also über Werte (nicht nur Denkmöglichkeiten) aufgrund von Werten. Wie soll das gehen? - Ja, sie müssen fragen, ob Menschenbilder überhaupt notwendig und gut und nicht überflüssig und schädlich sind.

Eine Darstellung davon, wie das Problem des Menschenbildes in der Pädagogik aufgekommen ist, sich verändert hat und heute erörtert wird - sagen wir von Homer und der Bibel bis zu Spranger oder Skinner oder Alice Miller -, setzt Studien voraus, die ich nicht gemacht habe und die hier auch nicht Platz hätten. Ich will statt dessen einen Geschmack von den Anfechtungen, Verführungen, Kalamitäten geben, die man als Pädagoge mit Menschenbildern haben kann oder muß.

Ich fange dazu mit einem uns allen geläufigen *specimen* an, gleichsam einem Oberflächenphänomen: dem Portrait eines „gebildeten Menschen" - einem Konstrukt, wie man weiß, noch von unseren Vätern und Müttern mit Eifer kultiviert, von den nach-achtundsechziger Generationen kopfschüttelnd bestaunt und verworfen als ein Gebilde von Gebildeten für Gebildete, zu denen die heutigen Lehrer nicht mehr gehören. Von diesem Beispiel für einen typischen unbedachten Gebrauch eines wohlbedachten, nein nicht: Menschenbildes, sondern Leitbildes in der Pädagogik (des Bildungs-Ideals) gehe ich dann zur Prüfung des allgemeinen Musters über - wie man zu einem Menschenbild in der Pädagogik kommt, mit welcher Absicht, welchem Recht, welcher Wirkung man es einsetzt -, und schließe mit einem „Fall", anhand dessen ich die unreflektierte Figur umkehre: Nicht ein vorgestelltes Menschenbild leitet uns zur Ausbildung dieser oder jener Tugenden an, sondern diese werden verbunden, anschaulich und wirksam in einer lebendigen Gestalt, die wir Vorbild nennen. (Seit gestern abend weiß ich, daß etwas Viertes in meinen Überlegungen bisher fehlt: das Selbstbild.)

„Wer ist der gebildete Mensch?" hat Robert Spaemann sich kürzlich gefragt und das folgende Bild von diesem gezeichnet.[1] Ich kann nur Proben davon geben, eine grobe Kontur:
- „Ein gebildeter Mensch hat den animalischen Egozentrismus hinter sich gelassen." Es interessiert ihn, „wie die Welt aus anderen Augen aussieht".
- Sein Selbstwertgefühl kann deutlich und stark sein, weil er es „nicht aus dem Vergleich mit anderen bezieht".
- Er spricht eine „differenzierte, nuancenreiche" und persönliche Sprache. Er kann es sich leisten, „einfache Sachverhalte einfach auszudrücken". „Er beherrscht oft eine Wissenschaftssprache, aber er wird nicht von ihr beherrscht."
- Er ist in hohem Maß genußfähig.
- „Das Fremde ist ihm eine Bereicherung."
- „Er scheut sich nicht zu bewerten."
- Vor allem aber weiß er, „daß Bildung nicht das Wichtigste ist. Ein gebildeter Mensch kann sehr wohl zum Verräter werden. Die innere Distanz, die ihn auszeichnet, macht ihm den Verrat sogar leichter als anderen Menschen. Bildung schafft eine menschenwürdige Normalität." (Was ich so verstehe: Bildung macht die Normalität menschenwürdig.) „Sie bereitet nicht den Ernstfall vor und entscheidet nicht über ihn."
- Gebildetsein und Gutsein kommen nicht automatisch überein. „Gebildete Menschen haben aneinander Freude."

Diese Probe gibt einiges für die Frage her, wozu man in der Pädagogik „Bilder" braucht und wie man sie gebraucht: als Muster oder Modell. Dieses wählt man in der Nähe der eigenen Absichten und Möglichkeiten, ja, man *wählt* die Vorlage nicht, man macht sie zurecht. Ein Menschenbild ist für den handelnden Pädagogen zu allgemein, zu wenig konkret. Ein christliches Menschenbild taugt zwar als Unterscheidungs- und Kampfhilfe gegen beispielsweise ein materialistisches, aber es gibt nicht an, wie man es zusammensetzt - das fertige Bild muß wieder zerlegt werden, um zu den Verfahren der Pädagogen zu passen.

Das Spaemannsche paßt. Es sagt deutlich: Die Ergebnisse, die du dir von deinen pädagogischen Mühen erhoffst, also die Merkmale des gebildeten Menschen, erwirbt man nicht von allein und von ungefähr, aber auch nicht durch systematische Belehrung oder Abrichtung. Sie gehen aus einer kultivierten Umwelt auf den Gebildeten über, aber wiederum nur, wenn und weil dieser so sein will. Er ist das Subjekt des Bildens, nie das Objekt; er bildet sich. Spaemann entmoralisiert nicht nur die Bildung, er setzt nicht nur deutliche und hohe Maßstäbe, die Gebildeten sind vor allem eine Art Aristokratie, die Bildung ein Adelsstand. Wie man in ihn hineingelangt, woran einer sich bildet und welcher Umstände dies bedarf, wird nicht gesagt - gehört nicht zum Bild und seiner Funktion. Es wird ebenfalls nicht gesagt, wie partiell das Bild ist, ob und, wenn ja, warum irgendwer ungebildet bleiben muß, ob es Gebildete auch geben kann, wenn es keine Ungebildeten gibt.

Auch wenn man die Frage von Spaemann zu der unseren erweitert, also zu „Welches Menschenbild liegt der von dir / von mir gewollten Menschenbildung zugrunde?", kommt man nicht zu klaren Entscheidungen. Die Frage enthält zwei Fragstücke, von denen das eine (Menschenbild) ein hohes Maß an Aufmerksamkeit und Erwartung weckt, vor allem in den Neuen Ländern, weil man dort ein bestimmtes Menschenbild aufgegeben hat), mir aber untauglich erscheint, diese zu halten oder zu erfüllen: seine Erörterung beginnt und endet fast immer in Gemeinplätzen, also in Unverbindlichkeit; das andere (bilden/Bildung) steht ge-

---

[1] Robert Spaemann: Wer ist ein gebildeter Mensch? in: Scheidewege, Jahresschrift für skeptisches Denken, Heft 94/95, S. 34-37.

rupft, mißbraucht, banalisiert da, scheint mir aber die Anstrengung einer gründlichen Klärung und Wiederaneignung wert zu sein. Die Frage zwingt dazu, über ihr Verhältnis zu reden.

Das Einfordern eines „Menschenbildes" ist, mit Verlaub, „in" - ebenso wie das Beklagen des Wertewandels, des Wertezerfalls, des Sinnverlusts, des bedrohlichen Pluralismus. In schwierigen Zeiten werden wir unversehens zu Idealisten; wir fordern, weil wir nicht tun - nicht wissen, was tun. Wir entdecken oder entwerfen das richtige Menschenbild und verlangen, daß man sich zu ihm „bekenne". Vor allem muß man dem falschen Menschenbild abschwören. Man traut diesem Vorgang sehr viel zu, zum Beispiel daß sich aus dem richtigen Menschenbild die uns bekömmlichen und notwendigen Erziehungs- und Bildungsziele, Unterrichtsgegenstände und Schulformen, Lehr- und Lernverfahren, wenn nicht „ergeben", so doch ableiten lassen.

Als Lehrer kenne ich die Grenzen des hier nahegelegten Vorgehens. Ich weiß auch, welche Belehrungen einem durch Irrtum und Umkehr zuteil werden. Gehen wir also ein Stück auf diesem falschen oder doch schwierigen Weg:

Ein Menschenbild hat man oder sucht man, um ihm zu folgen. In beiden Fällen muß es, wenigstens um in der öffentlichen Pädagogik oder in der Gesetzgebung wirksam zu sein, die Zustimmung möglichst aller finden (was nicht leicht zu haben ist); es muß zu uns - zu unserem geschichtlichen Bewußtsein und unserer gegenwärtigen Lage - stimmen (was noch schwerer zu haben ist); und es muß so etwas wie Autorität haben, darf nicht von widerrufbaren Beschlüssen, widerlegbaren Argumenten und wechselnden Gefühlen abhängen.

Andererseits hat sich uns eingeprägt: „Du sollst dir kein Bildnis machen" - nicht nur von Gott, sondern vor allem nicht vom Menschen, vom einzelnen Menschen wie vom Menschen schlechthin, vom Gattungswesen. Alle Bilder, so hat uns Max Frisch eingeschärft, tun der Wirklichkeit Gewalt an. Die folgenden Zitate sind teils wörtlich Max Frischs zweiten Tagebuch von 1972 entnommen oder stellen Paraphrasen seiner Gedanken dar:
- Wir neigen dazu, uns ein Bildnis vom anderen zu machen. Wenn wir es tun, ist es ein Zeichen der Schwäche, ja des Verrats. Wir halten nicht aus, daß der andere unbestimmbar, ein Rätsel ist.
- Indem wir uns ein Bildnis von ihm machen, sind wir lieblos. Nur die Liebe erträgt es, daß ihr Gegenstand nicht festlegbar, ohne Bestimmung und sie selbst darum vielleicht sinn-los ist.
- Mit dem Bildnis legen wir den anderen nicht nur für uns fest, sondern auch für sich. Er wird zu dem, was das Bildnis vorschreibt.
- Das Bildnis trägt die Züge unserer Angst und unserer Wünsche.
- Ein Zwilling des zu befolgenden Menschenbildes ist das zu bekämpfende Feindbild.

Man möchte meinen, ein gutes Bild, das ich mir vom anderen mache, werde nicht nur nicht schaden, es werde ihm auf jeden Fall helfen. Aber die Folge dieses Bildnisses/Bildes ist in der Regel die Verurteilung aller Abweichungen von ihm, und niemand wird ihm je ganz entsprechen! Die *idea* (das griechische Wort für „Bild") kritisiert allemal die nicht an sie heranreichende Erscheinung.

Dies ist ja gerade der Grund, warum man ein Menschenbild hat oder sucht: Es soll Maß geben. Darum gehört es zum Grundwerkzeug der Pädagogen: Es hilft ihm fordern, beurteilen, beschämen; es erspart ihm physische Gewalt, indem es geistige Gewalt ausübt; es rechtfertigt, daß der, der es hat, den erzieht und bildet, der es noch nicht hat.

Wir sind schnell bei dem Widerspruch angelangt, der die neuzeitliche Pädagogik durchzieht - seit das Menschheitsideal das sich selbst bestimmende, ja, sich selbst schaffende Individuum ist. Es soll wählen können und dürfen unter vorgedachten, geschichtlich erprobten, dieses oder jenes versprechenden Menschenbildern, die freilich, wie eben gesagt, - jedes für sich - zunächst Einengungen, Festlegungen, Überwältigungen sind: vom *homo sapiens* bis zum *homo ludens* oder *faber* oder *creator* oder *sociologicus*; vom kaloskagathos bis zum demütigen, dienenden, menschenliebenden Christen; vom ewig jungen, leidlosen, sexuell aktiven Freizeit- und Abenteuermenschen (Marlboro) bis zum abgeklärten Weisen, vom Volksgenossen bis zur Sozialistischen Persönlichkeit, vom *homme machine* bis zum Übermenschen („der Mensch ist etwas, das überwunden werden muß"); vom Wesen, das von Natur gut, bis zum Wesen, das von Grund auf böse ist.

Dieses Wählen-Können - und die Wahl verantworten, so daß die anderen sie hinnehmen oder bejahen -, das könnte dann selbst als das gesuchte Menschenbild ausgegeben werden: die frei entscheidende Persönlichkeit mit dem aufrechten Gang im Bewußtsein ihrer Einmaligkeit und mit dem Recht auf Irrtum, Schwäche, Scheitern.

Wer dem zustimmt, hat freilich das Problem nicht gelöst, um dessentwillen Menschen und insbesondere Pädagogen und Politiker immer wieder ein (oder das) Menschenbild bemühen; er hat das Problem bezeichnet, neu und scharf gestellt.[2]

Das Menschenbild, das gesucht wird, kann nicht nur eines vom Menschen im Singular sein; es muß sich auch auf den Menschen im Plural erstrecken. Wir sind genötigt, wie die alten Griechen, die alles wirklich Wichtige schon gewußt zu haben scheinen, immer alle drei Fragen zu stellen: Was ist das gute Leben? Was ist der gute Mensch? Was ist die gute Gemeinschaft/ *polis*? - Und wieder öffnet sich ein weites Feld. Die eingangs gestellte Frage nach dem Menschenbild führt nicht zu weiteren Detailfragen, sondern zu weiteren Fundamentalfragen. Ich deute nur drei grundsätzlich mögliche Antworten an, aus denen hervorgeht, wie wenig die Pädagogik hier auf Entscheidung verzichten kann:
(1) Die Gute Gemeinschaft ist denkbar als der Gottesstaat: das nötige Wissen ist durch Offenbarung, die Gesetze vom Berge Sinai, Propheten und Orakel gegeben (Prototyp: Augustins Civitas Dei); (2) sie ist denkbar als Analogon zu anderen natürlichen Gemeinschaften - von Ameisen oder Pavianen -, in denen der Vorteil der Gemeinschaft und das Recht des Tüchtigen zusammenfallen; der Kampf, der freie Wettbewerb ermittelt, was das ist (Prototyp: die Demokratie der Sophisten); (3) sie ist denkbar als ein Konstrukt: in ihm wird das Gemeinwohl ständig durch Menschen gesucht, die dazu befähigt und erwählt sind und durch gesetzliche Vorkehrungen an der Entwicklung von Egoismus gehindert werden (Prototyp: Platons Politeia). In allen wird ein bestimmtes „Wissen" und eine bestimmte Einstellung oder auch Haltung, griechisch *ethos* gefordert - „bestimmt" und nicht unserer Wahl oder gar unserer Gestaltung zugänglich.

Der Pädagoge - anders als der Philosoph - hat es mit Menschen-Bildung zu tun, mehr als mit dem Menschenbild. In Bildung steckt das Wort „Bild". Auch es kann leider nicht ungeprüft durchgehen. Ich habe zwar bisher - bei der Behandlung von „Menschenbild" und „Menschenbildern" - so getan, als sei es eindeutig. Das ist es leider nicht. Wir verwenden es abwechselnd (und wiederum: des Wechsels nicht gehörig bewußt) in wenigstens drei verschiedenen Bedeutungen:
- *Ur-Bild*, Ur-Gestalt: etwas, was unserer Entscheidung eigentlich entzogen ist, griechisch *eidos*. Beispielsätze: Der Mensch ist ein Wesen, das in der Gemeinschaft lebt (*zoon politikon*) - das Bild, das die Kommunitaristen vom Menschen haben. Oder: Der Mensch ist ein Wesen, das lernt = sich eine Umwelt schafft. Oder: Der Mensch ist ein Wesen, das über sich nachdenkt und dabei den Gegenstand des Nachdenkens, diese Spiegelung, diese Reflexion, verändert, also eine Geschichte hat, sich selbst Kulturideale macht, Bildungsziele setzt und so fort. Sodann (dies ist die zweite Bedeutung von „Bild")
- *Schein-Bild*, Entwurf: etwas, was unabhängig von der erfahrbaren Wirklichkeit im Geist entsteht; griechisch *schema*. Geometrische Figuren heißen *schemata*; Theophrasts Charakter-Typen waren *schemata* - Gedachtes, Konstrukt. Beispiele: der *honnête homme* oder der ritterliche Mensch oder der *citizen* oder der *homme machine* von Lamettrie. Weiter (dies ist die dritte Bedeutung von „Bild")

---

[2] Davon kann es Schnittmengen geben. Menschenbilder durch solche Schnittmengen allgemein machen zu wollen, verliert aus dem Auge, daß „Menschbild" ein normativer Begriff ist und also unabhängig davon, wieviele es mit mir teilen.

– *Ab-Bild*: etwas, was die Wirklichkeit gerafft, aber nicht verzerrt, überhöht, idealisiert wiedergibt – kulturgeschichtliche, psychologische, soziale Befunde, Statistiken, die den Wandel verdeutlichen; griechisch *eikon* – Wiedergabe des Geschehenen. Das „Wissen", das wir vom Menschen haben, wandelt sich, und verschiedene Disziplinen haben auch verschiedenes Wissen, das wiederum verschieden zusammengesetzt werden kann.

Wenn das Menschenbild dazu dienen soll, Bildungsziele und -inhalte zu bestimmen, muß man diese Bedeutungen gut auseinanderhalten und jeweils sagen, worauf man sich beruft. Und man wird dann merken, daß die eine oder andere Bedeutung von Bild überhaupt nicht für den Zweck taugt, jedenfalls nicht direkt. Was der Sozialwissenschaftler Klaus Hurrelmann erforscht, muß allemal noch dem Urteil unterworfen werden, gibt von sich aus nichts an – außer der Abweichung des Befundes vom Gedachten oder Gewollten. Das *eidos* wiederum, das Urbild, werden wir einerseits nie wissen (Platon hat uns gewarnt!), andererseits werden wir es (vielleicht gerade darum) herstellen wollen. Alle Pädagogen haben eine geheime Neigung zum Menschen-Machen! – Das Konstrukt (*schema*) schließlich hat keine Verbindlichkeit.

Wie leicht gleiten wir ab mit unseren Metaphern: Menschenbild – Menschen bilden – Menschengebilde!

Auch das Wort „Ziel" (in Bildungs-Ziel) ist eine Metapher: ein Bild – der menschlichen Fortbewegung oder der Ballistik entnommen. Am Ziel trifft man ein, im Ziel trifft der Pfeil auf. Und bis dahin? Nur Gehen? Nur Fliegen? Und wenn aufgehalten: Stillstand oder Absturz? Ist Bildung von der Art? Und wenn man nicht eintrifft oder trifft – was ist oder war dann?

Neben dem Bildungsziel (das man sich als ein Ideal oder Menschenbild denken kann) gibt es Bildungsgüter, Bildungsprozesse, Bildungswirkungen, Bildungsmittel – und an seiner Stelle etwas, was wir „Qualifikationen" nennen. Zu ihnen allen paßt die Ziel-Metapher nicht.

„Ein Stück auf dem falschen, schwierigen Weg" wollte ich zur eigenen Belehrung gehen. Ich halte an. Jeder frage sich, ob er ihn alleine weitergehen will. Ich für mein Teil tue es nicht. So sehr ich überzeugt bin, daß es etwas für unser Leben ausmacht, ob wir uns vorstellen: der Mensch sei Gottes Ebenbild, oder, weil dies eigentlich nur sagt, wie der Mensch sich Gott vorstellt, lieber nur: der Mensch sei die Krone der Schöpfung, gleichsam der Zweck der ganzen Schöpfungsarbeit; oder: er sei ein „unabgeschlossenes" Ergebnis von Evolution; oder: ein Produkt der Verhältnisse; oder: ein besonders komplexer Reiz-Reaktions-Organismus – so wenig kann ich mit meiner Entscheidung für das eine gegen das andere zur Entscheidung meiner Mitmenschen beitragen, schon gar nicht mit dem Argument von den schlimmen Folgen. Solche haben alle diese Glaubenssätze gehabt.

Andererseits: Mit einer bloßen Addition von Kenntnissen, Fertigkeiten, Haltungen und gar mit der Vermittlung von systematisch erhobenen Qualifikationen ist weder Bildung (*formatio*) noch Erziehung (*institutio* – die Einstellung in unsere Lebensordnungen) zu erreichen. Diese Elemente müssen ein erkennbares Ganzes ergeben, das fesselt, verlockt, verpflichtet. Welcher Art, das sei an einem Fall erläutert – einem praktischen mit theoretischen Konsequenzen:

In dem bekannten Fragebogen des Magazins der Frankfurter Allgemeinen Zeitung habe ich vor vielen Jahren auf die Frage nach meinen „Helden in der Wirklichkeit" geantwortet: „Männer und Frauen wie Henning von Tresckow, Sophie Scholl, Janusz Korczak". Mir schrieb damals ein mir unbekannter junger Mann und bat mich um eine Antwort auf die Frage: ob Menschen wie die genannten, die Opfer des Bösen geworden, also mit ihrer Tat gescheitert seien, als Vorbild für junge Menschen in einer Demokratie dienen könnten. Ich habe ihm zunächst geschildert, wie ich als Student in Chicago die Geschwister Hans und Sophie Scholl durch das Buch ihrer Schwester Inge Aicher-Scholl kennengelernt und in diesem etwas ganz anderes gefunden habe, als ich bis dahin kannte: den mutwilligen Opfergang der Antigone, durch den der Machthaber ins Unrecht gesetzt wird, oder das Attentat von Offizieren, durch das der Tyrann beseitigt wird, beides bewundernswert, aber mir nicht möglich. Das

Buch „Die weiße Rose" zeigte etwas, was ich selber hätte tun können, wäre ich zwei oder drei Jahre älter gewesen. - „Tun können", aber hätte ich es getan? Ich versuchte, mir vorzustellen, wie ich - nein, nicht ihre Überzeugungen und Absichten teile, das fällt nicht schwer, sondern - diesen die Treue halte; wie ich der ständigen Versuchung widerstehe, den gefährlichen Auftrag abzuschütteln, in das normale Leben (das hart genug war ohne solches Heldentum) zurückzukehren, mich wieder einzureihen unter die Volksgenossen und Volksgenossinnen; wie ich mir die Ausflucht versage: die seien ja doch nicht zu bewegen - an dem schlimmen Ausgang des Ganzen lasse sich ohnedies nichts ändern. Ich versuche mir klarzumachen, was das ist: So zu handeln, weil ich es für richtig erkannt habe, und nicht, weil es das und das bewirkt, - vor allem so zu handeln ganz allein.

Ich versetze mich in die Zeit zurück: Ich hebe ein Flugblatt auf; ich lese es hastig ... Gebe ich es weiter? Vernichte ich es? Was tue ich, wenn man mich danach fragt?

Wie klein waren meine Erwartungen an mich, verglichen mit dem, was Hans und Sophie Scholl und ihre Freunde getan haben - und weiterhin getan hätten, wären sie dem Pedell der Universität entronnen.

Kurz: Ich habe dem jungen Mann geschildert, was jene Tat fast zehn Jahre später auf dem Umweg über einen bescheidenen Bericht in mir ausgelöst hat - ihre Tat und ihr Tod. Was vollends müßte beides bei mir - und anderen meinesgleichen - bewirkt haben, als es geschah! „Gescheitert" war da nichts, was nicht schon gescheitert war. Was der junge Mann in seinem Brief „gescheitert" genannt hat, war die Voraussetzung der Tat, von der niemand sagen kann, was sie tatsächlich bewirkt hat - und noch immer, zum Beispiel in mir, bewirkt: strenge Selbstprüfung, Wachsamkeit gegen die eigene Schwäche, den immer neu zu fassenden Entschluß, dem Bösen nicht zu weichen.

Man benötigt in der Tat verschiedene Vorbilder für verschiedene Situationen - andere für 1932/33, andere für 1943/44 und andere für 1944/45. Wofür man Vorbilder braucht, hängt nicht zuletzt davon ab, was für einer man ist - von welcher Konstitution, mit welcher Erfahrung, in welchem Lebensalter. Mir scheinen Vorbilder auch für meinen Alltag in der Demokratie nützlich, aber da sind sie mir nicht unentbehrlich, da komme ich meistens mit Intelligenz und Anstand aus. Ich *brauche* Vorbilder vor allem für die Stunde der Bewährung. An denen, die wir zu unseren „Helden" machen, erkennen wir, was wir uns nicht zutrauen, was wir gerne wären und nicht sind. - Wir täten freilich gut, eine Politik zu machen, die uns solche Bewährung erspart. Aber damit ist nicht zu rechnen, und so bin ich dankbar, daß es die Weiße Rose gibt.

Ich habe meinen Briefwechsel mit dem jungen Mann publiziert[3] - und erhielt darauf die Antwort eines Freundes: Leitbild könne immer nur etwas sein, was nicht prinzipiell zum Mißerfolg verurteilt sei - „Mißerfolg" gemessen an den eigenen Zielen der Täter. Diese seien bei den Geschwistern Scholl (und den meisten Mitgliedern der Weißen Rose) unpolitisch gewesen: ohne den Willen zu und ohne das Bewußtsein von politischem Handeln. Einen Historiker zitierend nennt er die Weiße Rose „das Langemark einer anderen Generation". Er untermauert dies mit Äußerungen der Geschwister Scholl, Texten der Flugblätter, einer Analyse ihres Handelns, insbesondere des unerklärten, ungeplanten Abwerfens der restlichen Flugblätter am 18. Februar 1943 im Lichthof der Universität. Der Freund hielt mir meine eigenen Ansprüche an eine politische Bildung und die klassische Definition von Politik vor: sie sei die Kunst des Möglichen; das Mögliche wiederum, so könne man es bei Hentig lesen, sei definiert durch ein Maximum an Rationalität (Begründbarkeit und Klarheit) der „Entscheidungen angesichts von Macht, ohne ausreichende Kenntnis aller Bedingungen und Folgen und unter Zeitdruck". Die Demokratie sei auf dieses Verständnis von Politik angewiesen und nehme an anderen - technisch-administrativen, metaphysischen, moralisierenden Vorstellungen von Politik - Schaden. Statt Leitbilder für die Katastrophe einzuführen, gelte es die Menschen zur Belebung und

---

[3] Hartmut von Hentig (Hg.): Deutschland in kleinen Geschichten, München 1995.

Bewahrung der Normalität zu befähigen. Ich sei mit meiner Sophie Scholl doch wieder bei Antigone angekommen.

Ich kann meinem Freund recht geben - unter der Bedingung, daß er den *homo politicus* nicht verabsolutiert. Und das ist der Grund, warum ich meine Überlegungen mit diesem „Fall" beschließen wollte: Vorbilder, Leitbilder, Menschenbilder sind sorgfältig zu unterscheiden. Die ersteren wählen wir für uns und unsere Nöte, Schwächen, Hoffnungen; die zweiten gelten für allgemein anzunehmende erkennbare Lagen; die dritten bestimmen uns - es gibt für jeden und alle seine Lagen nur ein Menschenbild im Singular.

Damit eröffne ich ein neues Thema.

Anmerkung:

Teile dieses Beitrages sind meinem im August 1996 im Carl Hanser Verlag erscheinenden Buch „Bildung" entnommen.

Menschenbilder in der modernen Literatur

Christine Lubkoll

Vom 'verlorenen Ich' (Benn) zum 'Mensch ohne Großhirn' (Grünbein)

Zwei kurze Aussagen begleiten leitmotivisch meine Überlegungen zum Thema 'Menschenbilder in der modernen Literatur'. Zunächst eine Keuner-Geschichte von Bertolt Brecht.

"Was tun Sie", wurde Herr K. gefragt, "wenn Sie einen Menschen lieben?" "Ich mache einen Entwurf von ihm", sagte Herr K., "und sorge, daß er ihm ähnlich wird." "Wer? Der Entwurf?" "Nein", sagte Herr K., "Der Mensch."[1]

Die zweite Aussage stammt vom Sprachphilosophen Charles Peirce (2. Hälfte des 19. Jahrhunderts); sie ist deshalb im Rahmen meines Themas aktuell, weil jüngst ein zeitgenössischer junger Dichter (Durs Grünbein) sie zum Motto eines Gedichtbandes erhoben hat. Der Satz lautet:

"Man is a thought-sign."[2]

Beide Texte werfen Fragen auf, die mir für eine Reflexion des Menschenbildes in der modernen Literatur richtungsweisend zu sein scheinen. Die erste betrifft den *Zeichen*charakter des Menschenbildes. In der Brechtschen Geschichte wird ja von vornherein eine Diskrepanz herausgestellt zwischen dem *Entwurf* Herrn Keuners und der *Realität* des geliebten Menschen. Charles Peirce setzt noch radikaler an: er behauptet, daß es für den Menschen nur die Äußerungsform und Wahrnehmungsweise über das Zeichen und damit *keine* Realität *außerhalb* der Zeichenrepräsentation gibt.[3] Daraus ergibt sich die zweite Frage, nämlich die nach der Macht der Zeichen. In welcher Weise wirken Diskurse, wirkt das "Gedanken-Zeichen Mensch" in jeweiligen historischen Situationen auf den einzelnen Menschen? In der Keunergeschichte jedenfalls ruft die beabsichtigte Angleichung des Entwurfs an die vermeintliche 'Realität' erhebliches Unbehagen hervor: Herrn Keuners 'Menschenbild' steht unter Ideologieverdacht.

Ein solch skeptischer Umgang mit Menschenbildern - mit ihrem Zeichencharakter und ihrer gesellschaftlich-ideologischen Machtfunktion - ist ein fast durchgängiges Merkmal der modernen Literatur. Daraus ergeben sich folgende Fragen:

1. Welche Funktion kommt der Literatur überhaupt zu im Rahmen der gesellschaftlichen Auseinandersetzung mit kulturell tradierten, politisch motivierten oder wissenschaftlich sanktionierten Menschenbildern bzw. Diskursen über den Menschen? In welcher Weise hat Literatur teil an der Ausprägung von normativen Denkmustern und Identitätskonzepten; welche Möglichkeiten hat sie, diese kritisch zurechtzurücken oder zu durchkreuzen?

---

[1] Bertolt Brecht, Wenn Herr K. einen Menschen liebte. In: Ders., Gesammelte Werke in 20 Bdn. Prosa 2. Bd. 12. Geschichten vom Herrn Keuner. Frankfurt a.M. 1967. S. 386.

[2] Charles Sanders Peirce. Collected Papers of C. S. Peirce. Bd. 3. Vol. V. Pragmatism and Pragmaticism. Cambridge, Mass. 1958/60. § 5. Zit. in: Durs Grünbein. Schädelbasislektion. Gedichte. Frankfurt a.M. 1991.

[3] Charles Sanders Peirce, Semiotische Schriften Bd. 1, Kp. V. Hg. v. Ch. Kloesel und H. Pape. Frankfurt a.M. 1986.

2. Eine zweite Frage scheint mir für die spezifische Umgangsweise der Literatur mit Menschenbildern wichtig zu sein, nämlich die Frage nach der Darstellbarkeit eines Menschen*bildes*, des "Gedanken-Zeichens Mensch", in der Sprache. Offensichtlich reicht die Sprache nicht hin, um der vielfältigen Lebendigkeit, auch Unberechenbarkeit oder Unfaßbarkeit des Menschen, zu entsprechen; deswegen bedeutet der Entwurf eines Menschenbildes (wie in der Keuner-Geschichte) immer eine Fixierung, eine Einschränkung, eine Zurichtung des Subjekts. Im Medium der Literatur wird diesem Dilemma in doppelter Weise Rechnung getragen. Einerseits demonstriert Literatur - als Sprache - die Problematik der diskursiven Zuschreibung; die Macht der gesellschaftlichen Diskurse über die Wünsche, Antriebe und Wahrnehmungsweisen des Subjekts sind ein zentrales Thema der Literatur. Andererseits birgt die literarische Sprache aber auch eine Chance. Ein Kunstwerk, ein poetischer Text argumentiert nicht, sondern bedient sich einer bildhaften Sprache; ein Menschen*bild* kann so eher lebendig entworfen werden: vielfältig, mehrdeutig, uneinheitlich, widersprüchlich. Damit erhält die Literatur aber auch ein irritierendes, ja ein subversives Potential: Das Heterogene der poetischen Sprache bringt die stabilen, die stabilisierenden Orientierungsmuster der herrschenden Redeordnungen ins Wanken.[4]

3. Eine dritte Vorüberlegung betrifft den Terminus 'moderne Literatur'. In der Literaturwissenschaft bezeichnet er den Zeitraum von der 'Klassischen Moderne' (also vom späteren 19. Jahrhundert) bis zur Gegenwart. Ich konzentriere mich allerdings vor allem auf Tendenzen der jüngsten zeitgenössischen Literatur und gehe von der These aus, daß die Auseinandersetzung mit Fragen des Menschenbildes in der Literatur der letzten Jahre eine radikale Neuausrichtung erfahren hat. Bis vor kurzem war in der Literatur - so möchte ich behaupten - trotz aller Krisenerfahrungen und historischen Einbrüche des 20. Jahrhunderts - noch immer ein bürgerlich-aufklärerisches Menschenbild wirksam, selbst dann, wenn es zunehmend kritisch beleuchtet oder gar negiert wurde. Das ist ja das Kennzeichen der Moderne: daß sie selbst dort, wo aufklärerische Werte und Normen (das Subjekt, die Geschichte und die Sprache betreffend) nicht mehr tragfähig erscheinen, doch zumindest von der Trauer um den Verlust bestimmt ist. Die Folie der Aufklärung erweist sich noch in der Negation als stabil.

Dies ändert sich erst in der postmodernen Literatur. Hier findet ein tiefgreifender Einschnitt statt, dessen Folgen noch nicht abzusehen sind.[5] Dieser Bruch, diese radikale Wende läßt sich am besten verdeutlichen, wenn man sich kurz die Entwicklung der Literatur seit 1945 verdeutlicht, wobei die sich dabei ergebenden 'Facetten' des Menschenbildes jeweils zusammenhängen mit dem sich wandelnden historischen Bewußtsein. Den Übergang von der modernen zur postmodernen Literatur möchte ich dann anhand eines Gedichtvergleichs veranschaulichen. Dabei habe ich zwei Autoren ausgewählt, die nicht nur von ihrem literarischen Ansatz her einen Vergleich nahelegen, sondern die auch im öffentlichen Bewußtsein ihrer Zeit jeweils als repräsentativ angesehen wurden: Gottfried Benn, der erste Dichter, der nach dem 2. Weltkrieg mit dem angesehensten deutschen Literaturpreis, dem Büchnerpreis, ausgezeichnet wurde (im Jahre 1951); sein Gedicht 'Verlorenes Ich', entstanden 1943, bringt Probleme des Menschenbildes der Moderne besonders anschaulich und auch provokativ zum Ausdruck.[6] Der zweite Autor, Durs Grünbein, ist Jahrgang 1962 und hat 1995 - sensationell jung - den Büchnerpreis erhalten. Sein Text 'Mensch ohne

---

[4] Vgl. Julia Kristeva, Die Revolution der poetischen Sprache. Frankfurt a.M. 1978.
[5] Vgl. zum Verhältnis von Moderne und Postmoderne: Peter v. Zima, Zur Konstruktion von Modernismus und Postmoderne. Ambiguität, Ambivalenz und Indifferenz. In: Sprachkunst. Beiträge zur Literaturwissenschaft. Jg. XXVII/1996, 1. Halbbd., S. 127-141. Wolfgang Welsch, Unsere postmoderne Moderne. Berlin 1993. Francois Lyotard, Das postmoderne Wissen. Ein Bericht. Wien 1994.
[6] Gottfried Benn, Verlorenes Ich. In: Gesammelte Werke in vier Bänden, hrsg. v. Dieter Wellershoff. Wiesbaden 1966. Bd. 3. S. 215-216.

Großhirn' kann als typisch gelten für die neue, postmodern zu nennende Ausrichtung der zeitgenössischen Literaturszene.[7]

Stationen der Literaturentwicklung nach 1945

Die Literatur der letzten 50 Jahre läßt sich grob in vier Phasen unterteilen: Die Nachkriegsliteratur, die bestimmt ist von der geschichtlichen Katastrophe des Nationalsozialismus; dann die politische Bewegung der sechziger Jahre, die vorwiegend zeitbezogen gesellschaftskritisch agiert; drittens die 'Neue Innerlichkeit' seit Mitte der siebziger Jahre; und schließlich Ansätze einer postmodernen Literatur, die seit den späten achtziger Jahren den Buchmarkt und die Feuilletons erobert.[8] Das Menschenbild differeriert in diesen unterschiedlichen literarischen Richtungen erheblich.

Dies sei hier nur kurz nachgezeichnet. Die deutsche Nachkriegsdichtung entwickelt das Bild eines vom Schock des Weltkriegs und der Massenvernichtung durch und durch gezeichneten Menschen, der von Schmerzbewußtsein und Desorientierung bestimmt ist und dem es buchstäblich die Sprache verschlagen hat - nicht zuletzt auch angesichts der Infizierung und Vernichtung der deutschen Sprachkultur durch den Faschismus. Äußerster Reduktionismus ist die Folge - man denke an Günter Eichs 'Inventur': "Dies ist meine Mütze, dies ist mein Mantel".[9] Todesbewußtsein und absolute Sprachskepsis durchziehen die Literatur - "Wie soll ich mich nennen, ohne in anderer Sprache zu sein?" heißt es bei Ingeborg Bachmann[10]; und: "Ich bin das Immerzu-ans-Sterben-Denken."[11]

Die Literatur der 50er Jahre ist allerdings keineswegs nur resignativ, sondern sie betreibt Vergangenheitsbewältigung im Interesse einer menschenwürdigen Zukunft und ist dabei auch bestimmt von Zeitkritik: "Wacht auf, denn eure Träume sind schlecht" - so wird die kollektive Verdrängungsmentalität angeprangert; gefordert wird ein kritisches Engagement: "Seid Sand, nicht das Öl im Getriebe der Welt" (Günter Eich).[12]

Während sich die Literatur der fünfziger Jahre jedoch stark an der Dichtungskonzeption 'der klassischen Moderne' orientiert, werden in der politisierten Phase der 60er Jahre weniger kunstvolle, dafür programmatisch eindeutige Texte gefordert. Hans Magnus Enzensberger beschreibt die "Scheintoten" der Wirtschaftswunder-Ära[13], die sich mit Konsum betäuben und über keinen gesellschaftlichen Einfluß verfügen. Der Normalbürger wird als Spielball von Ökonomie und Politik gezeichnet, nicht zuletzt auch des Kulturbetriebs, der wiederum der Verschleierung wahrer Machtinteressen dient. "Lies keine Oden, mein Sohn, lies die Fahrpläne"[14]: Gefordert wird eine Abkehr vom Schöngeistigen und stattdessen konkrete gesellschaftskritische Agitation und Provokation. Diese Tendenz findet sich übrigens nicht nur in der explizit politischen Literatur, sondern auch in der Dichtung eher zurückgezogener

---

[7] Durs Grünbein, Mensch ohne Großhirn. In: Ders., Falten und Fallen. Gedichte. Frankfurt a.M. 1995, S. 72-74.
[8] Siehe zur deutschsprachigen Gegenwartsliteratur: Geschichte der deutschen Literatur von 1945 bis zur Gegenwart. Hg. Wilfried Barner. München 1994 (= Geschichte der deutschen Literatur von den Anfängen bis zur Gegenwart. Begründet von Helmut de Boor und Richard Newald. Bd. 12); Ralf Schnell, Geschichte der deutschsprachigen Literatur seit 1945. Stuttgart, Weimar 1993. Deutsche Gegenwartsliteratur. Ausgangspositionen und aktuelle Entwicklungen. Hg. Manfred Durzak. Stuttgart 1981.
[9] Günter Eich, Inventur. In: Gesammelte Werke in vier Bänden. Frankfurt a.M. 1991. Bd. I. S. 35-36.
[10] Ingeborg Bachmann, Wie soll ich mich nennen? In: Ingeborg Bachmann, Werke. Hg. Christine Koschel, D. Inge v. Weidenbaum, Clemens Münster. München-Zürich 1978. Bd. 1, S. 20.
[11] Ingeborg Bachmann, Hinter der Wand, ebd. S. 15.
[12] Günter Eich, Träume. In: Gesammelte Werke in vier Bänden. Frankfurt a.M. 1991. Bd. II. S. 384.
[13] Hans Magnus Enzensberger, die scheintoten. In: Ders., Landessprache. Frankfurt a.M. 1963. S. 17-18.
[14] Hans Magnus Enzensberger, Ins Lesebuch für die Oberstufe. In: Gedichte 1955-1970. Frankfurt a.M. 1971. S. 13.

Autoren wie Paul Celan, der "Müllschlucker-Chöre" singen läßt[15] oder die Technikgläubigkeit mit "jaulenden Düsen" anprangert.[16]

Nach dem Abklingen der 68er Revolte treten in den 70er und 80er Jahren Autoren einer neuen Generation in den Vordergrund, die sich auf's Existenzielle zurückziehen und Fragen thematisieren wie Probleme der Familienerfahrung oder der Geschlechterbeziehung (Peter Handke oder Karin Struck)[17]; feministische Perspektiven kommen ins Spiel wie in Verena Stefans 'Häutungen'[18]; nachgedacht wird über die Ursachen von Krankheit (Fritz Zorn und Maria Erlenberger[19]) und über die Todesthematik - Hermann Burger sei hier stellvertretend genannt.[20] Das Politische wird allenfalls noch im Privaten reflektiert wie etwa in der großen Flut der sogenannten 'Väterliteratur' (Peter Härtling, Christoph Meckel u.a.)[21]. In diesem Zusammenhang ist auch eigens auf die DDR-Literatur zu verweisen, in der privates Lebensglück auf der Folie einer gesellschaftlichen Perspektive reflektiert wird (Christa Wolf, Irmtraud Morgner, Christoph Hein).[22]

Insgesamt ist diesen drei Phasen (Nachkriegsliteratur; Politisierung; Neue Innerlichkeit) bei aller Verschiedenheit etwas gemeinsam: nämlich, daß sie an der Kategorie des Subjekts (mit seinen Wünschen und dem Anspruch auf Selbstverwirklichung) festhalten und es in einer grundsätzlichen Spannung zur 'Gesellschaft' verorten. Das Subjekt als geschichtliches Wesen wird bezogen auf die Konstellationen des Faschismus, der Wirtschaftsgesellschaft und des Sozialismus; oder es wird reflektiert im Privaten, das aber seinerseits als gesellschaftliches Kraftfeld erscheint.

Demgegenüber ist die jüngste Literaturentwicklung geprägt von einer radikalen Verabschiedung des Subjektanspruchs, die nicht im Zeichen eines Verlust-Bewußtseins steht, sondern von einer nonchalanten Indifferenz begleitet ist. In Christoph Ransmayrs Roman 'Die letzte Welt' etwa bewegt sich der Protagonist lediglich noch durch einen Textraum, gespickt mit kulturellen Zitaten, in dem es um das Archivieren von Wissen, nicht mehr um Erfahrung geht.[23] Sten Nadolnys 'Ein Gott der Frechheit'[24] durchkreuzt herkömmliche Identitätsmodelle, indem sein wiedererstandener Götterbote Hermes schlicht in verschiedene Hirne schlüpft und so - wie vor einem Fernseher - eine Art 'zapping' praktiziert. Mal bleibt er in diesem, mal in jenem austauschbaren Identitätsprogramm hängen. Die Literatur des 'Prenzlauer Berg' schließlich wendet sich von jeglichem Sinnanspruch der Dichtung ab und produziert provozierend 'nichts mehr sagen-wollende' Sprachexperimente.

Gottfried Benn, 'Verlorenes Ich'; Durs Grünbein, 'Mensch ohne Großhirn'.

Diese neue Entwicklung möchte ich anhand der beiden angekündigten Gedichttexte

---

[15] Paul Celan, Müllschlucker-Chöre. In: Fadensonnen. Paul Celan, Gesammelte Werke in fünf Bänden. Hg. Beda Allemann und Stefan Reichert unter Mitwirkung von Rolf Bücher. Frankfurt a.M. 1983. Bd. II, S. 160.
[16] Paul Celan, Die zweite Nesselnachricht. Ebd., S. 149.
[17] Peter Handke, Der kurze Brief zum langen Abschied. Frankfurt a.M. 1972; Peter Handke, Wunschloses Unglück. Salzburg 1972; Karin Struck, Die Mutter. Frankfurt a.M. 1975.
[18] Verena Stefan, Häutungen. München 1975.
[19] Fritz Zorn, Mars. Frankfurt a.M. 1978. Maria Erlenberger, Der Hunger nach Wahnsinn. Hamburg 1977.
[20] Hermann Burger, Schilten. Schulbericht zuhanden der Inspektorenkonferenz. Zürich 1976.
[21] Peter Härtling, Nachgetragene Liebe. Neuwied 1980; Christoph Meckel, Suchbild. Über meinen Vater. Frankfurt a.M. 1980.
[22] Christa Wolf, Nachdenken über Christa T. Darmstadt, Neuwied 1969; Christa Wolf, Kindheitsmuster, Darmstadt, Neuwied 1979; Irmtraud Morgner, Amanda. Ein Hexenroman. Berlin, Weimar 1983; Christoph Hein, Der fremde Freund. Novelle. Berlin und Weimar 1982.
[23] Christoph Ransmayr, Die letzte Welt. Nördlingen 1988.
[24] Sten Nadolny, Ein Gott der Frechheit. München 1994.

verdeutlichen. Es geht hier um den Vergleich eines modernen und eines postmodernen Menschenbildes, wobei sich beide Autoren durchaus verwandter sprachlicher Strategien bedienen, diese aber in unterschiedlichen 'Koordinatensystemen' ansiedeln.

Gottfried Benn. Verlorenes Ich.

Verlorenes Ich, zersprengt von Stratosphären,
Opfer des Ion -: Gamma-Strahlen-Lamm -
Teilchen und Feld -: Unendlichkeitschimären
auf deinem grauen Stein von Notre-Dame.

Die Tage gehn dir ohne Nacht und Morgen,
die Jahre halten ohne Schnee und Frucht
bedrohend das Unendliche verborgen -
die Welt als Flucht.

Wo endest du, wo lagerst du, wo breiten
sich deine Sphären an - Verlust, Gewinn -:
ein Spiel von Bestien: Ewigkeiten,
an ihren Gittern fliehst du hin.

Der Bestienblick: die Sterne als Kaldaunen,
der Dschungeltod als Seins- und Schöpfungsgrund.
Mensch, Völkerschlachten, Katalaunen
hinab den Bestienschlund.

Die Welt zerdacht. Und Raum und Zeiten
und was die Menschheit wob und wog,
Funktion nur von Unendlichkeiten -
die Mythe log.

Woher, wohin - nicht Nacht, nicht Morgen,
kein Evoë, kein Requiem,
du möchtest dir ein Stichwort borgen -
allein bei wem?

Ach, als sich alle einer Mitte neigten
und auch die Denker nur den Gott gedacht,
sie sich den Hirten und dem Lamm verzweigten,
wenn aus dem Kelch das Blut sie rein gemacht,

und alle rannen aus der einen Wunde,
brachen das Brot, das jeglicher genoß -
o ferne zwingende erfüllte Stunde,
die einst auch das verlorne Ich umschloß.

Durs Grünbein. Mensch ohne Großhirn.

Erstes Arkanum, das hieß
Blanker Sarkasmus, List über alle Maßen
Zerrissenheit, was vom Wissen bleibt.
Mit der Drastik als Credo, dem Wandern
Um das numerische Nichts war Statistik
Vergeßlichkeit.
    Jede Quote reißt Zoten.
Wie mein Hasenherz weiß, wie es weiß
Daß es bluten muß, irgendwann erwischt.
Weltscheu wie Dürers Hase liege ich nachts
Vor Bedeutung flach.
    Gab es mehr als Flucht,
Fleisch, von den Knochen gelöst, Blöße
In der Zeit des Verschleißes ein wenig Spaß?
Rückzug aus der Borniertheit Sprache,
All diesen Achs und Wehs
Diesseits der Zoologie.

    Zweites Arkanum, das war
Indifferenz, die totale, Qualen verschalend und Male
Wie sie die Herkunft verschreibt.
    Unsichtbar tätowiert
Ist es die Haut die in Schweigen hüllt, Blau
Eine Spannung von Adern und nackter Gewalt.
Welche Freude macht vor dem Schauhaus Halt,
Vorm zerstückelten Leib?
    Jeder bessere Witz
Bohrt sich ins Stirnbein ein. Nur allein zu sein
Ist schon Spuk genug.
    Hinter dünner Schläfenwand
Unerkannt, war das Bewußtsein ein rohes Ei?
Blätternd in Röntgenbildern sprüht dir der Wind
Silbrige Tröpfchen ins Haar, Gelatine und Chrom.
Komm schon, Stimme im telephonischen Wirrwarr
War das Blabla ein Versteck vor dem Tod
Symbolisch oder banal?

    Drittes Arkanum, das hieß
Alles willkommen was kommt. Biegsam und isotrop,
Bis es im Kleinsten, in den Gelenken denkt.
    Ausgerenkt
Jeder Arm der zu halten sucht was unhaltbar ist.
Schon ein Sandkorn löscht diese Augenwelt aus.
Ein schwacher Luftzug richtet das Flimmerhaar auf.
Und es singt weiter "Kleine psychische Illusion ..."
Auf dem falschen Ton.
    Nicht bevor er bricht
Wird dir klar, wie zerbrechlich dein Knöchel war.

> Keine Zelle bleibt was sie ist. Alle sieben Jahre
> Ist der Körper ein andrer, die Haut unverwandt
> Wie im Spiegel der Fingernägel das eigne Fleisch.
> Entzogen der Boden, totcodiert der enorme Raum
> Und die Skelette zerfallen im Labyrinth.
> Also allein, also blank,
> Also was?

Zunächst können Gemeinsamkeiten festgestellt werden. Beide Gedichte sind geprägt vom Krisenbewußtsein der Moderne, dessen wichtigste Merkmale mit folgenden Leitbegriffen zu skizzieren sind[25]:

1. *Transzendenzverlust.* Bei Benn werden geradezu signalhaft theologische Metaphern verwendet: "Opfer"; "Lamm"; "Hirte"; "Notre-Dame"; "Gott"; "Requiem"; Anspielungen auf das Abendmahl wie "Wunde", "Blut", "Kelch", "Brot". Grünbein dagegen proklamiert lediglich noch die "Drastik als Credo". Damit wird nicht mehr auf *Inhalte* Bezug genommen, sondern lediglich noch auf eine *Form* der Erfahrung und Wahrnehmung.
2. *Aufgabe des Substanzdenkens bzw. Abkehr vom Wahrheitspostulat.* Vom "zersprengten Ich" ist bei Benn die Rede, 'vom Verlust der Mitte', von der 'Lüge des Mythos'. Während Benn den Verlust beklagt, finden sich zwar auch bei Grünbein Begriffe wie "Zerrissenheit", "Nichts", vor allem ins Auge springend natürlich "Indifferenz, die totale". Diese Begriffe werden in das Sprachspiel des Gedichts lakonisch einmontiert, ohne erkennbaren Sinnzusammenhang.
3. *Radikale Sprachskepsis.* Benn fragt: "Du möchtest dir ein Stichwort borgen, allein bei wem"? Das Ringen um das authentische Wort ist ein Grundmerkmal Benn'scher Lyrik. Grünbein dagegen erklärt den "Rückzug aus der Borniertheit Sprache" und spricht nur noch vom "totcodierten Raum". Wo Benn noch ein "Ach" und "Oh" über die Lippen kommt (in der vorletzten und letzten Strophe), wendet sich Grünbein angeekelt von diesen "Achs und Wehs" ab und damit vom gesamten Pathos der bürgerlichen Literatur-Tradition.
4. *Demonstration einer Übermacht wissenschaftlicher Diskurse*, in denen sich das Subjekt verliert. Insbesondere angesprochen sind hier die Bereiche Naturwissenschaft und Technik, Medizin und Biologie. Hier haben Benn und Grünbein einen ähnlichen Ansatz. Benn, der selbst Arzt war, läßt in seine Dichtung zahlreiche medizinische und naturwissenschaftliche Begriffe ein, um damit die Zurichtung des Subjekts durch wissenschaftliche Disziplinen und Diskurse zu markieren. Im vorliegenden Gedicht sind es vor allem physikalische Termini ("Stratosphären", "Ion", "Gamma-Strahlen", "Teilchen und Feld", "Sterne"), aber auch Vokabeln aus dem Bereich der Biologie ("Kaldaunen"; "Bestienschlund"), in denen sich das Ich buchstäblich verliert. Durs Grünbein vertritt in seinen poetologischen Schriften eine Art "physiologischen Materialismus"[26]; in seinen Texten spielen nicht nur Begriffe aus der Biologie und der Medizin eine zentrale Rolle, sondern er bezeichnet seine Kunst selbst als "eine Folge physiologischer Kurzschlüsse"[27] oder eine "Schädelbasislektion"[28]. Im vorliegenden Text sind es das "blutende Hasenherz", "Fleisch und Knochen", der "zerstückelte Leib" und das "Stirnbein", "Zelle", "Körper" und "Haut" (um nur einige zu

---

[25] Die folgenden Zitate beziehen sich auf die Ausgaben: Gottfried Benn, Verlorenes Ich. In: Ders., Gesammelte Werke in vier Bänden, hrsg. v. Dieter Wellershoff. Wiesbaden 1966. Bd.3, S. 215-216; Durs Grünbein, Mensch ohne Großhirn. In: Ders., Falten und Fallen. Gedichte. Frankfurt a.M. 1995, S. 72-74.
[26] Michael Basse, Körper aus Hirn: Ab nach New York! Durs Grünbeins gesammelte Schriften aus der sibirischen Kälte. In: Süddeutsche Zeitung 4./5. Mai 1996.
[27] Durs Grünbein, Galilei vermißt Dantes Hölle. Aufsätze 1989-1995. Frankfurt a.M. 1996.
[28] Durs Grünbein, Schädelbasislektion. Gedichte. Frankfurt a.M. 1991.

nennen), mit denen Grünbein sein Schreiben vom Körper her inszeniert.
5. *Anwendung einer exzessiven Zitatpraxis.* Das Zitat ist nicht erst ein zentrales Gestaltungsmittel der Postmoderne, sondern dient schon in der Moderne der Orientierung im unüberschaubar gewordenen kulturellen Raum. Benns Gedicht gleicht einem "Zitatenteich"[29]; montiert werden verschiedene Vorstellungswelten, denen herkömmlich eine sinnstiftende Funktion zukommt. Neben den genannten Bereichen der Naturwissenschaft und der Religion sind dies die Mathematik bzw. die Ökonomie ("Unendlichkeit"; "Verlust und Gewinn"; wobei der Begriff der Unendlichkeit zugleich der romantischen Philosophie und Kunst entstammt); außerdem kommen Begriffe der Geschichte ins Spiel ("Völkerschlachten"; "Katalaunen"). Benn stellt auf diese Weise ein Koordinatensystem her (Religion, Geschichte, Naturwissenschaft, Ökonomie), innerhalb dessen sich die Problematik des Subjekts entspinnt und das 'Verlorene Ich' begründet wird. Auch Grünbein arbeitet geradezu exzessiv mit Anspielungen auf kulturelle Muster. Neben der Religion ("Credo"), Philosophie ("Nichts"), Mathematik ("numerisch", "Statistik") und der schon genannten Medizin sind es vor allem die Bereiche der Kunst und der Technik, die hier signifikant eingeführt werden. Die Kunst wird ins Spiel gebracht durch die Nennung Albrecht Dürers, wobei hier provokant nicht das berühmte Dürersche 'Menschenbild' mit seiner 'Zentralperspektive' zitiert wird, sondern an dessen Stelle das 'Hasenbild' tritt - sowohl für die 'Kunstperspektive' als auch für das reduktionale Ich, ironisiert im 'Hasenherz'. Außerdem wird das Blau - als zentraler Topos nicht nur der romantischen Poesie, sondern auch der modernen Kunst (blauer Reiter), in den Kontext der Grünbeinschen Körper- und Gewaltmetaphorik überführt. Neu hinzu kommt die Technik, die die Sicht auf den Menschen bestimmt ("Röntgenbild" und "Telefon").

Wie unterschiedlich freilich beide Autoren moderne Schreibstrategien anwenden, dürfte inzwischen schon deutlich geworden sein. Während Benn ein Koordinatensystem von Diskursen errichtet, innerhalb dessen die Frage nach dem Ich eindringlich gestellt und der Verlust des Ich beschwörend beklagt wird, ist das Grünbeinsche Menschenbild, der "Mensch ohne Großhirn", von Beliebigkeit und Indifferenz bestimmt - das Denken und Fühlen, beide im Großhirn angesiedelt, sind ausgeschaltet, der Verlust wird kaum mehr betrauert. Das zeigt sich extrem auch in der Form. Benn - bei aller Zersprengung des Ich - sucht noch nach einem Zusammenhalt: indem er die Bereiche semantisch verknüpft bzw. überlagert (z.B. Opfer-Lamm im semantischen Feld der Physik in der ersten Strophe); und indem er trotz aller Verlorenheit ein gereimtes und rhythmisch stimmiges Gedicht schreibt. Auch Grünbein arbeitet mit Reimen, aber diese begründen keine homogene Struktur, sondern funktionieren nach dem Prinzip der Kontingenz, nach dem Motto der dritten Strophe: "Alles willkommen, was kommt." Die Reime ergeben sich aus dem Selbstlauf, der materialen Verselbständigung der Sprache. Dabei finden sich im Text zahlreiche willkürliche, sinnsprengende Klangverwandtschaften, das Gehirn ist reduziert auf mechanische Reaktionen. Ich nenne nur die auffälligsten, es handelt sich aber um ein durchgängiges Kompositionsprinzip:
"Jede Quote reißt Zoten".
"Indifferenz, die totale, Qualen verschalend und Male"...
"In den Gelenken denkt. Ausgerenkt..."
Das Zeichenspiel erscheint hier provozierend sinnentleert, nur noch als funktionierendes Synapsenfeuer ohne die Ich-Konstituente, das Großhirn. Während die Literatur nach 1945 noch nach einem tragfähigen Menschenbild suchte und dies in der Konfrontation mit den geschichtlichen und gesellschaftlichen Verhältnissen erprobte, fehlt ein solcher Entwurf in den Texten Grünbeins ganz. Stattdessen entsteht eine durch und durch "totcodierte Welt", ein Spiel mit schnellebigen, verfügbaren Zeichen, 'thought-signs', die provokant sinnsprengend

---

[29] Robert Musil.

aneinandergereiht werden, 'gespeichert', könnte man in der Computersprache sagen. Der Mensch wird in diesen Texten zum Fragezeichen, zur Leerstelle - die *Lücke* wird ja bereits im Titel markiert.

Wie ist eine solche Dichtung zu werten, deren 'Menschenbild' radikal bricht mit bürgerlichen, mit aufklärerischen Subjektvorstellungen, und der nur noch die freche, jugendsprachlich angehauchte Frage bleibt: "Also allein, also blank, also was?"

Frank Schirrmacher von der FAZ bezeichnet Grünbein als Repräsentanten des Zeitgeistes, als Stimme der neuen Republik. Die sensationell frühe Vergabe des Büchner-Preises scheint ihm Recht zu geben, die Aufnahme in die deutsche Akademie für Sprache und Dichtung im Jahre 1995 ebenfalls. Heiner Müller kommentierte die Stoßkraft der Grünbeinschen Texte in seiner Rede anläßlich der Preisverleihung wie folgt:

"In Grünbeins Gedicht ist eine Generationserfahrung Form geworden, die sich bislang eher als Verweigerung von Form artikuliert hat. Es ist die Generation der Untoten des kalten Krieges, die Geschichte nicht mehr als Ideologie, sondern nur noch als sinnlos begreifen kann. (...) Ihre Muse ist der Computer."[30]

Während Müller - *seiner* Generation entsprechend - hier noch einen Verlust konstatiert ("nicht mehr"; "nur noch"), setzt Grünbein selbst einem solchen Denken das Postulat einer lakonisch indifferenten, wenn auch provokant subversiven Dichtung entgegen:

"Wenn Poesie wirklich wieder mit allem rechnete, anzüglich leicht mit einem Scharfsinn und Sarkasmus, wie er nur über den dreckigsten Wellenwirbeln der Geschichte und Religion aufleuchtet und tanzt: Was für ein Ungeheuer könnte aus ihr werden! Was für ein übler Wechselbalg aus Defätismus, frecher Einsicht, Aphasie und Ketzerei. Dann erst wäre sie wieder eines der weniger gemütlichen Produkte ihrer Zeit, absolut ätzend und unzitierbar für die Kulturhüter und Rhetorikzwerge an allen Auf- und Ablauffronten."[31]

Ist das die Postmoderne, die Avantgarde, ist das die Literatur der Zukunft? Oder doch bloß noch "blanker Sarkasmus"? "Also was"?

Anmerkung:
Die Vortragsform wurde beibehalten; der Text wurde lediglich um Anmerkungen ergänzt.

---

[30] Heiner Müller, Porträt des Künstlers als junger Grenzhund. In: Durs Grünbein, Den Körper zerbrechen. Rede zur Entgegennahme des Georg-Büchner-Preises 1995. Mit der Laudatio von Heiner Müller. Frankfurt a.M. 1995, S. 26 f.

[31] Durs Grünbein, Rede zur Entgegennahme des Georg-Büchner-Preises 1995. Ebd.

Menschenbilder und die Bilder vom Menschen. Betrachtungen zur Frage nach dem Menschenbild in der Kunst der Gegenwart[1]

Lydia Andrea Hartl

Mit dem Bildermachen hat alles angefangen, lange bevor es den Begriff der Kunst überhaupt gegeben hat – da sind sich Theologen und Anthropologen einig. Die Schöpfungsgeschichte des Menschen, den Gott als Plastik aus Ackererde formte und dann animierte, kennt man heute fast überall auf der Erde, wenn sie inzwischen auch zumeist als Mythos und kaum mehr als Dogma erzählt wird. Immer weiter zurück in der Zeit finden Wissenschaftler Zeugnisse vom Gestaltungs- und Darstellungsdrang des Menschen, der sein Sein in der Welt durch Bildermachen reflektiert. Das prometheische Selbstverständnis des Menschen aber als gottähnlich Schaffendem, gegen alle Konventionen, legitimiert nicht nur das, was wir als Kunst bezeichnen, sondern hat allgemein Konjunktur wie nie zuvor.

Welche Bilder vom Menschen werden heute von den Künstlern, den Spezialisten im Bildermachen, gezeigt? Es soll im folgenden nach den expliziten Bildern von Menschen in der bildenden Kunst der Gegenwart, aber auch nach den impliziten Konzepten zum Menschenbild gefragt werden. Diese Fragen sind nicht nur deshalb schwer zu beantworten, weil die Menschenbildproblematik an sich – darf man überhaupt nach dem Menschenbild fragen? – schwer in den Griff, also auch ins Bild zu bekommen ist. Es gibt eine Reihe zusätzlicher Probleme mit den Theorien zum Bild und zur Kunst: Es wird darüber gestritten, was man unter dem Begriff des Bildes überhaupt versteht und ob man den Begriff der Kunst als solchen überhaupt noch verwenden darf.

Hinsichtlich der Kunsttheorien ist nicht nur die Schwierigkeit zu nennen, Kunst in Stilrichtungen zu ordnen oder Heterogenes in Methodik, Inhalt und Rezeption unter einen für alles gültigen Kunstbegriff zu stellen: Die westliche Kunst hat, vor allem wegen der europäisch-amerikanischen Differenzen,[2] kein gemeinsames Bild mehr von dem, was Kunst ist. Hinzu kommt, daß sich andere Kulturen zunehmend emanzipieren und unseren traditionellen, nämlich westlichen, Kunstbegriff, der ja an sich schon kaum noch zu fassen ist, unterminieren, was von diesem, mit der eigenen Nabelschau beschäftigt, oft nicht einmal bemerkt wird.

Nach Konzepten für ein Menschenbild kann man wohl dort mit der größten Hoffnung auf Antwort fragen, wo hypothesengeleitet gearbeitet wird und Reduktion von Varianz als erstebenswertes Ziel gilt. In der bildenden Kunst, die für die Vielfalt der Menschenbilder im wörtlichen Sinn und darüber hinaus für das tatsächliche Formen der sinnlichen Fragen, auch denen nach dem Wesen des Menschen, zuständig ist, und vor allem in der Kunst des 20. Jahrhunderts sammeln sich dagegen Belege, die das Verschwinden und Entarten des *einen*, des abendländischen Menschenbildes dokumentieren. Dort werden Grenzen überschritten, die bisher von Kultur oder Geschlecht, ethnischen Prägungen oder historischen Vorbildern gezogen waren. Dort wird auch nach formbaren Visionen vom künftigen Menschen gesucht, in aller Freiheit, die sich

---

[1] Dieser Text ist ein Auszug aus einer umfassenderen Publikation zu dem Thema Menschenbilder in der Kunst der Gegenwart, an der ich derzeit arbeite, und bleibt als solcher fragmentarisch. Dennoch werde ich im folgenden versuchen, den Umfang und die Tragweite der Thematik deutlich zu machen. Weiterhin soll erwähnt werden, daß die beschriebenen Zusammenhänge im Rahmen eines Forschungsprojekts an der HfG Karlsruhe medienanthropologisch untersucht werden sollen, also nach Funktion und Struktur der Medien in ihrer Bedeutung für die biopsychologische und kulturelle Entwicklung der Menschen.

[2] Die populärsten Protagonisten dieser Differenzen sind wohl der Naturmagier Joseph Beuys und der Zivilisationsfreak Andy Warhol.

die Kunst nimmt, begrenzt allein durch die Medien, die sie sich zu eigen macht. Daher gilt hier, im Gegensatz zum Anspruch der Wissenschaften, verallgemeinbare Gesetzlichkeiten herzuleiten: Es gibt kein *primäres* Bedürfnis, recht zu haben, Endgültiges zu finden, zum Denken anzuregen, Botschaften zu vermitteln oder einen Spiegel vorzuhalten.[3] Hierzu erzählt einer der einflußreichsten Künstler und Theoretiker dieses Jahrhunderts, John Cage, folgende Geschichte von einem Dichterwettstreit in China um das Amt des sechsten Patriarchen des Zen-Buddhismus. Das Gedicht "Der Geist ist wie ein Spiegel, auf dem sich Staub sammelt. Das Problem besteht, den Staub zu entfernen" muß hinter dem siegreichen Gedicht zurückstehen, das genaugenommen eine Replik auf das erste ist: "Wo ist der Spiegel? Wo ist der Staub?"[4]

Das konkrete Bild vom Menschen

Dieses Jahrhundert ist in der Kunst als Abgesang an den Gegenstand gefeiert worden. Viele der berühmten Künstler wollten in ihrem sichtbaren Werk den Menschen als Bild gar nicht mehr aufscheinen lassen und verweigerten ihm die Darstellung seines Körpers. Sie produzierten statt dessen Nicht-Gegenständliches, Konzepte, Universalien, arbeiteten mit reiner Farbe und reiner Materie oder verweigerten die erwartete Botschaft in ihren Werken. In der Kunst der letzten hundert Jahre hat das anthropozentrische Weltbild zunehmend Terrain verloren. In dieser Hinsicht lassen sich durchaus Parallelitäten zu Problemen der Wissenschaften finden.

Wie kam es zum Rückzug des Körpers aus dem Bild der Kunst? Man kann, wie bei der 100-Jahres-Biennale 1995 in Venedig geschehen, auch andersherum fragen: Wie sah und sieht Kunst dann aus, wenn sie das Bild vom Menschen nicht aus dem Bild verbannt hat? Sucht man nach dem Wandel und den Formen der Menschenbilder, wird man in vieler Weise fündig, nicht nur in Werken der Malerei und der Plastik, sondern auch in denen der neuen Medien, der Photographie, dem Video und den elektronischen Medien. Gerade in den letzten Jahren scheint es sogar ein auffällig häufiges Thema geworden zu sein, die Formen des Menschen zu erforschen, seinen Körper mit möglichen Grenzen und Entgrenzungen ins Bild und ins Licht zu bringen und Fragen nach dem Innen und Außen zu stellen.

Das bildnerische Ergebnis hiervon ist allerdings nicht das, was der Begriff vom Menschenbild impliziert, nämlich etwas im bisherigen Bildsinn Geschlossenes, auf einen Blick Erfaßbares, Harmonisches, Ganzes oder gar Schönes. Es gleicht zumeist eher Szenerien, die mindestens aus der Vorhölle zu kommen scheinen. Das Menschenbild hat schwere Verletzungen davongetragen und ist dementsprechend auch bildnerisch aus dem Lot geraten. Die Läsionen umfassen nicht nur Verfall und Tod durch Krieg, Terror, Gewalt und Krankheit, sondern auch die Gefährdungen des Alltags, die Verstümmelungen und Verzerrungen der Identität durch spezifische Lebensweisen, ob nun geprägt von der Massenkultur oder der Vereinsamung, und die Veränderungen parallel mit und durch die Technologien dieses Jahrhunderts. Daneben findet der Betrachter aber auch bildnerisch dargestellte Sehnsüchte von ganz und gar gegensätzlicher Art, ob nach den Ursprüngen (des Raums, der Zeit, des Menschen, des Blicks) oder ob nach neuen Formen der Harmonie oder des Schöpferischen an sich, auch im Rahmen technologischer Änderungen und Utopien.

---

[3] Zit. nach dem Titel einer Ausstellung von Stephan von Huene, Hamburg 1997: *What's wrong with art? – Art is always wrong.*
[4] Zit. nach John Cage. *Silence: Lectures and Writings.* London 1968 (S. 272).

Abstraktion und das Bild vom Menschen – eine Neuauflage des Bilderstreits

Dabei ergeben auch diejenigen künstlerischen Arbeiten einen Sinn, die den Auftritt des Menschen im Bild verweigern, sofern man sich auf ikonologische Interpretationen überhaupt einlassen möchte, die Bildbedeutungen in historischen Kontexten untersuchen. Man hat bereits versucht, dies als einen neuen Bilderstreit zu diskutieren.[5] Denn immer dann, wenn in der Geschichte ein Bilderstreit ausbrach, ging es nicht nur um die realen, die gemachten und somit die vorhandenen Bilder, sondern in viel bedeutsamerem Maße um Bilder als Symbole der Gesinnung, der Welt- und der Menschenanschauung.[6]

Die Sehnsucht der westlichen Kunst nach dem reinen Bild, der reinen Form, ist vor allem seit 1945 verständlich, sofern man ein grundsätzliches Interesse der Künstler am Leben voraussetzt, wenn diese Suche auch nicht erst zu dieser Zeit eingesetzt hat und natürlich auch nicht immer politisch motiviert war. An die Brandmarkung von Werken der Kunst als entartet, an das – im zynischen Sinne – Gesamtkunstwerk des neuen arischen Menschen und an die Frage, ob es nach Auschwitz überhaupt noch Kunst geben kann, soll in diesem Kontext nur erinnert werden. Heute, fünfzig Jahre später, wissen wir, daß die Kunst überlebt hat.

Ein Bild hat, das soll nicht vergessen werden, immer etwas Konkretes an sich, weil es *ist*, denn es hat Materialität, selbst wenn auf ihm *nichts* – nichts als Farbe, nichts als Struktur, nichts als Raum, nichts als Licht –, zu erkennen ist. Es ist von jemandem gemacht oder zum Bild erklärt worden. Wahrzunehmen ist ein Zeichen von Lebendig-Sein. Es gibt niemals *nichts* zu sehen, das gilt für jeden Menschen, oft sogar dann, wenn er die Augen geschlossen hat, und in der bildenden Kunst ebenso.[7] Das Bedürfnis nach Gestaltung und damit Handlung steckt also in allem, was wir als Bild bezeichnen, ob als Bild der Kunst, Bild des Alltags oder (Vorstellungs-) Bild unserer eigenen Wahrnehmung. Auch die Entfernung von Bildern ist eine reale Handlung, die Erinnerungsqualität hat.[8] Manchmal kann es sogar wichtiger sein, das zu sehen, was nicht auf einem Bild ist, als das, was darauf leicht zu erkennen ist.

Es gibt das psychologische Phänomen, daß Menschen, die Terror, Verfolgung und Gewalt erleben mußten, ihr Leben lang von quälenden, sich ihnen überall und jederzeit aufdrängenden, nicht unterdrückbaren bildhaften Imaginationen an die durchlittenen Katastrophen heimgesucht werden. Ein Verbot der realen Bilder haben sich Menschen daher selbst oft auferlegt, ob nun Traumatisierte oder Künstler. Die Sehnsucht nach dem puristischen, dem intakten, dem unschuldigen Bild ist immer auch ein möglicher Fluchtweg aus einer unfaßbaren Wirklichkeit. Gleichzeitig sind gerade Vorstellungen von Idealem, Reinem, Absolutem und Schönem beim Menschen durch die Rassenideologie und ihre politischen Folgen gebrandmarkt. Genozid verträgt sich nicht mit Abstraktion und ästhetischer Distanz. Wohin also mit der Sehnsucht nach dem Bild?

Nach 1945 mochte dann zunächst kaum ein Künstler mehr für den Realismus eintreten, wenn er nicht als Reaktionär gelten wollte. Inzwischen gibt es wieder vermehrt Bewegungen in

---

[5] Siehe Katalog der Ausstellung *Bilderstreit. Widerspruch, Einheit und Fragment in der Kunst seit 1960*, Siegfried Gohr & Johannes Gachnang (Hrsg.), Köln 1989.

[6] Bildersturm heute: Barnett Newman ("Ich male keine Bilder, ich mache Malerei") entzieht sich selbst dem Bild, in dem er *Who is afraid of Red, Yellow and Blue IV* malt. Dieses Bild wurde von einem Studenten aus Angst demoliert.

[7] Einer der Pioniere der Medienkunst, Nam June Paik, spielte einen leeren Film ab, der auf der Leinwand nur das Licht des Projektors zeigte (*Zen for Film*, 1962). John Cage hat für die Musik gezeigt, daß es den Klang der Stille gibt.

[8] Es verwundert unter diesem Aspekt kaum, daß die real stattgefundene Bücherverbrennung, ein Versuch der Auslöschung bestimmter kultureller Inhalte, offensichtlich auch die nicht intendierte Wirkung hatte, daß durch diese Vernichtungshandlung dem Vergessen entgegengewirkt wurde. Nicht wenige Künstler nehmen sich gerade die Bücherverbrennung zum Thema, wenn sie Mahnmale konzipieren.

der bildenden Kunst, die man realistisch nennen kann.[9] Jedoch taucht der Begriff der Schönheit vom Menschen im alltagspsychologischen Sinn in der Kunst seither fast nicht mehr auf, weder in der Malerei noch in der Photographie. Die schönen, erfreulichen oder verlockenden Menschenbilder sind aus der Kunst in die Alltagskultur abgewandert, mit allen ästhetischen Folgen des Genrewechsels. Und sie finden sich zunehmend in den Naturwissenschaften, die sich immer mehr für das Bild begeistern, ob es nun Holographien sind oder Bilder aus dem All.

Es gibt das Phänomen, daß Vertrautes erst dann erinnert wird, wenn es verschwindet: So scheint es auch mit dem Menschenbild zu sein. Um 1945, ebenfalls im Zeichen der Schrecken des Zweiten Weltkriegs und noch unter Schock darüber, wozu Menschen fähig sind, wurde erstmals auch lautes Interesse an der Frage nach dem Menschenbild in der gegenwärtigen Kunst geäußert. Ausgehend von der jüdisch-christlichen Tradition, die den Menschen als das Ebenbild Gottes sieht, diskutierte man, mit den humanistischen Idealen in der Rückhand, ob die Wiedergeburt *des Menschen* aus dem Geiste möglich sei, und organisierte erste Ausstellungen und Gespräche zum Thema *Menschenbild unserer Zeit*. Der Begriff vom Verlust der Mitte[10] ist damals Allgemeingut geworden. Er beklagt die Moderne der Kunst als Verlust der Ebenbildlichkeit Gottes. Die Moderne, so die These, könne daher nicht mehr die Kraft haben, den beschädigten Menschen zu heilen, da sie ihm die zur Heilung nötigen Leitbilder nicht zur Verfügung stelle. Verletzungen aber sind, wenn sie sichtbar werden, auch immer eine Chance auf Heilung, nicht nur Zeichen des Verfalls. Der These vom Verlust der Mitte wurde bereits damals aus den verschiedensten Gründen heftig widersprochen, denn sie begründete letztlich theoretisch die Wertung von Werken der Kunst als entartet. Einig war man sich nur, daß man eine autonome Kultur des *Geistes* fordern müsse, einem Begriff im übrigen, der uns heute, fünfzig Jahre später, abhanden gekommen ist, vollkommen in den Naturwissenschaften, großteils in der Philosophie. Dafür erfährt er eine Blüte in esoterischen Strömungen aller Art.

Vom Verlust alter Ordnungen: die Lehre vom Zerfall?

In der zweiten Hälfte des Jahrhunderts spielten sich unter dem Begriff der Kunst vielfältige und vielschichtige Entwicklungen ab, auf die hier nicht näher eingegangen werden kann. Als Wesenszug der derzeitigen Diskussion über den Stand *der* Kunst möchte ich am liebsten sogar nennen, daß diese Strömungen unübersichtlich sind und sein sollen. Führende Vertreter der Kunstwissenschaften kapitulieren vor allen Ordnungsversuchen herkömmlicher Art und fordern neue Methoden,[11] ein Prozeß, den wir auch innerhalb anderer Wissenschaften angesichts von immens wachsenden Datenbergen und dem Verlust einheitlicher erklärender Konzepte beobachten können.

Dennoch lassen sich, mit Vorsicht und Vorbehalt, die aus dem Vorangegangenen verständlich sein sollten, einige Thesen und Themen der Kunst dieses Jahrhunderts nennen, bei denen Parallelen zu anderen Bereichen der Menschenbildreflexion auffallen werden. Ich will sie vereinfachend in zwei Gruppen teilen, von denen sich die erste mit der Auflösung aller bisherigen Ordungen und die zweite mit Erlösungssehnsüchten befaßt. In der ersten Gruppe finden sich

---

[9] Es wurden und werden nach wie vor Portraits gemalt, von so verschiedenen Künstlern wie Francis Bacon, Georg Baselitz, Alex Katz oder Xenia Hausner, die ihre Arbeiten sogar ausdrücklich *Menschenbilder* nennt. Aber alle guten Portraits beunruhigen, wie schon früher auch in der Geschichte der Malerei.

[10] Hans Sedlmayer, München 1947.

[11] Weiterführende, kontroverse Literatur: Hans Belting. *Das Ende der Kunstgeschichte*. München 1995; Arthur C. Danto. *Kunst nach dem Ende der Kunst*. München 1996.

Themen wie die Auflösung des traditionellen Begriffs von Kunst und Künstler,[12] die Auflösung von Polaritäten und linearen Verläufen als Ordnungskriterien so heterogener Bereiche wie von den linearen Raum-Zeit-Vorstellungen, vom tradierten hierarchischen Zwei-Geschlechter-Modell,[13] der Dualitäten von Leib und Seele, Natur und Kunst, Wirklichkeit und Fiktion, Wahrheit und Irrtum,[14] Objekt und Subjekt, Konkretion und Abstraktion,[15] Primitivismus und Zivilisation, aber auch den linearen Kulturentwicklungen; die Auflösung der Ethik in der Dekonstruktion wird ebenfalls künstlerisch thematisiert. Zur Gruppe der Erlösungssehnsüchte gehören Themen wie die Besinnung auf Religion[16] und auf den Mythos,[17] wobei der Künstler die Rolle des Magiers einnimmt,[18] das künstlerische Werk oder der Schaffensprozeß als Magie verstanden wird,[19] die Besinnung auf die Natur in ihren Spielarten,[20] die Verherrlichung der Technologien[21] und die Sehnsucht nach Einheit und Ursprung als Hang zum Gesamtkunstwerk.[22]

Beispiele zu den einzelnen Themen lassen sich übrigens aus allen sogenannten Stilrichtungen zeigen. Diese Einteilung ist also eine inhaltliche, die es nicht selbstverständlich erlaubt, Rückschlüsse auf die verwendeten Formen zu ziehen. Die Inhalte, und selbst die Verweigerung von Inhalten als Konzept, zeigen das, was der Künstler Marcel Broadthaers folgendermaßen sagt: *You must know that the artist is more interested in the world outside than in art itself and still less in the context of exhibitions and in museums.* Der Künstler als Mittler von Innen und Außen nimmt wahr und formt, mit wachen Sinnen und sinnlichen Mitteln. So ist das Bild vom Körper nicht zu trennen und ein Ende der Kunst vor dem Ende des Menschen schwer vorstellbar.

Das Menschenbild vom Künstler: Der Künstler als Wanderer vertritt die Heimatlosigkeit des neuen Menschen

Kann man nach dem Holocaust noch Kunst machen? Der Maler R. B. Kitaj[23] veröffentlichte ein Manifest, in dem er sich zum Diasporisten erklärt, als Ausdruck eines universellen Rätsels unserer Gegenwart. Diasporistisches Malen repräsentiert immer mehr als nur *einen* Blick. Als Diasporist muß man kein Jude sein, sondern kann einer beliebigen anderen ethnischen, religiösen oder geschlechtlichen Gruppierung angehören oder sich aufgrund von Despotismus, privatem wie politischem, Pech im Leben oder Eigenwillen in der Minderheitenposition, nicht am rechten Ort also, befinden – ebenso, wie ja die Kunst auch nie am rechten Ort zu finden ist.

Heute leben mehr als 120 Millionen Menschen als politische Touristen. Migrationen und Außenseitertum sind eine häufige Manifestation menschlichen Daseins geworden. Jede neue politische Umwälzung, jeder neue Krieg, jede neue Erfahrung bringt neue Formen in der Kunst

---

[12] Z.B. Vertreter der Pop-Art.
[13] Z.B. Nan Goldin, die in ihren Photoarbeiten häufig Grenzbereiche zwischen den Geschlechtern thematisiert.
[14] Der Maler Sigmar Polke nennt eine große Ausstellung sogar *Die drei Lügen der Malerei* (Bonn, 1997).
[15] Z.B. Yves Klein.
[16] Z.B. Barnett Newman, viele Nicht-Gegenständliche.
[17] Z.B. Anselm Kiefer.
[18] Prominenter Vertreter: Joseph Beuys.
[19] Viele Werke der Körperkunst, z.B. die Performances von Marina Abramović.
[20] Land Art, aber auch Art brut.
[21] Dies geht von den Futuristen (s. Marinettis Roman *Mafarka-le-futuriste*, 1910, dessen nicht von einer Mutter geborener Held eine Mischung aus Mensch und Maschine, Tier und Krieger ist) bis zur Virtual reality (z.B. Donna Haraways Basistext: *Manifesto for cyborgs: science, technology, and socialist feminism in the 1980's*. In: Socialist Review, 1985, Bd. 80, S. 65-108; deutsche Fassung 1995).
[22] Z.B. das OrgienMysterienTheater des Aktionskünstlers Hermann Nitsch.
[23] R. B. Kitaj. *First Diasporist Manifesto*. New York 1989.

hervor, die Frage nach Geschlechtsidentitäten ebenso,[24] ethnische Kunst, wie früher in diesem Jahrhundert die amerikanische Kunst, bekommt im Rahmen des wankenden Eurozentrismus als Loslösung vom abendländischen ästhetischen Diktat Gewicht. Jeder Künstler, jedes Werk zeigt dem Betrachter, daß er den Blick für andere Lebensformen und lebens- und kulturgeschichtliche Wandlungen weiten und schärfen muß.

"Alle körperlosen Seelen streben danach, eine eigene Identität zu besitzen, und diese Identität ist es, die ich in meinem Leben und meiner Arbeit suche".[25] Wenn der Künstler an sich immer in einer Außenseiterposition ist, läßt sich dies sowohl als Mahnmal als auch als Rettungsversuch der eigenen Identität deuten. Das Betonen der Diasporabedingung erlaubt andererseits auch das höchste Maß an Freiheit, nämlich alles zu zeigen, auch alle Formen des Menschseins, die beglückenden[26] und die desaströsen,[27] und ihre Kontexte.[28] Was bleibt? "Meine Bilder sind die Asche meiner Kunst."[29]

Zum Begriff vom Bild in der Kunst und als Wahrnehmungsphänomen

Einige mir in diesem Zusammenhang bedeutsame Änderungen zum früheren Bildbegriff, der übrigens längst nicht so einheitlich war, wie das 20. Jahrhundert jetzt suggerieren möchte, will ich herausnehmen. Ich verwende im folgenden auch weiterhin den Begriff Bild, auch wenn er in diesem Zusammenhang altmodisch erscheinen mag, denn bei all den Werken bildender Kunst bleibt unser erster Zugang zu ihnen ein visueller. Erst, wenn wir dem sehenden Entdecken folgen, werden wir bemerken können, was es mit den "Gebilden" sonst noch auf sich hat, im Gewand welcher Medien oder Medienmixturen sie sich uns auch zeigen.

Der herkömmliche Bildbegriff der Kunst ist ausgedehnt worden, nicht nur hinsichtlich der Medien, die zur Herstellung von Sichtbarkeit und Wahrnehmbarkeit im allgemeinen verwendet werden – vom Körper selbst als Medium bis zu den elektronischen Medien –, sondern auch hinsichtlich der inhaltlichen Ausformungen. Es ist alles möglich geworden zwischen Konzeptkunst, bei der es entscheidend auf die Idee hinter oder über dem Bild ankommt, die das Bild erst richtig sichtbar macht, und Objektkunst, bei der das wahrnehmbar Gemachte unmittelbar wirken soll, die ohne jeden theoretischen Überbau direkt an die Sinne appelliert. Die beliebte Trennung von Konzept und Objekt entspricht im übrigen recht gut der Zwei-Kulturen-Theorie,[30] die derzeit in der Wissenschaft gerne vertreten wird, nämlich der Trennung von Geistes- und Naturwissenschaften – die eine denkt, die andere handelt –, wobei das Gewicht der letzteren

---

[24] Z.B. holocaustbezogene Kunst, (s. Mahnmaldebatte in Berlin und Wien), Bosnien-Krieg (s. *Balkan Baroque*, 1997, von Marina Abramović), chinesischer Terror, Golfkrieg usw.; Emigrantenkunst; Frauen-, Männer-, AIDS- und Queer-Kunst. Die Reihe dieser Hilfskonstruktionen ist lang; es ist aber sehr problematisch, von bewegenden Inhalten auf ästhetische Gültigkeit zu schließen.

[25] Max Beckmann als "entarteter", emigrierter Künstler, zit. nach Kitaj, a.a.O.

[26] Diese wurden selten in diesem Jahrhundert gezeigt, und wenn, dann oft als Klischeevorstellung von Glück (s. z.B. Pop art, Jeff Koons).

[27] Von Francis Bacons zerquält-zerstückelten Menschenleibern, Ed Kienholzs *Orzymanian Parade*, Gerhard Richters Gudrun-Ensslin-Zyklus, den im übrigen kein deutsches Museum kaufen wollte, Cindy Sherman (Serie *Untitled*) bis Orlan, die ihren Körper gleich der Kunst widmet und ihn dazu chirurgisch verändern läßt.

[28] Allan Kaprow, der Begründer der Happenings und Kunsthistoriker, ging schon in den 50er Jahren so weit, von den Künstlern zu fordern, sie sollten selbst den Kontext der Kunst erfinden. In Fluxus und Körperkunst stellt der Künstler schließlich seinen eigenen Körper als Werk in einem Prozeß zur Verfügung. Von diesem Prozeß bleiben oft nur flüchtige Spuren, manchmal Reliquien der Aufführungen.

[29] Yves Klein.

[30] S. C. P. Snow: *The two Cultures*, New York 1959.

allmählich immer schwerer wiegt, was vielleicht auch eine Parallele zu den jüngsten Entwicklungen in der Kunst ist.

Und weiterhin ist Kunst nicht mehr exklusiv im früheren Sinn. Als Bindeglied zwischen Kunst und Leben bedienen sich Künstler inzwischen nämlich auch der Produkte und Medien der Massengesellschaft, die den Rang des sogenannten Objektiven, tatsächlich Vorhandenen einnehmen. Dann aber, wenn beide Bereiche dieselben Technologien und Methoden verwenden, ist nicht mehr so einfach zwischen Bild und Leben, Fiktion und Realität in alternativer Weise zu unterscheiden. Wie weit und differenziert dies heute fortgeschritten ist, und wie es gerade die Künstler sind, die uns solche Vorgänge überhaupt begreifbar im wörtlichen Sinn und im metaphorischen Sinn bewußt machen können: Darum soll es im folgenden gehen. Und in diesem Punkt möchte ich behaupten, daß in der Kunst schon längst diskutiert und mit gestalterischen Mitteln aufgegriffen wird, was in den Wissenschaften derzeit als innovativ, als utopisch oder als prinzipiell möglich, aber nicht realisierbar gilt. Denn bei der Produktion von Bildern geht es um Wahrnehmbarmachen, ob nun von Formproblemen, Verzweiflungen, Visionen oder Spielen.

Was ist Wahrnehmung? Wahrnehmen ist die Grundlage unserer Erkenntnis. Es hat nichts damit zu tun, daß irgendwo draußen etwas ist, was so, wie es ist, von einem Innen aufgenommen und zum Bewußtsein gebracht wird. Wahrnehmen ist vielmehr ein Verhalten von Kräften. Es ist unmittelbar, und es geschieht immer in Bezügen, zum Außen ebenso wie zu dem, was wir bereits an Erfahrungen gesammelt haben. Wahrnehmen, und auch das damit verbundene Gedächtnis, darf man sich nun nicht als mechanische Prozesse mit fixen, immer gleichen Abläufen vorstellen. Sie sind viel eher Vorgänge, deren Natur selbst dynamisch und subjektiv ist und somit flexibel, aber auch störbar. Gesehene Bilder sind immer auch gestaltete und erinnerte Bilder. Neutralität und Objektivität sind keine Stärken der Wahrnehmung: Innen und Außen, Bild und Bildkörper sind im Wahrnehmen und im Erinnern immer verschmolzen, und ohne unseren Körper gibt es auch keine Bilder. Sie laden sich in uns mit Leben auf.

Bild und Identität

Unser Gefühl von Identität ist unmittelbar mit der Art, wie und was wir wahrnehmen, verbunden. In der Identität stecken zwei Grundbemühungen des Individuums, nämlich sich selbst zu erkennen und sich selbst zu gestalten. Der Mensch ist dabei in der ambivalenten Position, Objekt und zugleich Subjekt seiner eigenen Untersuchungen zu sein.

Wir orientieren uns üblicherweise dadurch, daß wir alles, was wir aufnehmen, sofort zu ordnen beginnen. Dies betrifft den Vorgang des Sehens, bei dem dies bereits auf Stufen geschieht, in denen wir dies ohne notwendiges Bewußtsein hierfür tun, ebenso, wie das Wahrnehmen komplexer Theorien oder sozialer Bezüge. So erhalten wir das Gefühl der Gewißheit, daß das, was wir wahrnehmen, auch wahr ist – wenigstens unmittelbar und nach unseren eigenen Kategorien.

In diesem Jahrhundert nun sind wir mit der besonderen Situation konfrontiert, daß sich uns vertraute Kategorien auflösen. Dies betrifft nicht nur Erkenntnisse aus wissenschaftlichen Forschungen, sondern geht weit in die Praxis unseres Alltags hinein. Unsere Sicht von Natur – als Gegebenem, Passivem – und Kultur – als vom Menschen Geschaffenem und damit Veränderbarem – ist destabilisiert. Jetzt werden die Grenzen von Objektivität und Subjektivität in Frage gestellt. Die Beziehungen von Raum und Zeit und die Grenzen zwischen Körper und Energie haben sich bereits zu Beginn dieses Jahrhunderts durch die Erkenntnisse der Physik[31] verändert. Wir gehen im Alltag zwar mit Prozessen um, die wir mit Hilfe der uns vertrauten Sinne nicht wahrnehmen können, wie mit größter makroskopischer Ferne und größter mikroskopischer Nähe, Strahlung und all dem, was mit Global- beginnt, aber wir *begreifen*, im wörtlichen Sinn, solche Prozesse nicht.

Es ist ein typisch abendländisches Problem, nach dem Wesentlichen zu suchen und ein solches Ziel auf einen *Kern*, also auf etwas Geschlossenes, Rundes, Abgrenzbares, gut Darstellbares, zurückzuführen. Es bereitet uns größte Schwierigkeiten, Grenzenloses oder das Nichts zu denken. Unsere wissenschaftliche, philosophische und religiöse Suche geht nach dem Urgrund, aus dem heraus sich alles – mehr oder minder linear – entwickelt, obwohl wir es, gerade durch die Erkenntnisse der neueren Physik, eigentlich besser wissen müßten. Dieses Bedürfnis läßt sich nicht nur kulturhistorisch, sondern sogar wahrnehmungspsychologisch erklären. Alternative Sichten hat es jedoch schon immer gegeben: in den Mythologien, Religionen, philosophischen Modellen, physikalischen Kosmologien und Werken der Kunst. Auch Künstler relativieren das wissenschaftliche Welt- und Menschenbild, manchmal gestalten sie es mit, sie vermögen aber unbedingt, unseren Blick zu schärfen – wenn wir überhaupt hinsehen wollen. Bilder sind nun von ihrem Wesen her solche Kerne, in denen sich etwas verdichtet, und können zunächst dadurch beruhigen, daß sie solche Verdichtungen überhaupt erlauben. Alles Formlose, Unvorhersagbare ist ein Urgrund der menschlichen Angst, die sich vermindert, sobald man dem Gefürchteten Gestalt geben kann. Im Ungewissen müssen sich Konturen, auch die von Selbstgewißheit, bilden. Bilder haben solch eine magische Wirkung.

Die Bilderfahrung gehört zu unserem Leben, zu unserem Bewußtsein. Bilder sind aber zunächst stumm und müssen zum Sprechen gebracht werden. Wir können dies tun, indem wir Bilder in einem rituellen, manchmal vom Künstler oder, unserer heutigen Kunstrezeption entsprechend, vom Museum vorgegebenen Akt benutzen. Durch ein animiertes, beseeltes Bild wird nicht nur erinnert, sondern es wird auch ein neuer Akt der Vergegenwärtigung vollführt: Nicht nur im Bild, sondern im Betrachter vollzieht sich etwas.[32]

Dabei kommt die Anziehungs- und Verwirrkraft des Fremden, Unbekannten, Unsicheren mit ins Spiel. Bilder der Kunst sind immer fiktiv und waren es wohl von Anfang an, wenn sie auch als Bildkörper konkret sind und realen Raum einnehmen. Das, was sich in Betrachtern vollzieht, verändert sich im Lauf der Zeit. Alte Bilder beunruhigen uns daher oft weniger als neue, weil wir mit ihnen vertrauter sind, und nicht, weil sie dazu prinzipiell weniger Potential haben. Während wir gelernt haben, uns in der Hauptsache auf unsere Fernsinne, vor allem auf das Auge, als zweites auf das Hören, zu verlassen, und die zunehmende elektronische Medialisierung dies noch verstärkt, haben wir dennoch ein Vielzahl von weiteren Sinnen, die andere Qualitäten haben, oft nicht so scharf wie das Sehen arbeiten, aber uns dafür nahe heranführen, keine Distanz erlauben. Durch die Animation von Bildern können wir nun Wahrnehmungsvorgänge erforschen und verändern, auch wenn der Künstler dies gar nicht intendiert hat.

---

[31] V.a. die Relativitätstheorie, deren Formel im übrigen in der Mathematik als ästhetisch außergewöhnlich schön gilt, was man sogar als einen Grund ihrer Akzeptanz nennt, und die Quantenphysik; beides wird zeitgleich mit dem Beginn der Moderne in der Kunst formuliert.

[32] An der Debatte um das in Berlin geplante Mahnmal für die Opfer des Nationalsozialismus und der Frage, ob man überhaupt durch Bilder erinnern darf, und wenn, durch welche und von wem gemachte, wird diese Form des Bildbegriffs zur Zeit besonders deutlich. Dort fällt auf, wie groß und still die Sehnsucht Überlebender nach Konkretion als Ritual der Angstabwehr ist, wie groß und laut dagegen die Sehnsucht des Volks der Täter nach ästhetischer Distanzierung, wie anmaßend deren Epigonen glauben, sich einfühlen zu können, selbst wenn es um etwas so schwer Vorstellbares (und damit für sie Formloses) geht wie Völkermord, wie stark pädagogische Mahngesten gerade von Nichtbetroffenen propagiert werden, und wie unbeliebt das Thema der Schuld und ihrer Darstellung ist, die so kraß vielleicht gar nicht erinnert werden will.

Ästhetik und die Bilder vom Menschen

Auf der Basis der formalen Ästhetik werden Bilder zu Mitteln der Erkenntnis. Dazu können sie den Menschen darstellen, müssen es aber nicht notwendigerweise. Der Mensch ist zwar das Thema, jedoch in seinen Bezüglichkeiten, nicht unbedingt in seiner Gestalt. Erkenntnis wiederum verändert Wahrnehmung und potentiell auch Verhalten. Die neuen Bilder sind nun – als Instrumente der Erkenntnis – sogar in der Lage, sich zu verhalten, sie bewegen sich, sprechen und klingen, treten mit uns in Kommunikation.[33] Sie handeln also, ganz so, wie es wohl zu Beginn der Geschichte des Bildes war. Bilder waren in ihrer frühen Geschichte zunächst Ausdruck von Handlungen, die am Körper selbst vollzogen wurden – Masken, Bemalungen, Verkleidungen – und haben sich erst später vom Körper losgelöst. In denjenigen Werken der Kunst unserer Zeit, die den Körper zum Thema haben, laden sich Bilder wieder mit Leben auf.

Die formale Ästhetik entwickelte sich im 19. Jahrhundert unter dem starken Einfluß des Philosophen Johann Friedrich Herbart (1776-1841) im Rahmen einer breitgefächerten Umbruch- und Lösungsbewegung von der Philosophie, innerhalb der auch die Psychologie entstand. Ziel dieser Bewegung war es, sich Phänomenen, ob der Kunst oder der Wahrnehmung, nicht auf der Basis vorausgehender philosophischer Überlegungen, sondern von den Werken, also den Erscheinungen her zu nähern. Dieses Hinwenden zum Sichtbaren, zum Beobachtbaren bedeutete einen Bruch mit zwei sehr einflußreichen philosophischen Haltungen, mit *Kants* Analyse des ästhetischen Urteils und mit *Hegels* Bindung der Kunst an geistige Ideen. Die Sache selbst sollte nun im Vordergrund stehen. Bilder müssen, um Bilder zu sein, auf ihrer Oberfläche etwas zeigen, was dort selbst nicht vorhanden ist.

So spielen dann im 20. Jahrhundert bei den Bildern von Menschen nicht die objektiven Faktoren der Schönheit die Hauptrolle, sondern die sichtbaren Beziehungen auf einer Oberfläche. Ein berühmtes Beispiel ist *Picassos* Bild der *Demoiselles d'Avignon*, das traditionell als Beginn des Kubismus gilt. In der Kunst wird nun explizit ein Instrumentarium zur Beschreibung von Strukturgebilden geschaffen – implizit hatten sich die Künstler natürlich schon lang mit solchen Fragen auseinandergesetzt. Dazu reicht aber in der Ästhetik eine Analogie zur formalen Logik nicht mehr aus. Das Bild dient nun dazu, um Wahrnehmungsvorgänge zu erforschen, unter der These, daß die Gesetzmäßigkeiten der sich im Bild ereignenden Relationen den Anschauungsformen des Menschen entsprechen. Das Bild wird zum Instrument der Erkenntnis, ohne dabei Sklave der Vernunft zu sein, denn es erlaubt den Menschen, aufgrund seiner Formen Aspekte zu erfassen, die unabhängig vom angeschauten Gegenstand sind, weil dieser ganz Zustand und damit Gegenwart ist.[34]

Bilder werden so zu Forschungsgegenstand *und* Forschungsmethode: Wenn es um den Menschen geht, können sie, aber müssen sie diesen nicht mehr darstellen. Sie sind Mittel der Erkenntnis und müssen sich wesenhaft nicht mehr der Mittel der Gegenständlichkeit bedienen, der sinnlich erfahrbaren Mittel aber sehr wohl. Erkenntnis verändert die Wahrnehmung und diese wiederum die Bilder.

Diese Entwicklung läuft parallel zum Wanken der althergebrachten anthropozentrischen Weltsicht. Nicht mehr *der* Mensch in seiner Gestalt ist das Thema, sondern der Mensch in seiner Bezüglichkeit, ob zu anderen Kulturen, zwischen den Geschlechtern, zur belebten und zur un-

---

[33] Im Film, Video oder den elektronischen Medien, aber auch in der Körperkunst, wenn lebendige Körper zum Bild werden.

[34] In Meditationsbildern anderer Kulturen wie den traditionellen tibetischen Thangkas ist dies schon lange verwirklicht worden. Heute baut ein berühmter Pionier der Videoinstallation, Nam June Paik, einen TV-Buddha als Plastik, und theologisiert so provokativ den Apparat der banalsten Bilder, eine westliche Erfindung, auf dem Boden seiner ostasiatischen Kultur.

belebten Natur oder zur Maschine. Beispiele hierfür finden sich in diesem Jahrhundert in vielfältiger Gestalt, vom bereits erwähnten Kubismus und den Futuristen bis hin zu den Cyborgs.

In einem weiteren Schritt kann die Bildoberfläche auch ohne hermeneutisches Interesse betrachtet werden. Betrachtet werden muß sie, aber die Motivation des Blicks, Erkenntnismittel zu sein, kann beim Prozeß der Betrachtung schwinden. Bilder werden – wie immer geartete – Ordnungen des Sichbaren, und das Sichtbare beginnt zudem, sich zu *verhalten* und in eine Wechselbeziehung zum Betrachter zu treten, der damit zum handelnden Benutzer oder sogar zum Veränderer wird. Das rein Sichtbare, das Wahrnehmbare, wird autonom in der Kunst und vor allem in derjenigen, die mit den neuen Medien arbeitet. Es erlangt Eigenschaften, die bisher nur reflektierenden Personen zugesprochen wurden. Bilder, also Objekte, werden zu Subjekten.

Natur und Technologie

Die heutigen Bilder der Kunst und des Menschen bedienen sich also auch der heutigen Mittel. In der Kunstproduktion sind dies neben dem klassischen Bild, der Plastik und der Photographie auch die elektronischen Repräsentationstechnologien, die als neue Medien bezeichnet werden, die Kontextkunst (der Einbezug soziokultureller und Umwelt-Repräsentationen) oder die Körperkunst, die den eigenen oder fremden Körper als Darstellungs-, als Bildfläche verwendet. Von besonderem Interesse ist dabei seit der Neuzeit die Grenzziehung zwischen Körper und Medium oder Körper und Maschine. Dies geht von *La Mettries Homme-machine (1748)* bis zum *Homme neuronal* von *Changeux (1982)*, vom futuristischen Helden bis zu den Cyborgs.

Beschleunigungsprozesse sind nicht nur in Bereichen der Kunst, der Unterhaltungsindustrie und der Telekommunikation zu finden,[35] sondern prägen heute, vielleicht mehr als alles andere, den Zustand der Menschheit. Warner wie *Paul Virilio* bezeichnen diesen Zustand als rasenden Stillstand und mediale Ghettoisierung einer Gesellschaft, die Zeit und Raum in immer ausgedehnterem Maße technologisch beherrscht und damit gleichzeitig an ihrer eigenen Auflösung arbeitet.[36]

Eine der entscheidenden Fragen, von den Anfängen von Kunst bis heute, ist es, ob die Medien, die wir Menschen verwenden, auch uns verändern, indem sie unsere Wahrnehmungsprozesse spezifisch beeinflussen. Jedes neue Bild ändert das Sehen, und jedes neue Sehen ändert die Bilder, die danach entstehen. Damit ändert sich auch das, was wir wirklich nennen. Heute können wir kaum noch trennen zwischen dem Wissen darum, daß Bilder konstruiert und dabei durch unser individuelles und kulturelles Gedächtnis beeinflußt sind, und dem Wissen darum, daß Bilder auch ein wesentlicher Bestandteil der Industrie sind, die wiederum uns beeinflußt. In manchen Bereichen der Kunst wird es daher als wichtige Aufgaben gesehen, gerade diese Irritationen, die sonst dem Blick verlorengehen, sichtbar zu machen.

Da die Frage, wer wir sind, unweigerlich mit Prozessen der Wahrnehmung verbunden ist, von uns selbst und von uns in unseren Bezügen zur Umwelt, wäre die Idee, uns dabei als Körper auszuschließen, den meisten von uns befremdlich. Und doch ist es so, daß Körperidentitäten kulturell mitproduziert werden und nicht von vorneherein natürlich existieren. Sie sind daher zwangsläufig medial vermittelt und machtorientierten Vorgängen ausgesetzt.[37]

---

[35] Edith Decker & Peter Weibel (Hrsg.). *Vom Verschwinden der Ferne: Telekommunikation und Kunst.* Köln 1990.

[36] S. Paul Virilio. *Rasender Stillstand.* München 1992; ders.: *Die Eroberung des Körpers. Vom Übermenschen zum überreizten Menschen.* München 1994.

[37] In der sog. Postmoderne hat sich dementsprechend auch der Begriff vom performativen und diskursiven Körper Raum geschaffen.

Prozeßhafte Vorstellungen von uns als wahrnehmenden Wesen gibt es allerdings auch schon länger. *Ernst Mach*,[38] ein extremer Wissenschaftsvertreter einer fin-de-siècle-Weltanschauung, löst sich auf durchaus impressionistische Weise – der Impressionismus in der Kunst ist zeitgleich – von festen Vorstellungen der Ich-Identität und von der damals vorherrschenden dualistischen Sichtweise, die uns auch heute noch manches, wenigstens vorübergehend und pragmatisch gesehen, bestechend einfach macht. Er setzt Empfindungen dagegen, die er Elemente nennt. Diese, so postuliert er, konstituieren sowohl die physische als auch die psychische Welt, die in ihrem Zusammenhang erforscht werden sollen: "Praktisch können wir nun *handelnd* die Ichvorstellung so wenig entbehren, als die Körpervorstellung nach einem Ding *greifend*. Physiologisch bleiben wir Egoisten und Materialisten, so wie wir die Sonne immer wieder aufgehen sehen. Theoretisch muß aber diese Auffassung nicht festgehalten werden. Ändern wir dieselbe versuchsweise! Ergibt sich hierbei eine Einsicht, so wird diese schließlich auch praktische Früchte tragen."[39] Machs Vorstellungen von der Dekonstruktion der Identität hören sich am Ende des 20. Jahrhunderts durchaus plausibel an, denkt man an so verschiedene Theorien wie die des Diskurses, degs Konstruktivismus oder der virtuellen Realität.

Wir gehen im Alltag mit Prozessen um, die wir mit Hilfe der uns vertrauten Sinne nicht wahrnehmen können. Wir beobachten die Zunahme von Ängsten und Depressionen, wir debattieren fasziniert über neue Krankheiten wie der multiplen Persönlichkeit, reden von der Patchwork-Identität des Individuums, von der Risiko- und Spaßgesellschaft. Und andererseits unterwerfen wir uns barbarischen Ritualen der Gewalt und des Schmerzes, um uns unserer leiblichen Identität im Hier und Jetzt zu versichern.[40] Wir haben ein Jahrhundert lang Erfahrung im Ändern fixer Identifikationen gesammelt und experimentieren in immer größerer Geschwindigkeit mit immer mehr, auch technologischen, Möglichkeiten.

Abenddämmerung der Kunst und Morgenröte der Wissenschaft[41] oder umgekehrt?

Geht es derzeit um die Entfernung des Körpers oder die Wiederkehr des Körpers und an welchen Orten?[42] In den Wissenschaften und im öffentlichen Alltag spielt der Körper zur Zeit in vielen Diskussionen die Hauptrolle. So gibt es Diskussionen um die Definition von Tod[43] und Geburt,[44] Körpermanipulationen,[45] Patentierung von Körpern, körpergebundenes Bewußtsein

---

[38] Ernst Mach. *Die Analyse der Empfindungen*. Jena 1922 (Erstauflage 1885).
[39] A.a.O., S. 291.
[40] Z.B. fit-for-fun, extreme Sportarten, radikale Ernährungsvorschriften, body building, body piercing, Tätowierungen, und dies nicht mehr auf gesellschaftliche Randgruppen beschränkt.
[41] George Steiner sprach in seiner Rede in Edinburgh (1997) provozierend von der fröhlichen Wissenschaft, der Abenddämmerung der Kunst und der Morgenröte der Technik.
[42] Während der Grablegung klagt Mephistopheles im Faust II: "Der Körper liegt, und will der Geist entfliehn, ich zeig ihm rasch den blutgeschriebnen Titel; – Doch leider hat man jetzt so viele Mittel, dem Teufel Seelen zu entziehn. Auf altem Wege stößt man an, auf neuem sind wir nicht empfohlen; Sonst hätt' ich es allein getan, jetzt muß ich Helfershelfer holen. Uns geht's in allen Dingen schlecht! Herkömmliche Gewohnheit, altes Recht, man kann auf gar nichts mehr vertrauen. Sonst mit dem letzten Atem fuhr sie aus, ich paßt' ihr auf und, wie die schnellste Maus, schnapps! hielt ich sie in fest verschloßnen Klauen, Nun zaudert sie und will den düstern Ort, des schlechten Leichnams ekles Haus nicht lassen; Die Elemente, die sich hassen, die treiben sie am Ende schmählich fort. Und wenn ich Tag und Stunden mich zerplage, wann? wie? wo? das ist die leidige Frage; Der alte Tod verlor die rasche Kraft, das ob? sogar ist lange zweifelhaft; Oft sah ich lüstern auf die starren Glieder – Es war nur Schein, das rührte, das regte sich wieder."
[43] S. die Hirntodkriterien im neuen Transplantationsgesetz vom 8.12.97.
[44] § 218, Reproduktionsmedizin, Handel mit Embryonen, Klonierung.

und künstliche Intelligenz, Körperästhetik der Mode- und der Werbeindustrie, Körperästhetik aber auch über den Tod hinaus.⁴⁶ Körperdiskussionen, besonders die derzeitige Werbung um die öffentliche Akzeptanz gentechnologischer Methoden, laufen oft unter euphemischen Einschätzungen der Wissenschaftler ab nach dem Muster, den Wert der jeweiligen Methode hervorzuheben, auf die Risikohaftigkeit jeder Technologie hinzuweisen, die uns bisher Bequemlichkeiten gebracht hat, die Machbarkeit der angstauslösenden Aspekte aber zu verneinen. Glückverheißende Versprechungen der Industrie, auf großen Werbeflächen verbreitet, tun ihr übriges.

Kritischer wird der Körper in der Philosophie und der Literatur verhandelt.⁴⁷ Besonders provokativ, aggressiv und neugierig, mit Zukunftsvisionen und Gegenwartsdiagnosen in alle Richtungen, geschieht dies in der bildenden Kunst. In jüngster Zeit wurden große Kunstausstellungen veranstaltet, die explizit die Rolle des Körpers zum Thema erhoben.⁴⁸ In einer Reihe anderer Kunstausstellungen befassen sich die meisten der Arbeiten mit dem Körper.⁴⁹

Oft werden die Dinge dann beschworen, wenn man sich ihrer nicht oder nicht mehr sicher ist: Dies ist eine von alters her geübte magische Praxis, die wir bereits kennen. So hat man im 19. Jahrhundert den Begriff des Weltbilds eingeführt, als man durch die neuen Erkenntnisse und Theorienvielfalt der Physik das Bild von einer einzigen Welt zu verlieren begann. Und das Menschenbild, im allgemeinen ein singulare tantum, trat auch zu diesem Zeitpunkt auf die Sprachbühne. Davor hat es solche Trennungen nicht gebraucht, denn Menschenbild und Weltbild waren eine Einheit, zumindest vom abendländischen Standpunkt aus gesehen. In der Tradition des Platonismus war die Welt das Bild der göttlichen Ideen, in der christlichen Theologie der Mensch das Bild Gottes. Gott, Mensch und Universum verbinden sich konsequenterweise in der Symbolsprache untrennbar miteinander.⁵⁰ Das Weltall war der Makroanthropos und der Mensch der Mikrokosmos und dabei maßgerecht für den unendlichen Raum, das *Maß aller Dinge*.⁵¹

Jetzt scheint es an der Zeit zu sein, auch den traditionellen Körper durch Beschwörungen vor dem Verschwinden zu retten. Das Verschwinden bereitet sich aber schon lange vor, nicht erst jetzt zum Ende des Jahrhunderts, dem Zeitalter der Extreme.⁵² Nach den anthropologischen Theorien zu Beginn dieses Jahrhunderts dürfte man sich über das rasante Fortschreiten der technischen Möglichkeiten nicht wundern: Der Mensch, als normalisierte Frühgeburt⁵³ auf eine vergleichsweise frühe phylogenetische Entwicklungsstufe fixiert, regrediere im Lauf der techni-

---

⁴⁵ Ersatz von Körperteilen, sei es als Schnittstelle zwischen Organischem und Technischem, sei es als Tier- oder Humantransplantat, biochemische, gentechnische und chromosomale Eingriffe.

⁴⁶ Die Ausstellung *Körperwelten*, in der plastinierte Leichen unter einem offensichtlich ästhetischen Aspekt und kunsthistorischen Bezug gezeigt werden, ist ein Publikumserfolg (im Landesmuseum Mannheim, 1997), wird aber kaum kritisch in den (Fach-)Medien rezipiert.

⁴⁷ Z.B. Judith Butler (*Körper von Gewicht*, 1996), Frances Barker (*The tremendous private body*, 1984), *Über die Verteidigung des Körpers* (Kursbuch 1995), *Die Zukunft des Körpers I und II* (Kunstforum 132 und 133, 1996), Julia Kristeva (*Die neuen Leiden der Seele*, 1994), Dietmar Kamper (*Vom Schwinden der Sinne*, 1983), Paul Virilio (*Die Eroberung des Körpers*, 1994); Gender Studies.

⁴⁸ *L'âme au corps* (Paris 1995), *L'art au corps* (Marseille 1996), *Posthuman* (Lausanne 1992), *Andere Körper, Menschenbilder-Bilderwelten* (Köln 1995), *Self Construction* (Wien 1995), *Féminin-masculin: Le sexe de l'art* (Paris 1995), *Identity and alterity: Figures of the body 1895/1995*, Biennale (Venedig 1995), *Die fünf Sinne* (Cremona und Madrid 1996/97), um nur einige zu nennen.

⁴⁹ Z.B. *Das Fremde sehen* (Basel 1996), *Prospect 96* (Frankfurt 1996), *Photographie nach der Photographie* (München 1995).

⁵⁰ Hildegard von Bingen. *De operatione Dei*. "Opus per hominem florat" (übers.: Alles Weltwerk Gottes kommt im Menschen und durch den Menschen zur Blüte).

⁵¹ Zit. von Prothagoras. Auch in anderen Kulturen war dies so: in Ägypten, Indien, China. Heute noch zeugen Sprachbilder wie Bergrücken, Flußarm oder Meerbusen von der Zuordnung einzelner Körperteile zu den verschiedensten Bereichen des Alls.

⁵² Buchtitel von Eric Hobsbawm, London 1994.

⁵³ A. Portmann. *Zoologie und das neue Bild vom Menschen*. Reinbek 1962.

schen Verbesserungen sogar noch weiter"⁴ und werde seinen Körper immer mehr ausschalten, je mehr er die Natur bearbeiten kann.⁵⁵ Dabei werde das Geschäft der Ethik zum nachgeordneten Problem.⁵⁶

Der Vorwurf, sich durch soziale und politische Unverbindlichkeit vor der Verantwortung aus dem Staub zu machen, ist nicht nur der Anthropologie, sondern auch der Kunst gemacht worden. Seit 1989 aber entwickeln sich Vorstellungen von sozial orientierten politischen Verbindlichkeiten immer rascher in die Richtung von Utopien. Das ökonomisch und militärisch Sinnvolle ist handlungsleitend – und erfährt dabei wenig Widerspruch, möglicherweise, weil vieles davon in der Öffentlichkeit nicht zugänglichen Räumen geschieht. Statt dem Gesellschaftsbegriff gibt es nun unendlich viele ökonomische Entscheidungen derer, die einen Teil der Gesellschaft bilden. Daraus folgt, daß auch der Nutzen der Kunst für die Gemeinschaft in Frage gestellt wird, sobald es sich um nichtökonomische Werte handelt.⁵⁷ Drohende inquisitorische Stimmung verbreitet sich, die prometheische Erfindung muß gegen Bestrebungen antreten, die lieber exhumieren, Realismus verlangen, nach Werktreue rufen und die Eigentumsrechte des Publikums geltend machen.

Der Künstler, der, anthropologisch gesehen, nicht auf Existenzmittel im Sinn von mängelgeleitetem Handeln zurückgreift, sondern auf Entwicklungsmittel, versteht sinnliches Forschen als allseitige Exploration, und die Erkenntnisse aus diesem Forschen bilden die künstlerische Erfahrung. Der Künstler ist am Anfang jedes Werks dem Formlosen – dem leeren Blatt, dem leeren Raum – ausgesetzt. Vielleicht wagen sich Künstler deshalb oft um so vieles weiter vor und geben dem Undenkbaren, Tabuisierten, Verlockenden und Gefürchteten Gestalt. Dabei müssen sie die Varianz des schon Vorhandenen vergrößern, während die Wissenschaftler, Wirtschaftsfachleute und Generäle traditionsgemäß an der Bildung von Invarianz interessiert sind. Aber wird es nicht auch in deren Bereichen immer dringlicher, nach Methoden zu fragen, die das Multikausale, Nichtlineare erklären können?

Ich schreibe, um die Musik zu hören, die ich noch nie gehört habe, sagt *John Cage.* Wie die Musik, entgegen unserem unmittelbaren Sinneseindruck, etwas Abstraktes ist, festgehalten in Notationen, deren Klangbild, sobald es hörbar umgesetzt wird, immer wieder ganz neu wahrgenommen werden kann, so haben auch Bilder nichts wirklich Bleibendes. Das Formgeben, das Wahrnehmbarmachen, ist zudem ein risikoreicher Prozeß, dem auch das Recht auf Scheitern innewohnt. Die Künste prüfen unsere Werte kritisch und bieten so manchem Menschen die Möglichkeit, die verlorene Religiosität zu ersetzen. Sie leisten ihren Beitrag zum kulturellen Erbe, durch das unsere jetzige Gesellschaft erinnert werden kann.

Ist der Mensch originär und originell? Zur Virtualität des Körpers

Zur Endzeitstimmung, was die Kunst betrifft, tritt der Abgesang über die Auflösung des Körpers hinzu, der beschworen werden muß, um überhaupt noch vorhanden zu sein. Wie sieht diese Beschwörung des Körpers aus?

---

54   Ludwig Bolk. *Das Problem der Menschwerdung.* Jena 1926.
55   P. Alsberg. *Das Menschenrätsel. Versuch einer prinzipiellen Lösung.* Dresden 1922.
56   S. die Thesen der strukturalistischen Anthropologie: Claude Lévi-Strauss. *Das wilde Denken.* Frankfurt 1973.
57   Der Nutzen der Universitäten, einem zweiten abendländischen Reservat der Autonomie, wird derzeit, angesichts von Reformversuchen, die unter anderem eben diese Autonomie beschneiden wollen, heftig diskutiert.

Ready-made-Menschen sind ein Thema der Kunst dieses Jahrhunderts. Multiplikation ist in unserem kulturellen System, in dem wir der Akkumulation und der Innovation verfallen sind, etwas Erstrebenswertes. Der Konflikt des Originals mit seinem Double, den es seit der Erfindung des Bildes, verschärft seit der Erfindung der Photographie und der digitalen Bildmedien und potenziert seit der Erfindung der Klonierung, gibt, ist eines der Schlüsselthemen der Kunst: Marcel Duchamps setzte sich zu Beginn dieses Jahrhunderts in einer Photographie, dem als Abbild der Realität verkanntem neuen Medium, mit sich selbst mehrfach um einen Tisch. Aber nicht nur dort: Was wird allgemein aus dem durch das Virtuelle ersetzten Realen, wenn beides nutzlos ist? Wenn die Technologie das Tönende vom Gegenstand lösen kann, was kann sie noch mit den anderen Sinnesempfindungen?[58]

Wir haben ein langes Training in solchen Fragen. Die Wiederauferstehung des Fleisches war in der Theologie bereits eine Frage nach der Virtualität des Körpers. Welcher Körper werde auferstehen? Der junge, der alte oder kranke oder der verklärte Körper? Die verschiedenen Hypothesen lassen sich in Bildern der Kunst betrachten. Auch die Paradies- und natürlich ebenso die Höllenvorstellungen drehen sich um die Virtualität von Leben und Körpern. Darstellungen dieser Art begleiten uns durch die gesamte abendländische christliche Kunst und sind uns bestens vertraut. Michelangelos Jüngstes Gericht in der Sixtinischen Kapelle ist ein erschütterndes Beispiel. Überhaupt sind die Höllenvisionen von den Malern meist weit vielfältiger und ergreifender als die Paradiese gestaltet worden. Hinsichtlich des protektiven Nutzens von bedrohlichen Imaginationen war es eben wichtig zu wissen, warum man sich so unbequem, nämlich ethisch tadellos, verhalten soll, um *nicht* in die Hölle zu kommen.

Heute dreht es sich um die Wiederauferstehung des Körpers in der industriellen, technologischen Version. Wer wird genmanipuliert, wer geklont, wer mit Bioprothesen neu zusammengebaut? Es läßt sich kaum vorstellen, daß solche Manipulationen nicht die Gefahr in sich bergen, in höchstem Maße diskriminierend zu sein, weitaus diskriminierender als Vorgänge der sogenannten natürlichen Auslese. Denn sie brauchen, implizit oder explizit, Modelle des Menschen bis hin zu bildhaften Bauvorlagen. Man denke nur an das, was in der Reproduktionsmedizin oder der plastischen Chirurgie bereits jetzt, trotz ethischer Bedenken, Routineprobleme sind. Kriterien wie Unsterblichkeit, Perfektion, Normalität, Ästhetik, Geschlecht, Leistungsfähigkeit, Rasse, Gesundheit werden von denjenigen ausgewählt, die ökonomische und politische Macht haben. Rassenideologische Ansätze sind keineswegs durch die Schrecken des letzten Weltkrieges getilgt. Im Gegenteil, sie verbergen sich heute hinter scheinbar bzw. in kleinem Bereich heilbringenden Verheißungen von neuen, gesunden, ewig jungen Menschen.[59]

In der Kunst hat man schon lange begonnen, sich über diese Modelle Gedanken zu machen – ironisch bis verzweifelt, selten hymnisch. Eines ihrer großen Privilegien ist die Freiheit der Themen, die sich kein anderer gesellschaftlicher Bereich in diesem Maße leisten kann, vor allem dann nicht, wenn es gilt, umstrittene Themen zu Darstellung und zur Diskussion zu bringen und auch noch eine dezidierte Meinung dazu zu haben. Dies geschieht natürlich nicht nur in der bildenden Kunst, sondern auch in der Literatur. Bilder treffen den Betrachter aber oft stärker, weil sie eine unmittelbare Wirkung haben, die zunächst keine Distanz erlaubt, auch wenn es sich um bewegte, nicht statische Bilder oder Bildräume handelt.

---

[58] Was wird beispielsweise aus technisch arbeitsloser Sexualität, wenn sich durch Kooperation von Sozialdarwinisten und Reproduktionsmedizin die Lust vom Körper löst: Eros im Internet, virtuelle Paarung?

[59] Die WHO hat 1980 Gesundheit nicht nur als Wegfall körperlicher Schädigung, sondern als Zustand vollkommenen körperlichen, seelischen und sozialen Wohlbefindens definiert, eine idealistische Festschreibung, die an paradiesische Zustände auf der Welt denken läßt, aber zynisch klingt, wenn man sich die Lebensrealitäten der meisten Menschen vor Augen hält. Was, wenn auf einmal nur noch gesunde Menschen ein als lebenswert erachtetes Leben führen? Idealisierungen haben ein zweites Gesicht, das ihren Mißbrauch vorstellbar macht.

Inez van Lamsweerdes digitale Monster, die uns als merkwürdig auffallen, ohne daß wir gleich sagen könnten warum, oder *Cindy Shermans* provozierende Selbstinszenierungen als Ersatzteilwesen wechselnder Kontexte, die auch Gegenwart und Vergangenheit eins werden lassen können, sind heutige Chimären in der Kunst. Der Kultfilm *Blade Runner*[60] entwirft ein Szenario des völligen Wirklichkeitsverlustes, in dem alle uns gültigen Referenzen unserer Identität nicht mehr hinreichen, um Gewißheit zu erlangen, ob wir natürliche oder künstliche Wesen sind. Dieser Gewißheitsverlust findet nicht nur auf der Filmleinwand statt, sondern trifft auch den Zuschauer, der am Ende selbst ins Zweifeln kommt, wie er sich von der Projektion auf der Leinwand unterscheiden läßt. Wie können wir denn noch wissen, ob wir Menschen oder Chimären sind, wenn wir an der Originalität unserer Körper und unserer Erinnerung zweifeln müssen und uns im Zweifel an unserer Identität nicht mehr einem allmächtigen Gott ausgeliefert glauben, sondern unsichtbaren irdischen Manipulatoren?

Cyborg, das ursprünglich parodistisch-fiktionale Konzept der Wissenschaftshistorikerin *Donna Haraway*,[61] wird im ausklingenden 20. Jahrhundert allmählich zum Mythos des abendländischen Menschen, der als Menschmaschine oder Maschinenmensch theoretisch konzipiert und hergestellt wird. 1968 schuf der Kunstkritiker *Jack Burnham*[62] den Begriff des Cyborg, Mischwesen aus *cyb*ernetic und *org*anic, die in Haraways Manifest als künstliche Wesen zu den bisherigen Menschen hinzutreten und durch die Auflösung der Grenzen von Mensch und Maschine alle Polaritäten, auch die der Geschlechter und die Frage der Macht, überwinden lassen.

Tatsächlich müssen wir heute fragen, wo Körper stattfinden. Einige Eindrücke seien hierzu genannt: Kommunikationstechnologien verändern durch Teleaktion aus beliebiger Ferne das Bild des Körpers, oder anders gesagt, seine Selbstwahrnehmung. Virtuelle Realität erlaubt Liebe medial. Zentrale Begriffe wie Sein und Handeln oder Hier und Jetzt verlieren ihren Sinn, wenn sich der Sinn von Gegenwart ändert: Früher war dazu das Sein und Handeln im realen Raum nötig, medial spielt dagegen die klassische Trennung von Innen und Außen, von Nähe und Ferne keine Rolle mehr im Vergleich zur Zentrierung auf das Ich. Hinsichtlich der Bilder vom Menschen wird die althergebrachte Physiognomie in Frage gestellt, die den Ausdruck der inneren Werte wie Schönheit in der Körpergestalt vorausgesetzt hat.

Im Cyberspace, wie inzwischen die virtuellen Realitäten populär heißen, spricht man vom Körper schon als "surplus": die fleischliche Matrix der Seele wird zum überschüssig Vorhandenen. Und die Seele? In der Psychologie, *ihrer* Wissenschaft, die kaum älter als 100 Jahre ist, seit sie sich dem Griff der Philosophie und Theologie entwunden hat, gibt es sie gar nicht mehr. Dort ist sie als Begriff bereits verschwunden, hat sich aufgelöst in Kognition und Bewußtsein, und diese Begriffe wiederum lösen sich derzeit in elektischen Nervennetzen auf, die sich durch chemische Agentien und Gentransplantationen beeinflussen lassen.

Und die Körperdualität, über Leib-Seele hinaus? Im Cyberspace gibt es das *interface*, das zweite, andere, verbindende Gesicht, eine Körper- und Blickmetapher, die im Begriff der *Schnittstelle* zur Verletzung mutiert. Und es gibt ein drittes Geschlecht, *transgender*. Dies sind Merkwürdigkeiten, die wir in der Wissenschaft und in der Alltagskultur allerdings eher ohne große Aufregung hinnehmen. Parallel diskutiert man in der Biologie über die Parthenogenese, in

---

[60] Der Film *Blade Runner* (1982) entstand nach der Vorlage des Romans von Philip K. Dick (1968) *Do Androids dream of Electric sheep?*
[61] S. Donna Haraway, a. a. O.
[62] Jack Burnham. *Beyond modern sculpture. The effects of science and technology on the sculpture of this century.* New York 1968, S. 332 ff.

der Modeindustrie werden uns androgyne Klischees vorgeführt[63] und Popstars werden geradezu kultisch verehrt, die sich selbst als neue Chimärenwesen inszenieren lassen.[64] Was uns also im Alltag unter der Rubrik "Vermischtes" zumeist kaum berührt, irritiert plötzlich bis zur massiven Ablehnung, wenn es im Kontext von Kunst dargestellt wird. Warum?

Neue Bildarchitekturen – neue Menschenarchitekturen?

Das Problem der Definition von Innen und Außen, das zu den Körperidentitäten gehört, spielt sich auch im Rahmen der Ästhetik des Bildes ab. Bisher waren Bilder in einer gewissen Weise endlich, hatten einen Rahmen, der klar Bild von Nicht-Bild, Fiktion und Realität, Erfindung und Bekanntes unterschied. Auch diesem Thema, dem Thema der Grenzen und Entgrenzungen des Bildkörpers, widmen sich derzeit Ausstellungen.[65] Die neuen Bildproduktionen stellen das vertraute Tafelbild, Ruhepol für den wesenhaft unstetigen Blick, in Frage, manche Theoretiker und Künstler rufen bereits den Tod des Bildes aus.[66] Videoinstallationen arbeiten mit diffusen Bildräumen,[67] in denen sich der Betrachter selbst wahrnehmen muß, der Bildrezeptionist muß manches Mal sogar bestimmen, wann und wo das neue Bild beginnt; manche Installationen haben Zeitdauern, die länger – oder auch kürzer – sind, als die Betrachter dies aushalten und somit erleben können,[68] manche leben davon, daß sie vergänglich sind und sich in der Zeit verändern.[69] Zum Entschlüsseln solcher Bilder reicht der blitzartig umfassende Blick der Wiedererkennung nicht aus. Statt dessen muß der Betrachter selbst mit Körperritualen in Aktion treten, wenn er etwas verstehen will.

Zudem läßt sich bei den neuen Bildern schwer berichten, was man nun genau gesehen und erlebt hat, denn die Frage, wie man multimediale und neu-mediale Installationen oder Körperkunst-Performances dokumentieren soll, ist bisher methodisch nicht gelöst, kann es vielleicht auch nicht. Damit ist – außer, man ist *da* gewesen, also am Ort des Geschehens – das Geschehen auch nur fragmentarisch diskursfähig. Die Kommunikation wird also noch schwieriger, als sie es ohnehin bei den unbewegten Bildern ist. Auch diese Grenze also ist keine sichere mehr. Wiederholtes Betrachten, wie man die Tafelbild- oder Skulpturrezeption über Jahrhunderte mit immer neuen Entdeckungen betreiben kann, ist von der Werkkonzeption oft bereits ausgeschlossen und damit auch jeder Universalismus. Wenn etwas nur noch schwer kommunikationsfähig ist, vom Hören-Sagen oder aus zweiter Hand weiterverbreitet werden muß, dann geht die Unmittelbarkeit verloren. Die neuen Bilder werden zum Mythos, der sich dem Zugriff des

---

[63] S. die neuen Kollektionen von Jil Sander, als konventionelles und von Vivienne Westwood oder Walter Van Beirendonck als hypes, durch Werbung groß herausgebrachte Beispiele; Parfums, einst aphrodisierender Inbegriff der geschlechtsspezifischen Verführungskünste, erobern nun als androgyne Düfte den Markt.

[64] Von Pamela Anderson bis zu Michael Jackson, der die beliebige Veränderbarkeit von Identität und Umwelt bei entprechenden materiellen Mitteln wohl am perfektesten vorführt: Er lebt in einer real gebauten Phantasie- und Paradieswelt, ist vielfach in Richtung Androgynität, Weißhäutigkeit und gängiger Schönheitsvorstellungen operiert und ist – zumindest juristischer – Vater eines Kindes geworden, an dem er sich die Rechte, noch während es von einer weißen Krankenschwester ausgetragen wurde, sichern ließ.

[65] Z.B. *Bild und Rahmen*, Wien 1996.

[66] Peter Weibel; man denke auch an die zerstörerische Bildmaschine im österreichischen Pavillon der Biennale 1995 oder den interaktiven Roboter, der Familienphotos in einen Reißwolf, auf ein Fließband und die Bildschnipsel dann auf einen Müllhaufen wirft (Max Dean, Prospect 96).

[67] Arbeiten von Bill Viola oder Gary Hill.

[68] Arbeiten von Bruce Naumann oder Nam June Paiks TV-Buddha-Variationen.

[69] Z.B. Jellos von Claes Oldenburg, Fett von Beuys.

gemeinen Menschen entzieht, und keiner kann mehr wissen, was Kunst alles ist, denn keiner kann mehr alles gesehen, alles erlebt haben.

Ist nicht auch das ein Symptom unserer Zeit? Enzyklopädisches Wissen, Universalgelehrtentum ist angesichts der rasanten Geschwindigkeit, in der sich neue Realitäten vermehren, noch rascher, als es die Geburtenrate tatsächlicher Körper tut, nicht mehr möglich. Paradoxerweise wissen wir um diese rasante Vermehrung gerade durch die globalen Vermittlungstechnologien, die unseren Alltag beherrschen. Zugriff haben wir aber dennoch nicht, so daß wir lernen müssen, mit der Unvollständigkeit, dem Grenzenverlust, zu leben.

Sollen wir uns da noch – voll Abwehr, das sei doch keine Kunst mehr – über die derzeitigen Werke der Künstler wundern, die nach Identität suchen, in welchem Raum und mit welchen Medien auch immer geformt? Sollen wir sie nicht eher aufsuchen und sie uns genau ansehen, sie erleben? Ist es nicht wichtiger, daß wir mit einem neuen Blick wahrnehmen, anstatt über die neuen Bilder zu räsonieren?

Und sollen wir uns darüber wundern, daß nach einem Jahrhundert, in dem die nichtgegenständliche Malerei gefeiert wurde und wird, nun wieder oder gerade Körper gemalt und gemacht werden, selbst wenn es plumpe, lädierte oder vage Gestalten sind, die uns aus den Bildern entgegentreten? Die Malerei, Inbegriff des Mediums des Fiktiven, ist auf einmal viel mehr *wirklich*, weil sinnlich begreifbar als *gemaltes Bild*, das wir diesmal nicht zum Erkennen von Virtualität, sondern zur Rettung der Identität und Realität des Menschenkörpers wahrnehmen, ja vielleicht sogar brauchen.

Die Photographie oder der Film hingegen ist weniger denn je Garant der Objektivität, bereits zu Beginn waren beide es nie, so verführerisch sich diese Medien in dieser Richtung auch präsentieren mögen. Denn wir können nicht unterscheiden, ob dadurch exakte Zeugenschaft abgelegt oder vollkommene Erfindung demonstriert wird. Als Betrachter können wir nicht mehr wissen, was während der Produktion noch sichtbar war. Den neuen Medien steht das gesamte Bildarchiv zur digitalen Klonung zur Verfügung. Die Bildkonstruktion bietet uns von vorneherein *ihre* Wirklichkeit als Bildhaut dar, die aus Informations- und Bildelementen, bits & pixels, statt aus Gegenständen besteht. In Japan wandert ein digitales Wesen, bereits zum Kultwesen erhoben, durch Plakate und Videoclips mit den Abbildungen richtiger Menschen. Solche Wesen, die nur bildplastisch sind, sind wohl am besten mit den Wesen zu diskutieren, die gentechnologisch geklont werden. Aber auch das Umgekehrte ist in der Pop-Kultur bereits vorhanden: Computer, die sich wie Menschen verhalten, aber wie Technik aussehen, kommunizieren als Tamagochi genanntes Spielzeug nicht nur mit Kindern. Werden so auch die Versuche von Künstlern verständlich, die Bilder machen, indem sie den eigenen Körper als Rohmaterial zur Verfügung stellen,[70] oder indem sie nur noch Körperhüllen ohne Körper präsentieren?[71]

Was mit solchen Technologien werden kann oder schon ist, zeigen uns Werke der Kunst. Auch die Virtualität und die Techniken des homo informaticus dürften hier andere Ziele haben, jenseits der Ökonomie. Dadurch können wir Inhalte technischer Entwicklungen erfahren, die militärisch-wirtschaftlichem Nutzen widersprechen oder ihn erweitern, es können sogar Entwicklungen jenseits dieser Kategorien verfolgt werden. Künstler, ob sie wollen oder nicht, relativieren das wissenschaftliche Welt- und Menschenbild. Die Kunst kann uns als Betrachter irritieren, verstören oder vermag einfach und ohne Wertung unseren Blick zu schärfen. Wenn wir überhaupt sehen wollen.

---

[70] Fluxus und body art; besonders radikal geht derzeit die französische Künstlerin Orlan vor, die sich als Performance, begleitet von ästhetischen Manifesten, bereits achtmal chirurgischen Gestaltungen unterzog.

[71] Abramović präsentiert gebeugte Sackrücken, der *Zyklop* von Lüpertz besteht nur aus gemalter Uniform, Kandl photographiert Kleider, Kiefers Argonauten verbinden Farbe mit Kleidern, Kienholz oder Segal machen Körperabgüsse, von Huene konstruiert Tischtänzer, gebaut aus Herrenhosen und elektronisch gesteuerten Prothesen.

Noch nie sind die Menschen so häufig in Museen traditioneller Art gegangen: Lange Warteschlangen stehen regelmäßig vor dem Louvre, den Vatikanischen Museen oder vor Ausstellungen des Goldes der Pharaonen, und füllen die Kassen der Ausstellungsmacher, die solches präsentieren. Sind die Sehnsucht nach dem Tafelbild und die Vergewisserung materieller Relikte alter Kulturen, auch der eigenen, weitere Symptome der Sehnsucht nach dem, was verlorengegangen ist, und Ausdruck der Resignation vor der Herausforderung, auf den Gestaltungsprozeß jetzigen menschlichen Daseins Einfluß zu nehmen?

Etwas zu verstehen bedeutet, davon erlöst zu werden:[72]
Von der Chance des Betrachters

Vielleicht gehen Sie und sehen Sie sich an, was Künstler derzeit tun. Sie werden vielfach fündig, wenn Sie etwas über die Gefährdungen und Möglichkeiten der derzeitigen Menschen erfahren wollen. Denn die schöpferische Kraft und die Möglichkeit, in die Zukunft zu projizieren, scheint ja eine anthropologische Konstante zu sein. Ganz einfach ist es allerdings nicht, aber welche Erlebnisreise ist schon ohne Gefahren?

Die Nachahmung der Erscheinungen ist leicht herstellbar, nicht aber die Wirklichkeit, so stellt es schon Platon fest. Bei Bildinstallationen handelt es sich um *sinnlich erfahrbar gemachte Wahrnehmung*. Diese befindet sich in einem Raum psychologischer, physikalischer und sozialer Natur, der selbst wieder den Prozessen der Zeit unterworfen ist. Jedes künstlerische Bild ist somit immer auch und auch schon immer Bilderfindung – wahrnehmungspsychologisch gesehen –, und dies bereits vor der Ausrufung der Posthuman-Parolen. Zudem schicken die Bilder die wahrnehmende und die erinnernde Erfahrung des Betrachters auf die Reise. Dabei sind sie aber nicht nur Motoren oder Hilfsmittel der Erinnerung, sondern begründen sogar gewisse ihrer Vorgehensweisen. Als sichtbare Spur bleibt die *Bildhaut*, die von gemalten, technischen, Körper- oder Raumbildern. Bilder sind also auch eine Form der Inventarisierung, Konservierung und Veränderung von wahrnehmender Erkenntnis zugleich. Allumfassendes Wissen zu erlangen ist dabei nicht möglich, aber diesem Würgegriff hat sich die Kunst schon immer zu entziehen gewußt. Mut zur Gegenwart, zum lebendigen, heutigen Menschen und seiner Darstellung bedeutet immer auch: ihn erfinden.

Schöpferisches Leben führt unweigerlich dazu, die Fremdheit mit sich selbst auszuloten und an die großen Tabus zu stoßen, einen ethnologischen Standpunkt zur eigenen Existenz und der eigenen Lebenswelt, zur eigenen Kultur einzunehmen.[73] Durch die gleichsam ethnologische Betrachtungsweise, die Künstler uns in ihren Werken vorführen, können wir Blickschärfungen erfahren. Die Gleichberechtigung der Gestaltungsmittel – gemalte *und* technische Bilder, Inszeniertes *und* Vorgefundenes, Lösung vom Zweck *Kunst* eines verwendeten Mediums – entspricht dem Wesen unseres derzeitigen Lebensstils, dem Verlust festgefügter, vertrauter Ordnungen. *Roland Barthes* nennt dementsprechend das Bewußtsein der eigenen Unruhe und die Anziehungskraft des Erlebens den Leitfaden für Untersuchungen der Identität.

Mediale Bilder sind ein spekuläres und teils konstituierendes Anderes der Philosophie und auch der Psychologie. Neuerdings erhalten sie solche Funktionen auch in den Naturwissenschaften.[74] Die Diskussionen der einzelnen wissenschaftlichen Disziplinen, der Künste und der Politik

---

[72] Baruch Spinoza. *Ethik*. Den Haag 1677.
[73] Z.B. die Photographin Nan Goldin. Ebensolches ereignet sich auch in der Architekturphotographie, wenn sich Menschenbilder dadurch offenbaren, welches Gewand die Behausungen und Arbeitswelten tragen, z.B. Ernst und Hilla Becher, Günther Förg. Zur Identität: z.B. Bill Viola *Slowly turning narrative* (1992), zum Körper: z.B. Gary Hill *Inasmuch as it is always already taking place* (1990).
[74] Z.B. Rolle der bildgebenden Verfahren im Verständnis der Funktionsweisen unseres Gehirns.

überschneiden und berühren sich thematisch, so daß sich der Wunsch geradezu aufdrängt, es entstünde eine Art von Kulturforschung, die es schafft, dieser Vielfalt unter anthropologischen Aspekten auch der Medien einigermaßen gerecht zu werden.

Menschenbilder im Musiktheater

Hanspeter Krellmann

Die Prognosen über das Fortbestehen öffentlicher Kultur in der Bundesrepublik bis ins neue Jahrtausend hinein lauten derzeit insgesamt wenig hoffnungsfroh. Die Situation der staatlichen und kommunalen Theater und Museen dürfte sich eher noch verschärfen, die Manövriermasse sich weiter minimieren (vom Kaputtsparen der Kultur ist immer wieder mal die Rede). Besorgte Ausblicke werden deshalb verständlich. Am Ende ist der Tatbestand eines Werteverfalls unabweisbar.

Als nicht ungefährlicher Nebeneffekt kommt hinzu, daß die mehr schlagwortartig als differenziert in die Öffentlichkeit getragene Diskussion über eine Existenzberechtigung und über die angeblich viel zu teure Existenznotwendigkeit der öffentlichen Künste einseitig geführt wird. Es kann nun einmal nicht nur um die häufig reklamierten Effekte gehen, die die Künste auszulösen in der Lage sein sollen. Zu kurz kommt darüber der Diskurs über die Inhalte der Künste, also über das, was sie leisten können, leisten sollten nach unserer Ansicht und legitimerweise müssen, und was sie, daraus folgend, mittels ihrer Leistung im nachhinein zu bewirken vermögen. Interessieren Inhalte inzwischen am Ende weniger als der repräsentatorische Effekt? Definiert sich unsere Gesellschaft, die solche Oberflächeneffekte goutiert, am Ende nur noch durch das, was sie hat, und nicht mehr durch das, was sie ist?

Theater hat nie anderes gewollt, als den Menschen in seinem Erscheinungsbild wiederzugeben; mit anderen Worten: das zu zeigen, was er *ist*, was er *tut* und *wie* er es tut. Aber die, für die dieses facettenreiche Bild projiziert wurde, also wiederum Menschen, haben das oft nicht akzeptiert, weil sie nicht annehmen wollten, was ihnen über sie selbst von der Bühne herunter erzählt wurde. Erwägt man die Herstellung des Menschenbildes auf dem Theater, dann ist das nur möglich unter Einbeziehung der Wirkung, die dieser Prozeß auslöst, und des Echos von außen auf diese Wirkung.

Das theatrale Grundthema seit zweieinhalbtausend Jahren, seit den griechischen Klassikern, ist der Mensch in seinen - aus gegebenen oder selbst heraufbeschworenen Verhältnissen resultierenden - Verstrickungen. Dieses Grundthema hat auch uns heute fest im Griff: Es geht im Theater insgesamt um nichts weniger als um unser eigenes Bild in seiner objektiven Gegebenheit und seiner subjektiven Gestaltung. Das wird nur partiell begriffen, da das Theaterpublikum keine einheitlich strukturierte Rezeptorengemeinschaft darstellt. So provoziert die kulturelle Institution Theater die Kritik unserer modernen Gesellschaft, wie sie im Generalthema dieser Tagung bezeichnet ist. Wie modern aber ist unsere Gesellschaft wirklich, was läßt sie sich zumuten, was ist sie bereit, über ihre private Einsicht hinaus aufzunehmen?

Den ausschließlich theoretisch disputierenden Wissenschaftler interessiert diese Frage kaum - im Gegensatz zu dem in der Ausübung seines Metiers begriffenen Praktiker. Der Wissenschaftler erkennt das Menschenbild, analysiert es, gelangt zu einer bestimmten Ansicht und zieht aus ihr Schlüsse. Das im Anschluß daran mitzuteilende Ergebnis erreicht fachlich involvierte Minderheiten, die in einer sich anschließenden Thesendiskussion wiederum eigene Standpunkte beziehen. Auf der Praxisebene, also z.B. im Theater, werden die Erkenntnisse über das Menschenbild, resultierend aus der subjektiven Sicht der Interpreten, zurückvermittelt an eine relativ große, indifferente, dabei in sich unorganische Gesellschaftsgruppe, die bei ihrer spontanen, sie intellektuell überfordernden und daher meist nur emotional gesteuerten Urteilsfindung zum heterogenen Kollektiv, was kein Widerspruch ist, sich verhärtet, ergo als ein Stück geschlossene Gesellschaft erscheint, was sie nicht ist. Diese Gesellschaftsgruppe nennen wir Publikum. Publikum im Theater, in der Oper zumal, besitzt, wenn es gut geht, ein

Gespür für qualitative Leistung, definiert seinen Qualitätsbegriff jedoch überwiegend gefühlsbetont und zieht sich deshalb auf Betrachtungsklischees zurück.

Bei unserer Erwägung des Menschenbildes im Theater (oder auf dem Theater) geht es infolgedessen unvermeidlich um drei materialistische Ansätze, die, teils deutlich, teils verdeckt, aufeinander zu beziehen sind.

Zum ersten: Da existiert ein reicher Vorrat an vorhandenen und formal schlüssig gestalteten Stoffen, d.h. die Werke vergangener Stilepochen; sie bedürfen einer stark verdeutlichenden, der jeweiligen Jetztzeit angenäherten Darstellungsweise, um richtig verstanden zu werden.

Zweitens: Neu entstehende Produkte des Mediums Theater, in der Oper mit moderner, immer aber zeitgenössischer Musik versehen, müssen praktisch erprobt werden.

Und drittens: Alle Theaterprodukte werden erst wirkungsvirulent, wenn für sie Öffentlichkeit hergestellt wird. Es bedarf für sie also immer des Rezipienten als eines partnerschaftlichen Gegenübers. Das bedeutet Erfolgs-Chance und Dilemma zugleich: Erfolg hat meist nur, was gefällt. Hingegen gefällt nicht jede Wahrheit. Es geht also nie nur darum, ein so oder so etabliertes Menschenbild für das Theater zu schaffen bzw. auf die Bühne zu stellen, sondern es auch sofort in die Öffentlichkeit zu entlassen.

Hier beginnt für jeden verantwortungsbewußten Theatermann eine Gratwanderung, die Kraft, Geschick und nicht zuletzt Charakter erfordert. Leere Theater erfüllen keinen Zweck, sind nutzlos. Andererseits: Die kompromißlose, gar kompromittierende, weil realitätsnahe Darstellung des Menschenbildes im Theater - ohne die sich das Theater seiner legitimsten Aufgabe begäbe - mißfällt dem Publikum häufig, wird von ihm sogar oft vehement abgelehnt. Das heißt: Theater als moralische Anstalt, als Überbringer von Botschaften, als Träger von Wahrheiten und Einsichten, also der Kern seines öffentlichen Auftrages, stößt bei großen Teilen des Publikums auf Desinteresse, ja Ablehnung. Wird das Theater, gar noch ein Opernhaus, stattdessen von vielen Besuchern quer durch alle Schichten als Amüsieretablissement mißverstanden, somit unterschätzt und unterfordert, dann erscheint seine faktische Lage, zumal die gegenwärtige im zynischen Balanceakt zwischen geistigem Anspruch und finanzieller Reduktion, als ernst und kompliziert.

Nun sollte man Theaterleuten, die übers Ziel hinausschießen, gewiß in den Arm fallen. Aber wer kennt das Ziel? Ist nicht der Weg schon ein gut' Stück Ziel?

Auf der Grundlage dieser Ambiguität arbeiten heute viele, vor allem jüngere Regisseure - im Sprech- wie im Musiktheater. Frank Castorf ist einer ihrer Exponenten. Er geht, um das Menschenbild im jeweiligen Schauspiel unserer Zeit anzunähern, so weit, ohne Scheu in die Texte Goethes oder Lessings einzugreifen und sie mit heutiger Vulgärsprache zu versetzen. Seiner Strategie entspräche im Musiktheater, wenn man Musik Mozarts oder Wagners verändern würde. Diese Bearbeitungspraxis, in der Musik aus dem 19. Jahrhundert stammend, gilt wegen ihrer Unverhältnismäßigkeit als obsolet und wird mit Recht abgelehnt.

Andere Regisseure gehen behutsamer, dabei radikal werkverpflichtet vor. Sie bleiben der Originalgestalt des jeweiligen Werkes nichts schuldig, transferieren allerdings elementare menschliche Grundverhaltensweisen, Konfliktsituationen oder allgemeine adversative Konstellationen, die im Original gleichsam auf Kothurnen ausgestellt werden, in unsere Zeit. Entscheidendes ist zu erreichen mit stilisierten Bühnenbildern, neutral gehaltenen Kostümen, mit einem entpathetisierten Deklamationsstil oder dem kritisch renovierten, der mußmaßlichen originalen Aufführungspraxis weitgehend angenäherten musikalischen Darstellungsstil, z.B. in den Opern Händels oder Mozarts.

Die Originalgestalt des Werkes - der Text des Schauspiels, die Partitur des musikalischen Bühnenwerks - bleibt bei dieser Prozedur unangetastet. Aber die historizistischen Folien aus oftmals hunderten von Jahren, gedankenlose, durch nichts zu beglaubigende Aufführungstraditionen, vergleichbar Übermalungen, werden durchstoßen, um die Chance zu nutzen, wie unter den Schichten eines Palimpsests die Urschrift, so hier die Urgestalt des Kunstwerks gleichsam neu entdecken zu können.

Dieses Verfahren ist eine werkdienende Maßnahme. Ein ausschlaggebendes rezeptorisches Kriterium wird, in Folge davon, evident: durch eine höhergetriebene Konkretheit des Darzustellenden wird dessen Sinn offenkundiger. Das heißt nicht, daß sich in Mozarts *Figaro* das den handelnden Personen immanente Wesen, geprägt durch die Haltungen im *ancien régime*, erst dann erschlösse, wenn hier nicht länger Reifröcke, Kniehosen und Perücken getragen würden. Sie müssen es vielleicht sogar, damit der Bezug zum Vorabend der Französischen Revolution hergestellt werden kann. Anders in der Tragödie *Così fan tutte* - ich sage bewußt Tragödie -, in der zwei Paare nach einem - von Männern initiierten - bedenkenlos frivolen Spiel mit - am Ende - einem Partnertausch besonderer Art ihr Zusammenleben nie wieder so werden einrichten können, als ob nichts gewesen wäre. Mozarts Werk verträgt es durchaus, auf den Prüfstand einer ins Allgemeingültige gehobenen Verbindlichkeit gestellt zu werden. Dabei würden dann auch Merkmale, die mittels bestimmter bildlicher Installationen oder eines rokokoverhafteten Gestenvokabulars an die Entstehungsepoche der Oper gebunden wären, völlig irrelevant werden.

In seinem *Idomeneo*, um ein anderes Beispiel heranzuziehen, folgte Mozart dem ihm vom Münchner Hof 1780 verordneten Kanon der Opera seria mit ihren Personenschemata. In seinem musikalischen Ausdruck ließ er sich allerdings nicht gängeln. Er drückte sich vielmehr revolutionär-progressiv aus, so daß jeder Regisseur, wenn er denn will, viel persönliche Individualisierungsfähigkeit einbringen kann: indem er genau auf die Musik hört, das barocke Opernschema durchstößt und die personale Konstellation der vier Protagonisten aus dem höfischen Fest-Charakter herauslöst, um sie zu Individualschicksalen - vielleicht mit aktuellen Charakterzügen - aufzuwerten. So kann ein Regisseur - und Andreas Homoki hat das in München getan - hier fundamentale Grundbefindlichkeiten wie Liebe, Haß, Versöhnung, Menschenverachtung, Zynismus, angesiedelt in der Zeit nach einem totalen Vernichtungskrieg, nämlich dem Trojanischen, verdeutlichen. Geschieht das, dann steht am Ende eine aktuelle Botschaft: ans Publikum wird appelliert, in selbstentäußernder Versöhnlichkeit ein Lebensprogramm - für sich selbst oder allgemein - in dieser vorgeblich einem überholten Formschema verpflichteten Oper zu entdecken.

Das uns heute oft gar nicht mehr als ein solches auffallende Potential an Menschendiskriminierung, ja -verachtung mit entsprechenden Eskalationen in Form von Kriegsgreueln und Genoziden muß und kann, wenn es denn schon nicht global angemessen zu bewältigen ist, durch die Künste aufgearbeitet werden. Der Opernregisseur Peter Konwitschny hat das in seiner Inszenierung von Verdis *Aida* in Graz dargestellt. Er läßt die Handlung von Anfang bis Ende ausschließlich in einem Zimmer spielen. Während die ägyptische Plebs draußen (also für den Betrachter unsichtbar) den Sieg frenetisch bejubelt, begießt die Herrscherkaste drinnen ihren sie teuer zu stehen kommenden Erfolg mit Champagner, der allerdings nicht wirklich fließt: Flaschen und Gläser bleiben leer. Im Zimmer werden Kriege beschlossen wie weiland im Führerbunker. Hier werden Verantwortlichkeiten übermittelt, Initiierungsriten durchgeführt, Depressionen abgearbeitet. Die Verdeutlichung von Machtstrukturen, wie man sie heute verstärkt einsetzt und mißbraucht, rückt mittels der handelnden Personen, die im Zimmer einander nicht ausweichen können, nahe an den Betrachter heran. Da fehlt in Konwitschnys Inszenierung infolgedessen jeder repräsentative Pomp als oberflächliche Veräußerlichung, die gerade bei *Aida* gang und gäbe ist. Er zeigt vielmehr, wie Menschen in den Strudel von Unausweichlichkeiten hineingezogen werden und wie diese Fatalitäten sich auf ihr je einzelnes Erscheinungsbild auswirken.

Auch in seiner Münchner *Parsifal*-Inszenierung hat Konwitschny einen überraschenden, dabei unmittelbar einleuchtenden Ansatz entwickelt. Über alle und von jedem Publikum erwarteten Heilsoffenbarungen symbolisch-ritualer Ausrichtung hinweg geht es ihm dezidiert um das Aufzeigen von Geschlechterhaß und dessen fatalen Folgen. Wenn am Schluß von Wagners Bühnenwerk nach der Öffnung des Grals als Lebensspender eine künftige heile Welt in nie endender Stimmigkeit suggeriert wird, dann vollzieht sich das ohne das einzige aktiv involvierte weibliche Wesen der Oper, nämlich Kundry: sie ist vorher tot zu Boden gesunken. Die übrigbleibende Männergesellschaft des Gralsordens aber geht damit einer ungewissen Zukunft entgegen: da Konwitschny den Gral als Kraftspender mit dem weiblichen Wesen als einer Lebensspenderin schlechthin, auch in der bildlichen Erscheinung, gleichsetzt, wird die Existenzmöglichkeit der Männergemeinschaft in Konwitschnys Lesart nach dem Tod Kundrys von Endlichkeit bestimmt sein. Welche Erkenntnis unsere heutige Gesellschaft aus dem - hier exponierten - heute brutal dominanten, von Rücksichtslosigkeit und Egoismus bestimmten Menschenbild gewinnen kann, wenn sie es nur will, braucht darüber hinaus nicht herausgearbeitet zu werden. Das - scheinbar ungebrochen mythische - Menschenbild muß nur plastisch genug durchgezeichnet sein wie bei Konwitschny, um seine überzeitlich gültige und dringliche Botschaft vermitteln zu können.

Die Beispiele können als Beweis dafür dienen, über wie tragfähige Möglichkeiten unser Theater verfügt, wenn auf dem Weg über die Interpretation für alte Stoffe und Mythen Gegenwart hergestellt wird. Der Vorwurf einer oberflächlich aufgesetzten Modernität geht dabei ins Leere. Allerdings ist zuzugeben, daß diesbezüglich einschlägige Versuche heutiger Regisseure bis zu Lösungsvorschlägen reichen, die in Gegenläufigkeit zum zu deutenden Stoff entwickelt werden. Ob das über den unleugbar künstlerischen Eigenwert hinaus immer Triftigkeit besitzt, ist die Frage, die sich beispielsweise bei vielen Arbeiten der Regisseurin Ruth Berghaus - ich denke an ihren Hamburger *Tristan* oder ihre Stuttgarter *Traviata* - gestellt hat.

Was aber - und damit komme ich zu meinem Punkt 2 - kann heute entstehende, stilistisch aktuelle Theaterliteratur zur Etablierung des relevanten Menschenbildes unserer Dekade beitragen? Sprechtheater und Musiktheater folgen in der Beziehung unterschiedlichen Ausgangspositionen. Mit ausschlaggebend dafür sind die je eigene mediale Beschaffenheit beider Sparten und ihre von außen jeweils geltend gemachten Erfordernisse. Die Autoren des Sprechtheaters können schneller reagieren, beweglicher operieren, und sie erscheinen deshalb in mancher Hinsicht verantwortungsbewußter: Ihre Themenwahl verrät oft ein lebendig ausgeprägtes Geschichtsbewußtsein und Sinn für gesellschaftliche Problematiken der politischen Gegenwart. Das Musiktheater unserer Zeit kann das allenfalls in Ausnahmefällen bieten. Selten werden wie im Sprechtheater gegenwärtige soziologische Lebensstadien oder Lebensentwürfe zu Opernstoffen. Das heute neuentstehende Musiktheater exponiert zwar durchaus moderne Menschenbilder, entwickelt Prototypen, verfolgt aber, damit Hand in Hand gehend, sogleich Stilisierungsprozesse im Sinne einer kunstwerthaltigen Mythisierung und bewirkt dadurch Nivellierungen. Deshalb ist die Oper der Zeit überwiegend keine Zeitoper.

So werden in Aribert Reimanns bislang letztem musikalischen Bühnenwerk *Das Schloß* ästhetisierte Gegenwartsaspekte übermächtig, so daß ein grandioses, den Zuschauer pessimistisch bedrängendes Menschen- und Weltbild generiert wird. Nur - der Stoff ist die von Reimann vertonte literarische Erfindung Franz Kafkas und nicht die Erfindung des heute aktiven Künstlers Reimann. Abgesehen davon, daß die Kafkasche Figur des Landvermessers K. parabolischer Natur ist und damit bewußt nicht wirklichkeitsangenähert, sondern gleichnishaft-mythisch begriffen werden muß.

Das Beispiel kann für viele stehen: Erstaunlich im ganzen ist die nicht nachlassende Tendenz heutiger Komponisten zu literarisch intaktem Grundmaterial, aus dem eine tragfähige Opernvorlage gewonnen werden kann. Wir wissen, daß mit Hilfe musikalischer Mittel einem Stoff, wie ihn ein Shakespeare-Stück oder eine Arnold Zweig-Novelle bieten, vertiefende Wirkungen abgewonnen werden können. Verdis *Otello* oder Reimanns *Lear* beweisen das. Aber die durch Musik erreichten Verfeinerungen, z.B. Psychogramme der handelnden Personen oder ähnliches, sind, vor allem wenn sie in heute entstehenden Opern mit den klanglichen Mitteln unserer Zeit vorgenommen werden, entschiedener noch als bei Verdi und Wagner strukturimmanent disponiert. Deshalb vermögen häufig erst durch Analyse zu erreichende Decodierungen die hochgradig artifiziellen Gestaltungsmodelle freizulegen. Hier deutet sich ein Nachteil des Genres Oper bzw. Musiktheater an, dessen Subtilitäten sich ab einem bestimmten, nur noch esoterisch zu definierenden und aus der Kompositionstechnik selbst nachzuvollziehenden Schwierigkeitsgrad an den vorgebildeten Kenner richten. Daß sich die ab 1946 aufkommende und als Kompositionskanon verbindlich werdende serielle Musik in ihrer orthodoxen Rigidität kaum länger als fünfzehn Jahre halten konnte, hat hier ihren Grund. Das heißt nicht, daß nur moderne Opern, die mit derart sublimierten Mitteln operieren, entsprechend elitär in Erscheinung treten. Auch in der klassischen Oper erschließen sich Verfeinerungen seit alters her (allein wegen der akustischen Dominanz des Klangs über den Text) nur zögernd, was der Beliebtheit des Genres Oper freilich nie Abbruch getan hat.

So ist die Oper alles in allem in höherem Maße ein Artefakt als das Schauspiel und daher von Natur aus weniger als jenes geeignet, das gegenwärtige Menschenbild zu reflektieren. Das hat auch technisch-poetische Gründe. Ein Schauspiel kann von der Zugrundelegung der inhaltlichen Idee bis zur Manuskriptvorlage beim Theater in sechs Monaten entstehen. In der Oper braucht der Komponist zunächst eine komponierfähige Textvorlage durch den Librettisten. Für die Komposition des Werkes benötigt er dann im Durchschnitt erfahrungsgemäß zwischen achtzehn Monaten und drei Jahren. Danach erfolgt die in der Oper - im Gegensatz zum Schauspiel - zeit- und geldaufwendige Materialherstellung, die ein Komponist ohne Hilfe eines Verlages kaum allein realisieren kann. Auf keinen Fall ist bei glücklichsten Umständen und einem störungsfreien Entstehungsprozeß von der Ideenfassung bis zum Uraufführungstermin für eine abendfüllende große Oper ein Zeitraum von weniger als drei Jahren zu veranschlagen. Wurde nun als Thema für die betreffende Oper ein tagespolitischer Anlaß zugrundegelegt, dann muß man schon bei der Uraufführung des neuen Opern-Werkes einen unvermeidbaren Aktualitätsverfall in Kauf nehmen.

Dieses Risiko wollten Komponisten in der Regel, die von Ausnahmen bestätigt wird, noch nie eingehen. Stattdessen haben sie sich quasi im Ersatzverfahren auf übergreifend verallgemeinernde oder nur als Parabeln zu exemplifizierende Stoffe konzentriert. Bei denen wurde das aktuell interessante Menschenbild entweder anachronistisch-allgemeinverbindlich ästhetisiert oder in Symbolform gegossen. Der Charakter der Oper als eines ins Große getriebenen Als-ob hat hier seinen Ausgangspunkt. Was gegenwärtig schaffende Komponisten darüber hinaus Zurückhaltung beim Griff zu Zeitthemen üben läßt, ist die berechtigte Furcht, mitansehen zu müssen, wie schnell ihre Opern der Vergessenheit anheimfallen. Das ist - durch die Jahrhunderte hin - zwar eine durchaus allgemeine Erfahrung. Aber eine schmerzliche bleibt sie für die Komponisten und außerdem eine in vielen Fällen zu bedauernde angesichts des zunehmend sich verengenden Opernrepertoires.

Der unspezifische Alterungsprozeß betrifft natürlich auch die Schauspielliteratur. Wer spielt heute noch die Stücke Walsers oder Hochhuths aus den fünfziger und sechziger Jahren, von denen die meisten zeitbezogen konzipiert und deshalb zum alsbaldigen Verbrauch bestimmt waren. Henzes *Bassariden* oder Klebes *Jacobowsky und der Oberst* wollen dagegen gespielt werden ob ihres zeitübergreifenden mythischen Charakters, werden es aber nicht oder zu wenig. Bei Opern erweist sich in solchen und anderen Fällen die jeweilige Stillage der Musik als behindernd.

Für eine überzeugende Herausarbeitung des Menschenbildes im Theater existieren aussagefähige und beweiskräftige Beispiele zuhauf. An den Werken vergangener Epochen im Sprech- wie im Musiktheater, zumindest an denen, die sich dafür eignen, erproben Regisseure, die innovativen Sinn mit vitalistischer Spielfreude verbinden, tragfähige Modelle. In ihnen wird das Menschenbild, abschreckend oder nachahmenswert, auf jeden Fall aber paradigmatisch vorgeführt. Was die tagesaktuelle Neuproduktion von Theaterwerken betrifft, so gelingt es dem Schauspiel besser als der Oper, den heute existierenden Menschen und sein Erscheinungsbild verbindlich zu fixieren.

Mit Punkt 3 meiner Gliederung komme ich zum Schluß. Theater, so wurde aufgezeigt, bedarf der Öffentlichkeit, um seine Thesen publizieren und seine Aufgabenstellung erfüllen zu können. Die Rezeption durch das Publikum verursacht Komplikationen und bereitet dem Theater Schwierigkeiten. Warum ist das so?

Theater ist vermutlich die einzige Institution im geisteswissenschaftlichen Bereich, deren Arbeitsergebnisse zweifach standhalten müssen: mit ihrem künstlerischen Ergebnis auf dem Papier - also auf dem Forschungsfeld sozusagen - bei der Fachwelt; mit seiner Außenwirkung beim Rezipienten. Aus dieser Ambivalenz ergeben sich Spannungen, nicht selten verschärfte Diskrepanzen, am zugespitztesten dann, wenn gutes Theater nicht, schlechtes hingegen besonders gut angenommen wird. Ein Vorstadium dazu bestünde, wenn ein zur Reflexion auffordendes Theater abgelehnt wird, weil das Publikum es sehen und es unreflektiert verinnerlichen will. Einem Großteil des Theater-, vorab des Opernpublikums geht es beim Theaterbesuch vorrangig um ausschließlichen Lustgewinn statt um einen geistigen Erfahrungszugewinn. Es bezieht sich bei seinem Anspruch auf Theatererlebnisse der Vergangenheit und lehnt ab, was sich mit seiner Erinnerung an Früheres nicht deckt. Unterhaltungsreiche Entspannung wird eingefordert, kreative Auseinandersetzung oder nur Offenheit für Überraschungen abgelehnt.

Wir konstatieren bei der Präsentation von Bildender Kunst zunehmende Nachfrage, allerdings fast nur bei spektakulären Großveranstaltungen oder bei Retrospektiven bekannter Maler. Sicher resultiert der Zulauf auch aus dem Bedürfnis nach Freizeitverdrängung. Dabei hängen in diesen Ausstellungen auch Menschenbildnisse in meisterhafter Darstellung, aber von oft unerfreulichstem Inhalt. An solchen Bildern kann der Betrachter indes leicht vorbeisehen, d.h. er kann seine persönliche, ihm passende Auswahl treffen. Im Theater funktioniert das nicht. Man kann das Phänomen aber wohl auch auf höherer Ebene analysieren, wie es Peter Rühmkorf versucht hat. Er meint, wenn man Menschen von Malern wie Bacon oder Horst Janssen malen ließe, würden sie das immer mit einem Anflug von Geschmeicheltsein zur Kenntnis nehmen. Scharfe Charakterbilder in der Literatur hingegen wirkten vergleichsweise verletzender, obwohl die Wörter als Darstellungsmittel weit ätherischer und spiritueller seien als Stift und Pinsel.

Die Erklärung läßt sich auf die Oper übertragen. In ihr bildet die Musik häufig eine schwer zu überbrückende, nicht akzeptierte Barriere. Musik verlangsamt die dramatischen Verläufe. Außerdem sollte sie nach landläufigem Klischee schön klingen, jedoch nicht unbedingt wahrhaftig, wenn ihre handlungstragende Verzögerungsstrategie akzeptiert werden soll. Gewiß spielt das eine ausschlaggebende Rolle im Musiktheater, wobei viele Besucher, wie die Erfahrung lehrt, den Begriff Musiktheater ablehnen mit dem Argument, sie wollten kein Theater, sondern schlicht Oper.

Der Hamburger Politologe Udo Bermbach hat den Trend zur Musealisierung unserer Gesellschaft aufgegriffen und ihn auf die Institution Oper angewendet, deren Fortbestand allein durch jene garantiert würde, was zweifellos zutrifft. Der Negativeffekt der Musealisierung liegt aber ebenso unabweisbar auf der Hand. Über Jahrzehnte hat es der Oper genügt, ihre Arbeit retrospektiv zu begreifen, also Geschichtsbilder oder Sittenbilder in der Zeit zu belassen, in der sie angesiedelt sind, Modernisierungen - wenn überhaupt - behutsam zu betreiben und stilistisch als solche zu pointieren. Heute kann es nicht länger um Modernisierung des Theaters gehen, sondern es muß um die Installierung von Spiegelbildern unserer Zeit im Theater gehen. Das aber verträgt sich mit einer Musealisierung, wie das Durchschnittspublikum diesen Begriff versteht, gewiß nicht.

So endet, was im vierhundertsten Bestehensjahr des Genres Oper zu sagen war, pessimistisch getönt, aber keineswegs hoffnungslos. Theater und sein Publikum sind in einem ständigen Wandlungsprozeß begriffen. Es wird immer Menschen geben, die Theater als ein Selbstverständnis der Zeit für die jeweilige Gesellschaft, die sie selbst bilden, verstehen und einfordern werden. Dieser Wechseleffekt wird sich freilich nur einstellen, wenn Theater denen, die es zu tragen haben, wert und nicht zu teuer sein wird.

Das Menschenbild im Kulturvergleich

Rolf Oerter

Menschenbilder wandeln sich mit der Geschichte, sie sind für unterschiedliche Kulturkreise verschieden und sie sind, wie bereits gezeigt wurde, in einzelnen Wissenschaftsdisziplinen nicht deckungsgleich. Im vorliegenden Beitrag interessiert zunächst, inwieweit Menschenbilder von der jeweiligen Kultur, in der sie gelten, abhängig sind. Diese Frage ist insofern wichtig, als unser westliches Menschen- und Weltbild zunehmend globalisiert wird und andere Entwürfe vom Menschen überlagert. Damit aber gewinnt das westliche Menschenbild so sehr an Selbstverständlichkeit, daß es als universell und endgültig wahr angesehen wird. Dies aber ist ein verhängnisvoller Fehler und blockiert die Notwendigkeit einer gesellschaftlichen und globalen Weiterentwicklung des Menschenbildes.

Daher soll im vorliegenden Beitrag anhand empirischer Befunde vor allen Dingen zwei Fragen nachgegangen werden, nämlich erstens: welche Spezifika gibt es für Menschenbilder in unterschiedlichen Kulturen bzw. Kulturkreisen? und zweitens: gibt es Universalien des Menschenbildes, die mehr oder weniger allen Kulturen gemeinsam sind?

1 Das westliche Menschenbild als Grundlage einer individuellen Identität

Das westliche Menschenverständnis hat seine Wurzeln sicher sowohl in der griechischen Antike als auch im Christentum. Bereits in der griechischen Philosophie und Kunst spielt das Individuum und seine geistige Aktivität eine wichtige Rolle. Es ist das Individuum, das Erkenntnisse gewinnt, wenn es sein Denken in der richtigen Weise benutzt. Sokrates versucht durch seine „Hebammmenkunst" den Gesprächspartner in denkende Reflexion zu bringen, die zur Erkenntnis über sich selbst und die Welt führt. Diese Erkenntnis ist eine Leistung des Individuums, auch wenn die Realität und Wahrheit jenseits des Individuums existiert und das Individuum nur ein Teil des Ganzen ist.

Im Christentum wird das Individuum verantwortlich für seine Taten und kann sein Schicksal – vor allen Dingen im Jenseits bzw. im anbrechenden Reich Gottes – durch das eigene Mitdenken und -handeln bestimmen. Aber erst in der Renaissancezeit wird die Einmaligkeit des Individuums zum Gegenstand des Denkens und der Kunst. In der Zeit zwischen 1500 und 1800 wurde Individualität ein zentraler Wert und zur basalen Überzeugung in westlichen Gesellschaften. Dies zeigt sich in der Vielzahl von Autobiographien, die im 16. Jahrhundert auftauchen.

Im 16. Jahrhundert entstand auch mehr und mehr das Verständnis des „verborgenen Selbst" (Baumeister, 1986a). Die Menschen begannen, ihr Selbst als etwas Verborgenes zu verstehen, das nicht immer in äußeren Handlungen sichtbar wird. Philosophie, Politik und Literatur beschäftigten sich mit dem Phänomen des verborgenen Selbst, so etwa Berkeley, Machiavelli und Shakespeare (Baumeister, 1986a). Trilling (1971) meint, daß das 16. Jahrhundert geradezu besessen war von der Thematik der Täuschung und des Verbergens wahrer Absichten. Um diese Zeit wurden einerseits der Bösewicht, der durch seine äußere vorteilhafte Erscheinung seine dunklen Seiten verbergen kann, und andererseits die Tugend der Aufrichtigkeit populär (Trilling, 1971). Erst mit der Renaissance und der Aufklärung entstand auch eine weitere Komponente von Individualität, die Privatheit (Ariès, 1978; Elias, 1976). Dies zeigt sich in den Lebens- und Schlafgewohnheiten. Während die Familie (oft zusammen mit den Tieren) in einem Raum lebte und schlief, entstand allmählich die Gewohnheit getrennter

Schlafräume für Eltern und Kinder und das Tragen eines Nachtgewandes (Elias, 1976). In der Bauweise von Häusern begannen dementsprechend auch Veränderungen. In England, Frankreich und auch in Deutschland wurde es üblich, Häuser mit Korridoren zu bauen, von denen man aus die Zimmer erreichen konnte, ohne durch andere Räume gehen zu müssen (Stone, 1977).

Baumeister (1986a) versucht zu zeigen, wie in der historischen Entwicklung aus einem Identitätsverständnis, das stärker durch festgelegte Rollen und gesellschaftlich-soziale Pflichten definiert war, ein Verständnis für Individualität erwuchs, bei dem die Einmaligkeit der Identität und die Unterschiede zu anderen Menschen betont wurden. Gleichzeitig mit der Herauskristallisierung dieses Menschenbildes wurde das „innere Selbst" akzentuiert. Was zunächst an das äußere Erscheinungsbild, an den gesellschaftlichen Status und an festgelegte Aufgaben gebunden war, wurde ergänzt oder ersetzt durch innere Eigenschaften und durch eine Definition des Menschen, dessen wahrer Kern in seinem Inneren liegt und durch Merkmale der Psyche bestimmt wird. Die Individualität, die im religiösen und philosophischen Denken schon lange vorgedacht worden war, wird nun zu einer Realität für jeden einzelnen, der im Laufe seiner Entwicklung mehr und mehr zwischen äußerem Handeln und inneren psychischen Motiven, Gefühlen und kognitiven Prozessen unterscheidet. Dieser Status von Identität wird allerdings durch Unsicherheit und Krisen erkauft. Die Identität ist nicht mehr so stabil, weil sie nicht mehr durch äußere Beziehungen definiert ist, sondern das Individuum auf sich selbst zurückgeworfen wird. Es muß sich immer wieder von neuem fragen: wer bin ich? Es kommt zu Identitätskrisen und zu einer permanenten Re-Definition der Identität. Dennoch bleibt das innere Selbst stabil und kontinuierlich, es ist einzigartig, real und schwer zu erkennen.

Für uns ist dieses Verständnis von Identität und daher vom Menschen so selbstverständlich, daß es uns schwerfällt, andere Konzeptionen als ebenso möglich und denkbar anzusehen. Vor allem aber liegt diesem westlichen Menschenverständnis eine einseitige Realitätskonstruktion zugrunde, die es auch noch Erwachsenen schwer macht, ihre Determiniertheit durch Gesellschaft und Kultur zu durchschauen.

2 Gegensätzlichkeiten im Menschenverständnis zwischen Ost und West

Der Mensch als individuelle Identität, die sich von anderen unterscheiden und anderen gegenüber herausheben möchte, ist für östliche Kulturen (und wohl für die meisten übrigen nichtwestlichen Kulturen überhaupt) ein unziemliches Bild für den Menschen. Es ist regelrecht unanständig, sich als Individuum aus dem Ganzen herausheben zu wollen. So ist für eine japanische Mutter, die mit ihrer Familie einige Jahre in den Vereinigten Staaten lebt, der Aufsatz ihrer Tochter eine Entgleisung, in dem die Tochter stolz beschreibt, daß sie zu den besten der Klasse gehört und in Mathematik einen Preis bekommen hat (Minoura, 1995).

Markus und Kitayama (1991) führen das unterschiedliche Menschenverständnis in beiden Kulturkreisen auf eine unterschiedliche erkenntnistheoretische Haltung zurück. Während im Westen das Individuum sich gegenüber seiner Umwelt als verschieden erfährt und abhebt, wird in nicht-westlichen Kulturen die Einheit des Kosmos betont. Mensch und Umwelt haben die gleiche Substanz. Der Mensch erfährt seinen Sinn durch die Bezogenheit zu anderen und zum Ganzen. Markus und Kitayama bezeichnen dieses Menschenverständnis als das bezogene Selbst (interdependent self), dem im westlichen Verständnis das unabhängige Selbst (independent self) gegenüber steht. Die Person beim bezogenen Selbst sieht sich nicht getrennt vom sozialen Kontext, sondern verbunden mit anderen Personen und damit weniger abgehoben. Persönliche Meinungen, Bedürfnisse und Eigenarten müssen dem Ganzen untergeordnet werden. Es geht nicht in erster Linie darum, die persönliche Eigenart auszubilden, sondern im

Gegenteil persönliche Besonderheiten zu kontrollieren und sie im Laufe der Entwicklung und Erziehung an die Erfordernisse der Umgebung anzupassen. Während das unabhängige Selbst seine Entwicklung durch eine Kette von eigenständigen Entscheidungen erfährt und sich nur wohlfühlt, wenn Wahlmöglichkeiten gegeben sind, wächst auch heute noch das Individuum in östlichen Kulturen in einer Umwelt auf, in der die Entscheidungen dem Individuum weitgehend abgenommen werden und es um die möglichst innige Integration in die Gruppe geht. Das „innere Selbst" ist nach diesen beiden Menschenbildern unterschiedlich zu formen. Im Falle des unabhängigen Selbst der westlichen Kulturen geht es darum, die eigenen Fähigkeiten zu optimieren, in eigener Entscheidung Lebensziele und Lebensweg festzulegen und das Besondere, Einmalige der Identität zu verwirklichen. Beim bezogenen Selbst östlicher Kulturen steht die wirkliche Kontrolle innerer Zustände und Merkmale im Vordergrund. Man muß lernen, eigene Wünsche und Bedürfnisse zu unterdrücken oder zu kompensieren, die Harmonie in den Beziehungen nicht zu verletzen und die Werte der Kultur zu internalisieren, ohne sie gemäß dem eigenen Denken zu modifizieren und zu hinterfragen. Markus und Kitayama (1991) veranschaulichen die beiden Selbst, wie in Abb. 1 dargestellt. Das unabhängige Selbst erfährt sich getrennt von anderen, es hat regelrecht als Entwicklungsaufgabe, sich von den Eltern und Geschwistern emotional zu lösen, um ein selbständiger Erwachsener zu werden. Das bezogene Selbst hingegen ist viel stärker verflochten mit den Bezugspersonen. Es denkt sich nicht unabhängig von ihnen, sondern immer nur in Bezug auf sie. Man denkt und handelt gewissermaßen für andere mit, und andere denken und handeln für einen selbst mit.

Ein wichtiges Moment des bezogenen Selbst ergibt sich aus seiner Kontextabhängigkeit. Das Selbst, durch den jeweiligen Kontext definiert, verändert sich mit dem Kontext und paßt sich der jeweiligen neuen Situation an. Das heißt auch, daß sich die Struktur des Selbst wandeln kann, während man beim unabhängigen Selbst eine feste Struktur, die sich nicht kontextabhängig, sondern sich eher aus inneren Krisen und neuen Zielsetzungen heraus verändert, vorfindet. Das bezogene Selbst weiß mehr über andere als über sich selbst, das unabhängige sammelt umgekehrt mehr Wissen über sich selbst als über andere (Kitayama et al., 1990; zitiert nach Markus und Kitayama, 1991). Eine andere Einteilung, die auch zumindest zeitweise kulturbezogen ist, stammt von Triandis (1989), der sich dabei auf Baumeister (1986b) und Greenwald und Pratkanis (1984) beruft. Das private Selbst beinhaltet Kognitionen über Merkmale, Zustände und Verhaltensweisen der Person (z.B. ich bin ehrlich, ich bin introvertiert, ich werde dies und jenes kaufen). Das öffentliche Selbst umfaßt Kognitionen, die die Sichtweise des generalisierten Anderen beinhalten (z.B. die Leuten meinen, ich sei ehrlich, ich würde dieses und jenes kaufen etc.). Das kollektive Selbst beinhaltet Kognitionen über das Kollektiv, die Bezugsgruppe, die für einen persönlich von zentraler Bedeutung ist wie etwa die Familie, die Sippe, der Stamm etc. Während Markus und Kitayama mehr auf die erkenntnistheoretische Seite, das heißt auf das Menschenbild in verschiedenen Kulturen abheben, verstehen Triandis (1989) und Baumeister (1986b) kollektives, öffentliches und privates Selbst als reale „Anteile" der Identität.

Ziele sind je nach Kultur unterschiedlich ausgeprägt. In kollektiven Kulturen ist das kollektive und öffentliche Selbst wichtiger als das private, in individualistischen Kulturen wie den westlichen besitzt das private Selbst eine größere Bedeutung. Neben der Unterscheidung kollektive versus individualistische Kultur führt Triandis (1989) auch noch die Dimensionen der kulturellen Komplexität (einfache vs. komplexe Kulturen) und der Dichte (dichte vs. lose Kulturen) ein. Während der Grad der Komplexität sich nicht unmittelbar auf die Art des Selbst auswirkt, da asiatische Kulturen zum Teil auch sehr komplex und dennoch kollektiv sind, gibt es einen Zusammenhang zwischen der Dichte einer Kultur und den Komponenten der Identität. Lose Kulturen vermitteln weniger die Bindung an eine Gruppe, an das Kollektiv, und fördern daher das private Selbst, während „dichte Kulturen", in denen bezüglich der

Werte und Verhaltensvorschriften Homogenität und wenig Flexibilität besteht, das kollektive Selbst stärker fördern.

Abbildung 1: Veranschaulichung des unabhängigen (independent) und abhängigen (interdependent) Selbst nach Markus und Kitayama (1991, S. 226)

a) Das unabhängige Selbst

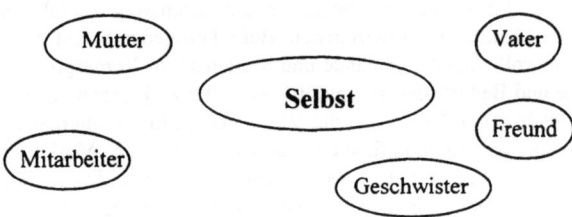

b) Das bezogene Selbst

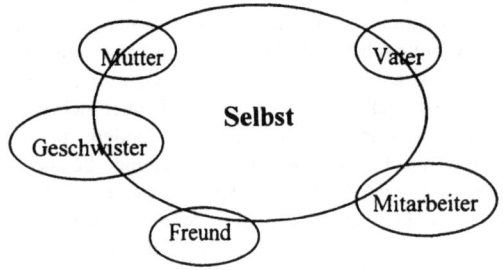

3 Universelle Strukturniveaus und kulturspezifische Ausprägungen des Menschenbildes

3.1 Universelle Strukturniveaus

Die genannten Untersuchungen berücksichtigen zu wenig den Entwicklungsaspekt. Menschen, die sich vom Kind zum Erwachsenen entwickeln, konstruieren im Laufe ihres Lebens Menschenbilder mit zunehmender Komplexität und tieferem Verständnis dessen, was die Kultur an Wissen über Menschenbilder vermittelt. Man muß also davon ausgehen, daß es in jeder Kultur Menschenbilder unterschiedlicher Komplexität gibt und daß auch im Erwachsenenalter je nach Chance und eigenen Bemühungen das vom Individuum konstruierte Menschenbild einfacher oder komplexer ist. Weiterhin ist zu erwarten, daß bei der Konstruktion solcher Menschenbilder, so verschieden Kulturen auch sein mögen, bestimmte Leistungen allen Menschen gemeinsam sind. Individuen werden zunächst beim Aufbau solcher Menschenbilder ein einfacheres und erst allmählich ein tieferes Verständnis aufbauen, wobei anfangs weniger und später mehr Merkmale und Komponenten in das Menschenbild eingehen. Außerdem dürfte beim Aufbau des Menschenbildes zunächst das leicht Beobachtbare und

Sichtbare im Vordergrund stehen, während später unsichtbare Merkmale, die nur indirekt erschlossen werden können, mit in das Menschenbild aufgenommen werden.

Dieser Fragestellung ging ich in kulturvergleichenden Untersuchungen nach, die in Deutschland, den USA, Indonesien, Japan, Korea und China durchgeführt wurden. Als Methode verwendete ich das sogenannte Erwachsenen-Interview, bei dem die Probanden (im Regelfalle Achtzehn- bis Fünfundzwanzigjährige) nach den Merkmalen und Aufgaben von Erwachsenen befragt wurden. Als zweite Methode wurden Dilemma-Geschichten präsentiert, in denen sich die Helden der Geschichte gewissen Konflikten ausgesetzt sahen. Die Probanden hatten Lösungsvorschläge zu machen und wurden mit Hilfe gezielter theoretisch geleiteter Fragen zu Aussagen und Argumenten über das jeweilige Dilemma geführt. Eines der Dilemmata beinhaltete den Konflikt zwischen Beruf und Familie, der in allen komplexeren Kulturen aktuell ist. Der Protagonist/die Protagonistin hat berufliche Chancen, die Weiterkommen und höheres Einkommen versprechen, muß aber von der Familie getrennt leben und kann sich ihr nicht genügend widmen.

Die Dilemmageschichten wurden der jeweiligen Kultur angepaßt, so daß die Struktur des Konfliktes gleich, die Inhalte aber verschieden waren. Es zeigten sich fünf Strukturniveaus der Beschreibung des Menschen, die in allen Kulturen gewisse Ähnlichkeiten aufwiesen. Die Hauptgruppe der Untersuchten waren Erwachsene, weshalb die beiden ersten Strukturniveaus dort weniger vorkamen. Diese fanden sich jedoch bei Vergleichsuntersuchungen ebenfalls an Kindern in verschiedenen Kulturen.

In Tab. 1 findet sich ein Überblick über diese Niveaus, die zugleich als Entwicklungsstufen gelten können. Sie folgen einer allgemeinen Entwicklungslogik, die vom Aufbau her so und nicht anders verlaufen kann. Dabei lassen sich drei Dimensionen unterscheiden, nämlich zunehmende Komplexität, wachsende Integration und zunehmendes Vordringen von der Oberflächenstruktur zur Tiefenstruktur der Beschreibung des Menschen. Wie aus Tab. 1 ersichtlich, kann man zwischen einer Persönlichkeitstheorie, einer Sozial-(Umwelt-)Theorie und einer Handlungstheorie unterscheiden. Weiterhin sind die verschiedenen Niveaus an bestimmte Denkleistungen gebunden. Auf der Stufe I wird der Mensch durch sichtbare Handlungen (Persönlichkeitstheorie) und Besitz (Sozialtheorie) beschrieben. Das Denken kann im Sinne von Piaget noch voroperational sein (Piaget 1966).

Die Stufe II des Menschenbildes beschreibt den Menschen durch psychische Merkmale, geht also von der Oberfläche zu den dahinterliegenden Bedingungen, die selbstredend in den unterschiedlichen Kulturen unterschiedlich benannt und akzentuiert sind. Die Sozialtheorie erkennt die wechselseitige Abhängigkeit der Menschen voneinander in dem Sinne, daß man sich gegenseitig braucht und so die instrumentelle Funktion des anderen erkannt wird. Im Bereich der Persönlichkeitstheorie ergibt sich ein erster Schritt zur Integration insofern, als sich äußere Handlungsweisen zentralen inneren Merkmalen unterordnen. Die Handlungstheorie unterscheidet nun schon zwischen Ziel, Mittel und Ergebnis, was sich darin zeigt, daß die Probanden (in der Regel Kinder) Ziel- bzw. Zukunftsorientiertheit menschlichen Handelns darstellen. Auf der Stufe IIIa werden Handlungsweisen und Eigenschaften einem Kernkonzept, das man als Identität bezeichnen kann, untergeordnet. Diese Identität wird als autonom konzipiert, das heißt, daß Menschen als selbstverantwortlich und selbständig gekennzeichnet werden, sich selbst und ihre Möglichkeiten kennen und ihre Ziele konsequent verfolgen. Die Sozialtheorie konzipiert auch den anderen als autonome Identität, was bedeutet, daß man ihn zu respektieren und zu tolerieren hat. Zusätzlich zum logischen Denken, das wir schon auf der vorherigen Stufe finden, wird hier das relativistische Denken nötig, dem eine neue Erkenntnishaltung zugrunde liegt, nämlich die Einsicht, daß es verschiedene Wahrheiten geben kann, die nebeneinander bestehen. Der Relativismus gilt vor allen Dingen für verschiedene Interessen und Bedürfnisse, die den Menschen unterscheiden.

Tabelle 1: Stufen des Menschenbildes (Kennzeichnung nach vier Dimensionen)
H: Handlung; Z: Ziel; M: Mittel; E: Ergebnis; F: Folge

Stufe	Gesamt-kennzeichnung	Persönlichkeits-theorie	Sozialtheorie	Handlungs-theorie	Denken
I	Mensch als Akteur	Beschreibung von typischen, kennzeichnenden Tätigkeiten	Besitz von Personen und Sachen	Handlung wird nicht aufgegliedert (Z,M,E,F)	voroperatorisch konkret-logisch
II	Mensch als Träger von psychischen Eigenschaften	Konzeption von psych. Eigenschaften, Fähigkeiten, Kompetenzen	Andere besitzen instrumentelle Funktion	Z-M-E	konkret-logisch formal-logisch
IIIa	Autonome Identität	Selbstbestimmung, Selbstkontrolle, Identität als organisierendes Kernkonzept für Eigenschaften	Andere sind strukturell gleich, inhaltlich verschieden	Z-M-E-F	relativistisch
IIIb	Soziale (mutuelle) Identität	Reflexion innerer Widersprüche angesichts unvereinbarer Persönlichkeitsentwürfe	Personen definieren sich wechselseitig. Involvierter Personenkreis ist nicht austauschbar	Ego ↗ Z-M-E-F ↘ Alter kleine Systeme	subjektiv-dialektisch
IV	Gesellschaftliche Identität	Widerspruch von Individuum und Gesellschaft; Unvereinbarkeit von gesellschaftlichen Anforderungen	Menschen als austauschbare Elemente eines Systems, das als Gesellschaft oder Kultur bestimmend ist	Handlungen als Elemente größerer Systeme, deren Wirkungsweise nicht mehr durch individuelle Handlungen bestimmt werden.	objektiv-dialektisch

Die Stufe IIIb bringt wieder eine qualitativ neue Struktur. Die Sozialtheorie versteht nun den Menschen als Sozialwesen, dessen Identität erst durch den Austausch mit anderen bestimmt werden kann. Diese Verwiesenheit auf das Du (Buber, 1973) setzt auf dieser Ebene allerdings voraus, daß zuvor eine autonome Identität und damit das Verständnis von Identität überhaupt gebildet wurde. Dieses Verständnis führt dazu, daß der Mensch in sich selbst Widersprüche erfährt, denn der Austausch zwischen Identitäten bedeutet ja auch, daß man Werte, Zielsetzungen und Interessen des anderen attraktiv findet und in Widerstreit mit eigenen Werten und Bedürfnissen („Zwei Seelen wohnen, ach, in meiner Brust") gerät. Die Persönlichkeitstheorie beinhaltet also als neue Komponente die Widersprüchlichkeit des Menschen, ein Verständnis, das nur mit Hilfe einer neuen Denkform, dem dialektischem Denken, aufgebaut werden kann. Dieses dialektische Denken wird als subjektiv bezeichnet, da es die Ursache für Widersprüche in und zwischen Subjekten sieht. Wir finden hier auch hinsichtlich der Integration einen wichtigen Fortschritt: Sozialtheorie und Persönlichkeitstheorie sind aufs engste verbunden und bedingen sich gegenseitig. Wer in Austausch mit anderen ist und das wechselseitige Kennenlernen von Lebenszielen und -plänen versteht, kann auch die Herkunft innerer Widersprüche erkennen. Umgekehrt, wer in Widerstreit zwischen unterschiedlichen konfligierenden Zielen lebt, kann ihre Korrespondenz zu den unterschiedlichen Lebensformen signifikanter Personen herstellen.

Auf der Stufe IV wird der Mensch als Teil eines großen Systems beschrieben, das entweder die Kultur und Gesellschaft als Ganzes oder die Arbeitsstruktur als Teilsystem der Gesellschaft umfaßt. Dieses Verständnis revidiert die Persönlichkeitstheorie bezüglich des ursprünglichen Verständnisses von Autonomie und erkennt nun Autonomie als durch gesellschaftliche Bedingungen festgelegten Handlungsspielraum, aber auch als Verantwortung in der Gesellschaft und der Kultur. Die Sozialtheorie konzipiert das menschliche Zusammenleben als wechselseitige Abhängigkeit und Abgestimmtheit im System, in dem der einzelne eine bestimmte Funktion als „Rädchen im Getriebe" bzw. als Teil eines Organismus ausübt. Interessant ist auch die Veränderung der Handlungstheorie: Die lineare Kausalität von Handlungen, nämlich Ziel, Mittel, Ergebnis und Folge, muß aufgegeben werden, da im systemischen Verständnis zirkuläre Kausalität herrscht und Handlungen das System nur verändern, wenn viele solidarisch handeln. Das Denken, das hier erforderlich ist, zeichnet sich durch große Komplexität und durch eine Form des dialektischen Denkens aus, das man als objektiv bezeichnen kann, da nun Widersprüche nicht nur im Subjektiven festgemacht werden, sondern auch als objektive Konflikte der Gesellschaft in einer bestimmten historischen Zeit erkannt werden.

Die Entwicklungslogik dieser fünf Stufen soll am Beispiel der Persönlichkeitstheorie noch einmal verdeutlicht werden (Abb. 2).

Während wir auf Stufe I nur eine Ebene, nämlich die Ebene der Handlung haben, wird Stufe II bereits durch zwei Ebenen (Handlungen und Eigenschaften) charakterisiert. Stufe IIIa beschreibt den Menschen durch eine Drei-Ebenen-Hierarchie, und Stufe IIIb fügt durch die Wechselwirkung zwischen Individuen eine neue Ebene hinzu. Schließlich zeigt die Stufe der gesellschaftlichen Identität erneut einen Sprung in der Komplexität zur systemischen Einordnung der bisherigen Ebenen. Der Integrationsgrad ist auf Stufe IV insofern am höchsten, als das Verständnis des Systems in gleicher Weise Persönlichkeitstheorie, Sozialtheorie und Handlungstheorie beschreibt und nur verschiedene Aspekte des gleichen Phänomens beleuchtet.

3.2 Ost-West-Vergleich bei der Stufe der autonomen Identität

Beim Kulturvergleich fanden sich die fünf Stufen in unterschiedlicher Ausprägung in östlichen und westlichen Kulturen gleichermaßen (Oerter et al., 1996). Allerdings gab es beträchtliche Unterschiede hinsichtlich der Akzentuisierung bestimmter Aspekte und Inhalte.

Dies soll im folgenden näher an der Stufe IIIa und IIIb erläutert werden, den häufigsten Stufen, die man im frühen Erwachsenenalter (die Probanden waren in der Regel 18 bis 25 Jahre alt) beobachten kann. Stellen wir zunächst Probanden aus östlichen und westlichen Kulturen auf der Stufe IIIa, also der Stufe der autonomen Identität gegenüber, akzentuieren

Probanden westlicher Kulturen als auch Angehörige östlicher Kulturen die Autonomie ganz ausgeprägt als wichtige Aufgabe, über sich selbst Wissen zu erwerben.

Abbildung 2: Entwicklungslogik der Stufen des Menschenbildes

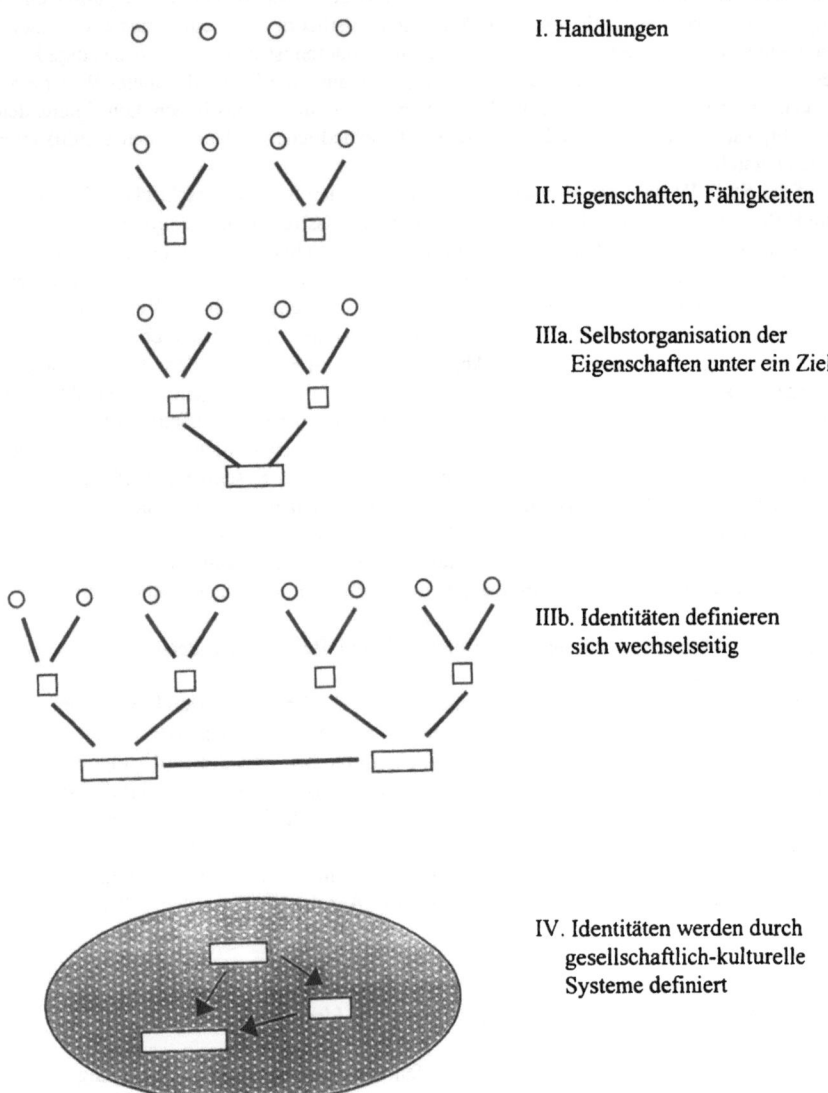

Bemerkenswert ist ein Unterschied hinsichtlich des Wissens, da er nicht mit früheren Untersuchungen übereinstimmt (Triandis, 1989; Markus und Kitayama, 1991). Angehörige östlicher Kulturen äußern häufiger die Frage, wer man ist, und die Aufgabe, sich richtig einzuschätzen sowie „richtig zu denken" wird weit häufiger in östlichen Kulturen als in westlichen Kulturen genannt. Dieser Tatbestand ist von der Entwicklungslogik her plausibel, da junge Menschen ein Verständnis für selbstbestimmtes und damit auch selbstverantwortliches Handeln aufbauen. Die wesentlichen Unterschiede zwischen dem Menschenbild in östlichen und westlichen Kulturen beziehen sich auf den Begriff der Autonomie, auf die Zielsetzungen und auf die Werte. In westlichen Kulturen wird Autonomie als Umweltkontrolle, das heißt als Gestaltung der Umwelt mit eigenen Zielen verstanden. Besonders Probanden aus den USA meinten, daß man alles erreichen kann, wenn man es nur will. Diese optimistische Position wird von Deutschen weit weniger vertreten, doch verstehen auch sie Autonomie als Recht, die eigenen Ziele in der Umwelt zu verwirklichen und dies in relativer oder absoluter Unabhängigkeit von Eltern oder anderen Bezugspersonen zu tun. Ganz im Sinne der oben getroffenen Unterscheidung von Unabhängigkeit und Bezogenheit verstehen Angehörige westlicher Kulturen Autonomie eher als Unabhängigkeit, z.B. von Eltern und anderen Autoritäten, während das Autonomieverständnis von Personen aus östlichen Kulturen ausdrücklich die Bezogenheit zu den Eltern und anderen signifikanten Personen einschließt. Während im Westen Autonomie eher als Aufgabe gesehen wird, unabhängig zu handeln, heißt Autonomie in östlichen Kulturen nun, auch allein und ohne fremde Hilfe so zu handeln, wie es die Gesellschaft wünscht und wie es die Harmonie der Gruppe erfordert. Daher ist Autonomie in östlichen Kulturen auch verbunden mit der ökonomischen Selbständigkeit, die angestrebt wird, um die Aufgaben eines Erwachsenen erfüllen zu können, nämlich für andere mitverantwortlich zu sein.

Daraus ergibt sich auch die unterschiedliche Akzentuierung in den Zielsetzungen. In östlichen Kulturen gilt es, eine Abstimmung zwischen persönlichen Zielen und den Zielen der Gruppe zu erreichen, wobei das übergeordnete Ziel die soziale Harmonie ist. Interessanterweise ist mit den kulturellen Unterschieden bezüglich der Zielsetzung und Orientierung auch ein Unterschied hinsichtlich der Kontrolle und der Selbstreflexion verbunden. Während westliche Kulturen, wie schon gesagt, die Umweltkontrolle bevorzugen, geht es bei Probanden östlicher Kulturen um die Kontrolle eigener Emotionen und Bedürfnisse, die nicht direkt mitgeteilt und ausgedrückt werden dürfen. Autonom ist man in östlichen Kulturen, wenn man die eigene psychische Struktur so handhabt, daß sie den gesellschaftlichen Anforderungen gerecht wird, ohne bei diesem Anpassungsprozeß unglücklich zu sein. Glücklich in westlichen Kulturen kann man hingegen nur werden, wenn man eigene Ziele durchsetzt und verwirklicht. Die Harmonisierung der Ziele haben wir in Indonesien mit einem Dilemma überprüft, bei dem das Kind einen anderen Studien- und Berufswunsch hatte als die Eltern. Dabei ergaben sich fünf unterschiedliche Lösungsmuster, von denen nur eines dem westlichen Muster entsprach, nämlich das eigene Berufsziel durchzusetzen, während die vier restlichen Muster nach Lösungen suchten, in denen die eigene Zielsetzung mit dem Wunsch der Eltern in Einklang gebracht wird (Oerter et al., 1996).

Hinter diesen Unterschieden liegen natürlich verschiedene Wertvorstellungen, die aus den betreffenden Kulturen stammen. Letztlich ist es der hohe Wert des einzelnen Individuums, der in westlichen Kulturen Autonomie inhaltlich bestimmt. In östlichen Kulturen ist bereits auf der Stufe der autonomen Identität (IIIa) nicht das Individuum, sondern die Gruppe und das Zusammenspiel in der Gruppe wichtiger. Daher kommt der Harmonie große Bedeutung zu. Das Rukun-Prinzip in Indonesien reguliert in so starkem Ausmaße soziale Interaktionen, daß Autonomie und Bezogenheit integriert sind. Auch in Korea hat Harmonie (Chungsil) einen hohen Wert. Dieser Wert gerät aber in Widerspruch zu dem Wunsch nach Selbstverwirklichung, besonders bei Frauen. Koreanische Studentinnen berichten von diesem Widerspruch, den sie in sich selbst schmerzlich erfahren, denn viele sind einerseits mit der traditionellen konfuzianisch bestimmten Lebensrolle der Frau und andererseits mit den Möglichkeiten beruflicher Selbstverwirklichung durch das Studium konfrontiert.

Die Bezeichnung „Glück" und „glücklich" wurde von Probanden aus den USA am häufigsten genannt und stets in Verbindung mit der Selbstverwirklichung, der Realisierung persönlicher Ziele gebracht. Auch in Deutschland spielten Glück und Zufriedenheit eine große Rolle, wenngleich die Zahl der Nennungen deutlich niedriger lag. Auf der Stufe der autonomen Identität ist für Angehörige westlicher Kulturen die wichtigste Legitimation für Lebensweise und Lebensziele das persönliche Glück des Individuums. In östlichen Kulturen kann von Glück und Zufriedenheit nur dann die Rede sein, wenn Harmonie in der Bezugsgruppe herrscht. Besonders bei den Koreanern und Indonesiern zeigte sich, daß mit dieser Art des Glücksgefühls ein anderer emotionaler Zustand verbunden ist. Es ist dies der Zustand der Ausgeglichenheit, der weder extrem positive noch extrem negative Gefühlswallungen zuläßt. Chinesische Probanden wiederum verbinden Glück mit einem Lebensziel, das sie als Shyè bezeichnen. Es handelt sich dabei um die Schaffung eines Werkes, um einen Beitrag für die Weiterentwicklung der Gesellschaft. Dieser Wert rangiert sowohl für Probanden aus der Provinz (Shanxi-Sin, Sihuan) als auch Peking und Schanghai vor dem Wert der Familie. Er leitet sich einerseits vom Sozialismus, andererseits auch von der chinesischen philosophischen Tradition her.

3.3 Ost-West-Vergleich bei der Stufe der mutuellen Identität

Die Stufe IIIb, die wir als mutuelle Identität bezeichnet haben, darf nicht mit dem bezogenen Selbst (interdependent self) verwechselt werden. Das bezogene Selbst existiert auch dann, wenn noch keine Konzeption von Identität aufgebaut ist, während die mutuelle Identität eine solche Konzeption voraussetzt. Bezeichnenderweise wird das bezogene Selbst in unseren Untersuchungen von Angehörigen östlicher Kulturen oft nur auf der Stufe II angesiedelt, was bei Probanden westlicher Kulturen so gut wie nie vorkommt. Vergleicht man Probanden beider Kulturkreise, die die Stufe IIIb erreicht haben, so ergeben sich im großen und ganzen folgende unterschiedliche Akzentuierungen.

Bei beiden Gruppen ist ein Verständnis für den inneren Konflikt und Widerspruch beim Menschen vorhanden. Im Westen wird dieser Widerspruch stärker elaboriert und thematisiert, während er im Osten als disharmonisch und wenig wünschenswert angesehen wird. Soziale Konflikte, die immer auch mit solchen inneren Konflikten zusammenhängen, werden von westlichen Probanden in ihren Beschreibungen ausgetragen und explizit verarbeitet, während sie von Probanden des östlichen Kulturkreises mit einer Strategie der Antizipation und Vermeidung offener Konflikte bearbeitet werden. Man nimmt mögliche Konflikte vorweg und bemüht sich darum, sie gar nicht erst aufkommen zu lassen. In beiden Kulturkreisen finden wir dennoch die Ansicht, daß Konflikte Entwicklung fördern können, eine Ansicht wie sie in der Psychologie etwa von Piaget (1966), Kohlberg (1963) und Riegel (1980) vertreten wird. Vorzugsweise in Indonesien jedoch, und partiell auch in Korea, werden innere Widersprüche als persönlichkeitsschädigend und krankmachend klassifiziert.

Bei japanischen Probanden tauchte als spezieller innerer Konflikt der Widerspruch zwischen Kindheit und Erwachsenenalter auf. Erwachsenwerden wird von einigen Probanden als Verlust der Kindheit und damit als Verlust des Erlebnis- und Erfahrungsreichtums angesehen. Die Probanden bringen den Wunsch zum Ausdruck, als Erwachsener die Kindheit nicht ganz aufzugeben. Im Westen gibt es diese Problematik kaum. Hier herrschte die größte Spannung zwischen dem, was man plant und werden möchte und dem aktuellen Stand der Dinge, also zwischen Wunsch und Wirklichkeit.

Die Sozialtheorie dieser Stufe erfährt ebenfalls eine unterschiedliche Ausprägung. Während bei Angehörigen des östlichen Kulturkreises ganz eindeutig der Bezug zum Anderen akzentuiert wird, liegt der Schwerpunkt bei Personen des westlichen Kulturkreises beim Selbst. So ist es im Osten wichtig, den anderen gut zu kennen, von ihm viel zu wissen, damit man ihn nicht verletzt, besser auf ihn eingehen und damit das Zusammenleben glücklicher gestalten kann.

Im Westen erlebt man offenkundig den Austausch von Identitäten als Bereicherung. Der Gewinn für einen selbst wird als zentral angesehen, gleichzeitig glaubt man aber, daß dies für den anderen, dem man sich öffnet, ebenfalls gilt. Das Sich-Öffnen dem anderen gegenüber ist ja in anderen Kulturen stärker als bei uns tabuisiert. Von der Tradition der östlichen Kulturen her verbirgt man eher seine Gefühle, Wünsche und Motive, als daß man sie zeigt. Allerdings liegen Befunde vor, die belegen, daß diese einfache Gegenüberstellung nicht mehr stimmt. In Indonesien haben wir die Probanden auch nach der Bedeutung eines gleichaltrigen Freundes (einer Freundin) gefragt. Dabei stellte sich heraus, daß Freunde als Vertraute außerordentlich wichtig für die persönliche Entwicklung sind. Sie sind die einzigen Personen, die die eigenen Probleme verstehen, während Eltern und andere Erwachsene dieses Verständnis nicht aufbringen können. Dieser Befund über das Bedürfnis nach einem gleichaltrigen und gleichgeschlechtlichen Freund widerspricht früheren Untersuchungen, insbesondere zur javanischen Kultur (Magnis-Suseno, 1981; Geertz, 1967) und dokumentiert möglicherweise den kulturellen Wandel, der durch den westlichen Einfluß bedingt ist.

Schließlich noch einige Bemerkungen zum Begriff der Verantwortung. Verantwortung wird auf Stufe II als Übernahme von Pflichten und Aufgaben des alltäglichen Lebens und auf Stufe IIIa als Kompetenz, dies aufgrund der erreichten Autonomie auch tun zu können, konzipiert. Auch auf der Stufe der mutuellen Identität betonen die Probanden des östlichen Kulturkreises zusätzlich die Wechselseitigkeit eines solchen verantwortlichen Handelns, durch das die Gruppe oder das Ganze (Gemeinde/Staat) getragen wird. Westliche Probanden denken mehr von sich und ihrer Individualität aus. Sie verstehen Handlung auf dieser Ebene immer noch als eigenen Planungsentwurf, bei dem es nun (auf Stufe IIIb) die Konsequenzen für andere im gleichen Maße zu berücksichtigen gilt wie die Konsequenzen für einen selbst (siehe Tab. 1). Für Probanden des östlichen Kulturkreises ist Verantwortung etwas, das man von vorneherein gemeinsam konzipiert und trägt.

4 Zusammenfassung und Schlußfolgerungen

Die Kultur präsentiert ein Menschenbild, das das Individuum im Laufe seiner Entwicklung übernimmt. Diese „Ethnotheorie" vom Menschen kann zwar durch das Individuum modifiziert werden, bildet aber zugleich einen Rahmen, der für die einzelnen so selbstverständlich ist, daß es schwerfällt, aus dieser Selbstverständlichkeit des Denkens herauszutreten. Dieser Ethnozentrismus ist bei uns als Eurozentrismus bekannt, bezieht sich aber auch auf den gesamten westlichen Kulturkreis. Im vorliegenden Beitrag wurden einige Aspekte der Andersartigkeit des Menschenbildes in östlichen Kulturen vorwiegend aus psychologischer Sicht dargestellt. Dabei erwies sich die Unterscheidung von unabhängigem und bezogenem Selbst als besonders wichtig. Eigene Untersuchungen erbrachten, daß man mit dieser einfachen Unterscheidung den unterschiedlichen Komplexitäts- und Differenziertheitsgrad von Menschenbildern beim Individuum unterschätzt. Wir fanden Strukturniveaus des Menschenbildes, die aufsteigend hinsichtlich Komplexität, Integriertheit und des Fortschreitens von der Oberflächen- zur Tiefenstruktur angeordnet sind. Anhand von zwei Stufen, die im frühen Erwachsenenalter am häufigsten auftreten, nämlich autonome Identität und mutuelle Identität, konnte gezeigt werden, daß es sowohl Universalien im Menschenbild als auch kulturspezifische Ausprägungen bei diesen Strukturen gibt. Diese kulturspezifischen Ausprägungen orientieren sich in der Tat dann im Westen mehr am unabhängigen und im Osten mehr am bezogenen Selbst. Damit läßt sich der Zusammenhang zwischen Universalien und kulturspezifischen Merkmalen des Menschenbildes in einer systematischen Weise herstellen. Abbildung 3 verdeutlicht diesen Zusammenhang.

Abbildung 3: Ein integratives Modell der Entwicklung des Menschenbildes in östlichen und westlichen Kulturen

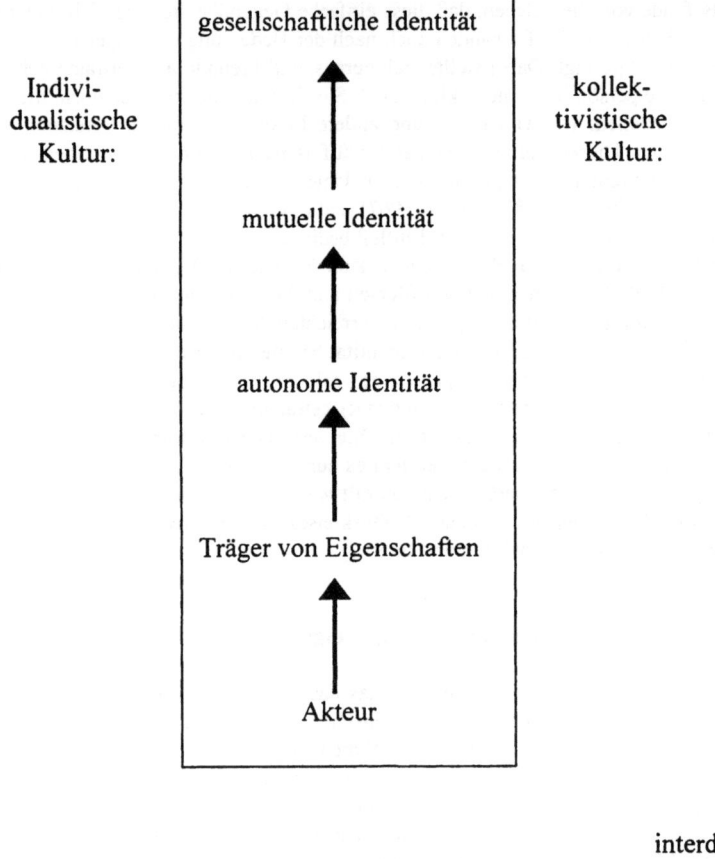

Die Strukturniveaus sind auf der Vertikalen angeordnet und verdeutlichen die Entwicklung bzw. die Entwicklungsmöglichkeit von einfachen zu komplexeren Menschenbildern. Diese Entwicklung folgt einer Logik dergestalt, daß das höhere Niveau auf dem jeweils niedrigeren aufbaut. Zugleich lassen diese Niveaus auch unterschiedliche Ausformulierungen zu.

Sie sind in der Abb. 3 auf der Horizontalen als unabhängiges Selbst, bei westlichen und damit individualistischen Kulturen, und als bezogenes Selbst bei östlichen, kollektiven Kulturen dargestellt. Die jeweilige Ausprägung beginnt nicht erst auf einem bestimmten Niveau, sondern setzt von Anfang an in der Entwicklung ein, denn schon im Vorschulalter und in der frühen Kindheit erfahren die Kinder in westlichen Kulturen individualistische Erziehung und die Orientierung an Unabhängigkeit, während die Kinder im östlichen Kulturkreis stärker kollektiv und damit auf das bezogene Selbst hin erzogen werden. Die grobe Unterscheidung zwischen Ost und West macht nicht die Differenzierung innerhalb der Kulturkreise deutlich. Letztlich gilt aber, daß die Unterschiede innerhalb eines Kulturkreises oft größer sind als zwischen zwei Kulturkreisen. So finden wir zwischen Japanern, Koreanern, Chinesen auf der einen und Deutschen und Amerikanern auf der anderen Seite vielfach mehr Unterschiede als zwischen Deutschen und Japanern.

Da alle Untersuchungen innerhalb der letzten zehn Jahre durchgeführt wurden, dürften die Einflüsse der westlichen Kultur im Osten von relativ großer Bedeutung sein. Die jetzige junge Generation in Japan, Korea und China denkt und handelt bereits anders als die vorausgehende Generation. Dies schlägt sich nicht zuletzt im Menschenbild nieder. Möglicherweise sind die Gemeinsamkeiten, die wir fanden, weniger auf Universalien, die für alle Kulturen gelten, zurückzuführen, sondern auf den Einfluß westlicher Lebensform. Dies läßt sich erst genauer durch eine sorgfältige historische Analyse klären. Positiv gewendet heißt das jedoch, daß es heute eine breite Basis für mitmenschliches Verständnis angesichts des Globalisierungseffektes gibt.

Literatur:

Ariès, P. (1978). *Geschichte der Kindheit*. München: Deutscher Taschenbuch Verlag.
Baumeister, R.F. (1986a). *Identity: Cultural change and the struggle for self*. New York: Oxford University Press.
Baumeister, R.F. (1986b). *Public self and privat self*. New York: Springer.
Buber, M. (1973). *Das dialogische Prinzip*. Heidelberg: L. Schneider.
Elias, N. (1976). *Über den Prozeß der Zivilisation: Soziogenetische und psychogenetische Untersuchungen. 2 Bände*. Frankfurt/M.: Suhrkamp.
Geertz, H. (1967²). Indonesian cultures and communities. In R.T. MacVey (Ed.), *Indonesia* (pp. 24-96). New Haven, Conn: Yale University Press.
Greenwald, A.G. & Pratkanis, A.R. (1984). The self. In R.S. Wyer & T.K. Srull (Eds.), *Handbook of social cognition* (Vol. 3, pp. 129-178). Hillsdale, NJ: Erlbaum.
Kitayama, S. et al. . (1990). *Culture and self-cognition*. Unpublished Manuscript.
Kohlberg, L. (1963). Moral development and identification. In H.W. Stevenson (Ed.), *Child psychology. 62nd Yearbook of the National Society for the Study of Education* (pp. 277-332). Chicago: University of Chicago Press.
Magnis-Suseno, F. (1981). *Javanische Weisheit und Ethik. Studien zu einer östlichen Moral*. München/Wien: Oldenbourg.
Markus, H. R., & Kitayama, S. (1991). Culture and the self: Implications for cognition, emotion, and motivation. *Psychological Review, 98*, 224-253.
Minoura, Y. (1995). Culture and Self-concept Among Adolescents with Bicultura Parentage: A Social Constructionist Approach. In J. Valsiner (Ed.), *Child development within culturally structured enviroments, Volume 3,* 191-208.
Oerter, R., R.M., Agostiani, H., Kim, H.O., Wibowo, S. (1996). The concept of human nature in East Asia. Etic and emic characteristics. *Culture & Psychology, 2 (No. 1)*, 9-51.

Piaget, J. (1966). *Psychologie der Intelligenz*. Zürich: Rascher.
Riegel, K.F. (1980). *Grundlagen der dialektischen Psychologie*. Stuttgart: Klett-Cotta.
Stone, L. (1977). *The family, sex and marriage in England 1500 - 1800*. New York: Harper & Row.
Triandis, H.C. (1989). The self and the social behavior in differing cultural contexts. *Psychological Review, 96*, 506-520.

Epilog: Der Mensch als Maß aller Dinge?
Abschied vom Anthroprozentrismus

Rolf Oerter

Als Protagoras, der bedeutendste der Sophisten seinen berühmten Satz vom Mensch als Maß aller Dinge prägte und die Philosophiegeschichte sich relativ rasch von dem Relativismus, den Protagoras verkündete, abwandte, ahnte wohl niemand, daß der Homo-mensuras-Satz heute eine so große Rolle spielen würde. Der Konstruktivismus in den Naturwissenschaften und empirischen Sozialwissenschaften geht von der allgemein geteilten Überzeugung aus, daß wissenschaftliche Theorien menschliche Konstrukte darstellen und ihr Wahrheitsgehalt immer nur relative Gültigkeit besitzt, nämlich so lange, als eine Hypothese oder eine Gesetzlichkeit nicht widerlegt werden kann. Darüber hinaus herrscht die Erkenntnishaltung des Relativismus in Form des Pluralismus in allen demokratischen Gesellschaften vor.

Selbst in den Naturwissenschaften, deren Suche nach Naturgesetzen doch nichts mit dem Mensch als Maß aller Dinge zu tun zu haben scheint, hat sich in diesem Jahrhundert eine bedeutsame Wende vollzogen. Die sogenannte Kopenhagener Deutung geht davon aus, daß Realität erst durch den Akt des Beobachtens geschaffen wird und, wie der Kernphysiker Dürr meint, nur eine Potentialität darstellt. Ob beispielsweise die Photonen sich wie Wellen oder wie Korpuskeln verhalten, entscheidet sich erst nach dem jeweiligen Meßverfahren, das benutzt wird. Damit wird das beobachtende Subjekt entscheidend für die Mitbestimmung von Naturvorgängen, eine Feststellung, deren Tragweite heute immer noch nicht eingeschätzt werden kann. Selbst in der Astrophysik und Kosmologie existiert das sogenannte anthropische Prinzip, das besagt, daß die Naturgesetze, wie sie in unserem Universum gelten, von vorneherein sehr fein auf die Entstehung von Leben und schließlich von Intelligenz abgestimmt sind. Schon leichte Abweichungen der 20 Konstanten in den Grundgleichungen des physikalischen Standard-Modells würde eine völlig andere Welt zur Folge haben, in der es Materie und Leben, so wie wir sie kennen, nicht geben könnte (Hawking, 1995; Vaas, 1998). So läßt sich zunächst vermuten, daß der Homo-mensuras-Satz in den modernen Wissenschaften und im modernen Alltag mehr Geltung besitzt als jemals zuvor.

Bei näherem Zusehen zeigen sich aber historisch doch zwei gegenläufige Trends. Der eine Trend führt weg vom Menschen als Mittelpunkt der Deutung von Welt, der andere jedoch führt zum menschlichen Egozentrismus hin.

Der Weg weg vom Menschen wurde von den Naturwissenschaften beschritten, die die Erde aus dem Mittelpunkt des Weltalls herausrückten und an seine Stelle zunächst das heliozentrische System, später die Milchstraße und schließlich Milliarden von Galaxien setzten. Die Erde und ihre Bewohner wurden immer winziger und unbedeutender. Von der Entstehungsgeschichte des Kosmos beträgt die Existenz des Menschen auf Erden bekanntlich nur Sekunden, gemessen an einer 24stündigen Dauer des Bestehens der Erde. Die Erde selbst wird alles Leben längst verloren haben, bevor das Weltall stirbt, sofern dieses überhaupt eine zeitliche Endlichkeit hat.

Auch durch andere Wissenschaften wurde der Mensch in seiner Einmaligkeit als Lebewesen entthront. Als Darwin die Evolutionstheorie entwarf und zeigen konnte, daß der Mensch nur ein durch Mutation und Selektion erzeugtes Ergebnis des Lebens ist, fügte sich der Mensch als eines von vielen Tieren in die Reihe der Entwicklung des Lebens ein. Es gab aber noch eine Revolution in bezug auf die Entthronung des Menschen, die weniger auffällig war, nämlich die Perspektive, die von Soziologen und Ökonomen verwendet wird, die den Menschen nicht mehr als Einzelwesen, sondern als homo sociologicus bzw. homo oeconomicus konstruieren, also als Element von Systemen betrachten und seine Freiheit als Illusion entlarven. Die Psychologie schließlich, die naturwissenschaftliches Denken in ihren Expermimenten auf Menschen anwendet und sich die Vorhersagbarkeit des Verhaltens zum Ziel setzt, mußte den Begriff der Willensfreiheit als unbrauchbar ablehnen (Prinz, 1998).

Der zweite Trend in der Geschichte des Abendlandes steht jedoch dieser Entwicklung entgegen. Er beginnt sicherlich bereits im Alten Testament mit dem Auftrag Gottes an den Menschen, sich die Erde untertan zu machen, und zeigt sich in der griechischen Philosophie, insbesondere in der Ethik der großen griechischen Philosophen. Wir beobachten eine immer stärker werdende Individualisierung, die sich in Kunst und wissenschaftlichem Denken der Renaissance und der Aufklärung endgültig durchsetzt. Selbstverwirklichung, die Realisierung eigener Ziele und Vorstellungen werden zum Zentrum menschlichen Denkens und Handelns. Die Umsetzung naturwissenschaftlicher Erkenntnisse in technische Errungenschaften vermittelt die immer mächtiger werdende Herrschaft über die Natur und die Erde. In nur hundert Jahren hat der Mensch die Erde mehr beherrschen gelernt als in zwei Millionen Jahren seiner Existenz zuvor. Daß er dabei im Begriffe ist, das gesamte biologische Gleichgewicht und die natürlichen Lebensbedingungen aus den Angeln zu heben, beschäftigt die Weltöffentlichkeit mehr und mehr und ist zum Gegenstand erster Initiativen geworden, wie die Rahmenkonvention zum Klimawandel (FCCC) 1992 in Rio, die Berliner Klima-Konvention 1995 und der Klimagipfel in Kyoto 1997 beweisen.

Die abendländische Ethik zeigt einen ähnlichen Trend. Sie ist bis in die jüngste Zeit hinein fast gänzlich auf das Verhältnis zwischen Menschen konzentriert und betrachtet das einzelne Subjekt als selbstverantwortlichen Träger von Handlungen gegenüber anderen Menschen. Die Natur bzw. das Verhältnis zum übrigen Universum wird in die Überlegungen abendländischen Philosophierens kaum einbezogen, während die ostasiatischen Philosophien seit jeher Mensch und Kosmos, Mensch und Natur als eine Einheit sehen. Erst in jüngster Zeit beginnt auch bei uns ein Umdenken, wie der Beitrag von Vossenkuhl (Kapitel 4) zeigt. Der menschliche Egozentrismus als erkenntnistheoretische Grundhaltung hat sich in der modernen Wirtschaft längst durchgesetzt und treibt neue Blüten. Inzwischen ist durch den Globalisierungseffekt ein Konkurrenzkampf zwischen menschlichen Kulturen und Gruppen entbrannt, der gänzlich vergißt, daß es außer dem Menschen und seinen Bedürfnissen noch andere Anliegen und Ziele gibt.

Betrachtet man die individuelle Entwicklung des Menschen von der Geburt an, so ergeben sich amüsante Parallelen zur kulturgeschichtlichen Entwicklung, wie sie eben beschrieben wurde. So zeigt sich beim Kleinkind zunächst eine egozentrische Erkenntnishaltung, die alles Geschehen von der eigenen Warte und dem eigenen Erleben aus beurteilt. Erst allmählich vermag das Kind sich vom Egozentrismus zu lösen und so „Dezentrierung", d.h. mental eine Position außerhalb seiner selbst einzunehmen und auf diese Weise „objektiver", nämlich so wie die anderen, wie die Gesellschaft und die Kultur, sehen zu lernen. Die egozentrische Haltung wird also mit fortschreitendem Alter überwunden, aber sie tritt in anderer Gestalt erneut im Jugendalter auf. Denn dort geht es um die Herausbildung einer autonomen Identität, die sich als einmalig und unverwechselbar versteht und auf mehr oder minder raffinierte Weise in der Gesellschaft, die Normen und Anpassung verlangt, die eigenen Ziele und Wünsche immer mehr gegenüber den Anliegen der anderen durchzusetzen versucht. Diese westliche Sichtweise von Identität beginnt mehr und mehr andere Konstruktionen des Selbst, wie etwa das kollektive Selbst in Ostasien, zu verdrängen (siehe hierzu Beitrag Oerter, Kapitel 16). Letztlich sind also beide gegenläufige Trends auch in der Ontogenese vereint: eine dezentrierte Erkenntnishaltung, die weg vom Egozentrismus führt, und eine egozentrische Haltung, die aufgrund der wachsenden Kompetenz eigene Anliegen und Interessen durchzusetzen versucht.

Aus den hier angestellten Überlegungen ergibt sich eine Dialektik des Menschenbildes in den modernen Gesellschaften, die kaum aufgearbeitet wird. Die Erkenntnis der menschlichen

Bedeutungslosigkeit und die davon, allerdings nicht notwendigerweise abhängige Menschenverachtung paaren sich mit dem Herrschaftsanspruch über alle übrigen Lebewesen und über die Natur insgesamt. Die Achtung vor dem Menschenleben, die Anerkennung der prinzipiellen Gleichheit der Menschen ist dabei die positive Seite dieser Erkenntnishaltung.

Welche Konsequenzen ergeben sich aus dieser kurzen Analyse? Sowohl umweltpolitisch als auch ökonomisch und ethisch brauchen wir in Zukunft Menschenbilder, die die Stellung des Menschen in der Welt und seine Verantwortung für die Welt neu formulieren. Nur wenn es uns gelingt, den mörderischen Egozentrismus des Menschen und seine daraus resultierende Überheblichkeit gegenüber seinen natürlichen Lebensbedingungen zu überwinden, werden wir überleben und moralisch vor uns selbst bestehen können.

Literatur

Hawking, St.W. (1995). *Eine kurze Geschichte der Zeit.* Die Suche nach der Urkraft des Universums. Reinbek b. Hamburg: Rowohlt (rororo Sachbuch).
Prinz, W. (1998). Wille und Tat - und was dazwischen liegt. *Psychologische Rundschau, 49, (1)*, 29-30.
Vaas, R. (1998). Der Bursche mit den verrückten Ideen. Lee Smolins Vision von der wunderbaren Vermehrung des Universums. *Bild der Wissenschaft, 2,* 80-83.

Autorenverzeichnis

Detzer, Kurt A., Dr.-Ing., Stabsabteilung Technik, M A N – Aktiengesellschaft, Postfach 40 13 47, Ungererstr. 69, 80805 München.

Endruweit Günter, Prof. Dr., Universität Kiel, Institut für Soziologie, Olshausenstr. 40, 24098 Kiel.

Gallwas, Hans-Ullrich, Prof. Dr., Institut für Politik und Öffentliches Recht, Ludwig-Maximilians-Universität München Ludwigstr. 28 (Rgb.), 80539 München.

Haefner, Klaus, Prof. Dr., Universität Bremen, Fachbereich 03, Mathematik und Informatik, Postfach 330440, 28334 Bremen.

Hartl, Lydia, Prof. Dr. Dr., Staatliche Hochschule für Gestaltung, Durmersheimer Str. 55, 76185 Karlsruhe.

Hentig, Hartmut von, Prof. Dr., Kurfürstendamm 214, Gartenhaus links III, 10719 Berlin.

Krellmann, Hanspeter, Dr., Chefdramaturg der Bayerischen Staatsoper, Postfach 100148, 80075 München.

Lenk Kurt, Prof. Dr., Institut für Politikwissenschaften, Humboldtstraße 21, 91054 Erlangen.

Lubkoll, Christine, Prof. Dr., Institut für Neuere deutsche Literatur, Justus-Liebig-Universität, Otto-Behaghel-Str. 10, 35394 Gießen.

Nunner-Winkler, Gertrud, PD Dr., Max-Planck-Institut für psychologische Forschung, Leopoldstr. 24, 80802 München.

Oerter, Rolf, Prof. Dr., Institut für Entwicklungspsychologie, Ludwig-Maximilians-Universität München, Leopoldstr. 13, 80802 München.

Pöppel, Ernst, Prof. Dr., Institut für Medizinische Psychologie, Ludwig-Maximilians-Universität München, Goethestr. 31, 80336 München.

Schmidt-Thomas, Karlheinz G., Prof. Dr.-Ing., Technische Universität München, 85747 Garching.

Schneewind, Klaus A., Prof. Dr., Institut für Persönlichkeitspsychologie und Persönlichkeitsdiagnostik, Ludwig-Maximilians-Universität München, Leopoldstr. 13, 80802 München.

Stock, Konrad, Prof. Dr., Seminar für Evangelische Theologie, der Evang.-Theol. Fakultät Bonn Außenstelle Köln, Wilhelm-Backhaus-Straße 1A, 50931 Köln (Lindenthal).

Vossenkuhl, Wilhelm, Institut für Philosophie I, Ludwig-Maximilians-Universität München Geschwister-Scholl-Platz 1, 80805 München.

Bei Fragen zur Produktsicherheit wenden Sie sich bitte an:
If you have any questions regarding product safety,
please contact:

Walter de Gruyter GmbH
Genthiner Straße 13
10785 Berlin
productsafety@degruyterbrill.com